ULRIKE RENK

Die australischen Schwestern

atb aufbau taschenbuch

ULRIKE RENK, Jahrgang 1967, studierte Literatur und Medienwissenschaften und lebt mit ihrer Familie in Krefeld. Familiengeschichten haben sie schon immer fasziniert, und so verwebt sie in ihren erfolgreichen Romanen Realität mit Fiktion. Im Aufbau Taschenbuch liegen ihre Australien-Saga, die Ostpreußen-Saga sowie die ersten zwei Bände der Seidenstadt-Saga und zahlreiche historische Romane vor.

Mehr zur Autorin unter www.ulrikerenk.de

Gegen den Willen ihrer Eltern heiratet Wilhelmine Lessing im Jahr 1882 in Sydney einen deutschen Einwanderer – Rudolph te Kloot. Schon ein Jahr später wird die erste Tochter geboren, die sie Carola nennen. Vier weitere Kinder folgen. Zwei Tage nach der Geburt ihres fünften Kindes stirbt Wilhelmine. Nach dem Tod der Mutter wird Carola zur Schwester ihres Vaters nach Deutschland geschickt, Hermine und Elsa sowie die Brüder Arthur und Billy bleiben bei den Großeltern in Sydney. Carola genießt die Annehmlichkeiten in Deutschland, ihre große Sehnsucht gilt jedoch immer Australien. Mina, die Zweitälteste, sucht ihr Glück im Haus ihrer Tante Till in den Blue Mountains. Während eines Besuches bei ihren Großeltern trifft sie Willy, ihre große Liebe, doch ihre Familie ist gegen die Verbindung. Elsa, die jüngste der Schwestern, ist erst zwei, als ihre Mutter stirbt. Umso wichtiger sind Elsa die beiden Schwestern. Sie schreibt Carola in Deutschland regelmäßig, hält so Kontakt. Doch werden sich die drei Schwestern je wiedersehen?

ULRIKE
RENK

Die australischen Schwestern

ROMAN

atb aufbau taschenbuch

MIX
Papier aus verantwortungsvollen Quellen
FSC® C083411
www.fsc.org

ISBN 978-3-7466-3601-6

Aufbau Taschenbuch ist eine Marke
der Aufbau Verlag GmbH & Co. KG

1. Auflage 2019
für diese Ausgabe

Umschlaggestaltung www.buerosued.de, München
unter Verwendung eines Bildes von Arcangel Images / Rekha Arcangel
Gesetzt aus der Adobe Garamond durch die LVD GmbH, Berlin
Druck und Binden CPI books GmbH, Leck, Germany
Printed in Germany

www.aufbau-verlag.de

In Memoriam
Don Jessiman

Blue is the sky,
Still frcc of clouds
And carefree one passes the bustle of the world
And carefree one passes the bustle of the world
Still protect by your mother's dear hand
Showing you the right way
Follow the directed path with confidence
Do not let anything divert you from it
And this will make you happy too:
When you peacefully go home one day
No repentance will distress you then

Carl Gotthold Lessing 1902 an seine Enkelinnen

DIE AUSTRALISCHEN

Emilia Lessing, geb. Bregartne

Emilie
Wilhelmine Lessing
(Tante Lily)
&
Frederick Evers

Otto Evers

Wilhelmine
Anna Mathilde
(Minnie) Lessing
&
Rudolph te Kloot

Carola te Kloot
Arthur te Kloot
Hermine (Mina) te Kloot
Elsa te Kloot
Wilhelm (Billy) te Kloot

Amalia
Antonia
(Tante Molly)
Lessing

Frederik
Martin
Lessing

SCHWESTERN

& Carl Gotthold Lessing

Clara Mathilde
(Tante Till)
Lessing
&
Joseph Finney

Klara Johanna
(Tante Hannah)
Lessing
&
Harry Bannister

Eric
Elsie
Margaret
Robert
Elisabeth

Marie
Pauline
(Tante May)
Lessing

Caroline
Gertrud
(Tante Lina)
Lessing

Carola

1891

Auf dem Weg nach Europa

Carola hatte gedacht, dass der 26. September 1890 der schlimmste Tag ihres Lebens gewesen wäre. Nun wusste sie, dass sie sich getäuscht hatte.

An dem Tag war ihre Mutter Minnie nach der Geburt des fünften Kindes gestorben. Ein halbes Jahr war das nun her. In der Zeit und auch in den Monaten zuvor, in der die stetig wachsende Familie von Liverpool nach Sydney gezogen war, hatte sich Carola immer zurück nach »Crefeld«, so hieß die Farm ihrer Eltern in Liverpool, New South Wales, gesehnt.

Crefeld, dort war sie geboren worden und hatte die ersten, unbeschwerten Lebensjahre verbracht. Das Haus auf der Farm war schlicht, aber geräumig gewesen. Ihre Mutter Minnie hatte die Zimmer liebevoll eingerichtet. Hinter dem Haus war der große Gemüsegarten, der die Familie ernährte und dessen Überschüsse sie auf dem Markt verkauften.

Carola hatte ihrer Mutter immer gern beim Säen und Jäten, beim Pflanzen und Ernten im Garten geholfen. Doch das war nun endgültig vorbei.

Und Crefeld war nun auch keine Zuflucht mehr, nicht der Ort, zu dem sie wollte.

Krefeld war eine Stadt in Deutschland, Tausende von Kilometern entfernt von Sydney. Ihr Vater Rudolph war dort geboren und aufgewachsen. Deshalb hatte er seine Farm in Australien so genannt, den Namen in den riesigen Findling, der an der Einfahrt zum Hof stand, gemeißelt.

In Krefeld, der Stadt in Deutschland, lebte Carolas Tante Mathilde, die das Mädchen noch nie gesehen hatte. Und nach Krefeld musste Carola nun ziehen.

Das achtjährige Mädchen stand an der Reling der *Centennial*, des Dampfers ihres Großvaters, und starrte in das graublaue Wasser des Indischen Ozeans. Vor drei Tagen hatten sie Sydney verlassen, waren in See gestochen zu der langen Reise nach Europa. Das war der schlimmste Tag in Carolas Leben.

»Nun mach nicht so ein Gesicht«, sagte Tante Lily, die unbemerkt von Carola an Deck gekommen war. Doch dann stellte sie sich neben das Mädchen und schaute traurig auf die Wellen.

Vorsichtig schob Carola ihre Hand in die der Tante.

»Sollen wir hineingehen?«, fragte Tante Lily. »Otto schläft noch, aber wer weiß, wie lange. Außerdem wird der Steward gleich den Tee servieren.« Sie lächelte Carola an und fasste die Hand des Mädchens fester.

Essen, dachte Carola und schluckte. Wie konnte Tante Lily immer nur ans Essen denken? Und nicht nur denken, sie verputzte bei jeder Mahlzeit mehr als eine Portion. Dennoch war Tante Lily schlank, auch wenn ihre Figur seit der Geburt ihres Sohnes vor knapp einem Jahr weiblicher und weicher geworden war. Auch schien sie mit dem ständigen Schaukeln des Schiffes keine Probleme zu haben. Sicher wie die Bordkatze ging Lily über das Deck, während Carola immer noch breitbeinig ein Bein neben das andere setzen musste, um nicht zu stolpern oder zu fallen.

Wieder hob sich der Bug aus den Wellen. Carola umklammerte die Hand ihrer Tante und die Reling. Gleich würde es emporgehen, würde sich das Schiff heben, um nur kurze Zeit später in das Wellental zu tauchen.

»Ach Kind.« Tante Lily lachte. »Es ist doch kaum Seegang. Schau doch, die See ist fast flach wie ein Spiegel. Wie soll das nur mit dir werden, wenn wir wirklich schwere See bekommen? Du musst etwas essen, dann geht es dir besser. Du hast seit Beginn der Fahrt kaum etwas zu dir genommen. Dir ist nur schlecht, weil du Hunger hast.« Dann zog sie Carola mit sich mit in den Salon. Der Steward brachte Tee und Sandwichs, frische Früchte und Limonade. Angewidert schaute Carola auf das Tablett. Hunger hatte sie nicht, eher ekelte sie sich vor dem Essen. Die anderen Passagiere kamen nach und nach. Nur wenige Passagiere hatte das Schiff, in dessen Bauch die Fracht, schwer wie nasse Wäsche auf der Leine, lag. Und dann kam auch Allunga, das Mädchen, das Lily für Otto mitgenommen hatte, in den Salon. Sie war ein Mischling – ihr Vater war Weißer, ihre Mutter eine Aborigine. Vor einigen Monaten hatte Großmutter das Mädchen aus der Mission geholt, damit sie sich um die kleinen Kinder kümmerte.

»Otto! Mein Otto!« Tante Lily nahm Allunga das Kind ab und nahm es auf den Schoß. »Hast du schön geschlafen?«, fragte sie leise.

»Otto war schon wach und vergnügt«, erzählte Allunga und grinste breit. Ihre weißen, ebenmäßigen Zähne leuchteten in dem dunklen Gesicht. »Ihm macht das Schifffahren gar nichts aus. Aber dir, nicht wahr, Herzchen?« Sie strich Carola über den Kopf.

»Stören dich das Schaukeln und Schlingern gar nicht?«, fragte Carola sie verwundert.

Allunga lachte. »Aber nein. Meine Mutter ist aus dem Stamm der Mallagongan, wir sind auf dem Wasser und auf dem Land zu Hause.«

»Lass den Unfug«, sagte Tante Lily streng. »Du bist aus keinem Stamm, du bist aus der Mission. Sieh lieber zu, dass Otto seinen Brei bekommt.«

Carola schaute Tante Lily verwundert an. Selten war sie streng zu dem Mädchen. Allunga seufzte, strich ihren Rock glatt und machte einen Knicks – etwas, was sie für gewöhnlich nicht tat.

»Natürlich Ma'am.« Dann drehte sie sich um und ging.

»Was sind Malla … mallagoes?«, wollte Carola wissen.

»Diese dummen Geschichten brauchen dich nicht zu interessieren. Ich hatte so gehofft, dass die beiden Mädchen nicht mit diesem

Traumzeitunfug infiziert wären. Aber anscheinend haben wir uns da getäuscht. Ich muss Mama dringend schreiben, sie soll mit der Mission sprechen.« Tante Lily schüttelte verärgert den Kopf. Dann aber lächelte sie wieder, ein gezwungenes Lächeln. »Du wirst mit solchen Sachen nichts mehr zu tun haben. In Deutschland gibt es keine Traumzeiten und auch keine Schwarzen.«

»Gibt es dort keine Mädchen und keine Knechte, die helfen?«

»Nun sei nicht dumm, Carola. Natürlich gibt es die. Es gibt aber auch bei uns in Sydney Bedienstete weißer Hautfarbe. Unsere Köchin ist aus Deutschland, die Näherin auf der Evanstreet ist aus Irland, und die Knechte in der Molkerei sind aus Schottland, hast du das vergessen?« Wieder lachte Tante Lily. »Aber in Deutschland und bei deiner Tante Mathilda geht es ganz anders zu als bei uns zu Hause. Deine Tante und ihr Mann haben Geld, viel Geld. Du wirst es dort gut haben.«

Sie setzte Otto auf den Boden, und der kleine Kerl krabbelte fröhlich über den Teppich. Carola sah ihm zu, hockte sich schließlich zu ihm und spielte mit ihm. Hunger hatte sie nicht, ihr Magen war immer noch flau.

Otto war nur wenige Monate älter als ihr kleiner Bruder Billy, der nun im Haus der Großmutter in der Wiege lag. Warum konnte sie nicht dort sein? Dort, bei ihren Geschwistern und ihrer Großmutter? Warum musste sie auf diesem Schiff sein und nach Europa fahren? Sie wollte zurück. Tränen schossen ihr in die Augen, und verzweifelt versuchte Carola, sie wegzublinzeln.

Wenn ich an etwas anderes denke, dann wird es besser, dachte sie und kitzelte Otto am Bauch. Er gluckste und jauchzte, so wie es ihre kleine Schwester Elsa auch immer tat. Otto wusste noch nicht, dass er ohne Vater aufwachsen würde. Vielleicht würde er es auch gar nicht vermissen, schließlich hatte er seinen Vater gar nicht wirklich kennengelernt. Würden ihre Geschwister die Mutter vermissen, so wie es Carola tat? Würden sie sich an Mutters Lachen, ihre Fröhlichkeit, ihre Wärme und ihren Geruch erinnern? Doch die Geschwister waren viel jünger als sie. Carola beneidete sie, sie durften bei Großmutter in Sydney bleiben.

»Nun komm, mein kleiner Wombat«, sagte Allunga. »Ich habe leckeres Essen für dich.« Sie nahm Otto hoch und setzte sich mit ihm auf dem Schoss an den Tisch, band ihm eine Serviette um und begann ihn zu füttern.

»Willst du nichts essen, Tutt?«, fragte Tante Lily.

Tutt, so hatten ihre Mutter und auch die Großmutter Carola immer genannt. Die Tränen brannten in ihren Augen, sie schüttelte stumm den Kopf, stand auf und ging wieder an Deck. Einige der Passagiere flanierten dort, vertraten sich die Beine. Sie lächelten Carola zu, aber das Mädchen hatte kein Interesse an Konversation. Sie floh auf das Oberdeck und verkroch sich in eine Ecke. Dort erst weinte sie bittere, heiße Tränen.

»Tutt?« Der Großvater hockte sich neben Carola und sah sie erstaunt an. »Was machst du denn hier?« Er nahm das Taschentuch hervor und tupfte ihr vorsichtig die Tränen von den Wangen. Carola schloss die Augen. Sie sog den Geruch von Lavendel und der grünen Seife, mit der ihre Großmutter immer die Wäsche wusch, tief ein. Es duftete nach zu Hause.

Carola schüttelte den Kopf und biss sich auf die Lippen. Sie wollte nicht, dass jemand sie so sah, noch nicht einmal der Großvater.

»Nun komm, Tutt«, sagte er und zog sie hoch. »Du kannst hier nicht sitzen bleiben. Wo ist denn Lily? Solltest du nicht bei ihr im Salon sein? Der Smutje hat extra für dich Omelette gemacht. Die isst du doch so gern.« Er plauderte weiter, mit seiner warmen, tiefen Stimme, und allmählich beruhigte Carola sich. Vor der Kajüte blieb Großvater stehen und schaute das Mädchen an.

»Nein«, sagte er. »So kannst du nicht in den Salon gehen. Was sollen denn alle denken. Meine Tutt ist doch kein Trauerkloß, oder? Geh in die Kabine und wasch dir das Gesicht.« Er stieß sie sanft in Richtung der Kabinen.

Langsam trottete Carola zu ihrer Kabine, die sie sich mit Otto und Allunga teilte. Nebenan, verbunden durch eine Tür, war Tante Lilys Kabine. Carola goss etwas Wasser aus dem Krug in die Waschschüssel, tauchte den Waschlappen ein, ließ ihn dann aber in die Schüssel gleiten. Sie setzte sich auf ihr Bett und nahm ihre Puppe fest in den Arm. Großmutter hatte Frieda vor der Reise neu eingekleidet, genau wie Carola auch. Aber jetzt zog sie ihr die Kleider aus und holte die alten aus ihrem Koffer. Sorgfältig zog sie der Puppe die langen Unterhosen, die ihre Mutter mit Resten von Spitze verziert hatte, und das Kleid, das schon so oft geflickt worden war, an. Sie drückte ihre Nase in die Stofffalten und meinte den leichten Duft von Ringelblüten und Eukalyptus riechen zu können.

Leise öffnete sich die Tür, und Allunga schlich sich in die Kabine. Sie setzte sich neben Carola auf das Bett. Carola hob die Schultern und spannte die Muskeln an, sie wollte nicht in den Arm genommen und getröstet werden. Sie wollte weinen, und Trost gab es sowieso nicht. Doch Allunga machte keine Anstalten, sie zu berühren, auch sagte sie nichts.

Nach einer Weile hob Carola den Kopf, blinzelte die Tränen weg, zog die Nase hoch und schaute das Kindermädchen verstohlen an. Allunga hatte die Hände im Schoß gefaltet und sah durch das Fenster nach draußen. Dort war außer dem weiten Himmel, über den Schäfchenwolken trieben, nichts zu sehen. Wieder zog Carola die Nase hoch, lauter diesmal. Immer noch reagierte Allunga nicht. Schließlich legte Carola Frieda vorsichtig auf das Bett, stand auf und ging zur Waschschüssel. Ihr Gesicht fühlte sich heiß und klebrig an, als wären ihre Tränen aus Sirup gewesen. Sie wusch sich das Gesicht, schaute in den Spiegel über der Schüssel. Ihre Haare waren zerzaust, ihr Gesicht aufgequollen.

»Geht es dir besser?«, fragte Allunga nun endlich leise. »Hat es geholfen? Manchmal muss ich auch weinen. Dann ist das Wasser in mir zu viel und muss überfließen, wie ein Bachlauf nach dem Regen. Der Kummer wird mit nach draußen gespült.«

»Du musst weinen?« Carola verzog das Gesicht. »Aber du darfst doch wieder zurück. Für dich ist das nur eine Reise.«

»Jetzt doch nicht, Tutt. Jetzt muss ich nicht weinen.« Allunga lächelte, und ihre weißen Zähne blitzten zwischen den dunklen Lippen. »Ich darf nicht zurück in die Mission, Kind. Ich darf nicht zu meiner Familie.«

Darüber musste Carola nachdenken. »Aber du wohnst doch bei uns. Bei Großmutter. Da ist dein zu Hause.«

»Es ist nur ein Ort, Tutt. Ein Ort, wo man Sachen aufbewahrt und Dinge tut. Mein zu Hause ist woanders, und ich habe es noch nicht gefunden.«

»Ist dein zu Hause dort, wo dein Stamm wohnt?«, flüsterte Carola. Sie wusste, es war verboten über das wilde Leben der Aborigines zu sprechen. Etwas Geheimnisvolles lag über ihnen, etwas, was vielen Leuten Angst machte. Großmutter jedoch hatte nie Angst vor ihnen gehabt. Immer wieder nahm sie Mädchen auf, auch wenn diese nach einiger Zeit den Haushalt verließen. Manche, so wie Darri, kamen und gingen. Und doch gehörte Darri inzwischen zur Familie, fand Carola.

»Nein, meinen Stamm gibt es nicht mehr«, sagte Allunga leise. »Es gibt kaum noch Stämme. Aber unser zu Hause ist nicht aus Stein, auch nicht aus Holz oder Lehm. Es ist in uns drin.« Sie pochte auf ihre Brust. »Aber erst dann, wenn wir es finden. Dazu müssen wir Pfaden folgen.«

»Ich verstehe das nicht.« Carola runzelte die Stirn. »Wohin musst du gehen, um dein zu Hause zu finden?«

»Das weiß ich noch nicht, Tutt. Aber irgendwann werde ich es wissen.«

»Mein Zuhause ist in Sydney. In der Glebe. Da bin ich zu Hause.« In Carolas Magen ballte sich die Trauer zusammen. Schnell nahm sie Frieda, drückte die Puppe an sich. »Ich muss nirgendwohin gehen, um das zu wissen.«

»Ach Tutt. Vielleicht musst du doch diesen Weg gehen. Vielleicht musst du nach Deutschland, weil es wichtig für dich ist. Dein Stamm kommt von dort. Vielleicht rufen dich deine Ahnen zurück nach Deutschland, damit du eine wichtige Aufgabe übernimmst.«

»Meine Ahnen? Großvater ist oben auf der Brücke, und Großmutter ist in Sydney.«

»Tutt, die Ahnen sind viel älter. Sie haben vor langer, langer Zeit gelebt. Aber ihre Gedanken sind noch da. Sie leiten uns immer noch. Das glauben wir zumindest. Und jeder von uns muss seinen Weg gehen.«

»Ist das der Grund, warum Darri immer wieder weggeht?«, wollte Carola verwirrt wissen.

»Darri hat ihren eigenen Weg. Aber sie ist mit deiner Familie verbunden, und deshalb kommt sie immer wieder zurück zu euch.«

»Wirst du auch irgendwann weggehen?«

Doch darauf antwortete Allunga nicht.

»Wird dich Darri irgendwann mitnehmen?«, fragte Carola noch einmal nach.

Allunga schüttelte den Kopf. »Darri ist von einem anderen Stamm. Ihre Pfade sind andere als meine.«

Der Wind war aufgefrischt, und die Wellen klatschten nun gegen den Schiffsrumpf. Kapitän Lessing ließ die Segel hissen, um noch schneller voranzukommen. Carola wurde wieder übel.

»Hier, kau das«, sagte Allunga und gab ihr etwas, was aussah wie eine verschrumpelte Möhre. »Das ist Ingwer und wird dir gegen die Seekrankheit helfen.«

»Kaust du das? Ist dir deshalb nicht schlecht?« Vorsichtig biss Carola ein Stück der Wurzel ab. Es schmeckte erst süßlich, dann scharf, aber nicht unangenehm.

»Du musst es lange kauen, bevor du es runterschluckst. Man kann daraus auch einen Aufguss herstellen. Ich brauche es nicht, weiß aber, dass es hilft. Meine Ahnen waren sowohl auf dem Wasser als auf dem Land zu Hause, deshalb werde ich nicht seekrank. Meine Ahnen sind Mallagongan.«

»Was ist das?«

»Das sind Schnabeltiere.« Allunga lachte. »Und nun solltest du dir noch mal das Gesicht abwaschen, dann kämme ich dir deine Haare. Tante Lily wird sich sicher inzwischen Sorgen machen, und ich sollte ihr auch Otto abnehmen.«

»Ich will nicht in den Salon.«

Nachdenklich sah Allunga Carola an. »Gut«, sagte sie schließlich. »Ich bringe dir gleich etwas Suppe und Brot. Tante Lily wird verstehen, dass es dir nicht gutgeht. Doch du musst dich dieser Reise stellen. Je länger du dich dagegen wehrst, umso schlimmer wird es für dich sein.«

»Ja, ich weiß«, sagte Carola leise. »Aber ich will doch nicht. Ich will lieber wieder zu Großmutter zurück.«

»Meine süße Tutt. Ich versteh dich. Besser, als du denkst.« Mit diesen Worten ließ das Kindermädchen Carola zurück.

War die Reise eine Aufgabe, die sie erfüllen musste?, überlegte Carola. Vielleicht, wenn sie es gut machte, vielleicht dürfte sie ja dann zurückkehren nach Sydney. Sie müsste sich nur sehr bemühen und alles richtig machen. Dazu gehörte sicher auch, dass sie an den Mahlzeiten im Salon teilnahm. Morgen, dachte sie und kaute das Stückchen Ingwer, morgen werde ich im Salon essen. Was mochte es mit den Pfaden der Aborigines auf sich haben?, fragte sie sich müde, und drückte Frieda an sich. Aber vielleicht würde ihr Allunga ihre Fragen mit der Zeit beantworten. Dann kuschelte sie sich in ihr Kissen und träumte von Zuhause, von Sydney und von Großmutter.

Währenddessen in Sydney

»Ein Brief von Vater!« Lina stürmte durch die Küche in das Wohnzimmer und schwenkte die Post, die sie am Hafen abgeholt hatte. Sie schüttelte ihr langes, dunkles Haar, das sie offen trug. »Papa hat geschrieben, Lily auch. Und es ist sogar eine Karte von Tutt dabei!«

»Pssst! Wie kannst du nur so laut sein.« Großmutter Emilia nahm ihrer Tochter die Post ab, lauschte in Richtung des Kinderzimmers, wo zwei ihrer Enkel schliefen. »Binde dir die Haare zusammen«, sagte sie und verkniff sich ein Lachen. »Du bist doch kein kleines Mädchen mehr.« Dann sortierte Großmutter die Post nach privaten Briefen, legte die Rechnungen seufzend auf die Anrichte. Darum würde sie sich später kümmern. Ein weiterer privater Brief war in der Post, er war von ihrem Schwiegersohn Rudolph. Seinen warf sie zu den anderen, unangenehmen auf das Buffet. Doch dann besann sie sich, nahm ihn wieder an sich und ging langsam in die Küche. »Hörst du bitte nach den Kleinen, Lina? Billy wird gleich seine Flasche brauchen.«

»Darum kann sich doch Darri kümmern.« Lina verdrehte die Augen. »Wo ist überhaupt Hannah?«

»Hannah ruht sich aus, Kind. Deshalb ist sie doch hier. Und May habe ich zur Molkerei geschickt. Wir brauchen Milch. Wenn sie wieder da ist, kannst du Alinga helfen, Butter zu machen.« Großmutter sortierte die Briefe, öffnete zuerst den ihres Mannes.

»Ich? Wieso soll ich Butter machen?«, beschwerte sich Lina.

»Soll ich es etwa?« Emilia warf ihrer jüngsten Tochter einen strengen Blick zu. »Darri hat uns mal wieder verlassen und ist auf Wanderschaft gegangen. Alinga hilft mir mit den Kleinen. Sie ist mit Arthur, Mina und Elsa im Park. Also stell dich nicht so an.«

»Darri ist schon wieder fort?« Lina schnaubte, dabei war es nicht ungewöhnlich, dass die Aborigine kam und ging, wie sie wollte. Großmutter hatte Darri in ihr Herz geschlossen und nahm die Gepflogenheiten hin, da nützte kein Protest, wusste Lina.

Großmutter zog sich den Stuhl an den schrundigen Küchentisch, der sie seit Jahren begleitete. Sacht legte sie die Briefe auf die Holzplatte, strich den Bogen glatt und setzte die Brille auf.

»Liebste Emma«, begann der Brief ihres Mannes. Seit fünfunddreißig Jahren war sie mit dem Kapitän verheiratet, zahllose Briefe hatten sie sich während dieser Zeit geschrieben, aber immer noch klopfte ihr Herz, wenn sie seine Zeilen las. Er schrieb über die Fahrt und das Wetter. Es war ein wenig so, als müsse er sich erst warm schreiben, bevor er ihr das mitteilte, was ihn wirklich bewegte. Das kannte sie schon von ihm. Vor einem Jahr hatte er einen schrecklichen Unfall gehabt. Ein anderes Schiff hatte in der Hafenausfahrt die Signale missachtet und war mit der *Centennial*, dem Dampfsegler der Familie, zusammengestoßen. Es hatte einen Toten und einen Schwerverletzten gegeben. Obwohl Kapitän Lessing nicht schuld war, lastete dieser Unfall doch schwer auf ihm. Nie wieder hatte er zur See fahren wollen. Doch als ihr Schwiegersohn Rudolph Carola unbedingt nach Deutschland schicken wollte, hatte Lessing beschlossen, eine letzte Fahrt auf sich zu nehmen.

Großmutter wusste, wie schwer es ihrem Mann gefallen war, wieder das Deck des Dampfseglers zu betreten. Zudem fielen die Wollpreise, und die Fahrt nach Europa war nur mäßig rentabel. Zum Glück hatte er einige Routen der Postfrachtlinie übernehmen können, doch dadurch wurde die Reise auch länger. Sie überflog die ersten Zeilen, die vom Wetter, Seegang und anderen Dingen berichteten. Später würde sie den Brief noch einmal in aller Ruhe lesen, die Augen schließen und sich vorstellen, so wie früher gemeinsam mit ihm auf der Brücke zu stehen. Sie konnte das Kreischen der Möwen, das Klatschen der Wellen hören, roch den salzig-würzigen Geruch des Südpazifiks. Viele Reisen hatte sie gemeinsam mit ihrem Mann Carl Gotthold unternommen, viele Jahre hatte sie an Bord gelebt. Es waren aufregende, aber auch schöne Zeiten gewesen.

Billys Jammern riss Großmutter aus ihren Gedanken. Schnell las sie weiter. Wie es wohl Carola und Lily ginge?

Lily, so schrieb Carl, hatte sich trefflich auf dem Schiff eingelebt. Wind und Wellen machten ihr nichts aus. Sie war förmlich aufgeblüht, nachdem sie in den letzten Monaten, seit dem Tod ihres Mannes, schier in sich zusammengefallen war.

Doch Carola machte ihm Sorgen. Das Mädchen wurde immer verschlossener, wie eine Muschel, die man aus dem Wasser gezogen hatte und die nun ihre Schalen fest zusammenpresste, um am Leben zu bleiben.

»Liebste Emma«, schrieb er. »Ich habe Rudolph verziehen, dass unsere Tochter Minnie so kläglich und krank ihr Leben beenden musste. Er hatte keine Schuld. Oder doch? Darüber zu diskutieren ist müßig. Was ich ihm jedoch nicht verzeihe, ist, dass er unsere arme Tutt auf diese Reise schickt. Warum muss sie gehen? Uns verlassen? Warum hat er Tutt nicht, so wie die anderen vier, in unserer Obhut gelassen? Nicht nur ich stelle mir diese Fragen, das Mädchen tut es auch, und sie droht daran zu zerbrechen. Wieder und wieder denke ich darüber nach, mich über Rudolphs Wunsch und Willen hinwegzusetzen. Was soll Tutt in Deutschland bei einer Tante, die sie nicht kennt? Die keiner von uns kennt? Sollte ich nicht umkehren, zurück nach Sydney? Meine Liebste, zu gern würde ich dies mit dir diskutieren, obwohl ich befürchte, deine Meinung schon zu kennen. Ja, Rudolph ist ihr Vater, und es ist seine Entscheidung, das Mädchen zu seiner kinderlosen Schwester zu geben. Tausende von Meilen von uns entfernt soll sie aufwachsen. Was denkt sich der Mann nur dabei?«

Großmutter seufzte. Sie kannte die Gedanken ihres Mannes. Gerade du, hatte er zu ihr gesagt, müsstest doch wissen, wie es Carola ergehen wird. Gerade du.

Großmutter Emilia war acht Jahre alt gewesen, als sie bei ihrer Tante und ihrem Onkel einziehen musste. Zwar waren Emilias Eltern nicht verstorben, sondern nur nach England gegangen, aber dennoch hatte sich ihr Leben dadurch radikal verändert. Dabei hatte sie Onkel und Tante schon ihr Leben lang gekannt, es waren keine Fremden für sie gewesen, so wie es die Tante für Carola sein würde. Ja, sie wusste, was das für Carola bedeuten könnte. Aber Rudolph hatte entschieden. Und egal, was sie über ihn dachte, er war und blieb der Vater der Kinder.

Es könnte auch eine große Chance für Tutt sein. Großmutter nahm die Brille ab, rieb sich über die müden Augen. Neun Kinder hatte sie zur Welt gebracht, zwei Töchter bisher beerdigt, einen Schwiegersohn ebenfalls.

Noch lebten die jüngsten Töchter May und Lina bei ihnen, Lily war mit Otto wieder eingezogen, nachdem ihr Mann gestorben war, und nun waren auch noch die vier Kinder von Minnie dazugekommen. Billy, der jüngste Enkel, war gerade erst ein paar Monate alt. Aber sie hatte sich geschworen, auch diese Kinder mit aller Liebe großzuziehen.

Vielleicht würde es Carola bei der Tante in Deutschland besser haben? Die Familie Ansing war sehr wohlhabend. Pfeffersäcke aus Hamburg nannte man sie. Und Großmutter schien es fast ein Wink des Schicksals zu sein, dass die Schwester ihres Schwiegersohns in diese Familie eingeheiratet hatte. Denn vor fast einem Leben, als Großmutter noch in Hamburg wohnte, hatte einer der Ansings um sie gefreit. Doch sie hatte sich für den armen Kapitän Carl Gotthold entschieden und es nie bereut.

Carola war Großmutter Emilias erstes Enkelkind. Sie hatte bei der Geburt geholfen, hatte Carola als Erste in den Armen gehalten. Eine besondere Verbindung hatten die beiden von jeher gehabt. Und nun war sie von ihrer Tutt getrennt worden.

Billy weinte lauter. Großmutter konnte Linas »Shsh« hören, doch die Stimme des Mädchens klang genervt. Emilia stand auf, ging durch das Wohnzimmer in das Kinderzimmer, nahm den Säugling aus den Armen ihrer jüngsten Tochter.

»Wo bleibt May bloß mit der Milch? Der Kleine hat Hunger.« Doch May ließ auf sich warten. Auch Eric, Hannahs Sohn, war wach geworden und krähte nach seiner Mutter. Hannah kam herunter, nahm ihren Sohn lachend auf den Arm.

Schließlich brachte May die Milch. Der Tag nahm seinen Lauf. Hektisch und unruhig war es in der Küche und in dem kleinen Hof. Das Haus schien aus allen Nähten zu platzen. Großmutter kümmerte sich um die Kinder und Enkel, das Essen, überwachte Lina und Alinga beim Buttern, May bei ihren Hausaufgaben und gab Hannah Ratschläge, denn Eric zahnte. Die Briefe blieben ungelesen auf der Anrichte liegen. Erst spät am Abend, als die Kleinen im Bett waren, Lina und May sich kichernd und flüsternd in ihr Zimmer zurückgezogen hatten, konnte sich Großmutter ins Wohnzimmer setzen. Im Kamin knisterte ein lustiges Feuer, die Eukalyptuszweige knallten hin und wieder, wenn das duftende Harz explodierte. Hannah saß schon im Sessel und strickte.

»Mama, ich bin so froh, dass wir uns eine Weile bei dir erholen dürfen. Es gibt doch nichts Schöneres, als zu Hause zu sein«, sagte sie lächelnd. »Wie du das immer alles schaffst. Und wie leicht dir alles von der Hand geht.«

Emilia lachte auf. »Ach, Kind. Das ist einfach jahrelange Übung. Und zum Glück haben wir ja auch Alinga. Sie ist fleißig und geschickt, hat ein Herz für die Kleinen.«

»Dass du es immer wieder probierst. Nur Darri ist bisher unserer Familie treu geblieben. Alle anderen sind nach einer Weile fortgegangen und nie wiedergekommen.« Hannah strich sich eine Locke, die sich aus ihrem Dutt gelöst hatte, hinter das Ohr, schaute in das flackernde Feuer. »Harry möchte nicht, dass wir Aborigines als Hilfen nehmen. Er sucht jetzt nach einem fleißigen Einwanderermädchen.«

»Die wollen doch nicht arbeiten, Hannah.« Emilia lachte leise.

»Sie wollen einen reichen Mann heiraten. Jemanden mit einer Goldmine oder einer riesigen Rinder- oder Schafstation.«

»Die Aborigines sind aber nicht zuverlässig, sagt Harry.« Hannah hob lauschend den Kopf, sah in Richtung Kinderzimmer, nahm dann ihre Strickarbeit wieder auf.

»Ihre Kultur ist eine andere als unsere. Ihnen hat das Land gehört, aber bald wird es sie nicht mehr geben.«

Nachdenklich schwieg Emilia, nahm dann den Stapel Briefe und setzte die Brille auf. Noch einmal las sie den Brief ihres Mannes, dann legte sie ihn zur Seite.

»Lily hat geschrieben. Sie fragt, wie es dir und Eric geht«, sagte sie und schaute ihre Tochter lächelnd an.

»Gefällt es ihr auf dem Schiff?«

»Sie hat Meerwasser im Blut, meint Papa. Sie ist schließlich damals auf der *Lessing* geboren worden.«

»Hoffentlich kommt sie dort auf andere Gedanken«, meinte Hannah sorgenvoll.

Emilia nickte nur und vertiefte sich wieder in die Post. Die Karte von Carola war nur ein kurzer Gruß. Sie schrieb nichts davon, wie ihr das Leben an Deck gefiel, was sie alles schon gesehen hatte und wie sie mit dem Seegang zurechtkam. Zum Glück hatten sowohl Carl als auch Lily ausführlich darüber und über Carola geschrieben, so dass sich Emilia ein Bild machen konnte. Das Kind litt. Würde sie darüber hinwegkommen, dass sie die Familie verlassen musste? Ganz so war es nicht, sie kam ja zu einem anderen Teil ihrer Familie. Und es gab Briefe und Telegrafen, so konnten sie in Kontakt bleiben. Doch Emilia erinnerte sich noch gut daran, wie verzweifelt sie auf Post von ihren Eltern gewartet hatte, auf den Brief, der sie endlich zu ihnen rief. Dieser Brief war nie gekommen, und so wurden die Nachrichten, die sie sich schickten, immer distanzierter und förmlicher. Schon jetzt klang Carolas Karte, als hätte sie mit ihrer australischen Vergangenheit abgeschlossen.

Sollte sie Carl doch recht geben? Sollte er besser wieder mit dem

Enkelkind zurückkehren? Darüber dachte Emilia nach, als sie endlich im Bett lag. Vielleicht bin ich unfair Carola gegenüber. Erwarte ich von ihr, dass sie dasselbe durchsteht, was ich ertragen musste? Sie wusste es nicht und fiel in einen unruhigen Schlaf.

Am nächsten Tag hatte sie immer noch keinen Entschluss gefasst. Carola ging ihr nicht aus dem Kopf. Aber es blieb keine Zeit der Muße und des Nachdenkens. Wäsche musste gewaschen, die Kinder versorgt und das Essen gekocht werden. May und Lina waren in der Schule, denn auf eine gute Ausbildung der Kinder legten sie großen Wert. Arthur, Mina und Elsa spielten im Hof mit den kleinen Kätzchen. Immer wieder schaute Emilia durch das Fenster nach draußen, während sie das Gemüse putzte und die Kartoffeln schälte. Auch wenn sie eine Haushaltshilfe hatte, das meiste musste sie doch allein bewältigen.

Emilia hatte Hannah lange schlafen lassen, denn es war ihr letzter Tag im Haus ihrer Eltern. Morgen würde Harry, Hannahs Mann, kommen, um sie und Eric abzuholen. Drei Wochen hatten die beiden bei Emilia verbracht. Bei der Geburt Carolas, ihres ersten Enkelkinds, war Emilia noch häufig zu ihrer Tochter Minnie nach Liverpool gefahren, um sie zu unterstützen. Ihre Tochter Lina, die damals selbst noch klein war, hatte sie entweder mitgenommen oder in der Obhut ihrer großen Schwestern gelassen.

Doch Hannah hatte Harry Bannister geheiratet, einen Geschäftsmann aus Geelong, einer Stadt siebzig Kilometer südwestlich von Melbourne und somit drei Tagesreisen von Sydney entfernt. Emilia litt darunter, dass sie nicht mal eben zu ihr fahren konnte, vor allem jetzt, da die Kinder von Minnie bei ihnen lebten. Deshalb war sie auch überglücklich gewesen, dass Hannah ihr Angebot, für eine Zeit in ihr Elternhaus zurückzukehren, dankend angenommen hatte. Mutter und Tochter hatten die gemeinsamen Wochen genossen, die nur von Carolas Abschied überschattet waren. Auch Lily, die ja wieder zu Hause wohnte, hatte sich über die gemeinsame Zeit mit ihrer

Schwester gefreut. Ihre Söhne waren fast gleich alt, und es gab eine Menge, worüber sie sich austauschen konnten.

Emilia hatte das mit Freude beobachtet, denn als Kinder hatten sich die beiden Mädchen mehr gestritten als vertragen. Emilia musste schmunzeln. Im Haushalt der Lessings war es schon immer hoch hergegangen. Nach den ersten, aufregenden Jahren auf See hatte Emilia sich schließlich in Sydney niedergelassen. Vier ihrer Kinder waren auf Reisen zur Welt gekommen – nur Minnie nicht, sie war in Hamburg geboren. Als das sechste Kind unterwegs war, hatte Emilia beschlossen, endlich sesshaft zu werden. Auch wenn das bedeutete, dass sie monatelang von ihrem Mann getrennt war und fast alles allein regeln musste.

Zum Glück hatte Carl kaum noch Hochseetouren angenommen, auch wenn dadurch das Geld immer knapp war. Aber so konnte er immerhin alle paar Wochen einige Tage mit der Familie verbringen.

Und obwohl ihr Alltag immer noch turbulent war, hatte Emilia, nachdem Minnie gestorben war, keine Sekunde gezögert, sondern sofort beschlossen, ihre Enkel bei sich großzuziehen. Nur bei Carola hatte ihr Schwiegersohn Rudolph ihr einen Strich durch die Rechnung gemacht. Bei dem Gedanken an seine ihr völlig unverständliche Entscheidung haute sie den Brotteig, den sie gerade knetete, mit voller Wucht auf den Küchentisch.

»Mami?« Hannah hatte Eric aus dem Kinderzimmer geholt und stand nun an der Küchentür. »Ist was passiert?«, fragte sie leise.

Emilia wischte sich die mehligen Hände an der Schürze ab und zwang sich zu einem Lächeln. »Nein, Hannah. Ich habe bloß an Tutt denken müssen …«

»Du warst genauso alt, wie Tutt jetzt ist, als deine Eltern nach England gingen. Das ist es, nicht wahr?«

Emilia nickte. »Ich weiß, wie sie sich fühlt, und ich wünschte, ich könnte es ändern. Aber Rudolph … er ist nun mal ihr Vater, und er hat so entschieden.«

»Was, wenn ihr euch geweigert hättet?«

»Ich hatte Angst, dass er mir dann alle Kinder wegnimmt und nach Europa schickt. Oder zu einer Haushälterin irgendwo weit weg. Es sind doch Minnies Kinder. Manchmal habe ich das Gefühl, Tutt geopfert zu haben, um die anderen vier behalten zu können …« Vergeblich versuchte sie die Tränen wegzublinzeln, die ihr in die Augen getreten waren.

»Oh, Mami, so darfst du nicht denken. Das darfst du nicht.« Hannah setzte Eric auf den Boden, der sofort fröhlich zum Korb mit dem Feuerholz krabbelte und die Kienspäne herausräumte. Hannah nahm ihre Mutter in den Arm und drückte sie an sich. »Eure Entscheidung war richtig. Auch wenn ich Rudolph nicht ausstehen kann.«

»Keiner von uns kann das«, murmelte Emilia. »Auch deshalb habe ich so ein schlechtes Gewissen. Dein Vater wollte nicht, dass die beiden heiraten.«

»Ja, ich erinnere mich. Jedes Mal, wenn der Name te Kloot fiel, hat er das Gesicht verzogen, so als wollte er ausspucken. Aber du hast ihn überzeugt, es doch zuzulassen. Warum eigentlich?«

»Meine Familie hasste deinen Vater. Ich sah nur, dass sich die Geschichte wiederholte, und das wollte ich nicht. Minnie hat Rudolph immer geliebt, von ganzem Herzen, egal, was war. Und er war ihr kein schlechter Ehemann, er hat nur Pech mit der Farm gehabt. Er hat sie geliebt und liebt sie noch. Das sehe ich an den Blumen, die er immer mal wieder an ihr Grab bringt.«

»Gegen Harry hatte Papa auch was«, sagte Hannah nachdenklich. »Und gegen Lilys Mann Frederick – und das, obwohl der ebenfalls Kapitän war.«

Emilia wischte sich die Tränen von der Wange, ein Lächeln stahl sich auf ihr Gesicht. »Dein Vater will euch alle beschützen. Er hat immer Angst, dass es euch nicht gutgehen wird, dass eure Männer nicht gut genug für euch sind und dass sie euch nicht ernähren können.« Dann runzelte sie die Stirn. »Bei Rudolph hatte er in der Hinsicht sogar recht gehabt.«

»Aber bei Harry nicht.« Hannah lächelte, es sah sehr zufrieden aus. »Harrys Geschäfte laufen gut.«

Emilia nickte. »Ich weiß. Und ich bin auch froh darüber, mein Kind. Dennoch dauert es mich, dass ihr so weit weg wohnt und wir uns nur so selten sehen können.«

»Die Eisenbahnstrecke nach Melbourne soll ausgebaut werden. Außerdem soll es demnächst noch mehr Fährverbindungen geben. Die Städte wachsen. Und somit auch Harrys Gewinn. Hier in Sydney könnte er nie so viel Geld mit seiner Handelsgesellschaft verdienen wie bei uns. Hier reisen die ganzen Goldsucher nur durch, aber bei uns kaufen sie ihre Ausrüstung und geben ihre Gewinne aus. Harry sagt immer, eine bessere Goldgrube als das Geschäft könnte es nicht geben. Wir müssen nicht in der Erde nach Metallen wühlen, die Digger legen sie uns auf die Ladentheke. Und noch lässt der Zustrom der Digger nicht nach, auch wenn prophezeit wird, dass die Vorräte bald erschöpft sind.«

Hannah klang plötzlich ganz euphorisch. Sie unterstützte ihren Mann mit allen Kräften, und es zahlte sich aus. Die beiden hatten ein großes Haus und einen schönen Garten mit Zier- statt Gemüsepflanzen.

»Harry hat auch gesagt, dass wir gern eines oder zwei der Kinder nehmen können, Mama«, fügte Hannah nun leise hinzu. »Egal wen, ich würde sie mitnehmen und mich um sie kümmern, als wären es meine eigenen.«

Emilia drückte sie an sich. »Ihr beide seid so gutherzig, das rührt mich sehr. Und es ist ein wundervoller Gedanke, dass du die Kinder zusammen mit ihrem Cousin großziehen willst. Ein großherziger Gedanke. Aber«, sie zwinkerte ihrer Tochter zu, »es wird ganz sicher nicht bei Eric bleiben. Und dann? Würdest du es dann nicht bereuen? Außerdem möchte ich die Kinder nicht noch mehr auseinanderreißen. Ihre Eltern haben sie schon verloren, denn ich glaube nicht, dass sich Rudolph jemals um sie kümmern wird. Er war nur dreimal in dem letzten halben Jahr hier, seit Minnie gestorben ist.

Und dann auch nur ganz kurz, um sich von Tutt zu verabschieden. Nun haben die vier Kleinen auch noch die große Schwester verloren. Sie hängen so aneinander, und Minnie hat sich gewünscht, dass sie zusammen aufwachsen. So, wie ihr es seid. Ihr habt euch früher oft gestritten, erinnerst du dich? Aber wenn es wichtig war, habt ihr immer zusammengehalten. Und das tut ihr jetzt auch noch. Ich möchte den vieren die Chance geben, genauso zusammen groß zu werden.«

»Ach, Mama.« Nun kamen Hannah ebenfalls die Tränen. »Aber du weiß, wir sind da, wenn dir alles zu viel wird. Du bist ja schließlich nicht mehr die Jüngste.«

»Also wirklich, Fräulein!«, sagte Emilia gespielt erbost. »Du traust dich ja was. Sieh bloß zu, dass du deine Sachen packst. Nicht mehr die Jüngste, ist es zu fassen? Dich stecke ich immer noch in meine Schürzentasche. Und nun bring Eric nach draußen zu den anderen, bevor er den ganzen Holzvorrat in der Küche verteilt. Und dann lass dir von Warra deine Koffer nach oben bringen. Deine Wäsche ist hinten im Hauswirtschaftsraum. Ich habe sie gewaschen und geplättet, du brauchst sie nur noch einzupacken.«

Hannah fiel ihr um den Hals. »Das musstest du doch nicht, Mama. Wirklich nicht.«

Emilia lachte, schob ihre Tochter von sich und stemmte die Hände in die Hüften. »Aber ich kann es noch, Kind. Noch kann ich es. Und jetzt lauf!«

Hannah nahm Eric hoch, brachte ihn in den Hof zu den anderen Kindern. Arthur kam ihr lachend entgegen und zeigte ihr einen Regenwurm, den er im Beet gefunden hatte, Mina reichte ihr eines der Babykätzchen und nahm dafür Eric in den Arm.

»Komm, kleiner Eric, wir spielen mit den Katzen«, hörte Emilia Mina mit ernster Stimme sagen. »Du darfst sie streicheln. Aber nur von vorn nach hinten. Das mögen sie. Komm, ich zeige es dir.« Sie nahm seine Hand und drückte sie auf eines der Kätzchen in dem Korb. Und Eric juchzte vor Vergnügen.

Zufrieden lächelnd beobachtete Emilia die Szene, dann beeilte sie sich, den Brotteig noch ein letztes Mal durchzukneten, und stellte ihn schließlich zum Gehen auf den Ofen.

Warten auf Harry

Der Tag verging ohne Ruhepause. Nachmittags kamen May und Lina aus der Schule, und auch sie forderten die Aufmerksamkeit ihrer Mutter.

Es dämmerte bereits. Seit Stunden stand Hannah am Fenster neben der Haustür und schaute auf die Straße.

»Er wird schon kommen«, sagte Emilia amüsiert.

Auch May ging immer wieder in die Diele und spähte über die Schulter ihrer Schwester.

»Bist du dir sicher, dass er heute kommen wollte?«, fragte May. »Vielleicht will er dich ja gar nicht mehr. Möglichweise hat er festgestellt, dass es ohne dich viel ruhiger und beschaulicher ist.«

Hannah drehte sich wütend zu ihr um. »Du hast doch keine Ahnung. Geh lieber ins Kinderzimmer, da gehörst du nämlich hin.«

»Oh, habe ich etwa einen wunden Punkt getroffen?« May lachte, drehte sich dann aber schnell um und huschte ins Wohnzimmer, bevor ihre Schwester sie erwischen konnte.

»Lass sie«, sagte Emilia. »Du siehst doch, wie nervös sie ist.«

»Sie steht seit mindestens zwei Stunden dort. Herrje, Harry kommt aus Melbourne. Wann war eine Zugverbindung schon mal pünktlich? Und den Rest des Weges muss er mit der Straßenbahn fahren. Um diese Zeit, wenn alle nach Hause wollen. Es ist doch lächerlich, so am Fenster zu stehen. Ich werde nie so auf einen Mann warten, niemals.« May lachte abfällig.

»Warte es ab«, murmelte Emilia und beugte sich wieder über die zu flickende Wäsche.

Es war schon lange dunkel, Emilia hatte die Kleinen gefüttert, aber mit dem Abendessen auf Harry gewartet. Doch gegen acht war er immer noch nicht da.

»Vielleicht ist etwas dazwischengekommen«, versuchte sie Hannah zu trösten. »Vielleicht kommt er später. Sei's drum, wir können nicht länger mit dem Essen warten. Auch May und Lina müssen ins Bett, sie haben morgen Schule.«

Hannah nickte, Furchen der Sorge hatten sich um ihren Mund eingegraben. Sogar May war jetzt voller Mitleid. »Ihm ist sicher nichts passiert«, sagte sie und legte ihrer Schwester die Hand auf die Schulter.

Unwillig schüttelte Hannah sie ab. »Geh und hilf Mama. Und lass mich in Ruhe.«

»Ist ja schon gut.« Kopfschüttelnd ging ihre jüngere Schwester zurück in die Küche, nahm die Teller aus dem Schrank und deckte den Tisch. »Kannst du das etwa verstehen?«, fragte sie ihre Mutter leise.

Emilia lachte. »Doch, ja, das kann ich. Früher war es oft so, dass ich nur ungefähr wusste, wann Papa von einer Tour zurückkommen würde. Manchmal kannte ich nur den Monat oder die Woche, selten aber einen Tag. Die Tide bestimmte dann auch noch, bis wann Schiffe den Hafen anlaufen konnten. Und natürlich hing damals, als es nur Segelboote gab, alles vom Wind ab. Dennoch bin ich oft jeden Tag zum Hafen gegangen und habe Ausschau gehalten. Natürlich nicht über Stunden, das ging ja nicht, ich hatte ja euch zu Hause. Aber diese Sehnsucht, das Warten und Hoffen, das kenne ich nur zu gut.«

»Durch die Dampfmaschinen hat sich das alles natürlich geändert. Kaum vorstellbar, dass es früher nur Segelschiffe gab«, sagte May nachdenklich.

»Und noch früher gab es auch keine Straßen- und auch keine Eisenbahnen. Melbourne war ausschließlich über den Seeweg zu erreichen. Eine Strecke konnte schon mal einige Tage dauern. Zwei Wochen bis nach Perth waren nichts. Wie gut, dass das ganz anders ist und wir mit der Eisenbahn eine schnelle und sichere Verbindung haben.«

»Keine Eisenbahn.« May schüttelte den Kopf. »Und in Deutschland?«, fragte sie dann. »Wie ist es dort?«

»Deutschland ist ganz anders als hier. In meiner Erinnerung ist dort alles viel enger und kleiner, dabei kann das gar nicht sein. Ich bin in einem Gutshaus in Othmarschen aufgewachsen – mit einem große Park und einem See hinter dem Haus. Ringsherum gab es nur Felder, Wiesen und Wälder. Und natürlich den Deich und dahinter die Elbe.«

»Was ist ein Deich noch mal, Mama?« May setzte sich auf einen Stuhl und faltete die Servietten, die sie aus dem Kasten genommen hatte, zu ordentlichen Dreiecken. Ihre Wangen leuchteten, und ihre Augen blitzten. Nicht oft hatte Emilia Zeit, solche Gespräche mit ihren Kindern zu führen. Und auch jetzt stand sie am Herd und gab den Eierstich in die Brühe.

»Der Deich ist wie ein Wall, ein langgezogener Hügel. Er schützt das Land vor den Gezeiten und Stürmen.«

»Aber Hamburg liegt doch an einem Fluss und nicht am Meer.«

»An der Elbe. Aber die Nordsee ist nicht so wie der Pazifik, Kind. Die Nordsee ist wild und unberechenbar. Es gibt keinen Taifun, aber es gibt Sturmfluten. Und dadurch, dass alles so eng ist, muss man das Land schützen.« Sie schüttelte den Kopf. »Seltsam. Sydney ist viel größer als Hamburg, aber es erscheint mir doch luftiger hier. Dabei täuscht das sicher. Auch hier gibt es Straßen, in denen ein Haus am anderen steht, und die Häuser werden immer höher. Aber doch scheint es mir, als gäbe es hier mehr Raum.«

»Hast du es mal vermisst? Das Leben dort?«

»Nein.« Emilia nahm den Topf vom Herd und prüfte das Fleisch im Ofen. »Nein, das habe ich nicht. Hier bin ich zu Hause. Dennoch hätte ich Carola gern begleitet. Und sei es nur, um ihre Tante Mathilda kennenzulernen, bei der sie nun leben wird.« Sie zögerte kurz, so, als wollte sie noch etwas hinzufügen, schüttelte dann aber den Kopf. »Hol Lina und Hannah, wir können jetzt essen.«

Auch Arthur, der noch nicht schlafen konnte, durfte sich mit an den Tisch setzen. Der Sechsjährige strahlte über das ganze Gesicht. Kaum hatte Emilia das Fleisch aufgetragen, klopfte es an der Haustür, die sofort danach geöffnet wurde.

Harry stapfte in die Diele, ließ eine schwere Tasche auf den Boden gleiten.

Hannah war aufgesprungen und stürmte ihm entgegen. Lina linste um die Ecke und kicherte, als die beiden sich küssten. Emilia stand auf und schloss die Tür zur Diele.

»Gönnen wir ihnen mal ein paar Minuten allein«, sagte sie und schaute ihre Tochter tadelnd an.

»Wahre Liebe«, hauchte May und verdrehte die Augen. Lina sah sie an, und die beiden Mädchen fingen an zu lachen.

»Wartet nur ab«, meinte Emilia und schnitt das noch dampfende Brot ab und bestrich es für Arthur dick mit Butter.

Dann öffnete sich die Tür, und Harry und Hannah traten ein.

»Guten Abend, liebe Schwiegermama.«

Harry Bannister war ein sehr herzlicher und offener Mann. Seine blonden Locken schienen sich nie bändigen zu lassen, obwohl er sie immer mit viel Pomade behandelte. Nun trat er einen Schritt auf Emilia zu und küsste sie auf die Wange. Arthur tätschelte er über den Kopf, seinen beiden jungen Schwägerinnen zwinkerte er zu. »Es tut mir leid, dass ich so spät komme, doch eine Schafherde hatte sich auf die Gleise verirrt, und es hat zwei Stunden gedauert, bevor wir weiterfahren konnten.«

»Jetzt bist du ja da. Hast du Hunger?«, fragte Emilia.

»Wie ein Dingo in der Trockenzeit. Aber erst möchte ich mich waschen. Man könnte meinen, dass der gesamte Staub von Victoria in den Eisenbahnwaggons niedergeht. Und dazu dann noch der Ruß. Auch hier in Sydney scheint die Luft immer dreckiger zu werden, gerade jetzt, im Herbst.«

»Für Mai haben wir doch noch gutes Wetter«, sagte May, lächelte kokett und legte ihren Kopf zur Seite, so dass das Grübchen auf ihrer Wange noch besser zu sehen war. Hannah sah sie an, blickte dann zu Emilia, doch die grinste nur. Harry schien das Verhalten seiner Schwägerin jedoch gar nicht zu bemerken.

»Ich bringe dir warmes Wasser nach oben«, sagte Hannah.

»Oh nein. Du wirst nichts für mich schleppen, meine Liebste.« Flugs schüttete Harry heißes Wasser aus dem großen Kessel, der immer hinten auf dem Herd stand, in einen Krug. Dann drehte er sich um, und sie konnten seine Schritte auf der Stiege hören.

Hannah nahm einen weiteren Teller und Besteck aus dem Schrank und deckte den Platz für ihren Mann. Dann setzte sie sich mit einem seligen Lächeln auf den Lippen.

May und Lina warfen sich Blicke zu und kicherten, aber Hannah ließ sich davon diesmal nicht aus der Ruhe bringen.

Harry kam wieder herunter, blieb jedoch unschlüssig in der Tür stehen. »Ich … also, liebe Schwiegermama, es duftet köstlich und ich werde mich auch gleich auf dein leckeres Essen stürzen, aber … ich würde so gern kurz Eric sehen.«

»Eric schläft«, meinte Hannah, stand aber auf und legte ihre Serviette auf den Tisch neben ihren Teller. »Du musst ganz leise sein. Sie schlafen alle im Kinderzimmer neben dem Wohnzimmer. Mina, Elsa, Billy und Eric.« Sie nahm seine Hand und zog ihn hinter sich her.

Nach dem Essen wollte Emilia die beiden Mädchen und Arthur ins Bett schicken.

»Liebe Schwiegermama, noch einen kleinen Augenblick. Ich habe euch allen etwas mitgebracht und möchte es persönlich übergeben.« Er holte die schwere Tasche aus dem Flur und öffnete sie. »Für dich, Emilia, habe ich Gewürze aus Indien und Asien. Außerdem eine Flasche Kräuterlikör.« Er reichte ihr ein Paket und griff wieder in die Tasche. »Lina braucht eine neue Schultasche, schrieb mir Hannah. Ich habe diese beim Sattler machen lassen, es ist feinstes Känguruleder.«

Lina klatschte begeistert in die Hände. »Das ist ja wunderschön! Danke, Harry!«

Arthur und May schauten wie gebannt auf die Tasche. Was er wohl für sie mitgebracht hatte?

»Arthur, für dich habe ich etwas ganz Besonderes. Ich habe es erst letzte Woche aus England bekommen. Es ist das Modell eines Dampftraktors und soll, so wurde mir versichert, sogar funktionieren.« Er nahm einen schweren Kasten aus der Tasche. »Der einzige Wermutstropfen ist, es muss erst noch zusammengebaut werden. Das würde ich ja mit dir machen, aber ich muss schon morgen mit deiner Tante und deinem Cousin wieder abreisen.«

»Großvater macht das mit mir. Bestimmt«, sagte Arthur und biss sich auf die Lippen. Seine Wangen waren vor Freude gerötet, seine Augen strahlten.

»Großvater kommt erst in einigen Monaten zurück«, erinnerte Hannah ihn leise.

»Ich kann so lange warten. Danke, Onkel Harry.« Arthur zögerte kurz, aber dann fiel er Harry um den Hals. »Oh, danke. Das ist das tollste Geschenk meines Lebens.«

Emilia sah den Blick, den sich Harry und Hannah zuwarfen und runzelte die Stirn. »Jetzt aber ins Bett, du kleine Motte«, sagte sie zu Arthur. »Lina, sieh zu, dass er sich die Zähne putzt, Hals und Gesicht wäscht.«

»Ja, Mama«, seufzte Lina, nahm ihren Neffen an die Hand und stapfte mit ihm nach oben.

»Nun zu dir, May«, sagte Harry und lächelte. Dann zog er ein Paket aus der Tasche.

»Was ist es?« May sah ihn fragend an.

»Mach es auf.«

Sie nahm es entgegen und riss ungeduldig das Packpapier ab. Darunter kam ein wunderschöner, weicher Schal aus roter Wolle zum Vorschein.

»Das ist eine neue Wollzüchtung. Die Wollfäden sind viel weicher und feiner. Außerdem werden sie mit Seide versponnen. Ich habe gerade einige für die Kompanie geordert und fand, dieser hier würde wunderbar zu dir passen.«

»Oh! Danke.« May vergrub ihr Gesicht in dem weichen Stoff, dann umarmte sie Harry und küsste ihn auf die Wange – jedoch etwas länger, als schicklich.

»Gute Nacht, May!«, sagte Emilia durchdringend.

»Soll ich dir nicht noch helfen, die Küche aufzuräumen?«

»Nein, danke, mein Kind. Du musst morgen in die Schule. Ich schaffe das schon allein.«

»Ich helfe dir, Mama.« Hannah stapelte die Teller ineinander.

»Nein. Ihr beide geht ins Wohnzimmer und öffnet eine Flasche Wein und schürt das Feuer. Alinga wird mir helfen. Ich komme gleich nach.«

Emilia sah die beiden streng an, eine Widerrede war nicht möglich und so fügten sie sich.

Obwohl May recht hatte und das Wetter für Herbst meist noch gut war, wurde es in der Nacht schon kalt und vor allem feucht. In der Nähe des Glebe war ein altes Moorgebiet, und in dieser Jahreszeit zog oft der kalte Nebel hoch zu den Häusern. Das Feuer im Kamin wärmte das Wohnzimmer heimelig auf. Emilia rieb sich die nach dem Spülen trockenen Hände mit Wollfett ein und setzte sich dann seufzend in den Sessel und streckte ihre Beine der Wärme entgegen.

»Lieber Harry«, sagte sie dann leise. »Danke für deine Geschenke, aber du sollst die Kinder nicht so verwöhnen.«

»Wie oft habe ich denn die Möglichkeit dazu?«, fragte er lächelnd. »Ihr seid meine Familie. Und ich kann es mir leisten, die Geschäfte laufen gut.«

»Das freut mich sehr.« Emilia lehnte sich für einen Moment zurück, knetete ihre Hände. Dann griff sie in den Korb neben sich, wo die Flickwäsche war.

»Nun trink doch erst einmal einen Schluck Wein«, sagte Hannah und reichte ihr ein Glas. Sie sah ihren Mann an und dann wieder ihre Mutter.

Emilia legte den Socken, den sie hatte stopfen wollen, in ihren Schoss, nahm das Glas und nippte am Wein. Dann warf sie den beiden, die auf der Sofakante saßen, als wäre es ihre erste Verabredung, einen nachdenklichen Blick zu.

»Nun«, sagte Emilia schließlich. »Was möchtet ihr mir sagen?« Sie kniff die Augen zusammen.

»Wir wollen nur mit dir plaudern«, sagte Hannah und lachte, es klang gekünstelt.

Wieder schaute Emilia von Harry zu Hannah. »Glaubt ihr, ich bin verblödet? Raus mit der Sprache, was ist es?«

Harry seufzte. Dann holte er tief Luft, nahm die Hand seiner Frau und hielt sie zwischen seinen Händen.

»Emilia. Liebste Schwiegermama, wir beide haben uns so unsere Gedanken gemacht. Über dich und die Kinder und so.«

Emilia zog die Augenbrauen fragend hoch. »Und so?«

»Nun, schau dich an. Du hast so viele Kinder geboren und aufgezogen. Deine Jüngste, Lina, ist vierzehn, sie wird im Sommer fünfzehn, May ist gerade siebzehn.«

»Ich freue mich, dass du die Geburtsdaten deiner Schwägerinnen so gut im Kopf hast.« Emilia lächelte ihn an. »Und?«

Harry räusperte sich. »Ich wollte nur klarstellen, dass ich weiß, was du schon alles geleistet hast.«

»Danke. Ich nehme es zur Kenntnis. Und?« Wieder zog Emilia fragend die Augenbrauen hoch.

»Es geht um Minnies Kinder«, sagte Hannah nun. »Sie sind ja nun auch bei dir. Genauso wie Lily und ihr Otto wieder hier leben.«

»Ja?«, sagte Emilia nur und biss sich auf die Lippen.

»Liebe Schwiegermama, du wirkst so, als wollten wir dich angreifen.« Harry lachte nervös. »Das wollen wir nicht. Wirklich nicht.«

»Was wollt ihr denn, meine lieben Kinder? Mich darauf hinweisen, dass ich nun auch noch Minnies Kinder aufziehen werde? Das weiß ich.«

»Ja, es geht um Minnies Kinder.« Plötzlich klang Harry ernst. »Du hast schon so viel geleistet im Leben, und wir möchten dir einen Teil der Bürde abnehmen.«

»Abnehmen?« Emilia schluckte.

»Ja, Mama. Harry und ich haben lange darüber geredet und uns auch geschrieben. Wir wollen dich entlasten und zwei der Kinder mitnehmen. Arthur und Mina. Wir würden sie auch adoptieren, wenn Rudolph das zulässt.«

Emilia schnaufte. Dann trank sie einen großen Schluck Wein. »Hannah, darüber haben wir doch schon gesprochen.«

Hannah nickte nur und senkte den Kopf.

»Wir können ihnen alles bieten. Und wir würden sie lieben, wie unsere eigenen Kinder«, fuhr Harry unbeirrt fort.

»Das ist so lobenswert von euch. So christlich. Ich bin wirklich stolz auf euch«, sagte Emilia. »Und Minnie wäre es auch.«

»Also abgemacht?« Harry sprang auf, die Begeisterung sprühte förmlich aus ihm. »Wir nehmen sie morgen mit. Du kannst uns ihre Sachen mit der Post nachschicken. Viel brauchen sie nicht, wir werden eh alles neu kaufen.«

»Nein.« Emilia schüttelte den Kopf.

»Nein?« Harry blieb verwundert stehen. Gerade noch hatte er die Arme gehoben, um seine Schwiegermutter zu umarmen.

»Nein.«

»Was meinst du damit?«, wollte Harry wissen und trat einen Schritt zurück.

»Weißt du, du guter Junge, ich habe meiner Tochter Minnie auf ihrem Sterbebett versprochen, dass ich mich um ihre Kinder kümmern werde. Dass ich sie aufnehme und großziehe. Dieses Versprechen kann man nicht brechen, und doch habe ich es tun müssen. Rudolph wollte unbedingt, dass Tutt zu seiner Schwester kommt. Weiß der Kuckuck, warum.« Plötzlich klang sie ärgerlich. »Ich werde es mir nie verzeihen, dass ich Tutt habe gehen lassen. Aber das ist jetzt nun mal so. Die vier anderen aber werde ich nicht hergeben. Auf keinen Fall breche ich das Versprechen, das ich meiner toten Tochter gab, ein weiteres Mal.« Sie stand auf und strich ihren Rock glatt, schaute Harry an. »Das verstehst du doch sicher.« Dann holte sie Luft und lächelte. »Ich schätze euer Angebot sehr. Wirklich sehr. Es ist großherzig. Für mich ist es eine wahre Freude, zu sehen, wie sehr ihr euch um die anderen Mitglieder der Familie bemüht. Das ist mir wirklich wichtig, denn ich habe es in meiner Kindheit ganz anders erlebt. Gerade deshalb bin ich so froh, dass ihr dieses Angebot gemacht habt.« Sie schwieg einen Moment, fuhr dann fort: »Aber ich kann es nicht annehmen. Ich hoffe, ihr versteht das.«

»Wir wollen nur das Beste für die Kinder«, sagte Hannah leise.

»Das will ich auch.« Emilia nahm den Korb mit der Flickwäsche, nickte ihnen zu und ging in die kleine Kammer neben dem Kinderzimmer, in der sie schlief.

An Bord der Centennial

»Da«, rief Schmidt, der erste Steuermann und zeigte aufgeregt in das Wasser. »Ein Hai!«

Kapitän Lessing legte die Meerschaumpfeife zur Seite und trat zu ihm an die Reling. Er nickte.

»Smutje, ein altes Stück Speck an die große Angel und dann über Bord damit. Soll mich der Teufel holen, wenn wir heute Mittag keine Haifischflossensuppe auf dem Tisch haben.« Er strich sich zufrieden über den grauen Bart.

Carola drückte sich an die Wand des Kabinenaufbaus, schaute ihrem Großvater zu. Ein Hai? Und sie wollten ihn fangen? Wie so viele andere Dinge machte ihr das Angst.

»Tutt?« Der Großvater hatte das Mädchen entdeckt. »Komm zu mir, Tutt.«

Zögernd näherte sie sich ihm. Sie liebte den Großvater heiß und innig, fast so sehr wie ihre Großmutter. Aber seit sie bei ihm auf der *Centennial* war, also seit gut zwei Wochen, hatte sie ihn weniger zu Gesicht bekommen, als zu Hause in der Glebe. Im letzten Jahr war er nicht zur See gefahren, weil irgendetwas passiert war. Was genau, wusste Carola nicht. Aber sie hatte gespürt, dass es etwas Schreckliches gewesen sein musste. Großvater war immer zu Hause gewesen. Er hatte mit Arthur, May, Lina und ihr oft den botanischen Garten besucht, war zum Stadtrand gefahren oder an die Bay zum Schwimmen. Nie jedoch waren sie zum Hafen gegangen, obwohl dort sein Schiff, die *Centennial*, lag. Nie, bis zu dem verhängnisvollen Tag, als sie mit Koffer und Taschen, mit Tante Lily und Otto an Bord gegangen war, um nach Europa zu fahren. Aber an Bord war er fast immer nur auf der Brücke oder in der Kajüte zu finden, über Karten gebeugt. Seine Stimme, die zu Hause bei Großmutter so weich und sanft war, hatte auf dem Schiff einen ganz anderen Klang angenommen. Er brüllte nicht, aber alles, was er sagte, hatte eine gewisse Schärfe, und selbst Carola war klar, dass man ihm besser nicht widersprechen sollte.

Der erste Steuermann ließ die große Angel durch das Wasser gleiten und tatsächlich schnitt schon bald die schwarze Flosse des Hais wie ein Messer durch das Wasser hinter dem Köder her. Großvater Lessing hatte sich die Harpune geschnappt und stand an der Verschanzung. Winston, der Segelmacher, der wie alle anderen Seeleute, die gerade keine Wache hatten, das Geschehen verfolgte, nahm Carola an die Hand.

»Pass up, men Deern, gleich hamwa en Fisch an di Linn.«

Die Harpune flog, der Steward schickte sogleich noch eine Kugel hinterher, und alle jubelten, als der Hai, immer noch um sich schlagend, an Bord gezogen wurde. Seine schwarzen Augen schienen Carola anzustarren, und obwohl das Blut aus seinen Wunden in Strömen auf das Deck floss, schnappte sein Maul auf und zu.

»Pass nur auf, Tutt«, sagte Großvater Lessing. »Das sind die schärfsten Zähne der Ozeane.«

Der Smutje wetzte die Messer, ein breites Grinsen auf den Lippen. »Haifischflossen sind eine Köstlichkeit.« Obwohl sich der Fisch noch im Todeskampf hin und her warf, schnitt er mit raschen und geschickten Bewegungen die Flossen ab. Zu Carolas Entsetzen packten die Matrosen den Fisch und warfen ihn zurück ins Meer.

Allunga, die die Aufregung an Deck mitbekommen hatte, eilte zu Carola.

»Sie haben ihn einfach wieder ins Wasser geworfen«, sagte Carola fassungslos. »Dabei war er noch nicht tot.«

»Wir Seeleute hassen die Haie«, sagte Großvater beschwichtigend zu ihr. »Es sind Raubfische, gefährliche Raubfische. Sie fressen alles, was sie erwischen können.«

»Aber warum«, fragte Allunga nachdenklich, »nur die Flossen? Was ist mit dem Rest vom Fisch? Kann man das nicht essen?«

Großvater Lessing zuckte mit den Schultern. »Vermutlich schon. Aber das würde kein Seemann tun. Die Flossen sind jedoch eine Delikatesse. Und wir werden sicher noch mehr Fische fangen auf dieser Fahrt, um unseren Speiseplan aufzufüllen.« Er nickte Carola zu und ging wieder nach oben zum Ruder, wo der zweite Steuermann schon auf ihn wartete.

Obwohl die Suppe tatsächlich köstlich duftete, schaffte es Carola nicht, davon zu essen. Immer noch hatte sie das schnappende Maul mit den scharfen Zähnen vor Augen.

In den letzten Tagen war es drückend heiß gewesen. Kein Lüftchen wehte, und die Segel hingen schlapp an den Masten. Der Schornstein der Dampfmaschine stieß schwarzen Ruß aus, der sich wie feiner Staub überall verteilte. Er schien durch jede noch so kleine Ritze zu kommen, und allen fiel das Atmen schwer. Und dennoch war es kein Vergleich zu den Temperaturen im Maschinenraum, wo die Heizer eine Schippe Kohle nach der anderen in den Heizkessel schaufelten. Hier flirrte die Luft vor Hitze, und es war unerträglich stickig.

Tante Lily stand an der Verschanzung und schaute zum Himmel. In der Ferne türmten sich große Wolkenberge auf.

»Wird es gewittern?«, wollte Carola wissen. Sie trug nur ein dünnes Baumwollkleid und dennoch lief ihr der Schweiß den Rücken runter. Tante Lily hatte die Weste abgelegt und schien auch keine Unterröcke zu tragen.

»Ich weiß es nicht«, sagte sie nun. »Aber es wäre eine willkommene Abkühlung.«

Schmidt, der erste Offizier, trat zu ihnen. Auch er kniff die Augen zusammen und schaute zum Horizont. »Kann gut sein, dass es vorher abregnet«, sagte er und klang enttäuscht. Er zog ein Taschentuch hervor und wischte sich über das Gesicht, der Ruß färbte das Taschentuch ganz grau, und die Aschespuren über seiner Nase ließen ihn seltsam aussehen.

Lily lachte. »Das ist wirklich ein Elend. Man hat das Gefühl, von Asche überzogen zu sein. Selbst Waschen hilft nicht.«

»Das liegt an der Flaute. Wir machen zwar Fahrt, aber die Luft scheint sich nicht zu bewegen«, sagte Schmidt. »Doch das ist immer noch besser, als es früher war. Bei so einer Flaute haben wir schon manches Mal wochenlang auf See gelegen. Das war durchaus schlimmer als der Staub und die Asche.«

»Wochenlang?«, fragte Carola verblüfft. »Ohne weiterzukommen?«

»Oh ja, gnädiges Fräulein. Segler sind vom Wind abhängig, und wenn keiner weht, kann man nicht segeln.« Er lächelte.

»Aber was passiert, wenn nun gar kein Wind mehr aufkommt und man auf einem Segler ist?«, wollte Carola wissen.

»Einmal war es so. Drei Wochen lagen wir in einer Flaute. Es war heiß, und das Süßwasser wurde uns knapp. Nicht nur das Süßwasser«, sagte er brummend. »Aber das war unsere größte Not.«

»Und was haben Sie gemacht?«, fragte Lily.

»Uns blieb schließlich nichts anderes übrig, als die Ruderboote zu Wasser zu lassen und das Schiff zu ziehen. Es war die Hölle, doch dann haben wir endlich eine günstige Strömung erreicht, und mit dieser kam auch wieder Wind auf. Was haben wir gejubelt, als es endlich regnete.«

»Das würden wir wohl auch«, meinte Lily leise und schaute wieder zu der Wolkenfront.

Doch Schmidt behielt recht, die Wolken regneten ab, bevor das Schiff auch nur in ihre Nähe kam. An Bord war es inzwischen fast unerträglich. Die Passagiere saßen ermattet an Deck und fächelten sich Luft zu. Alle halbe Stunde erschien einer der Heizer auf dem Unterdeck, schweißüberströmt und rußig und ließ sich eimerweise mit Meerwasser übergießen. Dann stieg er wieder hinab in den Maschinenraum. Alle bedauerten die Männer, aber gleichzeitig war man auch froh, durch die Dampfkraft vorwärtszukommen.

»Das Wetter ändert sich«, sagte Großvater und setzte sich neben

Lily auf einen der Rohrstühle, die an Deck standen. Er nahm die Kapitänsmütze ab und wischte sich den Schweiß von der Stirn.

Lily schüttelte ungläubig den Kopf. Der Himmel war blau, und die Sonne brannte unbarmherzig auf das Schiff. Seit der Wetterfront, die in der Ferne geblieben war, waren nur noch einzelne Schäfchenwolken über den Himmel getrieben.

»Dort hinten«, sagte der Großvater. »Seht ihr das? Direkt da, wo der Horizont ist?«

Carola war aufgestanden und an die Verschanzung getreten. »Es sieht aus wie Nebel am Morgen. Ein kleiner Dunstschleier über dem Wasser.«

»Du hast gute Augen, Tutt. Das ist ein Unwetter, auf das wir zufahren. Das Barometer sinkt, als würde jemand mit aller Macht daran ziehen. Heute Abend wird es regnen. Heute Nacht aber wird es stürmen.« Er setzte sich die Mütze wieder auf, streckte den Rücken durch. »Ich hoffe, ich täusche mich, aber ich glaube, das wird eine üble Nacht werden.«

Frau Miller, eine der Reisenden, hatte das Gespräch verfolgt. »Müssen wir uns Sorgen machen, Kapitän Lessing?«, fragte sie ängstlich.

»Nein, gnädige Frau. Es wird ein wenig schaukeln, aber die *Centennial* ist ein starkes und sicheres Schiff.« Er lächelte, stand auf, nickte ihnen zu und ging zum ersten Steuermann, der gerade Wache hatte.

Nur Carola schien bemerkt zu haben, dass sein Lächeln nicht echt wirkte.

Die nächsten Stunden jedoch zeigten nichts von der Wetteränderung, die Großvater prophezeit hatte. Es schien nur noch drückender und heißer zu werden. Lily hatte sich in die Kabine zurückgezogen und nahm ein kühles Bad. Da das Süßwasser knapp wurde, musste sie sich mit Meerwasser zufriedengeben. Auch Otto, der sonst immer ein sonniges Gemüt hatte, war inzwischen unleidlich. Allunga hatte ihre liebe Not mit ihm.

Carola hatte sich nach vorn zur Kombüse und zur Mannschaftskajüte geschlichen. Karl, der Schiffsjunge, stand am Verschlag der Hühner. Er blickte kaum auf, als Carola zu ihm ging.

»Sie krepieren, eines nach dem anderen«, sagte er traurig.

»Dat is wohl man die Hitze, min Jung«, rief der Smutje ihm zu. »Da machste nix dran.«

»Großvater sagt, es wird nachher regnen.« Carola schaute wieder zum Horizont.

»Nu, denn is dat man so. Der Kapitän wird's schon wissen.« Der Smutje kam aus der Kombüse, auch sein Gesicht war schweißüberströmt. »Ik gloob och, dat dat nachher regnen wird.« Er zeigte hinter sich. »Polly hat sich inne Kajüte verzogen un die olle Katt och. Die spüren dat. Dat wird wohl ordentlich wumsen inne Nacht.«

Polly war der alte Papagei, der immer mit dem Smutje auf Reisen ging. Normalerweise saß er am Niedergang des Vorschiffs oder vor der Kombüse und beobachtete das Treiben an Bord.

»Soll ich die Hühner unter Deck bringen?«, fragte Karl besorgt.

»Nö, da verrecken se nur. Du kanns man die Eimer uphole.«

»Wofür soll er Eimer holen?«, fragte Carola.

»Na, fürn Regen, min Deern. Wir können allet Wasser gebroochen. Jedn ollen Drop. Ik weeß ja nich ma, wie ich Tee koocken soll.« Er bückte sich, griff in den Hühnerstall und nahm die beiden verendeten Tiere heraus. Dann setzte er sich auf die Bank vor der Kombüse und rupfte sie. »Dat gibten lecker Eintopf heut.«

Fasziniert und mit leichtem Ekel schaute Carola ihm zu. Obwohl seine Hände von der Gicht verkrümmt waren, flogen die Federn nur so. Mit flinken Bewegungen rupfte er erst das eine, dann das andere Huhn. Dann ging er in die Kombüse, hielt beide Vögel an den Füßen über die Herdflamme, so dass die letzten Federn und die Kiele abflammten. Genauso hatte es auch ihre Mutter gemacht, fiel Carola ein. Auch Karl hatte zugeschaut, senkte dann den Kopf. »Die helle Henne mochte ich so gern. Der habe ich immer Schaben gebracht, sie hat sie aus meiner Hand gepickt.« Er ging an der Kombüse vorbei zum Niedergang.

»Was machst du?«, wollte Carola wissen.

»Eimer holen, hast den Smutje doch gehört.« Er grinste ihr zu, und die Sommersprossen auf seinem Gesicht schienen Muster zu bilden.

»Ich helfe dir.« Carola lief hinter ihm her.

»Du bist doch ein Frollein, das schickt sich nicht«, sagte er und stupste sie in die Seite. »Wenn der Kapitän das sieht, lässt er mich kielholen.«

»Echt?« Carola blieb an der Leiter zum Niedergang stehen.

»Unfug! Als ob der Kapitän nach hier vorn kommen würde, außer etwas wäre mit den Klüvern oder so. Aber du bist doch ein Mädchen, du kannst doch gar nichts schleppen.« Lachend rutschte er, den Rücken zu den Stufen, den Niedergang hinunter.

Die Stiege war schmal und steil, an beiden Seiten mit Handläufen versehen, die Karl festhielt, während er sich hinuntergleiten ließ.

Das will ich auch können, dachte Carola und biss sich auf die Unterlippe. Sie packte die Handläufe, machte ihren Rücken steif und schwang sich in den Niedergang. Aber irgendetwas hatte sie falsch gemacht, denn sie sauste nicht, so wie Karl, elegant nach unten, sondern polterte hinab, stieß sich das Kreuz und blieb an einer Stufe mit dem Rock hängen. Es ratschte – der Rock war zerrissen. Ohne darauf zu achten, rappelte sie sich hoch und lief hinter Karl her. Dunkel war es hier unten, das Licht aus dem Treppenschacht nur noch diffus. Das Stampfen der Dampfmaschine war hier viel lauter und bei jedem Schwingen der Antriebswelle zitterte der Boden unter ihren Füßen. Es roch muffig und unerträglich heiß, fast schien es ihr, als würden die Holzbohlen glühen, so sehr strahlten sie die gespeicherte Wärme aus. Als etwas vor ihren Füßen über den Boden huschte, blieb Carola erschrocken stehen. Natürlich gab es auf jedem Schiff Ratten und Mäuse, aber in ihrer Kabine, auf dem Oberdeck und im Salon hatte sie bisher noch keine zu Gesicht bekommen.

»Kommst du?«, rief Karl, der irgendwo vor ihr in dem Gewirr der Gänge verschwunden war.

»Wo bist du?«, fragte Carola unsicher. Da tauchte er plötzlich wieder vor ihr auf.

»Hier. Dort in der Ecke stehen etliche Bottiche und Eimer, die müssen wir nach oben schaffen.«

»Und dann?«, fragte sie.

»Kindchen, wir müssen sie aufstellen. Die großen Fässer für Frischwasser, sind fast alle leer. Falls der Kapitän und Polly recht haben, wird es nachher regnen, und wir müssen versuchen, so viel Wasser wie möglich aufzufangen, um die Tanks wieder zu füllen.« Ungeduldig zog er sie mit sich. »Und ich glaube Polly mehr als dem Kapitän«, fügte er leise hinzu, blieb dann abrupt stehen und sah Carola entsetzt an. »Bitte … bitte, versteh das nicht falsch«, stotterte er.

Carola lachte. »Warum glaubst du einem ollen Papagei mehr als meinem Großvater?«

»Polly hat das einfach in den Knochen, irgendwie. Weiß auch nicht. Das ist meine zweite Fahrt als Schiffsjunge. Die erste habe ich auf der *Richard*, einem Vollsegler, nach Südamerika gemacht. Da war auch der olle Smutje mit seiner Polly dabei. Und der Vogel ist echt besser als jedes Barometer.« Er knetete die Hände. »Sag's ihm nicht, ja?«

»Was soll ich nicht sagen?«, fragte Carola verwundert.

»Dass ich … nun, weißt du, dem Vogel mehr traue … als ihm«, murmelte er und senkte den Kopf.

Carola lachte auf. Sie konnte sich kaum noch halten, so sehr erheiterte sie die Aussage. Dann stieß sie ihn in die Seite. »Wo sind denn nun die Eimer, ich ersticke hier unten.«

»Du wirst es nicht verraten?«

»Meinst du, ich bin blöde? Oder eine olle Petze?« Sie nahm seine Hand und fühlte die schweißige, schwielige Haut. Karl erwiderte den Druck.

»Komm«, sagte er. »Da vorn sind die Eimer.«

Sie standen ineinandergestapelt in der Ecke, Eimer um Eimer. Daneben Bottiche und Zuber. Carola schüttelte erstaunt den Kopf.

»Kommt es so oft vor, dass Wassernot herrscht und man den Regen abwarten muss?«

»Nein, eigentlich sind die Eimer dazu da, Wasser aus dem Schiff zu schöpfen, falls es zu einem Leck kommt. Dann müssen Ketten gebildet und die Eimer von unten nach oben gereicht werden. Oder falls Feuer ausbricht, brauchen wir eine Löschkette. Da reichen keine vier Eimer oder so.«

Während sie die Behältnisse zum Niedergang trugen, dachte Carola darüber nach.

»Feuer«, sagte sie schließlich, »ist auf einem Schiff aber doch ziemlich ungewöhnlich. Schließlich ist überall Wasser um uns. Das ist doch keine Gefahr.«

Karl lachte. »Ich weiß von einem Schiff voller Kohle, die zu glimmen begann, weil es so heiß und jemand nicht vorsichtig genug war. Da reicht ein Funken. Die Kohle hat sich entzündet, und das Schiff hat sechs Tage gebrannt. Die Mannschaft hat den halben Ozean auf die Ladung gekippt, aber sie haben es nicht geschafft. Vor einer kleinen Insel in der Südsee sind sie in die Beiboote und konnten sich gerade noch retten.«

Carola schüttelte sich. »Ich bin froh, wenn wir wieder an Land sind. Auf dem Meer ist alles gefährlich – die Hitze, die Sonne, die Trockenheit. Wieso willst du Seemann werden, Karl?«

Er strahlte sie plötzlich an. »Weil es toll ist und ich mir kein anderes Leben vorstellen kann. Hast du schon mal nachts im Mondschein einen Wal blasen sehen? Das ist so gigantisch, das glaubst du nicht.«

»Wale habe ich noch nie gesehen«, gestand Carola.

»Hier wird es auch keine geben. Erst auf der Rückfahrt haben wir die Chance.« Er nahm zehn ineinandergestapelte Eimer und trug sie ächzend nach oben. »Ich trag die schon hoch, Kindchen. Danke für deine Hilfe.«

Kindchen, dachte Carola und schnaubte. Eine Rückfahrt, das wurde ihr schmerzlich bewusst, würde sie wohl nicht erleben. Ihre

Reise endete in Hamburg. Sie kletterte den Niedergang nach oben und besah sich den Riss in ihrem Kleid. Immer noch war es drückend heiß, und vielleicht hatte sie die Möglichkeit, das Kleid zu wechseln, ohne dass die ermattete Tante Lily es mitbekam. Nur ungern würde Carola sagen, wo sie das Kleid zerrissen hatte, denn eigentlich war es ihr nicht erlaubt, sich auf dem Vorderdeck bei der Mannschaft aufzuhalten. Vorsichtig schlich sie nach oben.

Auf hoher See

Allunga wanderte mit dem quengeligen Otto über das Deck und schien Carola nicht zu sehen, als diese vom Vordeck zurückkam. Schnell huschte das Mädchen in die Kabine, die Tür zu Lilys Raum war nur angelehnt. Ihre Tante lag ermattet und nur von einem dünnen Tuch bedeckt auf dem Bett und schlief. Ihr Mund war geöffnet, sie schnarchte leise. Grinsend schloss Carola die Zwischentür, zog eilig ihr Kleid aus und stopfte es unter ihr Bett. Mitten in der Kabine stand immer noch die Zinkwanne mit dem Meerwasser, in dem sich Lily erfrischt hatte. Schnell nahm Carola die Seife und einen Lappen vom Waschtisch und stieg in den großen Bottich. Das Wasser war überraschend kühl, aber das mochte daran liegen, dass Carola so erhitzt war. Sie wusch sich, legte sich dann zurück und genoss die ungewohnte Kühle auf der nassen Haut. Die *Centennial* hob und senkte sich in der schwachen Dünung, und das Meerwasser in der Wanne schien auch Seegang zu haben, kleine Wellen schlugen an den Rand, auch wenn Carola sich nicht bewegte.

Plötzlich öffnete sich die Tür. Allunga trug Otto, der wohl gerade in ihren Armen eingeschlafen war. Sie sah Carola überrascht an.

»Was machst du?«, wisperte sie.

»Ich bade.« Carola grinste. »Das siehst du doch.«

»Pst. Weck ihn bloß nicht auf.« Allunga schaute sich um.

»Tante Lily schläft«, flüsterte Carola ihr zu. »Leg doch Otto zu ihr. Sie wird es bestimmt nicht merken.«

Unschlüssig sah das Kindermädchen sie an, dann stieß sie vorsichtig mit der Hüfte die Zwischentür auf und spähte in das Nebenzimmer. Lily schlief tief und fest. Allunga schlich hinein, legte den kleinen Otto neben seine Mutter auf das breite Bett, kehrte dann auf Fußspitzen zurück zu Carola und zog die Tür leise hinter sich zu.

»Deine Haare sind voller Spinnenweben«, sagte Allunga und betrachtete Carola kritisch. »Wo warst du?«

»Ich habe Eimer geholt. Für das Regenwasser, das nachher kommt. Großvater hat es versprochen.«

»Regen? Ich weiß fast gar nicht mehr, wie sich Regen anfühlt. Komm, ich wasche deine Haare. Du kannst ja nicht rumlaufen wie ein Kellerkind. Wo an Bord gibt es denn so viele Spinnweben?«

»Unten im Vorschiff«, erklärte Carola und löste ihren Zopf. Sie beugte den Kopf nach vorn und hielt die Luft an, während Allunga ihr das kalte Wasser aus dem Krug über den Kopf goss.

»Dieses verdammte Salzwasser«, murmelte Allunga verärgert. »Es ist irgendwie klebrig, und man bekommt nichts wirklich sauber damit. Es reicht nur zum Abspülen.« Mehrfach schöpfte sie Wasser aus der Wanne und goss es Carola über den Kopf, dann fasste sie die langen, dunklen Locken des Mädchens mit ihren kräftigen Händen und wrang sie aus. »Und nun raus, bevor du Schwimmhäute bekommst. Bist ja kein Fisch, Kind.« Sie hielt Carola das Handtuch entgegen, rubbelte sie trocken. Dann wischte sie sich den Schweiß von der Stirn.

»Willst du nicht auch?«, fragte Carola. »Es ist zwar Salzwasser, aber es erfrischt.«

»Ich?« Allunga sah sie an und schüttelte den Kopf.

»Aber warum denn nicht?«

»Ach, Kindchen, ich bin nur euer Mädchen und sollte im Zwischendeck schlafen. Ich habe schon manchen bösen Blick von den anderen Reisenden gesehen. Wir Aborigines sind nicht gleich mit euch.«

Carola kaute auf ihrer Lippe. »Das verstehe ich nicht. Vielleicht kannst du mir das erklären, aber nimm doch erst schnell ein Bad, ich horche auch auf Otto und nehme ihn, falls er wach wird. Ich bin mir sicher, Tante Lily würde auch wollen, dass du das Wasser nutzt. Schau, es ist nicht wirklich dreckig. Es sind nur die paar Spinnenweben drin …«

»Und jede Menge Ruß.« Allunga lachte leise. »Schau dir mal das Handtuch an. Man könnte meinen, du hättest ein Schlammbad genommen, so schmutzig ist es.« Dann holte sie tief Luft. »Aber eigentlich hast du recht, und meiner Haut sieht man es nicht an, ob ich nur durch den Staub gelaufen bin oder darin gebadet habe.« Sie lauschte, doch von nebenan war nichts zu hören. »Ganz schnell, einmal hinein und wieder heraus.«

Hastig streifte sie ihr Kleid ab, legte es zur Seite und stieg dann in die Wanne. Sie seufzte wohlig auf und ließ sich in das Wasser sinken. »Du hast recht, das war eine gute Entscheidung.«

Carola nahm sich frische Wäsche aus dem Kasten, zog sich an. Sie zögerte, sollte sie das zerrissene Kleid erwähnen? Irgendwann würde sicher auffallen, dass es verschwunden war. Irgendwann. Dann konnte sie ja immer noch über eine Ausrede nachdenken. Also fischte sie auch ein neues Kleid aus dem Kasten, legte es ordentlich auf ihr Bett. Allunga würde ihr mit den Knöpfen und Schleifen helfen müssen.

Die Aborigine blieb nicht lange im Bad. Bald schon trocknete sie sich ab, zog sich an und half Carola mit dem Kleid und der Frisur. Tatsächlich ließen sich die salzwasserschweren Haare viel schlechter kämmen. Die Tränen schossen Carola in die Augen, so sehr ziepte und zog es, aber sie biss sich auf die Lippen.

Gerade, als beide fertig waren, hörte man ein leises Jammern von nebenan. Eilig holte Allunga den kleinen Otto, wiegte und herzte ihn.

»Lass uns an Deck gehen«, schlug Carola vor. »Es dauert sicher nicht mehr lange, bis es Essen gibt.«

»Bei der Hitze hat sowieso niemand Hunger«, meinte Allunga.

Es mochte gerade eine Stunde vergangen sein, seit Carola in die Kabine gegangen war. Sie waren zwei Grad südlich des Äquators, und um sechs fiel schon die Dämmerung ein – für zehn Minuten, dann herrschte Nacht. Doch heute, anders als an den anderen Abenden, an denen nur die Rußwolken aus dem Schornstein den Himmel bedeckten, konnte man keine Sterne sehen. Es war duster, eine Finsternis, die Carola so noch nicht beobachtet hatte. Als hätte jemand den Himmel mit einer schweren Wolldecke überzogen. Während Allunga Tante Lily half, sich anzuziehen, schlüpfte Carola an Deck und schlich sich auf die Brücke. Dort stand Großvater und schaute auf den Horizont, obwohl dort außer Schwärze nichts zu sehen war. Wind war aufgekommen, und plötzlich herrschte eine hektische Betriebsamkeit an Bord. Die Segel wurden gehisst, der Flögel genau beobachtet.

»Vorsicht mit den Topsegeln«, rief Großvater. »Sobald die ersten Sturmböen kommen, müssen wir sie reffen.«

Carola drückte sich an die Seite des Kartenhauses, beobachtete das Treiben. Spannung lag greifbar in der Luft, alles schien zu knistern. Und dann bemerkte sie die Wellen, die plötzlich weiß glänzende Schaumkronen hatten und sich auftürmten.

Der Wind nahm zu. War es zuerst noch ein Lüftchen, das durch Carolas feuchte Haare strich, wurde es zu einer ordentlichen Brise, die den einen vergessenen Schal und das andere Papier von Bord fegte. Der Flögel flatterte aufgeregt am Topmast, Kapitän Lessing sah immer wieder zu ihm hin.

»Jager und Besan setzen. Wir nehmen mit, was wir kriegen können, Jungs«, brüllte er.

Carola spürte, dass sie hier nicht willkommen war, und ihr Großvater sie besser nicht entdecken sollte. Also schlich sie sich wieder nach unten. Auf dem Deck standen einige der Passagiere und genossen den Wind, der auch endlich den Ruß von Bord wehte. Die Luft schien klar, aber auf einmal auch viel kälter zu sein. Carola fröstelte.

Noch lachten die Reisenden und hielten sich an der Reling fest, während die *Centennial* mehr und mehr in den Wellen stampfte. Doch bald verging ihnen das Lachen. Die ersten Regentropfen fielen und brachten kühle Erfrischung. Doch dann, wie mit einem Paukenschlag, zuckten die Blitze über den Himmel, und der Donner folgte sogleich. Nun liefen alle in den Salon. Der Regen peitschte urplötzlich über das Deck, prasselte an die Fenster. Carola schaute sich um – Allunga, Tante Lily und Otto mussten noch in der Kabine sein. Das Schiff hob und senkte sich, schien zu ächzen. Sie konnte die Befehle hören, die Kapitän Lessing über das Deck brüllte. Die Topsegel wurden eingeholt. Jeder Mann, so schien es Carola, war plötzlich an Deck, auch die, die keine Wache hatten.

Sie entdeckte Karl, der behände zwischen den Seeleuten über das Deck lief und die Eimer und Bottiche aufstellte. Endlich, dachte sie, das Süßwasser. Morgen würde sie sich das klebrige Salz aus den Haaren waschen können.

Einer nach dem anderen erschien im Salon, so dass bald alle Plätze gefüllt waren. Der Steward deckte die Tische und servierte bald darauf die Suppe – Hühnersuppe.

Auch Tante Lily war inzwischen zu ihnen gekommen.

»Jim«, bat sie den Steward, »könnten Sie etwas Suppe in einen Henkelmann füllen? Und vielleicht auch etwas Brot und Butter holen? Mein Sohn ist ganz unleidlich, und das Mädchen ist mit ihm in der Kabine geblieben.«

»Selbstverständlich«, sagte er. Er war immer sehr höflich und zuvorkommend zu allen, doch bei Lily und Carola schien er noch ein wenig aufmerksamer zu sein. Kurz darauf kam er wieder zu ihnen an den Tisch. »Ich habe Ihrem Mädchen Suppe, Brot und Frikassee gebracht. Außerdem auch eine Kanne Tee. Falls Sie noch irgendetwas brauchen, geben Sie mir doch bitte Bescheid. Ich werde mich dann selbst darum kümmern.«

»Hoffentlich erreichen wir bald Singapur«, seufzte Tante Lily. »Ich fürchte, Otto hat sich bei dieser grauenvollen Hitze etwas eingefangen.«

Mrs Simons, die am Nachbartisch saß, beugte sich zu Lily. »Das kann auch der Wetterumschwung sein. Meiner Tante geht es den ganzen Tag schon nicht gut. Die drückende Hitze hat uns ja allen zu schaffen gemacht, aber heute war es noch schlimmer. Und dann dieser plötzliche Wetterwechsel.«

»Ja, ich bin so froh, dass es endlich einmal regnet.« Tante Lily nickte.

»Ich auch, aber der Seegang«, sagte nun Mr Meyer vom anderen Tisch. Er schüttelte verzweifelt den Kopf. »Das hält mein Magen nicht lange aus. Jim!«, rief er. »Einen doppelten Whisky.«

»Wollen Sie nicht erst das Hauptgericht essen?«, fragte der Steward verdutzt und schaute auf die große Terrine, die ihm Karl gerade gebracht hatte. »Es gibt Hühnerfrikassee. Der Smutje hat es ganz frisch zubereitet.«

Meyer führte die Hand zum Mund. »Nein«, sagte er würgend, stand auf und stürzte nach draußen.

Erstaunt sah ihm Tante Lily nach. »So schlimm ist es doch gar nicht«, sagte sie und hielt das Glas und den Teller fest, die nun vom Tisch zu rutschen drohten.

Die andere Gäste teilten sich in zwei Gruppen – die eine griff ebenfalls beherzt nach ihrem Geschirr und hielt es fest, als die *Centennial* sich plötzlich aufzubäumen schien und alles in Schieflage geriet, die anderen folgten Meyer.

Carolas Teller fiel, so wie etliche andere, zu Boden. Sie klammerte sich an die Armlehnen ihres Sessels. Die Petroleumlampe an der Decke schaukelte wild und erlosch dann. Ein Aufschrei ging durch den Salon, aber schnell hatte Jim zwei Sturmkerzen auf der Anrichte angezündet. Ihre Halterungen waren festgeschraubt und konnten nicht umfallen.

Nun neigte sich die *Centennial* in ein Wellental, schien metertief hinabzustürzen. Aus dem Gewitter war ein Sturm geworden.

Jim schaute sich fragend um. »Möchte jemand von dem Frikassee? Es gibt auch noch frisches Brot dazu.«

»Gern«, sagte Tante Lily fröhlich, doch sie war die Einzige, die anderen lehnten ab.

Jim füllte ihren Teller, während ein triefend nasser Karl begann, das heruntergefallene Geschirr einzusammeln. Zum Glück war nur wenig auf dem dicken Teppich des Salons zerbrochen. Carola stand auf und eilte Karl zu Hilfe, ihr war nicht nach Essen zumute. Es war immer noch besser, sich zu bewegen, stellte sie fest, als sitzen zu bleiben.

»Wird das noch lange so gehen?«, wisperte sie ihm zu.

Karl zuckte mit den Schultern. »Ich glaube, das ist erst der Anfang. Noch hat der Kapitän nicht alle Segel einholen lassen. Er will jeden Hauch vom Wind ausnutzen, um schneller voranzukommen. Sobald er aber alle Segel einholt, geht es richtig rund.«

»Es wird noch schlimmer?«, fragte Carola entsetzt, sie konnte sich jetzt schon kaum auf den Beinen halten und staunte darüber, wie sicher sich Karl und Jim bewegten.

»Vielleicht, vielleicht auch nicht«, sagte er und stellte das Geschirr in den Bottich in der Pantry. Das war die kleine Teeküche, in der Jim das Essen anrichtete, das ihm vom Smutje aus der Kombüse gebracht wurde. Dort befanden sich auch die Regale mit den alkoholischen Getränken und ein kleiner Gaskocher, um schnell Teewasser oder Ähnliches zu erwärmen.

Carola drückte sich in eine Ecke, dort stand sie einigermaßen fest und musste sich nicht krampfhaft festhalten. Das Schiff schien auf den Wellen zu hüpfen, hoch und runter ging es, wie ein großes Känguru, nur dass sich das gesamte Schiff hob und senkte – immer der Bug zuerst.

Carola sah in den Salon. Dort saß nur noch Tante Lily und löffelte seelenruhig ihr Frikassee. Mrs Simons hatte das Taschentuch gegen Mund und Nase gepresst und schaute starr auf den Boden. Da waren noch Reverend McKenzie aus Melbourne und zwei Ordensschwestern der Franziskanerinnen aus Sydney. Die Schwestern umklammerten ihr Gebetbuch, während der Reverend sich an seinem Whiskyglas festhielt. Nur Mr Brown schien das Wetter und der Seegang genauso wenig auszumachen wie Tante Lily. Er hatte sich eine Flasche Absinth mit an den Tisch gebracht, nahm sie nun und stand auf. Carola konnte nicht ausmachen, ob er wankte, weil er getrunken hatte, oder ob es dem Seegang des Schiffes zuzuschreiben war. Er umklammerte den Flaschenhals, so, als würde er ihn führen, hielt den Arm ausgestreckt und ging zu Tante Lilys Tisch.

»Darf ich mich setzen, my Lady?«, fragte er.

Tante Lily zögerte, bemerkte Carola, die aus der Pantry in den Salon spähte. Doch was sollte sie schon sagen? Nein? Wobei Carola ihr das zugetraut hätte.

»Wenn Sie möchten.« Tante Lily schaute zu Mrs Simons und dem Reverend. »Wollen wir uns nicht alle an einen Tisch setzen?«, fragte sie laut und so fröhlich, dass selbst Carola die Unechtheit bemerkte. »Jim, bring uns doch bitte etwas zu trinken. Ich hätte gern einen Grog. Und Ihr?«, fragte sie Brown.

Er hielt die Flasche hoch, schwenkte sie hin und her. »Das ist mein Engel und mein Teufel«, sagte er.

»Einen Grog, das klingt gut. Mit reichlich Rum, Jim, aber schön heiß.« Vorsichtig stand Mrs Simons auf, stützte sich an den Lehnen der Stühle ab und kam zu ihnen herüber.

»Whisky.« Der Reverend nickte Jim zu. »Pur. Eis haben wir ja nicht an Bord.« Auch er stand auf und setzte sich zu der kleinen Gesellschaft. Die beiden Franziskanerinnen zögerten noch, doch dann hob eine weitere Welle die *Centennial* in die Höhe.

»Oh mein Gott! Wird das unser Ende sein?«, flüsterte die eine.

»Und wenn es so ist, lass es uns gebührend feiern«, sagte die Zweite und stand ebenfalls auf, ging zu Tante Lilys Tisch. »Ich nehme dann auch einen Whisky. Vielleicht hilft es ja.«

»Schwester Andrea …« Die andere saß an ihrem Platz, schaute fassungslos drein. »Ob das dem Willen Gottes entspricht?«

»Schwester Maria, das wird uns Gott sicher mitteilen, wenn das Schiff sinkt. Falls es nicht sinkt, werde ich Buße tun. Aber jetzt brauche ich etwas für meinen Magen.« Sie setzte sich und schaute Jim erwartungsvoll an. »Einen Doppelten, bitte.«

»Also wirklich.« Schwester Maria sprang auf und verließ den Raum. Die Tür, die sie offen ließ, schwang mit dem Wind hin und her, bis das Schiff wieder in das nächste Wellentief tauchte, dann knallte sie zu. Aber niemand nahm davon Notiz.

Jim schenkte allen reichlich ein. Breitbeinig stand er da, wie ein Fels in der Brandung und schien kaum zu schwanken.

Er geht mit der Bewegung des Schiffes mit, stellte Carola fasziniert fest. Er beugt sich vor und zurück, so wie sich die *Centennial* bewegt. Nur seine Füße scheinen am Boden festgenagelt zu sein. Vielleicht ist das die richtige Methode, um mit dem Schaukeln und Stampfen klarzukommen. Carola probierte es aus. Breitbeinig stellte sie sich in die Pantry und folgte mit dem Oberkörper den Bewegungen des Schiffes. Das ging gut, zwei Wellen lang, doch dann drehte der Wind und eine Breitseite brach über die *Centennial,* und Carola stürzte. Karl war inzwischen wieder nach draußen auf das Deck geeilt. Die Eimer und Bottiche mussten in die Fässer unter Deck geleert werden. Carola rappelte sich auf. Zu gern hätte sie ihrem Freund geholfen, aber ganz bestimmt wäre sie, so unsicher, wie sie war, gar keine Hilfe gewesen. Der Wind und die Wellen hätten sie sicherlich einfach über Bord gespült.

Sie ging in den Salon, setzte sich in die Ecke und lauschte dem Gespräch der Erwachsenen. Doch nach und nach verstummten die Stimmen. Nun waren alle Segel eingeholt worden, auch die Eimer und Bottiche standen nicht mehr an Deck, über das die See fegte. Carola hoffte, dass genügend Regenwasser aufgefangen worden war, um alle Fässer zu füllen. Die Dampfmaschine stampfte und stöhnte wie ein großes Tier im Bauch des Schiffes, aber es war nicht auszumachen, ob sie vorwärtskamen. Nur hin und wieder erhellte ein Blitz die Finsternis. Großvater Lessing war zweimal in die Pantry gekommen, sein Mantel und Südwester triefend vor Nässe. Er nahm einen großen Schluck aus der Rumflasche, die für ihn bereitstand, dann straffte er die Schultern, drückte die Tür auf und stapfte wieder ans Oberdeck.

Nur noch der Reverend saß bei Tante Lily am Tisch. Er hatte reichlich getrunken und schlief laut schnarchend. Auch Tante Lily hatte die Augen geschlossen, doch sie schlief nicht, das wusste Carola, denn immer wieder lächelte sie. Carola hatte sich auf dem Sessel eingerollt, Jim hatte ihr eine Decke aus der Kabine geholt, denn mit dem Sturm war auch kühler Wind aufgekommen.

»Willst du nicht zu Bett gehen, Tutt?«, fragte Lily plötzlich so leise, dass Carola erst meinte, sie hätte es sich eingebildet. Doch ihre Tante hatte die Augen geöffnet und sah sie an.

»Gehst du nun zu Bett?«

»Nein.« Lily schüttelte den Kopf.

»Hast du Angst?«, flüsterte das Mädchen.

Lily lachte. »Gott bewahre. Papa wird das Schiff schon sicher durch den Sturm steuern. Und der Wind lässt schon nach.«

Carola lauschte, aber das Brausen schien ihr nicht schwächer geworden zu sein. »Bist du dir sicher?«

»Oh ja. Man kann es an der Höhe der Töne hören, wenn man weiß, worauf man achten muss. Wir sind schon durch schlimmere Stürme gesegelt. Früher.«

»Und ihr hattet nie Angst?«

»Deine Mutter schon.« Ein wehmütiger Zug legte sich auf ihr Gesicht. »Minnie hasste die See. Dennoch ist sie auch später das ein oder andere Mal mit Papa gefahren. Wir anderen haben uns immer darum gedrängt, mit Papa segeln zu können, und wenn es auch nur bis Melbourne oder Perth ging. Wir fanden es aufregend und spannend, deine Mutter hat es nur Großvater zuliebe gemacht.«

»Ich glaube«, sagte Carola leise, »ich komme nach meiner Mutter.«

Am Äquator

Tante Lily hatte recht, schon vor dem Morgengrauen hatte der Sturm nachgelassen. Die See rollte, und das Schiff stampfte, aber der Wind brauste nicht mehr. Die Segel wurden wieder gesetzt, und es ging volle Fahrt voraus in Richtung Singapur. Die drückende und schwüle Hitze ließ nach, aber kühl blieb es nicht lange.

»Es ist kaum zu ertragen«, jammerte Schwester Maria und fächelte sich hektisch Luft zu.

»Ich finde es herrlich angenehm«, murmelte Mrs Simons. Die Damen lagen auf den Rohrsesseln auf dem Oberdeck unter einem Sonnensegel.

Tante Lily nickte. »Viel besser als diese feuchte Schwüle, die wir vor dem Sturm hatten. Das hält ja kein Mensch lange aus.«

»Wir sind fast bei der Linie, es wird nicht kühler werden, außer ein weiterer Sturm zieht auf.« Mrs Simons kniff die Augen zusammen und schaute zum Horizont. »Aber ich glaube, davor müssen wir uns nicht fürchten. Keine Wolken sind zu sehen.«

»Zum Glück gibt es wieder genügend Süßwasser. Es war ja unerträglich, in Salzwasser zu baden. Man fühlte sich nachher fast noch klebriger als zuvor«, jammerte Schwester Maria.

Tante Lily und Mrs Simons sahen sich an und verdrehten die Augen. Fast schien es so, als könne man es der Ordensschwester niemals recht machen. Das Essen schmeckte ihr nicht, die Kabine war zu klein und zudem nicht sauber genug, die Seemleute zu ungepflegt, der Kapitän zu brummig.

»Sind Sie nicht missionarisch unterwegs?«, wollte Tante Lily von ihr wissen.

»Ja, wir wollen das Wort des Herrn verbreiten.« Schwester Maria nickte eifrig. »Nach China soll es gehen.«

»Ob Sie da wohl eine angenehmere Situation vorfinden als in Australien oder auf diesem Schiff?«

»Ich bete Tag und Nacht darum. Aber Sie können sich nicht vorstellen, wie dreckig es bei den Goldsuchern war. Wir haben dort ja eine Missionsstation.«

»Dort haben wir schon etliche Chinesen kennengelernt«, sagte Schwester Andrea und lächelte. »Es sind so freundliche Menschen, auch wenn sie manchmal sonderbare Sitten haben.«

»Sie spucken immerzu auf den Boden.« Schwester Maria verzog wieder das Gesicht.

»Mein Traum wäre der Kongo«, sagte Schwester Andrea leise. »Dort zu missionieren, das wäre wunderbar.«

»Die Schwarzen?«, sagte Schwester Maria verächtlich. »Mir haben die schon in Australien gereicht. Was für eine hässliche Rasse das ist. Und so ohne jede Kultur. Unglaublich roh. Angeblich sollen einige Stämme ja auch Menschenfresser sein.«

Ihr Tonfall war voller Hass und Abscheu. Carola, die in einem Buch gelesen hatte, schaute auf. Auch Tante Lily ließ das Strickzeug sinken. Sie sah zu Allunga, die auf einer Decke mit Otto spielte. Man merkte dem Mädchen kaum an, dass es die Worte vernommen hatte, nur ihre Schultern schienen auf einmal angespannt zu sein.

»Wie bitte?«, fragte Mrs Simons. »Sie meinen doch nicht die Aborigines?«

»Doch, genau die. Dieser Körperbau – Männer wie Frauen haben dürre Arme und Beine, aber einen gedrungenen Oberkörper. Ich war einige Zeit in einer Mission bei Wagga Wagga, nahe dem Murray. Es war furchtbar. Die Wilden liefen herum, so wie Gott sie geschaffen hatte, und bekleideten sich kaum. Sie besitzen keine Moral und kein Schamgefühl. Und außerdem sind sie dumm.« Schwester Maria nickte entschieden.

Bei jedem ihrer Worte war Allunga zusammengezuckt. Tante Lily räusperte sich. »Otto hatte jetzt genug frische Luft, bitte geh mit ihm nach unten.«

Carola machte sich ganz klein, sie wollte nicht weggeschickt werden, sondern das Gespräch weiterverfolgen.

Allunga stand auf. Sie würdigte Schwester Maria keines Blickes, nahm Otto samt Decke hoch und ging zum Niedergang.

»Dass Sie dieses Mädchen beschäftigen, also darüber wundere ich mich ja schon die ganze Zeit. Haben Sie keine Angst, Gnädigste?«, fragte Schwester Maria.

»Nun sag einmal«, fiel ihr Andrea ins Wort, »was erlaubst du dir denn, Maria? Das sind aber keine christlichen Ansichten.«

»Du warst nicht da. Du weißt doch gar nicht, wovon ich rede«, sagte Schwester Maria spöttisch. »Die Aborigines sind zu nichts zu gebrauchen. Sie können keine Häuser bauen, sondern nur ganz primitive Hütten. Sie können kein Land bewirtschaften und kein Vieh züchten. Was hat man nicht alles versucht, um ihnen Kultur und eine gewisse Lebensgrundlage beizubringen. Nichts davon nehmen sie an.« Sie schnaufte heftig. »Sie nehmen das Vieh – Hühner und Schweine – und schlachten sie, essen sie auf, statt sie zu mästen und zu züchten. Und dann gehen sie einfach weiter. Sie bleiben nicht lange an einem Ort, weil sie zu dumm sind, um zu begreifen, dass man Vieh vermehren muss, bevor man es schlachtet.«

»Sie haben keine Ahnung von dem Volk. Gar keine Ahnung«, sagte Tante Lily leise. So leise, aber deutlich, dass Carola die Wut der Tante spürte. Doch Schwester Maria blieb davon unbeeindruckt.

»Natürlich habe ich das. Oder waren Sie schon mal im Outback? Ihr Mädchen, das ist so ein unglückseliger Mischling. Die Sträflinge hatten ja keine Wahl und haben sich genommen, was zu kriegen war. Deshalb gibt es diese vielen Mischlinge. Hässlich sind sie, und nur wenige sind lernfähig. Die meisten sind einfach nur missratene Kreaturen.«

Schwester Andrea schnappte nach Luft.

»Ich kenne einige Aborigines. Auf der Farm meines Mannes gibt es etliche Arbeiter – reinrassige oder auch Mulatten. Es sind anständige Leute, wenn man weiß, wie man mit ihnen umgehen muss.« Mrs Simons klang indigniert. »Man kann so oder so über die Mulatten denken, aber es sind Menschen.«

»Es sind minderwertige Menschen.« Schwester Maria lachte spitz auf. »Wir werden sie nie wirklich missionieren können, nie wirklich bezwingen können. Aber es werden zum Glück immer weniger. Irgendwann wird es keine mehr geben.«

»Was stört Sie denn an ihnen?«, fragte Tante Lily. »Das Aussehen? Die Hautfarbe?«

»Hässlich sind sie, das sagte ich doch schon.« Schwester Maria lehnte sich zurück und schien die Aufmerksamkeit, die sie bekam, zu genießen. »Die matte Haut in dem dunklen Ton, die tiefliegenden Augen, die Stirn und – oje – die Nase, die an Affen erinnert. Aber es gibt ja auch noch andere hässliche Rassen. Die Inder zum Beispiel. Manche, nicht alle. Und Muselmänner. Die sehen doch zum Fürchten aus.« Sie lachte affektiert. »Aber das ist ja nicht alles. Haben Sie von diesen Träumereien gehört? Die Aborigines träumen sich durchs Leben.« Sie schüttelte verwundert den Kopf. »Sie träumen und träumen und träumen. Man kann ihnen nichts beibringen.«

»Das ist nur ein Ausdruck ihrer Kultur«, sagte Tante Lily. »Die Traumreisen. Das ist ihre Art, die Vergangenheit zu bewahren.«

»Papperlapapp«, wiegelte Schwester Maria sie ab. »Was für ein Blödsinn. Sie haben keine Städte, noch nicht einmal Dörfer. Sie haben keine Kultur. Sie wandern durch dieses Land und träumen. Sie können nicht haushalten, weil sie keine Vorratshaltung betreiben, nichts anbauen und keine Tiere halten. Sie wühlen im Dreck und ernähren sich von Dreck. Und so sehen sie auch aus. Sie sind dumm!«

»Das stimmt nicht!« Carola sprang auf. Bisher hatte sie sich auf die Lippen gebissen, um ja nichts zu sagen, auch wenn sie gar nicht so recht verstand, worum es ging. Verstanden hatte sie aber, dass Schwester Maria die Aborigines für dumm und hässlich hielt.

»Allunga ist nicht hässlich. Und auch Alinga nicht. Und überhaupt ist keiner von ihnen hässlich. Wir haben immer wieder Aborigines-Mädchen, auch früher auf der Farm. Und dumm waren sie nie. Dumm sind Sie, wenn Sie so etwas sagen!«, schrie sie Schwester Maria entgegen.

Tante Lily sah Carola überrascht an, lächelte dann aber mild. »Geh nach unten, Tutt. Dies ist keine Unterhaltung für dich.«

»Aber Tante Lily, wie kann sie so über Allunga reden? Wie kannst du das zulassen? Es ist nicht gerecht.«

»Da sieht man, was der Einfluss dieser Wilden ausmacht. Das Kind ist ungezogen. Hat man es schon einmal erlebt, dass ein Kind eine Ordensschwester anschreit? Ich nicht.« Schwester Maria schüttelte den Kopf. »Wahrscheinlich hatte sie auch ein schwarzes Kindermädchen. Respekt haben die ja nicht, wie soll das Kind dann so etwas lernen?«

Tante Lilys Augen schienen zu blitzen, sie sah Carola streng an. Schnell lief Carola zum Niedergang und stieg hinab. Bestimmt würde sie später eine Standpauke von der Tante erhalten, vielleicht sogar vom Großvater. Schwester Maria hatte recht, so verhielt man sich nicht Erwachsenen gegenüber. Aber sie hatte diese schrecklichen Worte einfach nicht mehr aushalten können. Vor dem Salon blieb sie keuchend stehen und versuchte, sich zu beruhigen. Sie brannte darauf, zu wissen, wie das Gespräch weiterging. Leise huschte sie auf die andere Seite und schlich sich am Kartenhaus vorbei wieder nach oben. Sie drückte sich in eine Ecke hinter eine Taurolle und spitzte die Ohren.

»Aber auch Ihre Nichte hatte ein schwarzes Kindermädchen. Wie können Sie dann glauben, dass Ihr Sohn ein guterzogenes Kind wird?« Schwester Maria lachte wieder spitz auf.

»Allunga ist nicht irgendein Kindermädchen. Sie haben recht, sie ist eine Mulattin, so wie ihre Schwester, die auch für meine Mutter arbeitet. Der Vater ein Weißer, die Mutter eine Aborigine. Aber macht sie das zu schlechteren Menschen? Allunga kümmert sich hingebungsvoll um Otto.«

»Weil sie hier nicht wegkann, nicht auf ihre Traumwanderung gehen kann«, spuckte Schwester Maria verächtlich aus. »Sonst wäre sie schon längst auf und davon. Alle, aber auch alle gehen wieder. Man kann sie nicht binden. Deshalb können sie auch keine Verantwortung übernehmen.«

»Wir hatten immer zwei oder drei Mädchen«, sagte Tante Lily. »Darri war irgendwie immer da. Immer, wenn es wichtig war. Als würde sie spüren, wann man sie brauchte. Meine Mutter hat das akzeptiert. Wenn Darri gehen musste, aus irgendwelchen traditionellen Gründen, wegen ihrer Kultur, ihrer Traumpfade, stand am nächsten Tag eine ihrer Schwestern oder Cousinen vor der Tür. Sie konnte nicht dauerhaft bleiben, aber sie hat uns auch nie im Stich gelassen. Ich finde, das sollte man auch sehen.«

»Meine liebe, gute Mrs Evers«, Schwester Maria lachte spöttisch. »Was ist das denn für ein Verhalten? Zu gehen, weil man gehen muss? Weshalb muss man denn gehen, wenn man eine ordentliche Anstellung und somit Verantwortung hat? Muss man nicht. Die Wilden werden wir nie bezwingen, nur ausrotten können. So einfach ist das.«

»Das ist empörend«, sagte Tante Lily schneidend. »Und Sie wollen eine Missionarin sein? Missionare, die eine Rasse ausrotten wollen? Ich werde mich bei Ihrer Oberin beschweren. So jemanden wie Sie kann man ja nicht auf die Menschheit loslassen und schon gar nicht im Namen Gottes. Sind Sie von allen guten Geistern verlassen?« Lily war aufgestanden, stemmte die Hände in die Hüften. »Wissen Sie überhaupt, was Sie da sagen? Was Sie da von sich geben? Das sind Menschen, ein Volk, das schon immer in Australien lebt. Im Prinzip nehmen wir ihnen ihr Land weg, nur dass sie es uns so einfach machen, weil sie eben kaum siedeln. Es sind Nomaden. Sie wandern durch das Land, weil das ihr Leben ist. Ihre Kultur. Schwester Maria,

Sie haben keinen blassen Schimmer davon, was die Traumzeit der Aborigines ist. Ich auch nicht, ich habe es nicht verstanden bisher, weil es so komplex und gleichzeitig filigran ist, dass so plumpe und primitive Menschen, wie wir Europäer es sind, es nie begreifen werden!«

»Nun hören Sie aber mal«, sagte Schwester Maria beleidigt und stand ebenfalls auf. »Was erlauben Sie sich?«

Auch Mrs Simons war nun aufgestanden. »Sie haben in einer Missionsstation gelebt, wollten die Aborigines verändern, zivilisieren, zum Glauben zwingen. Diese Menschen haben einen eigenen Glauben. Sie glauben an ihre Vorfahren, die noch in ihnen leben, weiterleben. Die christliche Lehre ist ihnen fremd und wird es immer bleiben. Bei den Aborigines stirbt nur die Hülle, und die Seele lebt weiter in den Nachfahren durch ihre Traumwelt. Das ist eigentlich ein viel tröstlicherer Gedanke als der des Christentums mit Fegefeuer und Hölle. Auch leben die Aborigines ohne Viehzucht, Häuser und Felder seit Jahrhunderten. Warum müssen wir immer alles ändern und alle zwingen, so zu sein, wie wir sind, in den Ländern, in die wir kommen?« Sie schnappte nach Luft. »Mein Mann hat viele Aborigines auf seinen Farmen als Arbeiter. Sie sind gut, denn sie kennen die Natur. Sie sind nicht zuverlässig in dem Sinne, dass sie immer da sein können. Aber wenn sie wegmüssen, bringen sie meistens Ersatz. Nicht immer, zugegeben, aber das ist eben ihre Kultur. Man kann doch nicht Menschen, die immer so gelebt haben, plötzlich auf links stricken.«

»Aber wo bleibt der Glaube? Die Moral? Ist es nicht unsere Verpflichtung, dies zu den primitiven Völkern zu bringen?«, fragte Schwester Maria empört.

Mrs Simons und Tante Lily sahen sich an.

»Sie sind nicht primitiv«, sagte Tante Lily schließlich. »Nur weil SIE das glauben.«

»Moral?« Mrs Simons lachte bitter auf. »Die Aborigines sind viel moralischer als manch ein katholischer Priester.«

»Unerhört. Ihre Meinung ist unerhört. Schon fast skandalös. Wie können Sie nur mit den Wilden sympathisieren?«

»Schwester Maria!« Die Stimme von Schwester Andrea klang ein wenig hilflos. »Ich bitte dich, überleg, was du sagst. Um Christi willen.« Sie schaute zu Tante Lily und Mrs Simons. »Bitte, meine Damen, wir wollen doch hier keinen Streit an Bord.«

»Also wirklich. Mich an den christlichen Glauben zu erinnern. Ich habe mich mit Leib und Seele Christus gegeben. Und das habe ich nicht getan, um vor diesen gottlosen Frauen, den Wilden, zu Kreuze zu kriechen.« Schwester Maria sah sich empört um. »Ich glaube, dies ist die falsche Gesellschaft für mich.« Und dann rauschte sie ab, zum Niedergang backbord, neben dem Kartenhaus, wo Carola sich noch tiefer hinter die Taue drückte, um ja nicht gesehen zu werden.

Sie stolzierte an ihr vorbei, richtete noch ihre Haube, bevor sie sich umdrehte, um den Niedergang hinunterzuklettern. Für einen Moment fürchtete Carola, dass Schwester Maria sie entdeckt hätte, aber die Spinster verzog nur den Mundwinkel und kraxelte laut schnaufend weiter nach unten.

»Sie dürfen nicht denken, dass wir alle so sind«, flehte Schwester Andrea nun. »Ich bin ganz entsetzt, was Schwester Maria da geäußert hat. Es entspricht keineswegs der Auffassung des Ordens und meiner auch nicht. Gott bewahre.«

»Nun, meine Liebe«, sagte Mrs Simons, »es klang alles so … harsch.« Sie räusperte sich. »Ich kenne den Orden der Franziskanerinnen. Das ist sicher keine allgemeine Ansicht. Machen Sie sich keine Sorgen.«

»Wie, zum Henker, sind Sie an diese Schwester als Reisebegleitung geraten?«, fragte Tante Lily nicht ganz so milde. »Die ist ja grauenvoll und sollte in einen Konvent weit weg von allen.«

»Ich … Wir sollen eine Mission in China besetzen. Die beiden Schwestern dort wurden abberufen – eine von unserem obersten Herrn und die andere vom Orden, aufgrund ihres Alters.«

»Eine vom …« Tante Lily lachte auf. »Eine ist tot und die andere gebrechlich. Halleluja. Das wird ja ein wahrer Spaß für Sie werden, gemeinsam mit Schwester Maria. Da kann Sie keiner beglückwünschen.«

»Ich trage es mit Fassung. Und bin mir sicher, Gott wird mir schon bald eine andere Gefährtin im Glauben schicken.«

»Ja, die hält sicher nicht lange durch.« Mrs Simons grinste.

Nun konnte Carola nicht mehr an sich halten. Sie kam aus ihrem Versteck.

»Allunga ist nicht hässlich, und dumm ist sie auch nicht!«

»Natürlich nicht, Tutt. Schwester Maria hat ganz schlimme und falsche Vorstellungen.«

»Nun, es gibt natürlich einige Dinge, die stimmen«, sagte Mrs Simons nachdenklich. »Es gibt Stämme, die wissen nicht, was Eigentum ist. Und auch wirklich sesshaft können sie nie werden.«

»Aber das liegt doch an ihrer Kultur«, fiel Tante Lily ihr ins Wort. »Sie haben seit Jahrhunderten so gelebt. Sie kennen es nicht anders. Da sie Nomaden sind, haben sie nicht viel Eigentum, sie könnten es ja auch nicht mit sich herumschleppen. Nutztiere wie Kühe, Schafe oder Hühner gab es nicht – woher sollten sie Viehzucht kennen? Und es liegt ihnen im Blut, ihren Traumpfaden zu folgen. Wie gesagt, wir haben meistens gute Erfahrungen mit den Angestellten gemacht.«

»So meinte ich das auch.« Mrs Simons lächelte. »Meine Familie in Rangun hat einheimische Bedienstete. Manche Dinge wird man den Birmanen vermutlich nie beibringen. Aber auch die Inder haben ihre Eigenheiten, selbst wenn sie schon so lange kolonialisiert sind. Immerhin sind diese Rassen keine Nomaden.«

»Die Aborigines werden sich nicht missionieren lassen, befürchte ich«, fügte Schwester Andrea hinzu. »Sie sind zu eigen. Selbst die Mulatten, die Mischlingskinder, die von klein auf in der Mission wohnen, können einige Dinge nicht begreifen. Oder wollen es nicht. Zum Glauben zwingen kann man sie nicht.«

In diesem Moment hörten sie Schritte auf den Stufen zum Oberdeck. Carola drehte sich um und erschrak. Dort stand ein großer Mann mit einem wilden Bart aus grünen Algen. In der Hand hielt er einen Dreizack. Plötzlich entdeckte sie auch buntgekleidete Seeleute, mit Federn in den Haaren, die nach allen Seiten standen. Sie kletterten auf die oberste Rah und schwenkten dort die Arme.

Was geht hier vor, dachte Carola erschrocken. Doch dann kam Großvater Lessing zu ihr. Hinter ihm stand Karl mit einem Fässchen. Er sah sich unsicher um.

»Grüß Gott, Neptun«, sagte der Großvater und reichte dem grünbärtigen Mann die Hand. »Darf ich Ihnen einen Schluck anbieten?«

»Das wäre wohl fein«, brummte Neptun. Carola erkannte zu ihrer großen Überraschung die Stimme des ersten Steuermanns. »Wir passieren die Linie und werden sie nun über die Toppen werfen, so dass sich das Schiff nicht daran verhaken mag.«

»Habt Dank, Neptun«, sagte Großvater ernsthaft. »Jim, bring einen guten Schluck für Neptun und seine Männer.«

Die Seeleute in den Rahen jubelten laut.

»Aber es gibt noch etwas zu tun, werter Kapitän«, sagte Neptun ernsthaft und nahm den Sextanten von seinem Gürtel, richtete ihn auf den Horizont. Dann nickte er. »Wir haben die Linie passiert, aber es gibt Personen an Bord, die noch keine Äquatortaufe hatten. Das müssen wir nun nachholen.«

Karl krümmte sich zusammen, und auch unten auf dem Deck stand ein junger Leichtmatrose, der sich unsicher umschaute.

»Du da«, rief Neptun. »Ja, dich meine ich. Wie heißt du?«

»Jan von Hooken«, sagte er.

»Dein Dienstgrad?«

»Leichtmatrose, Sir!«

»Und stimmt es, dass du bisher die Linie nicht überquert hast?«

»Das ist richtig, Sir!«

»Wie kann das sein? Ein Leichtmatrose, der noch nicht bis zum Äquator gekommen ist?«

»Ich … ich war Schiffsmoses auf einem Schiff, das von Sydney nach Perth und von da nach Kapstadt und zurück ging. Zwei Jahre lang, Sir. Dann wurde ich befördert zum Leichtmatrosen. Dies ist meine erste andere Route, Sir, und deshalb habe ich die Linie noch nicht passiert.«

»Dann wird es Zeit für die Taufe. Männer, waltet eures Amtes.«

Zwei der buntgekleideten Männer packten ihn, ein dritter nahm einen alten Besen hervor und seifte den Leichtmatrosen von oben bis unten ein. Ein weiterer kam mit einem riesigen Holzmesser, das wohl mal das Paddel des Beiboots gewesen war, und schabte die schäumende Lauge wieder ab. Dann wurde Jan gepackt und dreimal in ein Holzfass mit Salzwasser getunkt. Neptun nickte zufrieden. Er sah sich um, und sein Blick fiel auf Karl.

»Du, mein Junge, wie heißt du?«

»Karl Ponk, Sir«, sagte Karl leise.

»Dein Dienstgrad?«

»Schiffsmoses, Sir!«

»Hast du schon die Linie überquert?«

»Nein, Sir.«

»Dann begib dich auf das Deck, Junge. Auch du sollst getauft werden.«

Karl straffte die Schultern. Er warf Carola einen langen Blick zu und ging dann nach unten.

Auch er wurde eingeseift, zusätzlich wurde er noch mit langen Algen umwickelt und dann in das Fass getaucht.

»Nun habt ihr beide eure Äquatortaufe hinter euch. Aber«, sagte Neptun und drehte sich wieder um, »es gibt noch mehr Reisende auf diesem Schiff, die vorher noch nie die Linie überquert haben.«

Als das Spektakel losging, war Allunga neugierig wieder an Deck gekommen. Jetzt drückte sie sich an die Rückwand des Kartenhauses, hielt Otto fest in den Armen. Der Kleine juchzte und zeigte immer wieder auf den grünen Bart und den schartigen Dreizack Neptuns.

»Du da«, sagte Neptun streng und sah Allunga an. »Hast du die Linie schon gequert?«

Allunga schüttelte den Kopf, drückte Otto noch fester an sich, so dass der Junge anfing zu weinen.

»Komm zu mir und gib das Kind ab.« Sein Tonfall ließ keine Widerrede zu.

»Sir, bitte … ich bin doch nur ein Kindermädchen …«, flehte Allunga.

»Und Karl ist nur der Schiffsjunge. Was sein muss, muss sein. So ist das, wenn Neptun an Bord kommt und dem Schiff eine sichere Fahrt unter der Linie durch gewährt.«

Carola sprang zu ihr und nahm Otto. Allunga trat vor Neptun, senkte den Kopf.

»Du musst wissen, mein Mädchen, es ist etwas Besonderes, wenn man das erste Mal die Linie überquert. Es ist eine Art Ehrung, wenn Neptun dich passieren lässt. Schon manch ein Seemann hat den Gott des Meeres nicht ausreichend gewürdigt.«

»Was ist dann passiert?«, fragte Allunga und hob plötzlich den Kopf.

Das brachte Neptun offensichtlich aus dem Konzept. »Wieso passiert?«

»Wenn man dem Gott des Meeres nicht huldigt, was passiert dann?«

Neptun lachte. »Dann können die Rahen des Schiffes an der Linie, die die Welt umspannt und alle sieben Weltmeere zusammenhält wie ein Band, hängen bleiben. Und zwar für immer und ewig.«

»Das würde ich nicht wollen«, sagte Allunga und lächelte.

»Gut. Dann darf ich dich mit unserem Wasser taufen?«

Allunga nickte.

Neptun bückte sich und nahm eine Kelle aus dem Fässchen, das Karl ans Oberdeck gebracht hatte. Er begoss Allunga mit dem Meerwasser.

Sie schüttelte sich, wischte sich die Augen, lachte dann aber fröhlich. »Wie gut, dass wir wieder Regenwasser zum Waschen haben.«

Neptun verzog ob der Leichtigkeit und Fröhlichkeit des Mädchens belustigt das Gesicht. Und dann sah er Carola an.

»Wir haben noch einen weiteren Passagier an Bord, der die Linie bisher nicht überquert hat. Und das bist du, min Deern.«

Tapfer trat Carola nach vorn. Tante Lily hatte ihr den inzwischen knatschigen Otto abgenommen.

»Ich weiß, dass du die Enkeltochter des Kapitäns bist, min Deern.«

»Das bin ich. Carola te Kloot. Meine Mutter war Minnie Lessing.«

»Wie alt bist du, Kind?«

»Acht Jahre.«

»Du bist die Enkeltochter eines erfahrenen und bekannten Kapitäns und hast noch nie die Linie überquert?«, brummt Neptun.

»Ich hatte bisher nicht die Gelegenheit.« Carola senkte den Kopf, denn sie hatte den Vorwurf deutlich gehört.

»Dann hoffen wir mal, dass dir diese erste lange Seereise wenigstens gefällt.« Er griff hinter sich.

Carola schloss die Augen in Erwartung eines kalten Gusses Meerwasser. Aber da kam nichts. Sie fühlte, dass Neptun ihr etwas über den Kopf streifte, doch mehr nicht. Langsam öffnete sie wieder die Augen, etwas hing ihr um den Hals.

»Das ist der Schwertfischorden«, sagte Neptun. »Ich habe ihn dir hiermit feierlich als Äquatortaufgeschenk verliehen.«

Es war ein Teil des knochenartigen Schwertes, das dem Schwertfisch wie ein Speer aus dem Kopf wuchs. Jemand hatte es sorgfältig poliert, ein Loch hineingebohrt und es auf ein Lederband gefädelt.

»Danke schön«, sagte Carola und strahlte Neptun an.

»Nun trinkt noch einen guten Schluck, Neptun, zusammen mit Euren Männern an Deck. Wir danken Euch für Eure Hilfe und Euer zuvorkommendes Verhalten«, brummte Großvater Lessing und klopfte dem Neptun mit der Stimme des ersten Offiziers auf die Schulter. »Dann können Sie gehen, Schmidt«, flüsterte er so leise, dass nur Carola es hören konnte. Neptun hatte nicht nur die Stimme des ersten Offiziers, er war es auch. Inzwischen welkte der Algenbart um Neptuns Gesicht, und sie sah den weißen Rauschebart des Steuermanns. Endlich fiel die Anspannung von ihr ab, denn sie hatte befürchtet, eingepinselt und in das Wasserfass getaucht zu werden. Oder gar Grässlicheres. Sie hielt den Schwertfischorden bewundernd hoch, der feinpolierte Knochen glänzte in der Sonne. Sie würde ihn immer als Andenken behalten, schwor sie sich.

Durch den Sueskanal

Carola freute sich an der wachsenden Freundschaft mit Karl, dem Skipper. Sie verbrachte unerlaubt viel Zeit mit ihm und dem Smutje auf dem Vorderdeck. Der Smutje hatte ihr in Bombay ein Äffchen gekauft, aber Tante Lily verbot, dass Carola das Tier mit in die Kabine nahm. Deshalb wohnte es nun in der Kombüse, wo Carola es jeden Tag besuchte. Tante Lily und Großvater Lessing drückten ein Auge zu und ließen sie gewähren. In Sues mussten sie warten, bis genügend Schiffe für einen Konvoi zusammengekommen waren, da der Kanal mit seiner Breite von nur knapp dreißig Metern immer nur einspurig benutzt werden konnte. Kabel gingen mehrmals von Port Taufiq nach Port Said, wo die Schiffe auf die Durchfahrterlaubnis warteten. In der Zeit wurde ein Teil des Ballasts entladen – vor allem Wolle und Holz – und neue Ladung aufgenommen. Im Zwischendeck wurden Kabinen eingebaut, denn von hier an würden sie auch Passagiere zweiter Klasse mitnehmen – Arbeiter, die zurück ans Mittelmeer wollten mit ihren Familien, und auch Einzelne, die den südlichen Raum gänzlich verließen. Die Hälfte der Erste-Klasse-Passagiere hatte in Bombay die *Centennial* verlassen, und in Port Taufiq ging auch Mrs Simons von Bord. Doch auch die erste Klasse füllte sich wieder. Unter den Passagieren war eine Familie aus Hamburg mit ihren beiden Töchtern. Tante Lily begrüßte dies sehr, aber Carola wollte sich nicht mit den Mädchen anfreunden.

»Tutt, du stellst dich an«, sagte Großvater Lessing. Er war gerade erst wieder an Bord gekommen. Noch gab es keine Neuigkeiten vom Kontor, und sie mussten weiterhin warten, bis ihnen die Durchfahrt genehmigt wurde. »Die Familie Vanderfalk aus Hamburg ist doch sehr nett. Susanne und Patricia sind nur ein paar Jahre älter als du. Sie kennen die Familie deiner Tante, hat mir Frau Vanderfalk verraten. Wäre das nicht eine gute Gelegenheit, jetzt schon Kontakte zu knüpfen?« Er lächelte sie an.

Carola zog die Stirn kraus. »Wozu?« Sie drückte das zahme Äffchen an sich.

»Tutt«, sagte Großvater Lessing nun ernsthafter. »Ich weiß, du willst es nicht, aber du wirst bei deiner Tante leben müssen. Es ist der Wunsch deines Vaters, und du musst dich fügen. Und wer weiß, möglicherweise gefällt es dir dort viel besser als bei uns.« Er zwinkerte ihr zu.

»Besser? Besser als zu Hause?« Sie schüttelte den Kopf, drehte sich um und verschwand in der Kombüse.

»Poor Deern«, murmelte der Smutje und machte sich im Eingang zur Kombüse breit, so dass Großvater Lessing Carola nicht folgen konnte. »Das is mal een Shit, Kaptän. Dat weeßt Ihr genauso wie ich. En lütte Deern schickt man nich so weit long. Die gehört zur Familie.«

»Sie kommt zu ihrer Familie«, brummte Lessing und stapfte zum Oberdeck. »Zur Familie ihres Vaters.«

»Jo.« Der Smutje nickte. »Det is en grotte Schietkram. Nu suhtje, suhtje, meen Deern«, sagte er in die Kombüse hinein. »Is noch nich oller Dage Owänd, min Söte!«

»Nicht aller Tage Abend?« Carola lachte bitter auf. »Das glaubst du doch selbst nicht.«

»Ne, dat due ich nich«, murmelte er, »awwer hoppen darf man ja.«

Großvater Lessing wurde von Tag zu Tag missmutiger, je länger er auf die Durchfahrt warten musste.

»In dieser Zeit hätte ich locker um das Kap segeln können«, wetterte er. »Und noch schneller mit der Dampfmaschine. Wie oft bin ich um das Kap der Guten Hoffnung gesegelt, da musste ich nie auf eine Erlaubnis warten.«

»Aber auf die passenden Winde«, murmelte Schmidt und verzog sich in die Pantry. Carola folgte ihm.

»Früher ging es schneller?«, wollte sie neugierig wissen.

Schmidt lachte und schenkte sich einen Whisky ein. Dann nahm er ein weiteres Glas und füllte es mit frischer Limonade, die Jim, der Steward, gerade aus der Kombüse gebracht hatte. Hier im Hafen hatten sie eine Vielfalt an frischen Früchten und Gemüse. Jeden Tag kamen die Händler auf ihren kleinen Booten an das Schiff und boten ihre Ware feil.

»Früher war alles anders«, sagte Schmidt nachdenklich. »Ob das besser war, weiß ich nicht. Aber die Fortschritte in der Welt sind rasant. Es scheint, als würde das Leben immer mehr Tempo aufnehmen, als sei Zeit alles, was zählt.«

»Und das war früher nicht so?« Carola nippte an der erfrischenden Limonade.

»Wir hatten unsere Order und mussten natürlich auch gewisse Zeiten einhalten, aber wir waren vom Wind und der Strömung abhängig. Viel abhängiger, als wir das heute sind. Die Dampfmaschine verändert unser Leben genauso wie die Eisenbahnen. Und ich glaube nicht, dass wir schon am Ende der Fahnenstange angekommen sind.«

»Ist das gut oder schlecht?«, wollte Carola wissen.

Schmidt lachte laut und herzlich. »Das weiß ich nicht. Vermutlich ist es etwas von beidem. Und nun geh an Deck. Du solltest dich nicht immer bei der Mannschaft aufhalten, auch wenn du die Enkelin des Kapitäns bist.«

»Ich bin aber am liebsten bei der Mannschaft«, sagte Carola trotzig.

»Und was ist mit den beiden Mädchen?« Schmidt zeigte durch das Fenster auf das Deck. »Sie scheinen sich endlos zu langweilen. Willst du ihnen nicht deinen Affen zeigen?«

»Nein«, murmelte Carola verdrossen, ging dann aber doch nach draußen. Sie setzte sich auf einen der Rohrstühle, die für die Passagiere der ersten Klasse unter dem Sonnensegel aufgestellt worden waren, nippte wieder an ihrer Limonade und starrte in das dreckige Wasser des Hafens. Wenn es nach ihr ginge, bräuchten sie nie eine Durchfahrtserlaubnis zu bekommen.

»Hallo.« Es war eines der Mädchen, wohl das jüngere, das plötzlich neben ihr stand und sie anlächelte. »Ich heiße Patricia Vanderfalk.«

Schon gestern hatte sie versucht, Carola anzusprechen. Doch Carola war vor ihr in die Kombüse geflohen.

»Carola te Kloot.«

»Du bist schon länger hier auf dem Schiff?« Patricia schaute auf das Glas mit der Limonade, welches Carola in den Händen hielt.

»Seit Sydney«, antwortete Carola immer noch unfreundlich.

»Und wo fährst du mit deiner Mutter hin?«

Carola kniff die Augen zusammen, damit Patricia die Tränen nicht sah, und drehte den Kopf weg. Was würde sie dafür geben, dass sich sofort ein Loch auftat und sie verschluckte. Meinetwegen auch in die Bilge, wo das Wasser schwappte und es stank wie eine Jauchegrube.

»Es ist meine Tante«, sagte sie gepresst. »Wir fahren nach Hamburg.«

»Bist du aus Sydney?«

Carola überlegte. Sie war eigentlich aus Liverpool, New South Wales, hatte aber die letzten Monate in Sydney gelebt. Ob das wohl zählte? Patricia alles zu erklären wäre zu kompliziert gewesen. Außerdem wollte Carola nicht darüber sprechen.

»Magst du eine Limonade? Der Steward hat vorhin frische Limonade in die Pantry gebracht«, sagte sie stattdessen.

»Natürlich.« Patricia grinste. »Ich dachte schon, du fragst mich nie. Und was ist die Pantry?«

Carola stand auf und führte das Mädchen durch den Salon hindurch.

»Das ist eine kleine Küche hinter dem Salon. Schau, hier gibt es einen kleinen Herd und ein Eisfach, auch wenn dort selten Eis ist. Aber im Moment haben wir welches. Deshalb ist die Limonade auch so schön kühl. Außerdem sind hier das Geschirr und das Besteck für die erste Klasse. Hier richtet Jim die Speisen an und kocht Kaffee und Tee.«

»Aber er kocht hier nicht?«

»Gott bewahre. Das macht der Smutje in der Kombüse auf dem Vorderdeck.«

»Woher weißt du das alles, Carola te Kloot?«

Zum ersten Mal sah Carola das fremde Mädchen wirklich an. Es war spitznasig, hatte kupferrotes Haar und eine Million Sommersprossen. Und es wirkte viel unsicherer, als Carola es vermutet hatte.

Carola grinste. »Ich bin die Enkelin des Kapitäns. Und ich habe ein Äffchen. Es heißt Pedro und wohnt in der Kombüse. Möchtest du es sehen?«

»Ein Äffchen? Kann man es anfassen?«

»Na sicher. Es ist ganz zahm, aber meine Tante erlaubt mir nicht, dass ich es in der Kabine halte. Deshalb hat der Smutje es aufgenommen. Es wohnt jetzt vorn bei ihm und seinem Papagei Polly. Polly kann sprechen. Zumindest sagt das der Smutje.«

Der erste Offizier saß im Salon und trank genüsslich seinen Whisky. Als die beiden Mädchen an ihm vorbeigingen, zwinkerte er Carola zu und flüsterte: »Gut gemacht.«

Für einen Moment wollte Carola sich wieder in ihr Schneckenhaus zurückziehen, wollte schmollen und leiden, aber Patricia zog sie mit sich, und sie hatte gar keine Zeit mehr dafür.

Patricia, das fand Carola an diesem Tag heraus, war nur ein Jahr älter als sie. Aber sie war viel unbedarfter und unerfahrener. Ihr Vater arbeitete bei einem Kontor in Sues, aber die Mutter hielt es dort nicht länger aus. Sie wollte zurück in die Heimat und zur Verwandtschaft.

»Wann seid ihr denn hierhergekommen?«, fragte Carola. Die

beiden Mädchen saßen auf der Bank vor der Kombüse. Der Smutje hatte ihnen kandierte Früchte gegeben, die sie sich mit dem Äffchen teilten. Es saß zwischen ihnen und legte, zu ihrer Belustigung, immer die Hände zusammen und senkte den Kopf, wenn es eine der süßen Früchte verputzt hatte, um eine neue Frucht zu erbetteln.

»Da war ich noch klein. Ich kann mich kaum daran erinnern. Susanne schon. Damals sind wir um das Kap herum gesegelt. Es hat Wochen gedauert, sagt sie, und es war furchtbar. So furchtbar, dass unsere Mutter lange gezögert hat, bis sie sich zur Rückkehr entschloss. Aber durch den Kanal sollte es ja schneller gehen.«

»Und euer Vater?«, fragte Carola.

»Der bleibt noch hier«, sagte Patricia und klang traurig. »Ich wäre auch lieber geblieben, mir hat es hier gefallen.«

Über diese Worte dachte Carola noch nach, als sie zu Bett ging. Sie hatte den Tag und den Abend zusammen mit Patricia verbracht, ihr das Schiff gezeigt und Dinge erklärt.

Ich bin nicht die Einzige, die gegen ihren Willen umziehen muss, dachte Carola, und der Gedanken tröstete sie irgendwie.

Am nächsten Morgen kam der Lotse an Bord, und Großvater Lessings Laune änderte sich schlagartig. Endlich sollte es losgehen. Doch bevor alles segelfertig gemacht worden war, verließ der Lotse das Schiff wieder. Lessing fluchte lauthals auf der Brücke, was Carola nur mitbekam, weil sie sich unrechtmäßig dort aufhielt.

»Diese Kanaken. Diese unglaublichen Kanaken. Da will er doch tatsächlich Bakschisch von uns für die Strecke. Es gibt drei Lotsen, und ich wette mein letztes Hemd darauf, dass jeder von uns Geld will.«

»Und wenn Sie den ersten bezahlen und den zweiten nicht? Ich meine, wenn wir nicht weiterfahren, versperren wir den Weg, und die Gesellschaft kann keine Kosten erheben«, fragte Schmidt. »Sie können auch keine weiteren Schiffe durchfahren lassen.« Er grinste. »Das wäre doch eine gute Lösung, um sie zu erpressen.«

»Ich fürchte, so läuft das nicht, denn ich musste unterschreiben, dass ich eine Strafgebühr bezahle, sollte ich den Schiffsverkehr über Gebühr aufhalten. Die arbeiten hier alle Hand in Hand – und die Hände sind weit offen in unsere Richtung.«

»Und nun?«

»Es hilft ja nichts, ich werde zahlen müssen«, seufzte Lessing.

Und schon zwei Stunden später war es so weit – die Schiffe, die sich im Port Taufiq versammelt hatten, legten die Leinen los, und es ging, allen voran die *Centennial*, in den Kanal.

Tatsächlich wechselten die Lotsen dreimal und hielten dabei ihre Hände auf. Auch die Hafenbeamten und die Dubasch, die an jedem Hafen ihre Dienste anboten, waren nicht zimperlich, was die Preise anging. Großvater Lessing fluchte, der Smutje fluchte auch, selbst der erste Offizier Schmidt murmelte unflätige Worte in seinen Bart hinein.

Carola fand das Reisen von Hafen zu Hafen und mit Sicht auf das Ufer viel angenehmer, als auf offener See zu fahren. Aber sie hatte weniger Zeit, sich dem Wetter und der Umgebung zu widmen – sie hatte jetzt Patricia. Die beiden Mädchen hüpften von Deck zu Deck, besuchten den Smutje, halfen dem Skipper Karl, fütterten die Hühner und die Schweine, die sie in Port Taufiq an Bord genommen hatten, sahen zu, wie die Segel gehisst und gerafft wurden. Selbst in die Kohlenkammer drangen sie vor und beobachteten den Heizer, wie er Schaufel um Schaufel in das glühende Maul der Dampfmaschine schippte.

Die Fahrt verging plötzlich wie im Fluge, und dann waren es nur noch zwei Tage, bis sie Hamburg erreichen würden. Allunga fing schon an, die Koffer wieder zu packen. Carola wurde klar, dass das Ende der Reise nicht aufzuhalten war. Sie hatte eine Freundin gewonnen und hoffte, auch weiterhin mit Patricia in Kontakt bleiben zu können. Aber was ihre Zukunft anging, da war sich Carola unsicher. Sie hatte den Gedanken an Tante Mathilda und ihr neues Leben in den letzten Wochen von sich geschoben. Doch nun wurde er

Realität. Alle ihre Träume und geheimen Wünsche, dass es sich Großvater anders überlegen und sie wieder mit nach Sydney nehmen würde, zerbrachen.

All die lustigen Tage fegte der kalte Wind im Ärmelkanal davon. Und dann liefen sie in die Elbe ein.

»Dort«, sagte Großvater und zeigte auf das linke Ufer. »Dort hinten ist das Haus deiner Urgroßeltern. Hier ist Großmutter aufgewachsen. Hier am Deich und am Elbstrand hat sie gespielt.« Doch dann ging er zum Bug und schaute die Silhouette der Stadt an, strich sich wieder und wieder über den grauen Bart. »Jahre ist es her«, murmelte er. »Jahre.«

Carola wurde schlecht. Sie wollte nicht an Land gehen. Hier würde ihr Leben neu beginnen, aber sie konnte sich nicht darauf freuen. Und obwohl sich die Reise zum Teil hingezogen hatte wie Sirup, ging nun alles plötzlich viel zu schnell. Der kleine Dampfschlepper zog sie in den Hafen, die *Centennial* legte an. Die Planken und die Gangway wurden angebracht, die Verschanzung abgebaut. Unten auf dem Kai standen die Menschen, winkten und riefen, schwangen Hüte. Irgendwo spielte eine Kapelle ein lustiges Lied. Und, obwohl es Hochsommer war, regnete es und war kühl. Carola zitterte und war sich nicht sicher, ob das durch ihren Gemütszustand oder von der feuchten Kälte kam.

Die Zollbeamten und der Arzt kamen an Bord. Es würde noch dauern, bis alle Formalitäten erledigt waren und sie das Schiff verlassen konnten. Der Arzt trat zu Großvater Lessing und reichte ihm einen Brief.

»Ich wurde gebeten, Ihnen dies zu geben«, sagte er.

»Von Mathilde Ansing«, murmelte Großvater und öffnete das Billet.

»Was will sie?«, wollte Tante Lily wissen.

»Sie hat uns Zimmer in einem Hotel reserviert.«

Großvater gab Tante Lily den Brief und wandte sich wieder dem Arzt und den Zollbeamten zu.

»Zimmer in einem Hotel, na so etwas«, sagte Tante Lily abfällig. »Ich dachte, wir wären Verwandtschaft.«

Erst am Abend konnten die Passagiere das Schiff verlassen. Patricia hatte Carola einen Zettel mit ihrer Adresse gegeben.

»Du schreibst mir, ja?«, sagte sie mit Tränen in den Augen.

Carola nickte nur. Sie fühlte sich wie gelähmt. Würde sie an diesem Abend schon Tante Mathilde begegnen? Und wann würde sie sich von Großvater und Tante Lily verabschieden müssen?

Und dann war es so weit – sie würden die *Centennial* verlassen. Das Gepäck war schon von Bord gebracht worden. Großvater Lessing blieb auf dem Schiff. In den nächsten Tagen würde die Ladung gelöscht werden und die *Centennial* ins Dock gehen.

»Du kommst aber zu uns ins Hotel?«, fragte Carola ängstlich. »Ich werde dich noch sehen?«

»Keine Sorge, süße Tutt«, versuchte er, sie zu beruhigen. »Es wird noch eine ganze Weile dauern, bis wir wieder zurückfahren können. Und natürlich werden wir uns noch sehen. Ich will doch deine Tante Mathilde kennenlernen.«

Ich nicht, dachte Carola und biss sich auf die Lippen.

»Nun komm, Kind.« Tante Lily nahm ihre Hand und führte sie die Gangway hinab nach unten. Dort wartete schon die Droschke auf sie. Tante Lily sah sich neugierig um, während sie zum Hotel fuhren. »Als ich zwei war, haben wir in Othmarschen gelebt«, erzählte sie. »Dort wurde deine Mutter geboren. Bald darauf sind wir nach Sydney gesegelt, wo Papa schon auf uns wartete. Ich kann mich nicht an Hamburg erinnern, aber ich war schon mal hier.« Sie lachte leise.

Und du darfst wieder fahren, dachte Carola. Ich nicht. Der Gedanke machte sie wütend.

Am nächsten Morgen waren sie zum Frühstücken bei den Ansings eingeladen. Wieder bestiegen sie eine Droschke und fuhren zu ihnen. Die Straßen, stellte Carola fest, waren enger und schmaler als die in Sydney. Alles sah ganz anders aus. Das Licht war blass, die Blätter der

Bäume grau, überhaupt schien die ganze Stadt eher farblos zu sein. Die Häuser waren viel höher und standen dicht an dicht.

Sie stiegen vor einem großen und imposanten Haus aus – aber es hatte keine Veranda. Seltsam abgeschnitten wirkten die Gebäude, die man mit einem Schritt vom Bürgersteig aus betreten konnte.

»Die ganzen Kanäle und Fleets, diese entzückenden Brücken«, sagte Tante Lily begeistert.

»Hier muss es viele Krokodile geben«, murmelte Allunga.

»Nein, Krokodile gibt es hier nicht.« Lily schüttelte belustigt den Kopf.

Ein Mädchen in einem schwarzen Kleid mit einer weißen Schürze öffnete ihnen die Tür. Sie starrte Allunga erschrocken an.

»Du kannst Frau Evers und Carola te Kloot melden«, sagte Tante Lily und ging an ihr vorbei in die Diele. »Wir werden erwartet.«

In diesem Moment öffnete sich eine der Türen, und eine Frau kam auf sie zu. Sie trug ein langes, hochgeschlossenes dunkles Kleid, hatte das Haar zu einem straffen Knoten gebunden. Ihr Gesicht wirkte streng und war von Falten durchzogen.

»Guten Tag«, sagte sie steif. »Ich bin Mathilde Ansing.«

»Lily Evers.« Tante Lily streckte ihr die Hand entgegen. Für einen Moment zögerte Mathilde, dann nahm sie die Hand und schüttelte sie kurz. Ihr Blick wanderte zu Allunga, die Otto auf dem Arm trug. Zwischen Tante Mathildes Augen erschien eine steile Falte. »Ist das Ihr Kindermädchen?«

»Ja, das ist Allunga.« Tante Lily lächelte freundlich.

»Sie kann mit dem Jungen in das Dienstbotenzimmer gehen. Ich werde beiden etwas zu essen bringen lassen.«

Tante Lily öffnete den Mund, so, als wollte sie Protest einlegen, schloss ihn dann aber wieder und nickte. Sie wandte sich zu Allunga und erklärte ihr, was gesagt worden war. Allunga sprach kein Deutsch, konnte aber viele Dinge sehr wohl verstehen, denn bei Lessings wurde noch oft Deutsch gesprochen.

»Und du bist also Carola«, sagte Tante Mathilde nun und wandte sich ihr zu.

»Ja, gnädige Frau.«

Schweigend musterte sie das Kind, dann nickte sie. »Du siehst deinem Vater ähnlich. Ich bin deine Tante Mathilde. Deinen Onkel Johannes wirst du später kennenlernen.«

Sie drehte sich um und ging den Flur hinunter zu der Tür, aus der sie gekommen war. Carola schaute Lily unsicher an, aber Lily nahm ihre Hand, und sie folgten ihrer Gastgeberin.

Die anschließenden Stunden erlebte Carola wie in Trance. Alles war neu und anders, aber sie nahm es nur wie durch eine Wand wahr. Ihre Gefühle schienen wie eingefroren zu sein. Sie antwortete auf Fragen, wusste aber nachher weder, was gefragt worden war, noch, was sie gesagt hatte.

»Ich freue mich sehr, Sie und Ihren Vater heute Abend zum Essen empfangen zu können«, sagte Tante Mathilde beim Abschied zu Lily, wandte sich dann zu Carola. »Morgen kommst du mit deinen Sachen hierher. Ich habe das Gästezimmer herrichten lassen. Und dann fahren wir nach Krefeld. Freust du dich schon?«

Carola brachte es fertig, zu nicken. Sie schaffte es auch, die Tränen zurückzuhalten, bis sie das Hotelzimmer erreicht hatte. Dann aber brach es aus ihr heraus. All die Angst und der Kummer, das Heimweh nach Australien und die Bitternis, die sie erfüllte. Warum nur hatte ihr Vater sie wegschicken müssen?

»Ach Tutt«, sagte Tante Lily und nahm Carola in die Arme. »Ach, meine kleine Tutt.«

Lily wiegte sie hin und her, flüsterte beruhigende Worte, doch Carola wollte sich nicht beruhigen lassen.

Allunga hatte den kleinen Otto zu Bett gebracht. Der Vormittag mit seinen neuen und aufregenden Eindrücken hatte ihn ermüdet. Nun trat sie zu Lily und nickte ihr zu.

»Lass mich mit Tutt reden«, sagte sie.

Lily schaute überrascht auf, löste dann aber die Umarmung und stand auf. »Nun gut. Ich werde fragen, ob sie euch das Essen später auf dem Zimmer servieren können. Dann werde ich zum Hafen fahren und sehen, wie weit Papa ist und ihm von der Einladung bei den Ansings berichten.« Sie seufzte, richtete ihr Haar und ging.

Allunga setzte sich auf das Bett und sah Carola an, die sich zusammengerollt hatte und laut schluchzte.

»Deine Tante Mathilde macht keinen unfreundlichen Eindruck«, sagte sie sanft.

»Aber auch keinen besonders freundlichen.«

»Sie kennt dich noch nicht, vielleicht liegt es daran?«

»Sie ist uralt, Allunga.« Carola setzte sich auf, wischte sich mit dem Handrücken über die Wange. »Uralt und faltig. Sie wirkt wie eine Schildkröte. Und ich glaube nicht, dass sie mich mag.« Carola ließ sich wieder in die Kissen fallen.

»Sie ist nicht uralt, Kind.«

»Ist sie wohl. Sie ist nur wenig jünger als Großmutter. Und Onkel Johannes ist sogar älter als Großvater.«

»Ich weiß.« Allunga seufzte. Dann nahm sie Carolas Hand und streichelte sie. »Weißt du, ich bin vom Stamm der Mallagongan. Meine Mutter ist eine Mallagongan, und sie hat mir die Legende unseres Stammes erzählt.«

»Und?«, fragte Carola abweisend. »Was hat das mit mir zu tun? Ist das der Stamm der runzeligen Schildkröten?«

Allunga lachte. »Nein. Mallagongan sind die Schnabeltiere. Weißt du, wie Schnabeltiere aussehen?«

Carola setzte sich wieder auf, nahm ein Taschentuch und putzte sich geräuschvoll die Nase. »Ja, das sind diese ganz komischen Tiere mit dem Entenschnabel und dem Biberschwanz.«

»Genau.« Allunga nickte. »Das ist das Totemtier meines Stammes, das uns unsere Traumpfade gegeben hat. Es ist ein ganz besonderes Tier.«

»Warum?«

»Am Anfang der Zeit, als die große Regenbogenschlange die Welt geboren hatte, gab es ein kleines Entenmädchen. Es war ein sehr hübsches, aber auch ein sehr neugieriges Entenmädchen. Es hatte seine Mutter verloren, und der Vater kümmerte sich nicht um sie. Das Entenmädchen schwamm den Fluss entlang und war sehr traurig und einsam. Da traf es einen Schwimmrattenmann. Er hatte ganz weiches, glänzendes, braunes Fell und die schönsten Augen. Die beiden verliebten sich ineinander und wurden ein Paar.« Allunga sah Carola an. Das Mädchen lauschte gespannt ihren Worten. »Sie bekamen Kinder, die von der Mutter den Entenschnabel und die Schwimmhäute an den Füßen hatten, vom Vater das Fell und den Schwanz. Es waren die ersten Schnabeltiere, und es sind ganz besondere Tiere.«

»Weil sie so komisch aussehen?«, wollte Carola wissen.

Allunga grinste. »Vielleicht auch deshalb. Aber was sie ausmacht, sind ihre Fähigkeiten. Sie sind beides – Land- und Wassertiere. Sie, beherrschen beide Elemente.«

Carola nickte nachdenklich.

»Und ich glaube, du bist auch vom Stamm der Mallagongan.«

»Ich? Nein, ich bin kein Aborigine. Das weißt du doch.«

»Manchmal, ganz selten, wählt sich einer der Ahnen jemanden aus. Jemanden, der nicht zu dem Totem gehört, jemanden aus einem anderen Stamm. Das macht der Ahne aber nur, wenn dieser Jemand sehr besonders ist. So wie du.«

»Ich? Ich bin nicht besonders. Warum sollte einer deiner Ahnen mich auswählen?«

»Das weiß ich nicht. Aber ich weiß, dass meine Traumzeit mich zu dir geführt hat. Ich musste mit dir mitfahren, hierher. Das habe ich gespürt und mich die ganze Zeit gefragt, warum das wohl so ist. Jetzt weiß ich es. Ich musste es, weil es eine Verbindung zwischen uns beiden gibt, eine Traumzeitverbindung.«

»Das verstehe ich nicht«, sagte Carola leise.

»Du musst es nicht verstehen. Du musst es fühlen. Hier.« Allunga legte ihre Hand auf Carolas Brustkorb. »Da musst du es fühlen. Mach es so wie die Mallagongan, lebe in zwei Elementen, sei beiden vertraut. Ein Teil von dir ist Australierin. Dort bist du geboren, dort ist ein Teil deiner Familie. Der andere Teil hat hier seine Wurzel. Ein Teil deiner Familie lebt noch hier. So wie du jetzt hier leben wirst. Aber gleichzeitig bist du immer mit Australien verbunden und wirst vielleicht dorthin zurückkehren.«

»Meinst du?« Carola riss die Augen auf.

»Ja, ich glaube, das ist so.«

»Aber warum ist das Schnabeltier denn ein Totem deines Stammes?«

»Eines Tages, in der Frühzeit, als die Traumpfade gerade begonnen hatten, wurde ein Schnabeltiermädchen zu einem Menschen. Sie hatte kein Fell mehr und keinen Schnabel und auch keine Schwimmhäute – aber innen, in sich drin, war sie immer noch ein Schnabeltier. Sie ist meine Urahnin und gibt an uns ihre Traumpfade weiter, auf denen wir wandeln. Und dich hat sie ausgewählt. Du gehst auch auf den Pfaden der Mallagongan.«

»Irgendwie fühlt sich das tröstlich an«, murmelte Carola. Dann lehnte sie sich zurück und schloss die Augen. Wut, Ärger, Verzweiflung, Angst und Trauer – das alles wirbelte in ihr herum. Sie hatte das Gefühl, mitten in einem der Taifune zu sein, von denen Großvater immer erzählte.

Doch der Tag verging, ohne dass sie davongetragen wurde. Tante Lily war am Nachmittag noch einmal ihre Sachen durchgegangen und hatte den Koffer wieder gepackt. Carola glaubte, kein Auge schließen zu können, aber sie schlief in dieser Nacht tief und fest. Am nächsten Morgen brachte Tante Lily sie wieder zu dem Haus an der Binnenalster. Diesmal mit Sack und Pack.

»Großvater kommt nachher, um nach dir zu sehen«, versprach Tante Lily.

Doch dazu kam es nicht. Tante Mathilde hatte schon Fahrkarten gebucht. Die Koffer wurden nicht in das Gästezimmer, sondern direkt zum Bahnhof gebracht. Dort bestiegen sie ein Erste-Klasse-Abteil der Rheinischen Eisenbahn-Gesellschaft. Mit dem Zug würden sie bis nach Krefeld fahren.

»Aber Großvater …«, sagte Carola verzweifelt, als sich der Zug in Bewegung setzte. Das schrille Pfeifen und die Dampfschwaden der Lokomotive machten sie ganz benommen.

»Du wirst deinen Großvater sicher wiedersehen.« Tante Mathilde setzte sich neben das Mädchen und nahm ihre Hand. »Ich weiß aber aus Erfahrung, dass lange Abschiede schlimm sein können. So ist es besser, mein Kind, glaub mir.«

»Ich bin ein Mallagongan.« An diesem Gedanken hielt sich Carola fest. »Ich bin auf zwei Kontinenten zu Hause. Und ich werde es schaffen, weil ich in zwei Elementen bestehen kann.«

Mina

1900

Sydney

»Ich möchte in den Herbstferien Tante Till besuchen«, sagte Mina.

»Hannah hat euch eingeladen, dich und Elsa.« Emilia schaute verwundert von ihrer Strickarbeit hoch. »Ich dachte, du freust dich darauf, zu ihr und Onkel Harry und den Kindern zu fahren. Die drei Kleinen fragen immerzu nach dir.«

Zwei Jahre nach Eric hatte Hannah eine Tochter bekommen, Elsie Marie, und vor vier Jahren eine weitere, Margaret. Emilia hatte nun zehn Enkelkinder. Carola lebte in Deutschland, die drei Kinder von Hannah in Gleelong bei Melbourne, die vier anderen Kinder von Minnie und auch Lily und ihr Sohn Otto wohnten auf dem Familiensitz in Glebe.

»Noch viel lieber würde ich aber zu Tutt nach Deutschland fahren.« Mina biss sich auf die Lippen. Vor neun Jahren war ihre große Schwester nach Deutschland gezogen. Sie schrieben sich, doch die Briefe von Carola wurden immer kürzer. Mina vermisste ihre Schwester sehr, obwohl sie bei ihrer Trennung erst vier Jahre alt gewesen war und kaum noch lebendige Erinnerungen an das Leben mit Tutt hatte.

Emilia seufzte. »Ich weiß, mein Kind. Aber das geht nicht. Onkel Johannes, Carolas Ziehvater, ist doch erst vor ein paar Monaten gestorben. Die Familie ist noch in Trauer, da kannst du sie nicht besuchen.«

»Warum kommt Tutt nicht hierher?«, fragte Elsa, die dem Gespräch zugehört hatte. »Warum kommt sie nicht einfach zurück? Wenigstens für einen Besuch?«

»Sie muss eurer Tante Mathilde jetzt beistehen«, sagte Großmutter leise. »Sie kann nicht mal eben zu Besuch kommen, das wisst ihr doch.«

»Sie ist doch unsere Schwester«, sagte Mina trotzig. »Sie gehört zu uns.«

Großmutter nickte. »Es geht aber nicht. Warum willst du in den Ferien zu Till und nicht zu Hannah?«, lenkte sie ab. »Ihr solltet, sobald es geht, die Stadt verlassen«, sagte sie ernst. »Im Hafenviertel erkranken immer mehr Menschen an der Beulenpest. Das wird noch fürchterlich enden.«

»May will in den Ferien zu Hannah. Wie immer. Ich glaube nicht, dass es gut wäre, wenn wir alle dorthin fahren.« Wieder biss sich Mina auf die Lippen. »Und Tante Till hat mich eingeladen. Ich würde gern zu ihr fahren, wenn ich darf. In den Blue Mountains gibt es keine Pesterkrankungen.«

»Bisher«, sagte Großmutter. »Ich denke darüber nach, Kind. Und jetzt geh und mach deine Hausaufgaben.«

Nun seufzte Mina. Sie ging zwar gern zur Schule, hatte auch Spaß an einigen Fächern, aber rechnen, das wusste sie, würde sie nie lernen. Die Lehrerin hatte ihr neulich empfohlen, ihre Mathematikarbeiten zu verbrennen, bevor sie jemand aus der Familie zu sehen bekam. Andererseits hatte sie gerade einen Buchpreis für ihre Fortschritte in Literatur gewonnen.

»So gehört sich das«, hatte Großvater sie gelobt, »für eine Nachfahrin des großen Dichters. Weiter so, mein Mädchen.«

Großvater ermutigte sie alle immer, viel zu lesen. Oft sprach er mit ihnen über Bücher, gab ihnen Zeitungsartikel und befragte sie darüber. Er verbrachte viel Zeit mit Arthur, Minas älterem Bruder. Nachdem Großvater Carola nach Europa gebracht hatte, hatte er sich zur Ruhe gesetzt. Es war seine letzte Fahrt auf der *Centennial* gewesen. Obwohl sie ihm anmerkte, dass er das Leben auf See vermisste, war Großmutter Emilia doch froh gewesen, seine Hilfe und Unterstützung zu Hause zu haben.

»Tante Hannah hat euch eingeladen«, murmelte Mina missmutig, während sie sich an den Küchentisch setzte und ihre Hausaufgabe aus der Schultasche zog. »Tante Hannah und Onkel Harry.«

»Was hast du gegen sie?«, fragte Elsa. Sie legte seufzend das Schulbuch auf den Tisch. »Sie ist doch immer sehr nett zu uns. Und Onkel Harry auch.«

»Alle sind immer sehr nett zu uns«, sagte Mina grantig. »Ach, ich weiß, ich bin total ungerecht. Sie sind wirklich immer nett. Aber ich möchte nicht zu Tante Hannah fahren, schon gar nicht, wenn May da ist.«

Elsa lachte. »Du und May, ihr seid wie Feuer und Wasser. Gut, dass sie vor zwei Jahren ausgezogen ist. Es war ja unerträglich mit euch.«

»May ist unerträglich. Vor allem dann, wenn Onkel Harry in der Nähe ist. Immerzu macht sie ihm schöne Augen.« Mina schüttelte den Kopf und schnaubte. »Das ist so peinlich. Ich bewundere Tante Hannah dafür, dass sie May lächelnd erträgt.«

»Aber warum willst du zu Tante Till? Bei Hannah ist es immer laut und lustig, wir machen Ausflüge, und es gibt Süßigkeiten. Onkel Harry ist so reich«, sagte Elsa schwärmerisch. »Wenn ich mal heirate, dann nur einen Mann, der so viel Geld hat wie Onkel Harry. Oder Otto«, fügte sie leise hinzu.

Mina lachte. »Uns geht es doch nicht schlecht, Prinzessin. Und Otto ist dein Cousin. Den kannst du nicht heiraten.«

»Großmutter muss immer rechnen, seit ich denken kann, ist das so. Ich will später nicht rechnen müssen, nicht für jedes bisschen. Ich will mein Leben genießen.« Elsa schob das Kinn nach vorn. »Und ich will keinesfalls so elendig sterben wie Mama.«

Mina senkte den Kopf. Zehn Jahre war es her, seit ihre Mutter gestorben war. Die Großeltern boten ihnen ein liebevolles zu Hause, aber dennoch vermisste sie ihre Mutter schmerzlich.

»Und deshalb werde ich auch nie so einen armen Schlucker heiraten, wie Vater es ist«, fügte Elsa hinzu.

»Elsa!« Arthur war unbemerkt von den beiden Schwestern in die große Küche gekommen, die über fast die ganze Rückseite des Hauses ging. »Wie kannst du nur so über unseren Vater reden«, warf er ihr vor.

»Na, ist doch wahr«, sagte sie trotzig.

»Ist es nicht. Du kennst ihn ja gar nicht richtig.« Arthur sah sie empört an.

»Das liegt aber nicht an mir. Wie oft war er in den letzten Jahren hier? Man kann es an einer Hand abzählen.«

»Vater hat es nicht leicht. Er hatte es noch nie leicht.«

»Weil er unbedingt diese Farm in Liverpool kaufen musste, die sein und Mutters Ruin war. Hätte er etwas Vernünftiges gemacht, wäre Mutter nie an einer Lungenentzündung gestorben.«

»Kind, achte auf deine Worte«, sagte Großvater streng, der unbemerkt in die Küche gekommen war. »Ich dulde es nicht, dass ihr schlecht über euren Vater redet. Nicht in meinem Haus.«

»Vater hat alles für die Farm gegeben. Mutter und er haben das Land geliebt. Sie hatten nur Pech«, verteidigte Arthur empört seine Eltern. »Du hast doch gar keine Ahnung, weißt doch gar nicht, wovon du redest. Woher hast du das überhaupt, dass die Farm Mutters Ruin war?«

»Und woher willst du wissen, dass es nicht so war?«, fragte Elsa nun. »Tante Molly hat mir alles über Vater erzählt. Alles. Wie er sie im Stich gelassen hat und nach Deutschland gefahren ist und so. Und wenn Vater nicht gewesen wäre, wäre Tutt immer noch bei uns.«

»Es reicht, Prinzessin«, sagte Großvater leise, aber deutlich. »Zügel, dich. Dein Vater hatte seine Gründe.«

»Ja, natürlich«, schrie Elsa nun. »Er hatte seine Gründe – Geld. Bei Vater geht es doch immer nur ums Geld.« Sie stand abrupt auf, Zornestränen ließen ihre Augen schwimmen, und der Stuhl fiel polternd zu Boden. »Ihr meint wohl, ich wäre zu jung und würde das alles nicht verstehen, aber ihr täuscht euch.« Sie schüttelte den Kopf, lief dann in den Flur und die Treppe hinauf. Krachend fiel die Tür ihres Zimmers zu.

Großvater holte tief Luft. »Du liebe Güte«, murmelte er.

»Das ist nicht wahr«, sagte Arthur leise und verzweifelt. »Es ist nicht wahr, was sie sagt. Oder, Großvater? Es stimmt doch nicht?«

Großvater schüttelte den Kopf. »Du kennst doch unsere Prinzessin. Sie besteht nur aus Gefühlen. Sie ist fröhlich oder traurig oder wütend – immer alles ganz, aber nichts dauerhaft. Sie ist ein wahres Mädchen.« Er seufzte. »So wie ihre Tanten. Da habe ich sieben Töchter großgezogen und nur einen Sohn. Und gerade als ich dachte, ich hätte das Schlimmste hinter mir, ziehen meine Enkel hier ein.« Er holte tief Luft. »Kommst du mit mir zum Hafen, Junge? Die *Centennial* soll heute einlaufen. Mal sehen, ob Kapitän Schmidt gut durch das Chinesische Meer gekommen ist. Außerdem soll ich für deine Großmutter noch Besorgungen erledigen.«

»Ja, natürlich, Großvater. Ich komme gern mit«, sagte Arthur. Die beiden hingen sehr aneinander und verbrachten viel Zeit zusammen.

»Ihr geht nicht in den Hafen«, rief Großmutter aus der Stube. »Das ist viel zu gefährlich. Denk an die Beulenpest. Wenn du Kapitän Schmidt unbedingt treffen willst, dann kannst du das im Deutschen Club tun. Aber in den Hafen gehst du nicht und schon gar nicht mit Arthur. Sollen wir denn alle die Pest kriegen?«

Großvater seufzte. »Sie hat recht«, brummte er dann. »Wir schicken Schmidt eine Nachricht aus dem Club. Komm, Arthur. Ich bin froh, dass nächste Woche April ist und die Herbstferien beginnen und ihr die Stadt verlassen könnt. Die Nachrichten über die Pest sind wirklich zum Fürchten.«

»Was war denn hier los?«, fragte Lina, die jüngste Tochter der Lessings. Als sie das Haus betrat, verließen es Großvater und Arthur gerade.

Lina nahm sich einen Apfel und setzte sich zu Mina an den Küchentisch. Sie war in der letzten Klasse der höheren Schule und würde im Dezember ihren Abschluss machen. »Gab es Streit?«

»Das Übliche«, sagte Mina. »Die Prinzessin hatte mal wieder ihre fünf Minuten.« Sie verdrehte die Augen und schob Lina das Mathematikheft hin. »Ich verstehe es nicht«, seufzte sie.

»Was verstehst du nicht?«, fragte Lina grinsend. »Die Aufgaben oder deine Schwester?«

»Beides, denke ich.«

»Lass mal sehen.« Lina nahm den Bleistift und das Heft. »Ach, Mina, das ist doch ganz einfach. Schau, das macht man so …«

Mina schaute ihr zu, biss sich auf die Lippe. »Warum kann ich das nicht so wie du? Bei dir sieht das immer so einfach aus.«

»Es ist nicht schwer, man muss es nur lernen. Vielleicht übst du einfach noch mal das große Einmaleins? Und jetzt erzähl, worüber sich die Prinzessin aufgeregt hat.«

»Es ging um unseren Vater.«

Lina verzog das Gesicht. »Ach so.«

»Ja, so. Sie hat furchtbar schlecht über ihn geredet.«

»Was hat sie gesagt?«, wollte Lina neugierig wissen.

»Sie hat gesagt, unsere Mutter sei wegen ihm gestorben.«

»Die alte Leier. Es ist doch sinnlos, sich darüber aufzuregen. Minnie ist an einer Lungenentzündung gestorben.«

»Ich weiß«, sagte Mina leise. »Sie hat aber auch gesagt, dass Tutt des Geldes wegen nach Deutschland musste. Ich kann mich kaum noch an Tutt erinnern, und irgendwie tut das weh.«

Lina nickte. »Sie ist deine Schwester. Es gibt Momente, da könnte ich May oder Hannah erwürgen, aber dann liebe ich sie ja doch.«

»Was ist mit den anderen Tanten?«

Lina runzelte nachdenklich die Stirn. »Ich bin ja die Jüngste von uns. Lily ist fast zwanzig Jahre älter als ich. Sie war früher eher eine Ersatzmutter oder Tante als eine Schwester für mich. Genauso Minnie. Ich war sechs, als sie euren Vater geheiratet hat, und vierzehn, also so alt, wie du jetzt bist, als sie starb.«

»Und Tante Molly?«, wollte Mina wissen.

»Molly war immer anders als wir. Viel ernster und in sich gekehrt. Sie hat schon als Kind viel gelesen. Ich denke, es war ihre Bestimmung, Lehrerin zu werden.« Lina lachte leise. »Als Mutter und Ehefrau kann ich sie mir jedenfalls nicht vorstellen.«

»Was ist mit Tante Till?«

»Till, ach, sie ist so eine Liebe. Ich glaube, sie ist die Einzige, die nie wirklich jemanden gepiesackt hat.« Lina lachte. »Sie braucht Harmonie und hat nie einen Streit angefangen. May hat das ausgenutzt und ist immer an ihre Sachen gegangen. Sie wusste, Till würde sich nicht beschweren oder petzen.«

»Ich mag Till. Sehr«, sagte Mina. »Ich mag sie lieber als Tante Hannah«, fügte sie leise hinzu und senkte den Kopf.

»Wirklich?«, fragte Lina erstaunt. »Das hätte ich nicht gedacht. Ich dachte, nach Lily magst du Hannah am liebsten. Sie kümmert sich doch viel um euch, lädt euch immer ein.«

»Ja, das stimmt. Aber irgendwie mag ich das nicht mehr. Früher war das vielleicht so. Aber jetzt, da ich älter werde, sehe ich das anders. Ich kann es nicht erklären. Und außerdem will ich in den Ferien nicht zu Tante Hannah, wenn May auch dort ist.«

»Das kann ich verstehen«, sagte Lina. »May ist wirklich, wirklich schwierig. Du lieber Himmel, was wir uns gestritten haben …«

Nun lachte Mina. »Ja, ihr beide habt euch noch mehr gestritten als May und ich.«

Der zehnjährige Billy kam in die Küche. »Großmutter fragt, ob du fertig mit deinen Hausaufgaben bist?«

»Ja, bin ich.« Mina packte ihre Schulsachen zusammen. »Danke, Lina«, flüsterte sie.

Lina grinste. »Wenn du willst, üben wir am Wochenende noch mal Rechnen.«

»Das wäre toll.«

Nach dem Abendessen setzte sich Mina zu Großmutter Emilia in das Wohnzimmer. Sie nahm sich ein Hemd aus dem Flickkorb und besserte eine Naht aus, während Großmutter ihr Strickzeug hervorholte. Elsa, die sich wieder beruhigt hatte, saß auch dabei und stopfte

Socken. Es war eine gemütliche Tradition, abends vor dem Kaminfeuer Flickwäsche auszubessern. Großvater saß in seinem Sessel und las. Lina musste noch lernen, Billy malte, und Arthur schaute sich die Zeitungen an, die Kapitän Schmidt aus dem Ausland mitgebracht hatte.

»Ich verstehe es nicht«, murmelte Elsa.

»Was verstehst du nicht?«, fragte Großmutter.

»Hast du deine Hausaufgaben etwa nicht gemacht?«, wollte Großvater wissen. »Dann wird es aber höchste Zeit.«

»Großvater, heute Abend ist Neumond. Können wir bitte auf den Hügel gehen und mit dem Teleskop Sterne gucken? Bitte!«, warf Arthur ein.

»Au ja«, sagte Billy und sprang auf. »Ich will auch mitkommen.«

»Für dich ist Schlafenszeit«, meinte Emilia. »Schon längst. Putz dir die Zähne, und geh zu Bett. Ich komme dann gleich noch einmal zu dir.«

»Och, warum darf ich nie mit, wenn es spannend wird? Arthur darf immer alles.« Billy verzog beleidigt das Gesicht.

»Weil ich schon sechzehn bin und du erst zehn«, sagte Arthur grinsend. Dann stand er auf, zog seinen Bruder hoch und schlug ihm sanft auf die Schulter. »Ich nehme dich am Wochenende mit, versprochen.«

»Wirklich?«

»Ja, wirklich, und jetzt hör auf Großmutter, und geh ins Bett.« Arthur ging in den Flur, um sich seine Stiefel anzuziehen, Großvater folgte ihm.

»Am Wochenende machen wir einen Ausflug, kleiner Mann«, sagte er zu Billy. »Nur du und ich. Versprochen.«

Mina nickte lächelnd. »Das hat Großvater gut gelöst«, sagte sie, nachdem Billy die Treppe hinaufgestapft war.

»Ja«, sagte auch Emilia lächelnd. »Aber was verstehst du nicht, Elsa?«, fragte sie, wieder ernst werdend.

»Es ist die Sache mit Tutt. Irgendwie ist es ganz komisch – ich vermisse sie, dabei kenne ich sie doch gar nicht. Aber es ist so ein Gefühl, als ob etwas fehlt.« Sie schaute erst die Großmutter und dann Mina an, biss sich auf die Lippe. »Versteht ihr, was ich meine?«

»Ja«, sagte Mina. »Es geht mir ähnlich. Es scheint so, als wäre sie immer irgendwie hier. Wie ein Geist – aber eben nicht greifbar. Ich möchte mit ihr reden, aber das geht ja nicht. Und sie antwortet auch nicht mehr immer auf meine Briefe.«

»Tutt ist fast erwachsen«, gab Emilia zu bedenken. »Sie hat andere Dinge im Kopf. Außerdem muss sie für ihre Ziehmutter da sein. Sie wird euch sicher nicht vergessen, und irgendwann werdet ihr euch auch wiedersehen.«

Die Worte schienen ihre Enkelinnen getröstet und beruhigt zu haben, aber Emilia beschäftigten sie weiterhin.

»Tutt schreibt nicht mehr viel«, sagte sie, als sie später neben Carl im Bett lag. »Meinst du, sie vergisst uns? Ich bin ganz traurig darüber, dass der Kontakt so abbricht.«

Carl seufzte. »Ja, das geht mir ähnlich. Ich werde mich morgen hinsetzen und ihr einen längeren Brief schreiben.«

»Ich schreibe ihr jede Woche. Seit neun Jahren nun. Am Anfang hat sie nur zögerlich geantwortet, und der Groll, den sie hegte, war deutlich zu spüren. Aber dann wurde es für eine ganze Weile besser. Sie hat alle paar Wochen geantwortet. Doch nun ...«

»Emilia, ich glaube, dass Tutt immer noch mit uns hadert. Vor allem mit ihrem Vater. Sie hat ihm nie verziehen.«

»Können wir sie nicht zurückholen? Zu uns?«

Carl seufzte. »Nein. Ich glaube nicht, dass sie sich hier zurechtfinden würde. Überleg doch mal – in Europa führt sie ein ganz anderes Leben. Hier ist es viel schlichter, wir könnten ihr nichts bieten.«

»Unsere Kinder waren glücklich, die Enkel sind es auch«, sagte Emilia ein wenig trotzig. »Wir bieten ihnen ein zu Hause und geben ihnen Liebe.«

Carl lachte fast unhörbar, dann drehte er sich zu seiner Frau um und küsste sie. »Du warst schon immer wundervoll und bist es noch. Eine großartige Mutter und Großmutter. Du machst aus wenig viel, allein durch die Liebe, die du allen gibst. Carola hat aber ein anderes Leben kennengelernt.«

»Ich weiß«, seufzte Emilia. Sie dachte an ihre Kindheit und Jugend bei ihrer Tante und ihrem Onkel in Hamburg. Reich war die Familie gewesen, ihr hatte es an nichts gemangelt, und dennoch hatte sie sich immer nach ihren Eltern gesehnt. Dann hatte sie Carl geheiratet, der weitaus weniger Geld hatte als ihre Familie und ihre anderen Bewerber. Sie hatte das luxuriöse Leben nie vermisst, keine einzige Minute. Liebe, dachte sie, und Glück sind so viel wichtiger als Geld. Aber sah Tutt das auch so? Sie wusste es nicht.

In den Blue Mountains

Nervös stieg Mina aus dem Zug in Wentworth Falls. Tante Till hatte versprochen, sie abzuholen. Mina hatte schließlich durchsetzen können, dass sie die Ferien hier und nicht in Geelong bei Tante Hannah verbringen durfte. Der Dampf der Lokomotive waberte über den Bahnsteig und versperrte Mina die Sicht. Sie hob ihren Koffer und die schwere Teppichtasche, die Großmutter mit allerlei Leckereien gefüllt hatte, aus dem Zug, sah sich dann wieder um. Immer noch konnte sie Tante Till nicht entdecken.

Sie wird mich doch nicht vergessen haben, dachte sie ängstlich. Erst einmal war Mina in dem kleinen Ort in den Blue Mountains gewesen. Das war zwei Jahre her. Damals arbeitete Tante Till noch als Krankenschwester in der Klinik für Schwindsüchtige. Letztes Jahr hatte sie sich dann verlobt, sehr zur Freude von Emilia. Großvater Carl sah die Verbindung etwas skeptischer – wie bei all seinen Töchtern hatte er Bedenken. Doch Till war schon Mitte dreißig, und so ließ er sich umstimmen.

»Mina? Mina?«, hörte sie plötzlich den Ruf ihrer Tante.

»Hier bin ich!«, rief sie erleichtert. Die Dampfschwaden lichteten sich, die Lokomotive stieß einen schrillen Pfiff aus.

»Kind, ich bin so froh, dass du da bist!« Till schloss das Mädchen, das inzwischen fast so groß war wie sie, fest in die Arme. Dann schob sie sie zurück, um sie eingehend zu betrachten. »Gut schaust du aus, vielleicht etwas blass. Aber das gibt sich sicherlich in den nächsten Wochen. Ach, ist das schön, dass du da bist.« Lachfältchen, wie kleine Wagenräder, zogen sich um ihre Augen. Sie hatte die Haare als festen Dutt auf dem Hinterkopf festgesteckt, und überhaupt hatte sie eine große Ähnlichkeit mit Großmutter, stellte Mina erstaunt fest. Das war ihr vorher nie so aufgefallen.

»Komm«, sagte Till dann, »die Droschke wartet schon. Und ich bin so gespannt, wie dir unser neues Haus gefällt. Wir sind erst vor zwei Monaten eingezogen. Es steht direkt neben der Schule.«

Joseph Finney, Tills Mann, war der Rektor der Schule in Wentworth Falls.

»Fühlst du dich darin wohl?«, wollte Mina wissen und nahm den Koffer. Till hob die Tasche an und ächzte dann lachend auf.

»Was hast du denn mitgebracht? Backsteine?«

»Großmutter hat mir ganz viel für dich mitgegeben. Marmeladen, Gemüse und Obst.«

Wieder lachte Till. »Weil wir ja ansonsten verhungern. Dabei hatte ich ihr doch geschrieben, wie zufrieden ich mit Josephs Haushälterin bin. Sie ist wirklich eine tolle Köchin und meistert den Haushalt anscheinend mit links. Nur in den letzten Tagen ist sie etwas kränklich.«

»Sie ist krank? Komme ich ungelegen?« Mina schaute Till bestürzt an. »Sie wird doch nicht die Pest haben?« In Sydney ging die Beulenpest um wie ein Gespenst. Quarantänestationen waren eingerichtet worden, um die Krankheit in der riesigen Stadt, die inzwischen über hunderttausend Einwohner hatte, wenigstens ein bisschen einzudämmen. Mit Gift ging man im Hafenviertel gegen Ratten und andere Nager vor. Aber es half nur wenig. Ständig erkrankten mehr und mehr Menschen. Großmutter war froh gewesen, als die Herbstferien anfingen und sie die Kinder aus der Stadt schicken konnte.

»I wo! Sie hat sich nur den Magen verdorben oder so etwas. Und ich freue mich, dass ich auch endlich mal wieder in die Küche kann. Miss Smith lässt mich gewöhnlich nicht hinein. Es ist meine Chance, auch mal wieder zu kochen.«

Das mochte Mina so an ihrer Tante, sie schaffte es immer, die positiven Seiten zu sehen.

»Joseph freut sich auch schon sehr, dass du uns besuchst«, plapperte Till weiter und führte Mina aus dem Bahnhofsgebäude hinaus. Der farbige Kutscher hob Minas Koffer und Tasche in den Wagen. Er half auch Mina und ihrer Tante beim Einsteigen und fuhr sie durch das Städtchen. Die Luft war hier so viel klarer als in Sydney, der Ort natürlich auch viel kleiner. Wie Puppenhäuser erschienen Mina die Gebäude rechts und links der Straße, die meist nur zwei Stockwerke hoch waren und ausladende Veranden rundherum hatten. Ganz anders als in Sydney, wo die Gebäude in den Himmel zu wachsen schienen, dessen Blau man an manchen Tagen durch den Ruß und Dampf der Fabriken und Kamine nur erahnen konnte. Hier stank es weder nach Rauch noch nach Fäkalien, sondern duftete nach Eukalyptus. Bäume säumten die Straße, und auf dem Marktplatz stand ein Brunnen. Mina lehnt sich zurück und seufzte glücklich.

Till tätschelte ihre Schulter. »Geht es dir nicht gut?«, fragte sie leise. »War die Reise sehr anstrengend?«

»Alles ist perfekt, Tante Till. Ich bin so glücklich, hier zu sein. Wirklich.«

In den letzten Tagen war es unglaublich hektisch im Hause Lessing gewesen. Mina, die wahrlich keine herausragende Schülerin war, hatte einen Preis für ihre Französischarbeit bekommen, was nicht nur die Großeltern, sondern auch ihren Vater stolz gemacht hatte. Rudolph war zum Ferienbeginn nach Sydney gekommen und hatte sie besucht. Das war für alle gleichzeitig mühsam wie auch aufregend gewesen, denn Rudolph kam nur selten zu Besuch. Großmutter hatte alles perfekt machen wollen, Elsa war einen Tag voller Euphorie und den nächsten voller Wut und Ablehnung gegenüber ihrem Vater. Wie immer lebte sie ihre Gefühle aus. Mina selbst stand dem Vater skeptisch gegenüber. Alle paar Wochen schrieb er Großmutter einen Brief, der immer auch einen Absatz für jedes Kind beinhaltete. Doch die Worte erschienen Mina unpersönlich, und die Ermahnungen wiederholten sich beständig. Lieb sollten sie sein, nett und aufmerksam. Sie sollten lernen und niemandem zur Last fallen. Und wenn Rudolph tatsächlich einmal in Glebe auftauchte, war er ein Fremder für die Kinder, obwohl ihn die Großeltern herzlich begrüßten. Rudolph hatte sich die Zwischenzeugnisse angesehen und hatte sie dann zum Essen in den Deutschen Club ausgeführt. Innige, herzliche oder persönliche Gespräche waren dabei nicht aufgekommen. Als Elsa ihn nach Carola fragte, hatte er geschwiegen, und danach war er sehr einsilbig geblieben, hatte sich bald verabschiedet. Mina verachtete ihn dafür, auch wenn sie dies nie äußern würde.

»Und die anderen?«, fragte Till sie. »Was machen sie in den Ferien? Arthur, Elsa oder Billy hätten auch gern kommen dürfen. Ich hätte mich sehr gefreut.«

»Arthur geht mit Großvater angeln. Danach wird er Tante Molly besuchen«, zählte Mina auf. »Elsa und Billy fahren zu Tante Hannah und verbringen die Ferien dort.« Sie schluckte. »May auch«, fügte sie leise hinzu.

»Ja, das habe ich gehört. Hannah hat mir geschrieben, dass du jederzeit dazustoßen könntest, wenn es dir hier zu langweilig und mir zu viel wird. Als ob es mir zu viel werden könnte. Ich freu mich doch so, dass du da bist.« Wieder lachte sie ihr helles und fröhliches Lachen, das eher zu einem jungen Mädchen zu gehören schien als zu einer älteren Frau, wie Till es mit ihren siebenunddreißig Jahren war. »Aber sei bloß ehrlich, Mina, wenn es dir hier trist wird und du lieber dorthin willst, dann sagst du es sofort!«

»Das wird nicht passieren«, murmelte Mina zufrieden. Wie herrlich es doch sein würde, hier ohne die Geschwister und die jungen Tanten, die wie große, aber sehr achtsame Schwestern waren, einige Zeit zu verbringen. Ohne Cousinen und Cousins, ohne die Großeltern, die zwar immer liebevoll, doch manchmal auch sehr anstrengend waren. Hier hatte Mina Tante Till ganz für sich allein.

»Nun, wir werden sehen«, sagte Till nachdenklich, dann aber beugte sie sich nach vorn. »Schau, dort ist es. Dahinten. Siehst du den Zaun? Und dahinter den Park? Das ist unser Garten, die Schule, und dort ist auch das Haus.« Plötzlich war sie ganz euphorisch. »Wir haben einhundert Schüler – zwanzig leben im Internat der Schule, die anderen kommen aus der Umgebung. Die Eltern der Internatsschüler haben entweder Farmen, die weiter weg liegen, oder arbeiten in den Kohlenminen von Katoomba. Sie wohnen in einem Trakt auf der nördlichen Seite der Schule. Unser Haus steht südlich der Schule.«

Der Fahrer, ein Aborigine, öffnete das schmiedeeiserne Tor, und sie fuhren in den Park hinein. Eukalyptusbäume und Palmen, Akazien und Rhododendren säumten den Weg. Das Gras zwischen den Bäumen und Büschen war erstaunlich niedrig und wirkte gut gepflegt.

»Wir haben ein paar Schafe und Ziegen«, erklärte Till. »Sie halten das Gras flach und geben Milch. Eine ältere Frau macht daraus Käse. Sie wohnt schon immer hier und ist heilkundig.« Dann wandte sie sich Mina zu. »Und ich habe eine Überraschung für dich. Oh, du wirst es nicht glauben. Es ist so … wundervoll.«

»Käse?«, fragte Mina.

Till lachte. »Nein, ganz kalt. Versuch es noch mal. Aber du wirst es auch nicht erraten können. Wir haben Besuch.«

Besuch, dachte Mina. Besuch, den ich kenne, aber auf den ich nicht komme. Oh Grundgütiger, es wird doch nicht mein Vater sein? Ich möchte gar niemanden treffen, ich möchte meine Zeit allein bei Till genießen. Aber sie machte gute Miene zum Spiel.

»Besuch? Über den ich mich freue?«, fragte sie vorsichtig.

»Ganz sicher sogar. Aber jetzt genieß erst einmal die Aussicht und den Garten.«

Einen Garten nannte es die Tante, aber es war eher sein Park.

»Pflanzt ihr kein Gemüse an? Obst? Beeren?«, fragte Mina verwundert.

»Doch, aber der Nutzgarten ist hinter dem Haus. Und sieh nur, da ist es schon.« Der Stolz klang aus ihrer Stimme.

Es war ein weißes, zweigeschossiges Haus mit einer umlaufenden

Veranda und geschnitzten Verzierungen an den Geländern. Mina hielt den Atem an, stieß ihn dann wieder aus. »Das ist traumhaft«, sagte sie leise.

»Ja, das ist es.« Till nahm die Teppichtasche vom Kutscher entgegen und ging zum Haus. Mina hatte den Koffer genommen, blieb aber noch mal stehen und holte tief Luft. Der süßliche Duft der Akazien und der etwas herbere der Eukalyptusbäume vermischte sich. Die Luft war klar und rein, die Sicht von dem Hügel über Wentworth Falls atemberaubend.

Hier bleibe ich, dachte Mina entschlossen. In diesem Herbst werde ich Till überreden, mich aufzunehmen. Hoffentlich.

»Nun komm, nun komm!«, rief Till von der Veranda aus. »Komm schon. Ich kann gar nicht erwarten, dir dein Zimmer zu zeigen.«

In Glebe, bei den Großeltern, teilte sich Mina ihr Zimmer mit Elsa. Früher hatte auch noch Lina ihr Bett dort gehabt, doch nun hatte sie eine Kammer für sich. Wenn May zu Besuch kam, stellte die Großmutter eine Liege für sie in das Zimmer der Mädchen, obwohl in Linas Zimmer mehr Platz war und die beiden sich schon früher einen Raum geteilt hatten. Zum Schluss, bevor May auszog, war es aber zwischen den beiden immer mehr eskaliert, und nun bevorzugte May die Liege im Mädchenzimmer bei Mina und Elsa. Aber hier, hier in Wentworth Falls, würde Mina tatsächlich ein Zimmer für sich allein haben. Ein Bett, eine Kommode, ein Waschtisch, obwohl es ein Bad mit einem Zuber gab und einen Schrank. Der Blick ging nach hinten, zum Nutzgarten.

»Ich … ich hoffe, das macht dir nichts«, sagte Till, plötzlich nervös, als Mina an das Fenster trat. »Wir haben auch zwei Zimmer nach vorn heraus, aber Joseph möchte diese gern für Gäste freihalten. Es kommen immer Schulinspektoren und ähnliche Besucher.«

»Oh, Tante Till«, sagte Mina verzückt. »Das ist so wunder-wunder-wunderbar, das kannst du dir nicht vorstellen. Ein Zimmer für mich. Oh!«

Till lachte. »Doch, das kann ich. Mein erstes eigenes Zimmer nur für mich hatte ich, als ich auszog. Vorher musste ich es mit einer meiner Schwestern teilen – eigentlich musste ich alles teilen.«

»Ja, Tante Till, das ist irgendwie immer noch so.« Mina legte den Koffer auf den Boden und öffnete ihn.

Till seufzte. »Können wir eine Abmachung treffen, Mina? Wenigstens für die Zeit, die du hier bist?«

Mina drehte sich um und sah die Tante erstaunt an. »Jede.«

»Dann nenn mich nicht ›Tante‹ sondern einfach Till, wie es andere auch tun. Oder Mathilde. Oder denk dir etwas anderes aus.«

»Till.« Mina setzte sich auf das Bett und sah ihre Tante an. »Ich würde dich dann Till nennen, wie alle anderen auch. Weil du so für mich heißt und Mathilde für mich keinen guten Nachklang hat«, sagte Mina leise.

»Warum?«, wollte Till erstaunt wissen. »Was stört dich an Mathilde?«

»Mathilde, mit e am Ende, heißt Tutts Ziehmutter in Deutschland«, sagte Mina leise. »Und irgendwie kann ich mich deshalb nicht mit dem Namen anfreunden.« Sie schaute auf und sah ihre Tante an. »Du heißt für alle in der Familie Till, und ich würde dich auch gern so nennen.«

»Ohne Tante?«, fragte Till nach und lächelte.

»Ja, genau. Ohne Tante. Till.«

»Dann haben wir das geklärt, und über weitere Dinge sprechen wir später. Ich schicke dir ein Mädchen, das dir beim Auspacken hilft, und lasse dir das Bad fertig machen. Das Bad ist die letzte Tür links, den Gang runter. Du willst doch sicher baden, bevor es Essen gibt?«

»Oh, das wäre famos.« Mina wusste gar nicht, wie ihr geschah. Sie war im siebten Himmel. »Und … und … die Überraschung?«, fragte sie.

Till lachte ihr Mädchenlachen, es perlte aus ihr heraus. »Die zeige ich dir später. Keine Sorge.«

Es war herrlich. Mina öffnete das Fenster und schaute hinaus. In der Ferne konnte sie die Bergspitzen sehen, darunter die ausladenden Eukalyptuswälder, die der Region ihren Namen gegeben hatten. Sie schaute nach links, zur Schule. Auch hier waren Ferien, und nur einige der Internatskinder waren noch da, hatte Till ihr erzählt.

Es klopfte, und ein Mädchen betrat den Raum. Sie war keine Aborigine und auch kein Mischling, sondern eine Weiße.

»Ich soll helfen«, nuschelte sie mit starkem osteuropäischem Akzent. »Olga heiße ich.«

»Hallo«, sagte Mina plötzlich schüchtern. Sie brauchte eigentlich keine Hilfe beim Auspacken, zu Hause half ihr ja auch keiner.

»Dann wollen wir mal.« Olga öffnete den Koffer und nahm ein Kleidungsstück nach dem anderen heraus, schlug es aus und hielt es in Richtung Fenster. Dabei schnalzte sie leise und abfällig mit der Zunge.

Mina spürte die heiße Welle der Scham in sich hochsteigen. Ihre Kleider waren schlicht, aber zweckmäßig. Jedoch waren sie alle auch schon älter – sie hatte sie von Lina geerbt, die sie meist von May bekommen hatte. Und nach Mina würde Elsa die Kleider bekommen. Großmutter konnte kleine Löcher und Risse so geschickt ausbessern, dass man es fast gar nicht sah. Man musste schon sehr genau hinsehen, um diese Stellen zu entdecken – und das tat Olga nun.

Schnaubend hängte sie die Kleidungstücke im Schrank auf. Schnell griff sich Mina ihre Wäsche und stopfte sie in die Kommode. Auf keinen Fall wollte sie, dass Olga diese intimen Kleidungsstücke in die Hände nahm.

»Den Rest schaffe ich schon allein«, sagte Mina eilig und schlug den Koffer zu. Sie zwang sich zu lächeln und hoffte, dass das Dienstmädchen ihre glühenden Wangen übersah.

»Soll ich das Bad fertig machen?«, fragte Olga.

»Das wäre zauberhaft«, antwortete Mina, so fröhlich sie es vermochte. Schnaufend setzte sie sich auf das Bett, nachdem das Mädchen den Raum verlassen hatte. Bisher hatte sie sich niemals für ihre Kleidung geschämt. Im Gegenteil, die Stoffe, die Großmutter verwendete, waren robust und von guter Qualität. Zudem schaffte Großmutter es auch immer wieder, die Kleider der Mode anzupassen und mit kleinen Details, wie Spitzenbordüren oder Stickereien, zu verzieren. Wie hatte diese Olga es geschafft, sie so sehr zu verunsichern, fragte sich Mina verärgert.

Doch als sie eine halbe Stunde später im warmen Wasser lag und sich den Reiseschmutz abwusch, schwelgte sie nur noch in Glückseligkeit. Der Raum war groß und hatte zwei Fenster, die nach hinten gingen. Flauschige Handtücher lagen für sie bereit, es gab duftende Seife, und die Wanne war aus Gusseisen und nicht aus Holz oder Zink. In Glebe hatten sie beides – einen Holzzuber und eine Zinkwanne. Die Zinkwanne war in einem kleinen Raum neben der Küche, der Holzzuber stand im Schuppen und konnte bei Bedarf in die Küche getragen werden. Samstags war Badetag, und Großmutter und das Mädchen mussten kesselweise Wasser auf dem Herd erhitzen, damit für alle genug da war. In Wentworth Falls gab es einen eigenen Badeofen, so dass das warme Wasser nicht mühselig von der Küche nach oben geschleppt werden musste. Welch ein Luxus. Till hatte es wirklich gut getroffen. Nur bei Tante Hannah und Onkel Harry war es ähnlich nobel, ansonsten kannte Mina kein Haus mit einer gusseisernen Wanne.

Als Olga an die Tür klopfte, sprang sie eilig auf.

»Das Essen wird gleich serviert.«

»Danke. Ich komme«, rief Mina.

»Brauchen Sie Hilfe beim Ankleiden?« Es klang fast schon so, als ob das Mädchen die Nase rümpfte. Oder bildete sich Mina das bloß ein? Sie war es nicht gewöhnt, so hofiert zu werden, und vielleicht tat sie Olga Unrecht.

»Nein, nein!«, wiegelte sie ab. »Das kann ich allein.«

Schnell rubbelte sie sich trocken und schlüpfte in saubere Kleidung. Dann ging sie die Treppe nach unten. Wo aber war die Küche? Wo musste sie hin? Verwirrt sah sie sich in der großen Eingangshalle um.

Olga stand an einer Tür zur Rechten und beobachtete sie.

»Wo geht es denn zur Küche?«, fragte Mina sie schüchtern.

»Was wollen Sie denn in Küche? Essen wird serviert in Esszimmer. Hier.« Sie öffnete die Tür. Till kam Mina strahlend entgegen. Sie hatte sich umgezogen und trug ein Kleid, das seidig schimmerte. Auch ihre Haare hatte sie neu frisiert.

»Hast du Hunger?«, fragte sie lächelnd. »Gut siehst du aus. So sauber und frisch.«

»Das Badzimmer, es ist ein Traum«, schwärmte Mina. »Das ganze Haus ist so wundervoll. Und auch die Gegend. Du musst sehr glücklich sein.«

Ein Schatten huschte über Tills Gesicht, dann aber nickte sie. »Ja, wir haben es schön hier. Nun komm.«

»Gibt es jetzt die Überraschung?«, fragte Mina aufgeregt.

Till schüttelte den Kopf. »Das ist wirklich eine Überraschung, und ich zeige sie dir später«, flüsterte sie. »Joseph, erinnerst du dich noch an meine Nichte Mina?«

Joseph Finney stand auf und kam ihnen entgegen. Er trug einen Gehrock, ein weißes Hemd mit hochstehendem Kragen und einem Binder, Weste und Hose mit Bügelfalten. Das Haar war zurückgekämmt und der Schnurrbart sorgfältig geschnitten. Wie elegant er wirkt, dachte Mina überwältigt. Und so überaus modisch.

»Hallo Mina«, sagte Joseph freundlich. »Wir freuen uns sehr, dass du uns besuchst.«

»Es ist so schön hier, ich kann gar nicht sagen, wie glücklich ich bin.«

Joseph lächelte. »So soll es sein. Aber nun lasst uns essen.«

Staunend sah Mina sich um. Dicke Teppiche bedeckten den Boden, ein glänzender Tisch aus Mahagoni stand in der Mitte des Raumes. Ein Blumengesteck und silberne Kerzenleuchter schmückten den Tisch. Schalen und Töpfe mit blühenden Pflanzen und Farnen waren überall im Raum arrangiert worden. Es war wie in einem Schloss.

Die Tür öffnete sich wieder, und Olga trug die Suppe auf. Ein

Hausmädchen, das das Essen serviert, dachte Mina. Es ist unglaublich, geradezu herrschaftlich.

»Was denkst du, mein Kind?«, fragte Joseph sie.

»Ich muss an die Briefe meiner Schwester Carola denken. Manchmal erzählt sie von so einer Pracht in Europa. Sie war auch schon bei Adeligen eingeladen, und das klang alles wie aus einer fernen Welt.« Mina kicherte. »Was es ja auch ist – eine ferne Welt. Aber nun sehe ich, dass es auch in Australien so etwas gibt. Ich muss ihr unbedingt darüber berichten.«

»Wir machen es uns nur so nett, wie es eben geht. Schließlich wohnen wir hier weitab. Da soll wenigstens das häusliche Leben einen gewissen Standard haben«, sagte Joseph.

Nach der Suppe gab es Fisch und dann das Hauptgericht mit Fleisch, Gemüse und viel Soße. Jedes Mal wurden neue Teller gebracht, und Olga räumte die alten ab. In Glebe stellte Großmutter Schüsseln und Töpfe auf den Tisch, der in der großen Küche stand, und jeder bediente sich. Es gab auch einen Esstisch in der Stube, aber nur an Feiertagen wurde dort gedeckt.

»Wie geht es denn Carola? Hört ihr oft von ihr?«, fragte Till.

»Es scheint ihr gutzugehen, aber sie schreibt nur noch selten, und wenn, meistens kurze Briefe. Ihr Ziehvater ist im letzten Jahr gestorben, und ihre Ziehmutter leidet wohl sehr.«

»Seit wann lebt deine Schwester schon in Deutschland?«, fragte Joseph. »Ich kann mir eure komplizierten Familienzusammenhänge manchmal nicht richtig merken.« Er lächelte.

»Neun Jahre sind es nun«, sagte Mina. »Ich kann mich kaum noch an sie erinnern. So gern würde ich sie besuchen, aber noch lieber hätte ich es, wenn sie zurückkommen würde.«

»Sei nicht dumm. Weshalb sollte sie zurückkommen, wo sie es doch bei ihrer deutschen Verwandtschaft so gut getroffen hat?« Joseph schüttelte den Kopf.

»Weil wir hier sind. Schließlich sind wir ihre Familie.« Mina schaute zu Till, doch diese hatte den Kopf gesenkt.

»Dort ist auch ihre Familie. Wenn ich mich recht erinnere, lebt sie bei ihrer Tante.«

»Ja, bei Tante Mathilde, die nur wenig jünger ist als unsere Großmutter«, murmelte Mina.

»Höre ich da Kritik aus deinen Worten?«, fragte Joseph plötzlich streng.

»Joseph …« Till schaute ihn bittend an.

»Deine Nichte Carola kann froh sein, dass sie dort aufgenommen wurde. Und deine Mutter kann dankbar sein, nicht noch einen hungrigen Mund mehr stopfen zu müssen. Deine Familie lebt ja nun nicht gerade üppig und in Reichtum, Mathilde.«

»Aber wir sind glücklich«, sagte Mina. In dem Moment wusste sie, dass es stimmte. Sie hatten kein Bad mit einer gusseisernen Wanne, kein Haus mit einer umlaufenden Veranda, kein Esszimmer mit einem Tisch aus Mahagoni, und das Essen wurde ihnen auch nicht aufgetragen. Die Kleider wurden von einem Mädchen zum nächsten vererbt, und nur selten gab es ein neues Stück, aber das hatte sie bisher nicht gestört. Es war eng zu Hause, und sie stritten sich immer mal wieder, aber in der Tiefe ihres Herzens waren sie glücklich. Glücklich, dass sie alle zusammen sein konnten, und sicher auch froh und dankbar, weil es Großmutter gab, die ihnen ihre Liebe schenkte und immer für sie da war.

Mina sah Till an. Till lächelte ihr zu, aber das Lächeln erreichte nicht ihre Augen.

Darri

»Wer hat das gekocht?«, fragte Joseph, als Olga das Hauptgericht auftrug.

»Ich«, sagte Till, und ihre Augen wurden schmal. »Miss Smith ist krank, wie du wohl weißt.«

Joseph zögerte, schnitt dann das Fleisch und nahm einen Happen. »Ungewohnt gewürzt«, sagte er. »Aber nicht schlecht, gar nicht schlecht, meine Liebe. Dennoch solltest du deine Zeit nicht in der Küche verbringen.«

Till lachte, es klang nicht belustigt. »Und wie stellst du dir das vor? Dass es kein Essen gibt? Miss Smith ist krank. Das ist nicht zu ändern, und in der Ferienzeit finden wir auch keine Aushilfsköchin auf die Schnelle. Gerade jetzt, vor dem Winter, nicht. Eine weitere Küchenhilfe willst du ja nicht einstellen, die nun übernehmen könnte.«

»Ich bin kein Krösus, meine Liebe«, sagte Joseph, aber seine Stimme klang eisig. »Ich kann nicht beliebig viele Dienstboten einstellen. Zumal der Markt nicht viel hergibt.«

»Zumal du ja auch keine Farbigen einstellen willst, außer im Stall«, sagte Till fast unhörbar.

»Bitte?«, fragte Joseph und räusperte sich.

»Nichts, nichts«, wiegelte Till ab.

Mina spürte die angespannte Atmosphäre und senkte den Kopf. Irgendetwas stimmte hier nicht, aber sie konnte es nicht einordnen.

Schweigend aßen sie weiter. Olga räumte die Teller ab, nachdem Joseph sein Besteck quer über den Teller legte, obwohl er noch gar nicht aufgegessen hatte.

»Möchten die Herrschaften noch Nachtisch?«, fragte sie und rollte das R überdeutlich. »Es gibt Obst.«

»Nein.« Joseph stand auf, nickte Till zu und ging zur Tür. »Danke, ich muss noch arbeiten.«

Till seufzte. »Magst du noch etwas essen, Mina? Es ist noch genügend da. Von allem. Oder möchtest du Obst? Davon haben wir auch reichlich.«

Mina biss sich auf die Lippe. »Was möchtest du denn?«, fragte sie unsicher.

Till schaute aus dem Fenster. Dann zuckte sie mit den Schultern und lächelte. Diesmal strahlten ihre Augen auch. »Komm, ich zeig dir meine Überraschung. Sie ist in der Küche, und da ist auch das Obst.« Till lachte perlend. »Falls du doch noch Nachtisch willst.«

Mina stand auf, nahm ihren Teller und den von Joseph. Sie wollte gerade nach Tills Teller greifen, als diese ihr die Hand auf den Arm legte.

»Das ist lieb, aber den Tisch räumt Olga ab.«

»Wir gehen doch in die Küche, hast du gesagt. Nie einen Weg umsonst tun, sagt Großmutter immer.« Mina sah Till aus großen Augen an.

Till lachte. »Und da hat meine Mama recht.« Sie nahm ihren Teller und eine Schüssel, und Mina trug die anderen beiden Teller.

Was mochte wohl die große Überraschung sein, fragte sich Mina. Ein besonderes Obst? Nein, es war ein Besuch, hatte Till gesagt. Aber warum war dieser Besuch nicht beim Essen dabei gewesen? Nein, das konnte kein Gast sein. Aber was dann? Mina wurde nicht schlau daraus.

Olga kam ihnen entgegen.

»Gnädige Frau?«, sagte sie ungläubig und wollte Till das Geschirr abnehmen.

»Lass es gut sein. Wir machen auch den Rest. Du kannst gehen.« Till nickte ihr zu.

»Und wer spült?«, fragte Olga.

»Wir spülen und räumen auf.« Till lachte, und es klang herrlich frei.

»Das wird dem Gnädigsten aber nicht gefallen.« Olga rümpfte die Nase und ging zur Hintertreppe.

»Er muss es ja nicht wissen«, murmelte Till. Mit der Schulter stieß sie die Tür zur Küche auf. Mina folgte ihr und sah sich staunend um. Wie groß es hier war und der Herd erst. Mächtig und aus Gusseisen, größer als der gemauerte Ofen bei Großmutter, der ständig mit Holz gefüttert werden musste, schien es ihr. Kupferne Töpfe und Pfannen hingen an einem Gestell von der Decke, die Spüle war auch aus Gusseisen und hatte einen ähnlichen Ofen wie der Badezuber, für das warme Wasser. So etwas hatte Mina noch nie gesehen.

Doch dann fiel ihr Blick auf eine hutzelige Gestalt, die am großen Küchentisch saß.

»Darri? Bist du das wirklich? Darri?« Minas Stimme versagte. Darri war eine Aborigine, die erst bei Großmutter und dann bei Minas Mutter gearbeitet hatte. Immer mal wieder, denn Darri konnte man nicht anbinden. Sie folgte ihren Pfaden, war monatelang da und dann am nächsten Morgen fort, ohne eine Erklärung. Minas Familie hatte sich mit den Jahren daran gewöhnt. Es lag nun mal in der Natur der Aborigines, auf Wanderschaft zu gehen.

»Manchmal müssen wir eben weiterziehen«, hatte Darri erklärt. »Wir wissen nicht im Voraus, wann es ist. Aber wenn es so weit ist, dann spüren wir es und müssen los.«

Das war befremdlich für die Europäer, aber Großmutter hatte es immer gelassen gesehen. Darri war bei der Geburt von Minas großer Schwester Carola dabei gewesen, sie war auch gekommen, als Minnie ihr letztes Kind, Bill, bekam, und hatte Minnie bis zu ihrem Tod zwei Tage später begleitet. Sie schien zu fühlen, wenn die Familie sie brauchte. Und jetzt war sie hier. »Bist du es wirklich?«, fragt Mina unsicher.

»Mein Kind.« Darri stand auf und kam zu ihr. Sie legte die Hände auf Minas Wangen und schaute ihr in die Augen. »Ja«, sagte sie dann. »Mina. Die kleine Hermine.« Dann lachte sie ihr kehliges Lachen.

»Darri …« Mina schaute zu Till. Ihre Tante nickte und wischte sich die Tränen aus den Augen.

»Ich weiß nicht, wie und woher Darri es wusste, aber gestern saß sie auf der Veranda und sagte, du würdest kommen. Außer dem Kutscher, der ein Mulatte ist und keine Verbindungen zu irgendwelchen Stämmen hat, haben wir keine einheimischen Dienstboten.«

»Warum nicht?«, wollte Mina wissen.

»Joseph möchte das nicht«, sagte Till, und ihre Stimme wurde kalt.

»Warum denn?«

»Das weiß ich nicht.«

»Das ist egal, meine kleine Mallagongan. Ich bin jetzt hier, weil ich dir etwas zeigen muss.« Darri nickte ernst. »Ich muss dir einen Pfad zeigen.«

»Einen Pfad? Was meinst du?«, fragte Mina.

Darri sah Till an. »Du kennst mich jetzt schon lange, nicht wahr? Heute Abend muss ich dieses Mädchen mit mir nehmen. Es ist wichtig. Die Ahnen haben es mir aufgetragen. Ich muss dieses Mädchen mitnehmen, aber ich verspreche dir, dass ich sie dir morgen heil wiederbringe. Vertraust du mir?« Die dunklen Augen unter den dicken Brauen blitzten wach. Darri schien jede Regung von Till wahrzunehmen.

»Bis morgen?«, fragte Till unsicher. »Das wird Joseph nicht gefallen.«

»Ihm gefällt wenig«, sagte Darri nur. »Es ist wichtig, sonst hätten die Ahnen mich nicht geschickt.«

»Muss es denn heute sein?«, fragte Till. »Kann ich nicht bis morgen darüber nachdenken?«

»Du kannst nachdenken, solange wir abspülen und aufräumen.« Darri krempelte die Ärmel ihres Kattunkleides hoch und füllte Wasser in die Spüle.

»Wo willst du mit mir hin?«, fragte Mina aufgeregt und reichte ihr die Gläser und Teller. Sie hatte Darri schon seit mindestens fünf Jahren nicht mehr gesehen. Nachdem sie das letzte Mal bei Lessings gewesen war, hatten alle darauf gewartet, dass sie wiederkam, doch das war nie passiert. Der Herbst wurde zu Winter, dann kamen der Frühling und der Sommer. Länger als ein Jahr war Darri nie fort gewesen, auch wenn sie immer nur wenige Wochen bei der Familie blieb, bevor sie wieder aufbrach. Doch der Zeitraum ihrer Abwesenheit wurde länger und länger, und schließlich hatten sie nicht mehr gewartet. Großmutter hatte Nachforschungen betrieben, aber diese blieben erfolglos. Darri war verschwunden, und niemand wusste, wo sie geblieben war. Aber nun war sie hier, hier in Tills Küche und so lebendig, wie es nur ging. Mina konnte es kaum glauben.

»Du musst nur mit mir kommen«, sagte Darri und nickte. »Einen Pfad muss man gehen, man kann ihn nicht erklären.«

Alt war sie geworden in den Jahren, in denen sie fort gewesen war, stellte Mina fest. Darris krauses Haar war an den Schläfen ergraut. Sie schien in sich zusammengesunken zu sein, und ihr Rücken war gekrümmt. Aber ihre Hände griffen immer noch fest und sicher zu, ihre dunklen Augen blitzten wach.

Sie schaute Mina an und lachte. »Mach dir keine unnötigen Gedanken, Kind.«

»Aber … aber … du willst mir einen Pfad zeigen? Wo führt er hin?«

»Er führt zu dir, Mina. Nur zu dir. Frag nicht weiter, denn ich kann es nicht erklären.« Sie wusch einen Teller nach dem anderen ab, ihre Hände bewegten sich routiniert und ohne Zögern im heißen Seifenwasser. Mina staunte nur.

»Was würdet ihr brauchen?«, fragte Till zögernd.

»Ein wenig Proviant für das Kind. Nicht viel. Brot und Wasser. Vielleicht noch Äpfel. Dann zwei Decken und Kerzen oder eine Petroleumleuchte. Aber Kerzen würde ich vorziehen«, sagte Darri nachdenklich. »Hast du feste Schuhe, Mina?«

»Ich habe nur zwei Paar Schuhe«, sagte Mina leise. »Diese sind die für das Haus und für bessere Anlässe, und dann habe ich noch Schnürstiefel für alle Tage.«

»Schnürstiefel. Und du brauchst warme Sachen, denn nachts wird es kalt. Wollene Unterwäsche hast du, das weiß ich.«

»Woher weißt du das?«, fragte Mina erstaunt.

Darri lachte. »Weil deine Großmutter Emilia all ihren Kindern wollene Unterwäsche gibt. Und nun auch ihren Enkeln.«

Mina grinste schief und kratzte sich verstohlen, denn tatsächlich strickte Großmutter ohne Unterlass wollene Hosen und Laibchen. Sie war unerbittlich, was das anging – alle in ihrem Haushalt mussten die Wäsche tragen, auch die Jungs.

»Über Nacht weg?« Till schüttelte den Kopf. »Joseph wird es nicht erlauben.«

Darri trocknete ihre Hände ab und schaute Till nachdenklich an. »Warum glaubst du das?«

»Weil ich ihn kenne. Er ist immer sehr verantwortungsbewusst.«

»Ist er das wirklich?« Darri zog die Augenbrauen hoch.

»Natürlich. Er kümmert sich rührend um die Kinder in der Schule und im Internat.«

»Und um dich?«

»Natürlich kümmert er sich auch um mich.« Till lachte, doch ihr Lachen hatte keine Leichtigkeit. »Er ist sehr gut zu mir.«

»Und zu der Köchin«, murmelte Darri und wandte sich ab.

»Du kennst ihn doch gar nicht, Darri«, sagte Till.

»Ich weiß genug.«

»Wie dem auch sei, er wird nicht erlauben, dass Mina über Nacht wegbleibt. Und Mutter würde es auch nicht erlauben.«

»Doch, Emilia würde es zulassen, wenn ich sie darum bäte.« Darri drehte sich wieder um. »Du musst deinem Mann nichts sagen. Mina geht mit mir, und noch vor dem Frühstück sind wir wieder zurück. Er wird es nicht merken.«

»Ich kann das doch nicht hinter seinem Rücken machen.«

»Dieses Kind und du, ihr habt die gleichen Ahnen, in euren Adern fließt das gleiche Blut. Ihr habt ähnliche Traumpfade, auch wenn dein Totem ein anderes ist als ihres. Dein Mann hat andere Ahnen, er ist nicht mit dem Kind blutsverwandt. Er würde nie verstehen, warum es für das Kind wichtig ist, mit mir zu kommen.«

»Ich könnte ihm so etwas gar nicht erzählen, er hat kein Verständnis für eure Kultur.«

»Das weiß ich.«

»Er wird sehr böse sein«, sagte Till leise. »Und ich möchte nicht, dass er böse wird.«

»Du sagst ihm, dass Mina schon zu Bett gegangen ist. Sie ist nach der langen Reise müde. Und sie muss schlafen.«

»Und wenn er es doch merkt? Wenn euch etwas passiert? Was soll ich dann sagen?«

»Uns wird nichts passieren, denn die Ahnen werden über uns wachen.« Darri nickte bekräftigend. »Geh und zieh deine festen Schuhe an, Mina. Vielleicht wechselst du auch deine Kleidung. Du musst nicht hübsch, sondern warm angezogen sein.«

Unsicher schaute Mina von Darri zu Till. Durfte sie nun mit oder nicht? So ganz geheuer war es ihr nicht. Welche Ahnen hatten Darri beauftragt und wozu?

Schließlich seufzte Till. »Nun gut. Ich weiß, du hast recht, Mutter würde es erlauben. Sie vertraut dir. Also werde ich dir auch vertrauen.«

Schnell huschte Mina nach oben. Welche Tür führte noch einmal zu ihrem Zimmer? War es die linke oder die rechte? Ihr schwirrte der Kopf von all dem, was sie gerade gehört hatte. So viele Dinge, die sie nicht richtig verstand. Was war mit Joseph, und warum sprach Darri so schlecht über ihn? Ihre Worte waren gar nicht wirklich abfällig gewesen, wohl aber ihr Tonfall. Darri mochte ihn nicht, und da war auch noch etwas anderes, was nicht ausgesprochen worden war. Ob Darri ihr die Fragen beantworten würde? Und was hatte es bloß mit diesem Pfad auf sich?

Schnell schlüpfte sie aus ihren Sachen, legte sie ordentlich über den Stuhl und zog ihre Reisekleidung wieder an. Dann nahm sie zwei Handtücher und ein Kissen und stopfte diese als Rolle unter die Bettdecke, die sie so drapierte, dass es aussah, als würde jemand im Bett liegen. Das war ein Trick, den May früher öfter angewandt hatte, wenn sie abends noch das Haus verlassen hatte, ohne die Erlaubnis von Großvater zu haben. Mina war sich ziemlich sicher, dass Großmutter, die oft abends noch einmal in das Zimmer der Mädchen schaute, sich nicht hatte täuschen lassen, aber sie hatte auch nichts gesagt.

Ob Joseph in ihr Zimmer kommen würde, wusste sie nicht. Viel größere Sorgen machte sie sich aber, dass Olga ihr Fehlen entdecken könnte. Sie schaute sich auf dem Flur um, aber von dem Dienstmädchen war nichts zu sehen. Schnell lief sie die Treppe hinunter und schlüpfte wieder in die Küche.

»Was ist mit Olga?«, fragte sie atemlos. »Was, wenn Olga bemerkt, dass ich nicht da bin?«

Till winkte ab. »Olga kommt erst morgen wieder, um das Frühstück zu machen.«

»Wohnt sie nicht bei euch im Haus?«, fragte Mina verwundert.

»Nein. Sie und die Köchin wohnen in einem kleinen Haus hinten auf dem Grundstück. Der Kutscher hat ein Zimmer über dem Stall. Joseph findet es so besser und hat es auch immer so gehalten. Er mag keine Fremden im Haus.«

»Dabei ist hier doch so viel Platz«, staunte Mina.

»Aber somit ist die Gefahr gering, dass Olga etwas merkt«, sagte Darri grinsend. »Und nun lass uns die Sachen packen und aufbrechen. Wir haben einen ordentlichen Weg bis nach Katoomba vor uns.«

Der Pfad der Ahnen

»Hätte uns nicht der Kutscher fahren können?«, fragte Mina, nachdem sie schon zehn Minuten schweigend nebeneinanderher gegangen waren. Eigentlich hatte sie damit gerechnet, dass Darri ihr erzählte, worum es bei diesem Ausflug ging. Aber Darri schwieg, setzte einen Fuß vor den anderen, gleichmäßige, nicht zu schnelle Schritte. Sie trug keine Schuhe, aber die Steine auf dem Weg schien sie gar nicht zu bemerken. In Wentworth Falls waren die Straßen zum größten Teil gepflastert und auch die Hauptstraße, die nach Katoomba führte, war es. Doch dieser folgten sie nur kurz, dann bog Darri auf einen Feldweg ein, der von der bewohnten Gegend wegzuführen schien. Die Bäume und das Buschwerk wurden immer dichter.

»Du fragst dich sicher, wohin ich dich führe«, sagte Darri.

»Ja, das und viele andere Dinge auch.«

»Ich war dabei, als deine Mutter ihr erstes Kind gebar. Ich war jedes Mal bei euren Geburten dabei. Und ich war auch da, als deine Mutter starb«, sagte Darri. Ihre Stimme klang wie ein Singsang, wie eine Melodie, gespielt auf dem Didgeridoo, dem Instrument der Aborigines. »Ich bin mit euch verbunden durch Leben und Tod.«

»Aber … aber wohin gehen wir denn? Und warum?«, fragte Mina ungeduldig.

Darri drehte sich zu ihr um und legte den Zeigefinger an ihre Lippen. »Pst. Ich erzähle dir nun etwas, was aus der Welt unserer Ahnen kommt. Hör einfach zu.«

»Aber was haben denn deine Ahnen mit mir zu tun?« Mina blieb stehen und verschränkte die Arme vor der Brust. »Ich verstehe das alles nicht. Und um ehrlich zu sein«, sie sah sich um, es war inzwischen dunkel geworden, und zwischen den Bäumen war es fast schwarz, »habe ich Angst.«

In der Ferne heulten Dingos, und Mina zuckte erschrocken zusammen.

Darri nickte. »Komm«, sagte sie und nahm das Mädchen bei der Hand. »Dort vorn ist eine Lichtung. Dort machen wir eine Pause.«

»Ich bin nicht müde, und ich kann auch noch weiterlaufen, das macht mir nichts aus«, sagte Mina empört. »Ich bin doch kein kleines Kind mehr.«

»Das ist richtig. Du bist eigentlich eine Frau, nicht wahr? Du hast schon deine Mondblutung bekommen.«

Mina wurde krebsrot, ihre Wangen glühten heiß. Woher wusste Darri das?

»Ja«, sagte sie leise. »Seit ein paar Monaten.«

Zum Glück war es dunkel, und Darri konnte nicht sehen, wie peinlich es ihr war.

»Du musst dich nicht schämen. Die Mondblutung gehört zum Leben einer jeden Frau. Ich hatte sie auch. Und alle meine Cousinen.«

»Ich weiß«, sagte Mina. Woher wusste Darri bloß, dass sie sich so schämte?

»Die Ahnen haben mir gesagt, dass ihr zu meinen Cousinen gehört. Deine Mutter besonders. Aus irgendeinem Grund hatte ich die Pflicht, deiner Mutter beizustehen. Warum auch immer, wir scheinen die gleichen Ahnen zu haben.«

Mina kicherte, obwohl sie es gar nicht wollte. Doch der Gedanke, dass sie mit dieser dunkelhäutigen Frau verwandt waren, war zu komisch. »Wir haben ganz sicher nicht die gleichen Ahnen, Darri. Meine Großeltern kommen aus Deutschland. Mein Vater auch.«

»Vor langer Zeit«, erzählte Darri, »war die Welt wild und ungestüm. In der nackten Erde schliefen die großen Ahnen und träumten seit langer Zeit, doch eines Tages wachten sie auf und erhoben sich. Das waren die Urahnen, die Schöpfer der Träume und des Lebens.

Das Land damals war trocken und karg. Es wuchs kein Baum, kein Strauch und auch keine Früchte. Es gab kein Wasser. Alles war grau und staubig. Die Urahnen gruben nach Wasser und Wurzeln und schufen so die Landschaft. Das war die Altjeringa, die Urzeit. Damals begann alles, was die Urahnen zuvor geträumt hatten. Ihre Träume wurden wahr.«

Mina lauschte gebannt den Worten der alten Frau. Ihr Singsang schien sie einzufangen, ließ sie nicht mehr los. Plötzlich achtete sie nicht mehr auf die Umgebung, den holperigen Boden und das Rufen der Nachttiere.

»Die mächtigste Gestalt von allen ist die Regenbogenschlange. Sie ist Frau und Mann. Die weibliche Regenbogenschlange erschuf alle Berge und Täler, als sie nach Wasser grub. Sie erschuf somit auch die Flussbetten und Seen. Die männliche Regenbogenschlange ist die Sonne.«

»Es gibt also zwei Regenbogenschlangen?«, fragte Mina leise.

»Nein. Die Regenbogenschlange ist eins – Frau und Mann. Sie verkörpert beides. Aber mal ist sie die Sonne, mal der Regen und spendet Wasser. Die Sonne allein versengt alles, es verdorrt. Das Wasser allein,ertränkt alles. Treffen die beiden aufeinander, gibt es Leben und Wachstum. Und den Regenbogen – er ist die Sonne und das Wasser in einem.«

»Ich … ich versteh das nicht«, sagte Mina verwirrt.

»Man muss das nicht verstehen, Mina. Mir geht es auch so, wenn ich in einer der Missionen bin, wo nun viele meiner Stammesleute leben müssen, weil sie ihre Wanderungen nicht mehr machen können. In den Missionen erzählen sie mir von Jesus und Gott und dem Heiligen Geist – alle drei sind eine Person. So ist es auch mit der Sonne und der Schlange – sie sind eins. Sie erschaffen das Leben. Aber es gibt noch mehr Urahnen, die die Stämme erschufen.«

»Noch mehr Schlangen?«

»Nein, mein kleines Mallagongan.«

»Was bedeutet das? Malla …« Mina schüttelte den Kopf.

Darri blieb plötzlich stehen. Der Mond ging gerade auf, es war Vollmond. Sie waren auf der Lichtung angekommen. Darri deutete auf einen großen Baumstamm, der quer über der Lichtung lag.

»Wir können uns dorthin setzen. Der Mond steht noch tief, wir haben Zeit.«

»Zeit wofür? Und warum setzen wir uns nicht auf die Felsen dort drüben? Der Baumstamm ist voll feuchtem Moos.«

»In den Felsen wohnt ein Wombat.«

»Wombats leben in Höhlen in der Erde und nicht in Felsen«, sagte Mina und verdrehte die Augen. »Das weiß doch jedes Kind.«

»In dem Felsen ist ein Wombatgeist, Mina. Der Fels ist ein Wombatahne. Die Ahnen waren Tiere oder Pflanzen oder Insekten, aber sie waren auch die Vorfahren der Menschen. Irgendwann wurden aus den großen Ahnen Menschen. Und die Stämme entwickelten sich aus bestimmten Ahnen. Ich bin eine Darug. Das ist ein großes Volk, das aus einzelnen Stämmen bestand.« Sie seufzte. »Bevor die weißen Männer kamen.«

»Ein Volk aus Stämmen«, sagte Mina nachdenklich. »Was ist dann ein Stamm?«

»Es ist so, mein Kind, ein Urahn, ein Tier, eine Pflanze oder ein Insekt, wurde Mensch und hat ein Volk gegründet. Ich kann dir das nicht genau erklären, denn viele der Geschichten sind tabu – man darf sie nur träumen, aber nicht darüber sprechen. Jedenfalls stamme ich aus dem Stamm der Mallagongan. Und wir gehören zum Volk der Darug. Und du, du stammst auch aus dem Volk der Darug. Du hast Ahnen der Darug und Mallagongan, genau wie deine Schwestern.«

»Nein, Darri«, sagte Mina. »Nein. Ich bin keine Aborigine.«

»Du bist von außen keine Aborigine. Aber der Fels da drüben ist ein Fels. Du kannst hingehen und ihn anfassen, und er ist ein Stein. Er bewegt sich nicht, er atmet nicht, er ist glatt und kalt. Aber in ihm wohnt ein Wombatahne. Und der Wombatahne ist da – er träumt, und damit lebt er auch.«

»Aber … aber …«

Darri schüttelte nur den Kopf. »Du musst heute nichts verstehen, du musst nur zuhören. Ich muss dir eine Geschichte erzählen, haben mir die Ahnen aufgetragen. Ich soll dir das erzählen, mehr nicht. Stämme sind eine Gemeinschaft von Menschen. Eine gewisse Anzahl nur. So etwas wie große Familien. Diese Stämme lebten zusammen und zogen durch ihr Gebiet, das ihnen gehörte, weil der Urahn es ihnen zugeteilt hatte. Es durften nicht zu viele sein, weil sie dann nicht mehr genug zum Leben hatten. War das Leben gut, gab es genug Wasser und Nahrung; und konnten alle davon leben, teilten sich einige eines Volkes ab und bildeten einen neuen Stamm. So hatte ein Stamm nie mehr Mitglieder, als er ernähren konnte.«

Mina runzelte die Stirn. »Ich glaube, das kann ich verstehen.«

»Gut. Und nun müssen wir weitergehen, denn der Mond steigt.«

»Aber wohin gehen wir? Und was ist da so wichtig?«, fragte Mina wieder. Doch Darri schüttelte nur den Kopf und stand auf. Sie nahm das Bündel, das sie zusammengepackt hatte, auf den Rücken und lief los.

Mina folgte ihr seufzend. Jetzt fragte sie nicht mehr, es hatte keinen Zweck. Darri würde schon damit rausrücken, wenn es an der Zeit war.

Und nach einigen Minuten, als sie wieder im dichten Wald waren, erzählte Darri weiter.

»In Altjeringa schufen die Urahnen das Land und die Menschen. Da war eine Ente, eine wunderschöne junge Ente, und sie verliebte sich in eine Wasserratte. Die beiden liebten sich, und die Ente legte bald darauf Eier. Aus den Eiern wurden Mallagongan – Schnabeltiere. Und diese Schnabeltiere sind die Vorfahren meines Stammes. Wir leben am Wasser und am Land. Und wir können schwimmen und wandern. Wir essen Meeresfrüchte und Landtiere. Das macht uns aus. Wir haben in unserem Herzen zwei Heimaten – das Wasser und das Land.«

Mina nickte. »Das verstehe ich.«

Darri lächelte, ihre weißen Zähne blitzten in der Dunkelheit.

»Stämme meines Volkes lebten in früheren Zeiten auch hier. Damals waren die Zauberkräfte noch groß und stark. Das war in der Traumzeit, lange bevor der weiße Mann hierherkam. Damals waren wir hier glücklich. Ich wurde geboren, da war der weiße Mann schon hier. Man gab mir den Namen Darri, als ich die Zeit erreicht hatte, um einen Namen zu empfangen.«

»Bekommt ihr keinen Namen als Kind, wenn ihr geboren seid?«

»Doch. Damals hieß ich Balun, das bedeutet Fluss, weil ich an einem Fluss auf die Welt kam. Wir bekommen als Babys oft Namen, die sagen, wo wir geboren wurden. Oder wann. Aber das ist nicht wichtig, denn unser eigentlicher Name wird uns erst gegeben, wenn wir erwachsen werden – bei Frauen ist das oft dann, wenn die Mondblutung einsetzt. Männer müssen sich beweisen, Frauen nicht, denn Frauen können Leben schenken, und das ist mehr, als Männer vermögen.« Darri lachte leise.

»Was bedeutet dann Darri?«

»Darri bedeutet Pfad oder Weg. Wir bekommen einen Namen, der unsere Bestimmung ist. Jeder hat etwas, was er besonders gut kann – das ist dann seine Bestimmung. Der eine kann Geschichten erzählen, der andere gut fischen, der Dritte weiß, wo man im trockenen Land Wasserstellen findet, der Nächste kann das Wetter deuten. Und so hat jeder etwas, was für die Gemeinschaft wichtig ist.«

Mina überlegte. Das klang sehr schlüssig, aber auch sehr fremd. »Und warum heißt du Pfad? Weil du gut Pfade erkennst?«

»Nein. Ich habe lange nicht gewusst, warum ich diesen Namen bekommen habe. Aber als ich klein war, kamen immer mehr Weiße in unser Land, und wir konnten unseren Pfaden nicht mehr folgen. Weißt du, wir lebten in keinem Haus. Im Sommer waren wir am Fluss, manchmal sind wir sogar bis zum Meer gewandert, um dort zu fischen und Muscheln zu suchen. Im Winter sind wir dann ins Landesinnere gegangen. Dort hatte es geregnet, und wir haben Wurzeln und Früchte gesucht, Samen gesammelt. So haben wir jede Jahreszeit ihren Erträgen nach gesehen und sind dorthin gezogen, wo der Stamm sich ernähren konnte.«

»Aber welchen Pfad solltest du dann gehen? Wofür steht dein Name, Darri?«

»Ich habe als Kind und später, als ich zur Frau wurde, noch Wanderungen mitgemacht. Aber unsere Pfade waren zerstört, weil dort die Weißen siedelten. Sie bauen Getreide an, halten Vieh. Das Land kommt damit in Unordnung, und nichts ist mehr so, wie es mal war. Und so kam ich zu den Weißen in eine Mission. Und von dort aus zu einem Bauern. Und von dort aus – zu deiner Großmutter. Ich war sehr verzweifelt und wusste nicht mehr weiter, weil die Art, wie wir lebten, nicht mehr existierte. Ich brauchte Arbeit, etwas, was es in unserem Leben vorher gar nicht gab. Früher gingen wir unserer Wege und suchten uns alles, was wir zum Leben brauchten, wir haben es nicht gezüchtet oder angebaut.«

»Das klingt so leicht.«

»Nein, leicht war es nur selten, nur in guten Jahren. Aber es war unsere Art zu leben. Wenn die Vorräte erschöpft, die Früchte gegessen, der Fisch gefischt war, zogen wir weiter. Wir bauen keine Häuser, halten keine Tiere, pflanzen keine Sträucher. Denn alles ist da und kommt zu uns, wenn wir es brauchen. So war es zumindest früher. Heute hat sich das Land verändert. Es ist krank. Und krank wurden auch viele von uns. Das waren Krankheiten, die wir nicht kannten und nicht behandeln konnten. Die Ahnen kannten die Krankheiten auch nicht und können uns nicht helfen.«

»Die Ahnen – sie sind aber doch tot.«

»Mina, in eurer Kultur sind die Ahnen tot. In unserer nicht. Sie leben immer. Der Körper stirbt, aber die Seele nicht – das glaubt ihr auch. Bei euch geht die Seele in den Himmel, wenn sie gut war, und in die Hölle, wenn sie schlecht war. Bei uns gibt es kein Gut und Schlecht in dem Sinne – die Ahnen leben immer weiter mit uns. Sie sind in ihren Totems, in den Bäumen, Flüssen, Felsen, der Erde, den Tieren. Sie sind überall.«

Mina schauderte. »Das klingt gruselig.«

»Nein, Kind. Tod und Tote sind nicht schrecklich. Sie sind einfach nur anders bei uns. Immer.«

»Das klingt tatsächlich gut. Ich wünschte, Mama wäre noch bei uns. Und Tutt.«

Darri lachte leise.

»Ich kam also zu deiner Großmutter, um ihr im Haushalt zu helfen. Und da war mein Pfad.«

»Das verstehe ich nicht.«

»Mein Pfad war es, das Leben, so, wie ihr es lebt, kennenzulernen. Ich verstand plötzlich, wenigstens ein Stück weit, wie ihr lebt. Ihr legt Vorräte an, ihr haltet Tiere, um sie später zu essen. Hühner, um die Eier immer dazuhaben – so geht das auch nur, wenn man nicht durch das Land zieht. Aber das könnt ihr nicht, denn ihr habt keine Pfade, auf denen ihr gehen könnt, und keine Ahnen, die euch leiten.«

»Ach so.«

»Ja. Deine Großmutter ist eine großartige Frau. Aus irgendeinem Grund hat sie immer verstanden, dass wir anders sind. Nicht, weil wir böse oder faul sind, sondern weil wir schon immer anders waren. Und da haben mir die Ahnen zum ersten Mal im Traum gesagt, dass deine Familie mit meiner Familie verwandt ist. Du musst das nicht so verstehen, als ob dein Großvater auch meiner war, sondern so, dass wir von denselben Urahnen der Altjeringa abstammen. Die haben die ganze Welt erschaffen. Wir haben nur unterschiedliche Pfade genommen. Mein Name könnte auch Brücke sein, aber das Wort für Brücke gibt es in meiner Sprache nicht.«

»Nicht?«

Darri lachte wieder. »Nein. Es gibt viele Worte in meiner Sprache nicht, die euch wichtig sind.«

»Haben alle Namen eine Bedeutung?«

»Ja, die meisten.«

»Und gibt es ein Wort für meinen Namen?«

»Nein. Das ist auch nicht so wichtig. Ihr nennt euch nach euren Ahnen und nach anderen Dingen. Aber darum geht es heute nicht. Es geht darum, dass du eine Mallagongan bist. Genau wie deine Schwestern.«

»Ein … ein Schnabeltier?«

»Ein Geschöpf, das in zwei Elementen leben kann«, sagte Darri.

Mina dachte nach. »In zwei Elementen zu Hause. Ja, aber nirgendwo richtig. Nicht Fisch, nicht Fleisch, nennen wir das. Ich bin in Australien geboren, aber meine Wurzeln liegen in Deutschland. Ich spreche Deutsch und Englisch und beides oft falsch.« Sie lachte auf. »Ich habe weder Mutter noch Vater, lebe bei meinen Großeltern, die mich sicherlich lieben. Meine anderen Großeltern kenne ich nicht und werde sie auch nie kennenlernen. Wir Deutschen sind eine Minderheit in Sydney, meine Kinder werden wahrscheinlich Australier sein, falls ich Kinder haben werde. Ich bin nichts Halbes und nichts Ganzes. Ich hänge zwischen den Welten.«

»Ja«, sagte Darri nur.

»Aber das ist nicht schön«, empörte sich Mina. »Hast du mich mitgenommen, um mir das aufzuzeigen? Dass ich nirgendwo richtig hingehöre?«

»Nein.« Darri ging weiter.

»Aber was machen wir hier? Warum hast du mich mitgenommen? Warum muss ich nachts durch diesen Wald laufen? Ich will ins Bett. Das erste Mal in meinem Leben könnte ich allein in einem Zimmer schlafen. Und was mache ich? Ich stapfe durch einen Wald und höre mir Geschichten über Tiere an, die nun Felsen sind.« Mina redete sich immer mehr in Rage.

Darri lachte leise. »Du hast sicher irgendwie recht«, sagte sie.

Die drei Schwestern

Nach einer Weile stellt Mina das Schimpfen ein. Sie gingen nebeneinander, hörten das Rascheln der Tiere im Gebüsch, die Rufe der Nachtvögel.

»Am Anfang der Zeit und lange danach lebten hier drei Stämme«, begann Darri, und ihre Stimme bekam plötzlich wieder ihren eigentümlichen Singsang. »Die Darug, die Gundungurra und die Wiradjuri. Sie alle haben hier in den Bergen heilige Orte, an denen ihre Ahnen leben. Dort versammelten sie sich auch immer wieder. Jeder Stamm hat natürlich seine eigenen heiligen Stätten. Die Darug, denen ich auch angehöre, wanderten im Winter nach Osten, bis zum Meer und im Sommer zurück zu den Bergen. Die Gundungurra wanderten zum See Burragoran und weiter in den Süden. Und die Wiradjuri zogen meist nordwärts. Nur selten trafen sich die Stämme. Und wenn doch, kam es meist zu Auseinandersetzungen und Kämpfen, deshalb versuchten sie, sich aus dem Weg zu gehen. Doch einmal waren die Darug und die Wiradjuri zur gleichen Zeit hier.«

Mina lauschte gebannt der Geschichte. Sie spürte, dass Darri ihr etwas Wichtiges mitteilen wollte.

»Bei den Darug gab es drei sehr schöne Schwestern. Meehni, Wimlah und Gunnedoo. Ihr Vater war ein mächtiger Zauberer. Und eines Tages, als die drei an einer Quelle Wasser holen wollten, trafen sie auf drei Brüder aus dem Stamm der Wiradjuri. Und verliebten sich ineinander.«

»Oh, wie schön«, sagte Mina schwärmerisch.

Doch Darri schüttelte den Kopf. »Das Stammesrecht erlaubte keine Heirat zwischen den beiden Stämmen.«

»Warum nicht?«

»Das ist ein Tabu. Ich weiß nicht genau, warum das so ist, doch manche Stämme dürfen sich nicht verbinden. Meistens passen die Totems nicht. Jemand mit einem Dingo-Totem kann niemanden mit einem Hasen-Totem heiraten und Kinder mit ihm bekommen.«

»Weil Dingos Hasen fressen?«

»Wahrscheinlich deshalb. Aber die Gründe wissen nur die Alten, die die Geheimnisse der Totem-Ahnen bewahren und ihre Traumpfade teilen.«

»Was ist mit den drei Schwestern passiert?«

»Das war so«, erzählte Darri weiter, »die Brüder wollten die Schwestern aber unbedingt heiraten. Sie beschlossen also, die Darug zu überfallen und die Mädchen zu rauben.«

»Oh. Und haben sie das geschafft?«

»Als die Wiradjuri zum Lager der Darug kamen und die Herausgabe der Mädchen forderten, weigerten sich die Darug. Es kam zu einem Kampf. Der Stammesführer und Vater der drei Mädchen hatte große Angst um seine Töchter, deshalb verwandelte er sie in Stein, um sie zu schützen.«

Sie traten aus dem Wald heraus auf einen Hügel, der steil nach unten abfiel. Darri blieb stehen.

»Und dann?«, fragt Mina atemlos. »Was passierte dann?«

»Es kam zu einem erbitterten Kampf. Die drei Brüder wollten unbedingt, dass der große Zauberer Meehni, Wimlah und Gunnedoo wieder zurückverwandelte. Der aber sagte, er würde das nur tun, wenn sich die Wiradjuri zurückzögen und versprächen, die drei Schwestern nicht mehr zu behelligen.«

»Haben sie es getan?«, flüsterte Mina.

Darri drehte sich um und zeigte zu dem Berg jenseits der Schlucht. Das Mondlicht fiel auf drei riesige Sandsteinsäulen, die eng beieinanderstanden.

»Nein. Es kam zu einem Kampf, und der Vater der Mädchen, der große Zauberer, wurde getötet. Er war der Einzige, der die Macht hatte, die Schwestern zurückzuverwandeln. Dort stehen sie nun seit vielen Jahren und warten.«

»Oh nein!« Mina schlug sich die Hand vor den Mund, ihre Augen füllten sich mit Tränen. »Das ist ja schrecklich.«

»Die Legende sagt, dass es seitdem keine Kämpfe mehr zwischen den drei Stämmen gab. Meehni, Wimlah und Gunnedoo wachen über die heiligen Stätten der Darug, Wiradjuri und Gundungurra.« Darri sah sich um, entdeckte einen Felsen und setzte sich dort nieder. Sie nahm die Decken aus dem Bündel, das sie auf dem Rücken getragen hatte, die Kerzen, das Wasser und den Proviant, den ihr Till mitgegeben hatte.

»Darf man sich dorthin setzen?«, fragte Mina unsicher.

»Natürlich, das ist doch nur ein Stein«, sagte Darri.

»Woher weißt du, ob es ein Fels oder ein Totem ist?« Skeptisch setzte sich Mina neben Darri.

»Ich weiß es einfach. Das kann man nicht erklären. Mein Leben lang bin ich die Traumpfade meiner Ahnen von hier bis zum Meer gewandert. Deshalb kann ich die Landschaft lesen. Manchmal ist es die Form eines Felsens oder Hügels, manchmal ist es die Art, wie der Boden bewachsen ist. Ich glaube nicht, dass man das erklären kann.«

Nachdenklich starrte Mina auf die Felsformation auf der anderen Seite der Schlucht. Der Mond beschien die drei Gipfel, und je länger sie dorthin schaute, umso genauer meinte sie die Umrisse der drei Schwestern erkennen zu können.

»Drei Schwestern. So wie Tutt, Elsa und ich«, murmelte sie.

»Ja, ich glaube, das ist der Grund, weshalb ich dich hierherführen musste«, sagte Darri leise.

»Gibt es auch drei Brüder?«

»Nein.«

»In der Geschichte verwandelt der Vater seine Töchter in Stein, um sie zu schützen.«

»Das stimmt.«

»Hat das etwas mit unserem Vater zu tun, dass du mich hierhergebracht hast? Ich kenne ihn ja kaum«, sagte Mina leise.

»Du darfst diese Legenden nicht als Tatsachen sehen. Es sind Symbole. Ich denke, die drei Schwestern haben etwas mit dir zu tun und mit Tutt und Elsa. Und ich habe auch etwas damit zu tun, denn sonst hätte ich dich nicht hierherbringen müssen.«

»Wieso hast du mich denn hierhergebracht?«

»Ach, Mina, das kann ich so schwer erklären. Eigentlich kann ich es gar nicht erklären. Wenn ich sage, dass mir das in meiner Traumzeit gesagt wurde, dann bedeutet das nicht, dass ich geträumt habe, dass mir jemand das sagt.«

»Was bedeutet es denn dann?«

»Ich wusste irgendwie, ich habe gespürt, dass ich dich hierherbringen muss. Bei all euren Geburten war ich dabei. Auch wenn ich zu den Zeiten gar nicht bei deiner Familie gelebt habe, spürte ich, dass deine Mutter mich braucht. Ich spürte auch, dass sie sterben würde. Und jetzt habe ich gefühlt, dass ich dich treffen und mit dir hierhergehen muss. Warum das so ist, weiß ich nicht.«

Mina dachte über Darris Worte nach.

»Und was glaubst du nun, weshalb du Darri heißt?«, fragte sie dann.

»Ich denke, dass ich einen Pfad zwischen euch und uns bereite. Vielleicht ist es nur eine Fußspur, vielleicht sogar noch weniger, aber es gibt eine Verbindung.«

»Das glaube ich auch.« Mina kuschelte sich an Darri. Kalt war es inzwischen geworden, und der Mond ging unter. Darri zündete die Kerzen, die sie mitgebracht hatte, an.

»Ich vermisse Tutt so sehr«, murmelte Mina. »Dabei kenne ich sie kaum. Nur von den wenigen Bildern, die sie schickt, und von den kurzen Briefen, die sie schreibt. Manchmal denke ich, sie will uns vergessen.«

»Das glaube ich nicht. Aber sie ist versteinert, nur an einem anderen Ort als ihr, du und Elsa. Es ist wichtig, dass du immer in Erinnerung behältst, dass ihr drei Schwestern seid. Ihr gehört zusammen, so wie die Steinsäulen dort auf der anderen Seite der Schlucht. Egal, was euer Vater oder eure Familien sagen und tun – ihr gehört zusammen, ihr drei seid Mallagongan.«

»Aber das weiß Tutt ja nicht.«

»Doch, sie weiß es. Allunga hat es ihr gesagt.«

»Wann?«, fragte Mina überrascht.

»Vor Jahren schon, als Tutt nach Europa gezogen ist. Es kann gut sein, dass sie es inzwischen vergessen hat. Vielleicht ist es deine Aufgabe, Tutt daran zu erinnern.«

»Ich werde ihr schreiben. Ich werde ihr von den drei Schwestern erzählen.«

»Auch Elsa ist eine Mallagongan, doch das weiß sie noch nicht. Vielleicht werde ich es ihr irgendwann sagen, vielleicht jemand anderes.«

»Ich kann es ihr erzählen.«

»Das ist nicht deine Aufgabe. Jemand von uns muss es tun.«

»Dann musst du mit ihr darüber reden.«

»Ich weiß nicht, ob ich genügend Zeit dafür habe.« Darri schaute in den Himmel und seufzte. »Wir müssen uns langsam auf den Rückweg machen, damit wir noch vor dem Frühstück wieder bei Till sind.«

»Oh, den ganzen Weg zurück?«, fragte Mina und seufzte.

»Noch nicht sofort.« Darri lächelte. Dann setzte sie sich in den Staub vor dem Fels im Schneidersitz hin, nahm zwei Stöcke und schlug damit einen Rhythmus. Leise begann sie zu summen, dann sang sie.

Es schien Mina so, als würde sie nur ein einziges, langes Wort singen, auf nur einem Ton, doch dann bemerkte sie, dass es eine Art Melodie gab. Ein An-und-ab-Schwellen, gleich dem Summen eines Bienenschwarms.

Darri wiegte sich hin und her, schien nichts mehr in ihrer Umgebung wahrzunehmen. Endlos lang wurde es für Mina, die sich in die

Decke hüllte, aber dennoch vor Kälte und Müdigkeit zitterte. Irgendwann fielen ihr die Augen zu, und sie nickte ein. Sie träumte wirr von Till und Joseph und wachte erschrocken auf, als Darri ihr die Hand auf die Schulter legte.

»Wir müssen los, mein Kind, die Sonne geht gleich auf.«

Mina schüttelte den Kopf, während sie versuchte, wach zu werden. Sie saß auf dem Fels, ihr ganzer Körper schien steif zu sein und schmerzte. Müde stand sie auf, reckte sich.

»Oje, ich bin wohl eingeschlafen. Wenn Joseph nun entdeckt, dass ich nicht zu Hause war?«, fragte sie ängstlich.

»Das wird er nicht«, sagte Darri und lachte bitter.

»Woher weißt du das?«

»Weil ich es weiß.« Darri rollte die Decken zusammen, packte die Sachen in ein Bündel und schwang es über ihre Schulter. Dann ging sie nach links. Mina war sich sicher, dass sie von rechts, aus dem Wald gekommen waren.

»Ist das der richtige Weg? Müssen wir nicht zurück in den Wald? Du gehst ja auf die Stadt zu.«

»Das ist schon richtig«, sagte Darri und lachte leise. »Es gibt nie nur einen Weg. Egal, wohin man will. Und diesmal müssen wir diesen Weg nehmen.«

»Was wäre denn, wenn wir so zurückgehen würden, wie wir hierhergekommen sind?«

»Dann wäre der Weg länger.«

»Du hast mich auf einem längeren Weg hierhergeführt?« Mina schob die Unterlippe nach vorn. »Na, danke.«

Darri lachte nur.

»Ich habe ganz komisch geträumt«, sagte Mina nachdenklich. »Von Tante Till und ihrem Mann. Dabei hätte ich doch eigentlich von meinen Schwestern träumen müssen. Schließlich hast du mich deshalb hierhergebracht.«

»Du darfst die Träume in der Nacht nicht mit den Traumpfaden verwechseln, mein Kind. Das eine hat mit dem anderen nichts zu tun. Wenn man schläft, träumt man ganz seltsame Dinge, aber das hat nur selten etwas mit der Traumzeit zu tun.«

»Das ist alles schwierig zu verstehen.«

»Man muss es nicht verstehen, man muss es nur hinnehmen.« Darri drehte sich zu ihr um und drückte sie an sich.

Die alte Frau roch überraschenderweise nicht nach Schweiß oder Dreck, obwohl sie nicht aussah, als hätte sie in der letzten Zeit ein Bad genommen, sondern frisch und nach Kräutern.

»Das ist alles schwer für dich zu verstehen. Aber ich fand es wichtig, dir die drei Schwestern zu zeigen und diese Nacht mit dir hier draußen zu verbringen. Vielleicht wirst du irgendwann wissen, warum das so sein musste. Vielleicht auch nicht. Ich kann es nicht sagen.«

Mina schüttelte den Kopf. Vielleicht war sie zu müde, möglicherweise verstand sie aber Darris Denkweise auch gar nicht. Sie hatte sich eine andere Antwort erhofft. Etwas, was ihr eine Erklärung bot. Doch das, wurde ihr nun klar, würde sie nicht bekommen.

Langsam trottete sie neben Darri auf der staubigen Straße her. Ihre Füße schienen aus Backsteinen zu bestehen, alles schmerzte. Der Weg bis nach Wentworth Falls kam ihr mit einem Mal unendlich weit vor.

Die Stadt Katoomba – gegenüber Sydney war es allerdings eher ein Dorf – wachte langsam auf. Der Rauch der Kaminfeuer zog durch die Luft, hier und da hörte man Kühe muhen, die gemolken werden wollten, Türen schlugen, und auch die ersten Kutschen und Leiterwagen waren schon unterwegs.

»Wir müssen uns beeilen«, sagte Mina voller Furcht. »Wir sind viel zu spät. Niemals werden wir rechtzeitig bei Till sein.«

»Doch, das werden wir.« Darri hob den Kopf und lauschte. Sie waren inzwischen auf der Landstraße, die nach Wentworth Falls führte. Aus der Ferne hörte man eiliges Hufgetrappel, das ihnen entgegenkam.

»Schau doch, alle erwachen. Überall werden die Lichter, die Öfen angezündet, das Frühstück wird bereitet.« Mina stiegen die Tränen in die Augen. Sie versuchte, noch ein wenig schneller zu gehen.

»Joseph steht in den Ferien nicht vor acht auf. Und er frühstückt nicht vor neun. Mach dir keine Sorgen.« Darri ging ruhig weiter.

»Woher weißt du das? Hast du schon bei ihnen gelebt?«

»Nein, das habe ich nicht. Ich bin erst seit zwei Tagen hier in der Gegend. Vorher war ich am Meer, südlich von Sydney, wo die letzten meines Stammes gerade sind.«

»Aber woher willst du dann wissen, wann Joseph aufsteht?«

Darri lachte. »Wenn du jetzt glaubst, dass ich über Zauberkraft verfüge, muss ich dich enttäuschen. Ich habe mit Leuten gesprochen und gefragt. Olga hat mir gesagt, dass der gnädige Herr in den Ferien gern lange schläft und sein Frühstück nie vor neun Uhr einnimmt.«

Ihnen kam eine Kutsche entgegen. Mina kniff die Augen zusammen. Das Pferd und der Kutscher kamen ihr bekannt vor.

»Das ist Jirra, der Kutscher deiner Tante. Er holt uns ab«, sagte Darri und seufzte erleichtert.

»Wie … woher … weshalb …?«, stotterte Mina staunend.

»Das ist keine Magie«, beruhigte sie Darri lächelnd. »Ich habe ihn gestern gebeten, heute früh hierherzukommen, um uns mitzunehmen.«

Wentworth Falls

»Du siehst müde aus«, sagte Till und schaute Mina besorgt an.

Mina nickt nur. Olga hatte den Frühstückstisch reich gedeckt. Es gab Porridge, frisches Obst, Brot, Butter und Marmelade, Speck, Eier und manches mehr. Es war so viel, dass Mina gar nicht wusste, was sie zuerst nehmen sollte. In Glebe hatten sie eine solche Vielfalt nicht, auch wenn Großmutter immer für frische und leckere Mahlzeiten sorgte. Till nahm sich Brot und Rührei, bot es auch Mina an.

»Wo ist Joseph?«, wollte Mina wissen. Es war nur für sie beide gedeckt.

»Er ist heute Morgen schon nach Bathurst gefahren, um einen Kollegen zu besuchen.«

»Dann hat er nicht mitbekommen, dass ich nicht da war?«, fragte Mina erleichtert.

»Nein. Wohl hat er sich gewundert, dass Jirra die Kutsche schon angespannt hatte.« Till grinste. »Aber er hat nicht weiter nachgefragt.« Sie sah ihre Nichte nachdenklich an. »Möchtest du mir von der Nacht erzählen?«

»Ich muss noch darüber nachdenken. Darri hat mir von einer Legende ihres Volkes erzählt, von den drei Schwestern. Kennst du die?«

»Oh ja, das sind die drei Felsenspitzen bei Katoomba. Um das Gestein ranken sich verschiedene Legenden, aber alle besagen, dass es drei Schwestern sind, die dort zu Fels verwandelt wurden.«

Mina nickte.

»Möchtest du dich hinlegen und ein wenig schlafen?«, fragte Till mitfühlend. »Das war sicher eine aufregende Nacht.«

»Ja, es war aufregend. Wenn ich darf, würde ich mich gern noch einmal hinlegen, auch wenn mir das seltsam vorkommt. Großmutter würde es nicht erlauben, dass sich jemand tagsüber hinlegt, außer er ist krank.«

»Ich bin ja nicht Großmutter.« Till zwinkerte ihr zu. »Dann geh in dein Zimmer und leg dich hin. Heute Mittag würde ich gern mit dir zu den Wasserfällen fahren, wenn du magst.«

»Musst du nicht den Haushalt machen?«, fragte Mina verwundert.

Till lachtc. »Miss Smith geht es schon wieder besser. Sie kümmert sich darum. Das ist einer der großen Vorteile, seit ich Joseph geheiratet habe – ich muss den Haushalt meistens nur noch verwalten. Sehr luxuriös.«

Sie hat es gut getroffen, dachte Mina, als sie sich in das weiche Bett kuschelte. Wie herrlich es war – das Zimmer für sich ganz allein zu haben. Kein Billy und keine Elsa, die hereinkamen und irgendetwas von ihr wollten. Keine Lina, die erbost in ihren Sachen wühlte, weil sie wieder einmal ihren Schal oder ihr Buch nicht finden konnte. Niemand, der Hilfe benötigte, reden wollte oder gar sauer war.

Es war wie im Himmel – das ganze köstliche Essen, das schöne, große Haus, das herrliche Badezimmer und der Flur mit dem dicken, weichen Teppich.

Mina drehte sich auf die Seite und sah zum Fenster. Hier war alles schöner, die Luft klarer, kein Straßenlärm und keine zankenden Nachbarn. Sogar kläffende Hunde schien es nicht zu geben. Sie schloss die Augen. Doch irgendwie konnte sie nicht zur Ruhe kommen. Sie dachte an die drei verzauberten Schwestern, die für alle Zeiten nebeneinanderstanden. Ihre Gedanken wanderten zu Elsa und Tutt. Sie hatte sich, das wurde ihr mit einem Mal klar, in der letzten Zeit immer häufiger über Tutt geärgert. Über das Desinteresse der älteren Schwester, das sie mehr als deutlich zu spüren bekommen hatte. Oder irrte sie sich? Tutt war fast siebzehn, beinah erwachsen. Sie lebte auf einem anderen Kontinent, in einem völlig anderen Umfeld als Elsa und Mina. Die Berührungspunkte wurden immer kleiner. Was, wenn es umgekehrt ähnlich war? Wenn Tutt gar nichts mit Minas Briefen anfangen konnte?

Es liegt an mir, dachte Mina, die Beziehung zu meiner Schwester aufrechtzuerhalten. Ich muss es wollen und tun. Ich muss ihr ausführlicher schreiben, alles erklären und beschreiben. Vielleicht bleibt dann das Band zwischen uns bestehen. Plötzlich war sie wieder hellwach. Sie stand auf und setzte sich an den kleinen Sekretär, der am Fenster stand. Dort gab es Papier und Feder, ein kleines Tintenfass, Sand zum Löschen.

»Liebe Tutt«, schrieb sie. »Ich bin zu Besuch bei Tante Till und möchte dir davon erzählen. Ich vermisse dich. Weißt du überhaupt noch, wer Tante Till ist?«

Der Brief wurde drei Seiten lang.

Nachdem sie sich alles noch einmal sorgfältig durchgelesen hatte, legte sie sich wieder ins Bett. Das, was ihr vorher als so himmlisch erschienen war, störte sie plötzlich. Es war so still, nichts war zu hören – keine Stimmen, kein Lachen, kein Getuschel, noch nicht einmal Schritte im Flur. Als sei sie ganz allein.

Elsa, dachte sie. Manchmal hasse ich Elsa mit ihrer aufbrausenden Art. Sie nervt mich, weil sie immer ungefragt an meine Sachen geht. Und jeden Abend will sie noch stundenlang erzählen, wenn ich doch mit meinen Gedanken allein sein will. Aber Elsa ist meine Schwester, und ohne sie wäre das Leben in Glebe sicherlich viel trister und langweiliger.

Und plötzlich wurde ihr klar, wie sehr sie an ihrer Schwester hing. Andererseits trug sie immer noch den Gedanken in sich, ihre Tante zu überreden, sie hier in Wentworth Falls aufzunehmen. Vielleicht aber würde Tante Till ja auch Elsa zu sich nehmen? Dann könnten sie beide hier leben. Wie herrlich das sein würde – weitab von der lauten und dreckigen Großstadt.

Natürlich musste sie erst einmal vorsichtig herausfinden, ob Till überhaupt einverstanden wäre. Und dann war da ja auch noch der strenge Joseph … Mina seufzte – eines war klar, schlafen würde sie heute nicht mehr, dafür war sie viel zu aufgedreht. Also stand sie auf, schlich sich ins Bad und wusch sich gründlich mit kaltem Wasser. Das erfrischte sie.

Dann zog sie sich an und ging hinunter.

»Sie hat gesagt, dass es ihr besser geht«, hörte Mina Tante Till sagen. »Ich habe nicht darauf bestanden.«

»Auch wenn es nur unsere Angestellten sind, sind wir für ihr Wohl verantwortlich.« Das war Joseph. Er klang verärgert. Mina zögerte. Was sollte sie nun machen? Sie wollte nicht stören.

»Sie sagte, es gehe ihr besser. Ich weiß gar nicht, was du hast, Joseph. Es ist nicht so, als ob ich diesen Haushalt nicht auch allein führen könnte. Ich habe fast zwanzig Jahre allein gelebt, gekocht, gewaschen, geputzt und außerdem noch gearbeitet«, sagte Till empört. »Ich bin bestimmt niemand, der Dienstboten ausbeutet.«

»Das habe ich auch nicht so gemeint, Liebes.«

»Wie dann?«

»Schau, Smith ist nun schon seit Jahren bei mir und führt mir den Haushalt. Sie ist selten krank, und wenn, ist es ihr unangenehm. Nun haben wir auch noch Besuch – das macht es doppelt schwierig für sie. Sie hat Angst, dass du ihre Leistungen nicht anerkennst.«

»Das ist doch Unfug.«

»Du musst es aus ihrer Sicht sehen.«

»Das, mein lieber Joseph, muss ich ganz sicher nicht.« Plötzlich wurde ihre Stimme kalt.

»Aber so habe ich das doch …«, sagte Joseph.

»Was machst du denn hierrr?« Olga hatte sich plötzlich vor ihr aufgebaut und stemmt die Hände in die Hüften. »Du lauschst hierrrr?«

»Nein … nein!« Mina sah sich um. Wo war Olga denn so plötzlich hergekommen? »Ich wollte gerade zu meiner Tante in das Wohnzimmer gehen.«

»Das ist der Salon. Wir haben daneben die Bibliothek. Und natürlich das Esszimmer.« Olga grinste.

In diesem Moment wusste Mina, dass sie Olga nie mögen würde.

»Genau. In den Salon wollte ich.« Ungeachtet der nun lauter werdenden Stimme ging sie zur Tür und öffnete sie. »Hallo Joseph, hallo Till«, sagte sie strahlend.

»Wie bitte?« Joseph drehte sich zu ihr um. Sein Gesicht war gerötet. »Für dich bin ich ONKEL Joseph.«

Mina schluckte. »Natürlich, Onkel Joseph.« Sie suchte den Augenkontakt mit Till. Doch Till guckte zur Seite.

Joseph räusperte sich, zwang sich dann, zu lächeln. »Und, liebe Mina, wie gefällt es dir hier?«

»Es ist wun-der-schön! Wirklich! Und ich bin so glücklich!« Sie sah wieder zu Till. Diesmal schaute ihre Tante zurück und zwinkerte ihr zu.

»Ach«, sagte Joseph. »Das freut mich. Das freut mich sehr.«

»Wir wollten heute Nachmittag zu den Wasserfällen fahren und dort ein Picknick machen, Joseph«, meinte Till nun, ihre Stimme klang plötzlich zuckersüß. »Magst du uns nicht begleiten?«

»Also, ich hatte … eigentlich wollte ich …«

»Mina ist unser Gast«, sagte Till leise.

»Ja, das ist wohl wahr.« Er nickte nachdenklich. »Natürlich, natürlich. Das machen wir. Eine gute Idee. Sehr schön sogar.«

»Dann werde ich Smith beauftragen, einen Korb zu packen. Ich freu mich schon so.« Till lächelte ihrem Mann zu, aber ihr Blick blieb eisig.

Mina blieb wie erstarrt stehen. Was sollte sie tun? In ihr Zimmer gehen? Till folgen? Sie wusste es nicht. So viel war hier anders.

»Nun.« Joseph räusperte sich und fuhr mit dem Finger unter den Krawattenknoten, als sei dieser auf einmal zu eng. »Was möchtest du machen, während du hier bist?«

»Machen?« Mina sah ihn groß an.

»Hast du Wünsche, was den Zeitvertreib angeht? Ich weiß gar

nicht, was du zu Hause machst.« Seine Miene hellte sich auf. »Setz dich doch«, sagte er und zeigte auf das Sofa vor dem Kamin. »Setz dich.«

Mina nickte, fühlte sich aber unwohl, obwohl Joseph sie anlächelte.

»Wir kennen uns ja noch nicht so gut«, sagte er freundlich und nahm in dem Sessel, der dem Sofa gegenüberstand, Platz. »Aber ich freu mich, dass du hier bist. Mathilde ist die Familie sehr wichtig, das habe ich in den letzten Jahren schon mitbekommen.«

»Wie lange kennt ihr euch denn?«, fragte Mina neugierig. Über Till und Joseph wurde in Glebe mehr geschwiegen als geredet, was eher ungewöhnlich war.

»Schon … ein paar Jahre«, antwortete Joseph nachdenklich.

»Da ist es seltsam, dass du nicht häufiger in Sydney warst. Till besucht uns ja regelmäßig.« Mina lächelte.

»Das … das lag daran, dass ich ja nun mal für die Schüler hier verantwortlich bin und nicht ohne weiteres wegkann. Aber das spielt ja auch keine Rolle.« Er räusperte sich. Das schien eine Macke von ihm zu sein. »Und du? Du bist vierzehn, nicht wahr? Was hast du nach der Schule vor?«

»Ich werde die Oberschule besuchen«, sagte Mina und runzelte die Stirn. Ihre schulischen Leistungen waren nicht besonders glorreich, sie schlug sich so durch. Großvater hielt ihr immer Vorträge darüber, wie wichtig das Lernen und die Ausbildung seien, eigentlich wollte sie in den Ferien nicht auch noch darüber reden.

»Die Oberschule.« Joseph schlug die Beine übereinander und lächelte. »Das ist doch fein. Und was möchtest du danach machen? Studieren?«

Mina hatte keine Vorstellung davon, was sie nach der Schule machen wollte. Krankenschwester zu werden, so wie Till es gewesen war, schloss sie für sich aus. Kranke Menschen trieben ihr immer Tränen in die Augen, sie zerfloss vor Mitleid, und das war wenig hilfreich. Studieren wollte sie auch nicht. Mit viel Mühe und Fleiß hielt sie ihre Noten. Manche Fächer mochte sie sogar, aber Lernen an sich fand sie nervtötend.

»Das weiß ich noch nicht«, sagte sie unbestimmt und versuchte, munter zu lächeln.

»Du solltest dir aber darüber Gedanken machen. Das ist wichtig.«

»Ich möchte heiraten und Kinder bekommen.«

Joseph schnaubte. »Und wenn das nicht funktioniert?« Er räusperte sich. »Deine Tante Mathilde ist siebenunddreißig. Und wir haben gerade erst geheiratet.«

»Das ist doch wunderbar«, sagte Mina und schüttelte verständnislos den Kopf.

Joseph lehnte sich nach vorn. »Sie ist siebenunddreißig.«

»Ich finde, das merkt man gar nicht.« Mina rutschte noch tiefer in das Sofa hinein.

»Sie ist schon alt.«

»Onkel Joseph«, sagte Mina entsetzt. »Das ist sie nicht.«

»Doch, wenn sie nur vorgehabt hätte, zu heiraten und Kinder zu kriegen, wäre sie jetzt ziemlich alt. Sie hatte aber einen Beruf, der sie ausfüllte. Sie war Krankenschwester mit Leib und Seele.« Joseph lehnte sich wieder zurück, verschränkte die Arme vor der Brust und lächelte. »Was ich dir damit sagen will – eine Frau sollte immer das Ziel haben, zu heiraten und Kinder zu bekommen. Aber bevor das passiert, sollte sie nicht zu Hause sitzen und Däumchen drehen und auf den Prinzen warten, der ihr ihre Träume erfüllt.«

»Das würde Großvater gar nicht zulassen«, murmelte Mina.

Joseph lachte. »Das habe ich auch vernommen. Er hat ziemlich feste Prinzipien. Leider kenne ich ihn nur flüchtig, aber das, was ich von ihm gehört habe, gefällt mir.«

»Wirklich?« Sofort stieg Joseph in ihrer Achtung. Sie liebte ihren Großvater.

»Ja, natürlich. Stell dir vor, deine Tante Mathilde hätte nichts gelernt und jahrelang zu Hause gesessen und auf einen Mann gewartet. Was für ein schreckliches Leben wäre das für sie gewesen. Grauenvoll und so langweilig. Und wäre nie der passende Mann gekommen. Im Laufe der Zeit«, er kicherte, »wurden ihre Chancen ja nicht besser. Sie wäre eine einsame Jungfer geblieben.«

»Aber du hast sie doch getroffen, und ihr habt euch ineinander verliebt …« Mina schluckte.

»Sie ist eine resolute Frau, eine Frau mit Charakter. Sie kann sich durchsetzen und weiß, was sie will. Das imponiert mir. Das hat mir so sehr imponiert, dass ich sie geheiratet habe.«

»Ich dachte, ihr liebt euch«, murmelte Mina. »Natürlich liebe ich sie.« Joseph setzte sich zurück, er strafftc dic Schultern. »Ich habe lange überlegt, welche Frau die passende an meiner Seite wäre, und die Wahl fiel auf Mathilde. Sie ist stark, ruht in sich selbst, sie erkennt meine Leistungen an und schätzt, was ich ihr zu bieten habe.«

»Ja, es ist wunderbar hier«, sagte Mina, die ihre Chance witterte. »So viel schöner als in Glebe bei den Großeltern.«

»Ich hatte«, fügte sie leise hinzu und schlug die Augen so auf, wie es May immer tat, wenn sie Harry traf, »noch nie ein Zimmer für mich allein. Es ist traumhaft.« Warum May immer mit den Augen klimperte und sich plötzlich wie ein dreijähriges Mädchen benahm, wenn Harry da war, war Mina schleierhaft. Aber es schien zu wirken. Die Weihnachtsgeschenke von ihm an May waren immer üppiger als an den Rest der Familie.

»Das freut mich«, sagte Joseph und stand auf.

»Fahren wir jetzt zu den Wasserfällen?«

»Was auch immer deine Tante mit dir vorhat, meinen Segen hat sie. Ich muss noch arbeiten.« Er lachte. »Von nichts kommt schließlich nichts. Hab viel Spaß, mein Kind.«

Mina sah ihm hinterher. Er würde also doch nicht mitkommen. Wo nur Till blieb? Sollte sie sie suchen gehen?

Unschlüssig stand Mina auf und ging in die Eingangshalle. Sie konnte Stimmen aus der Küche hören. Vielleicht war ja auch Darri dort?

Doch in der Küche stand Till und starrte eine Frau wütend an.

Die Frau trug eine gestärkte weiße Schürze über einem hochgeschlossenen dunklen Kleid. Ihr Haar war zurückgekämmt und unter einer Haube verborgen. Das musste die Köchin, Miss Smith, sein, dachte Mina.

»Seit Jahren«, sagte Miss Smith nun mit lauter und verärgerter Stimme, »seit Jahren führe ich den Haushalt für den gnädigen Herrn. Ich weiß ganz genau, was er wie haben will.«

»Daran zweifle ich nicht«, sagte Till kühl. »Dennoch treffe nun ich die Entscheidungen, was den Haushalt betrifft.«

»Der gnädige Herr duldet keine Farbigen im Haus. Das hat er noch nie, und das wird er auch nicht. Der Kutscher ist eine Ausnahme, und auch er hat im Haus nichts zu suchen. Und ich ertrage keine Schwarzen in meiner Küche.« Sie schnaubte.

»Ich respektiere den Wunsch meines Mannes, keine Eingeborenen im Haus zu beschäftigen, das bedeutet aber nicht, dass sie das Haus nicht betreten dürfen. Darri ist unser Gast und wird entsprechend behandelt. Sie bekommt Essen und Trinken und eine Schlafstatt in den Gesindezimmern, wenn sie das möchte.«

Mina stand immer noch an der Tür und schaute sich nun suchend um. Wo war Darri? Sie konnte sie nirgendwo entdecken.

»Gast?« Miss Smith lachte höhnisch. »Diese dreckige Frau? Haben Sie sie angeschaut? Richtig angesehen? Sie trägt keine Schuhe, und so, wie ihre Füße aussahen, hat sie auch noch nie Schuhe getragen.«

»Was gehen Sie ihre Füße an?« Till zog die Augenbrauen hoch. »Wo ist Darri? Vorhin war sie noch hier.«

»Ich habe Ihnen doch gesagt, dass ich weiß, wie der Herr den Haushalt wünscht. Und entsprechend seinen Wünschen habe ich diese stinkende Schwarze davongejagt. Ich hoffe, sie kommt nie wieder.«

»Oh nein«, rief Mina und lief zur Tür, die auf die Veranda führte. »Darri? Darri, wo bist du?« Sie konnte die Aborigine nirgendwo entdecken. Auch Darris Stab, den sie immer dabeihatte, auf den sie sich stützte und mit dem sie nach Wurzeln grub, stand nicht mehr am Geländer der Veranda.

»Darri?« Mina lief durch den Garten bis zum Stall. Vielleicht war sie ja bei Jirra? Doch auch der Kutscher war nirgendwo zu sehen.

»Ist sie hier?«, fragte Till atemlos. Sie war ihrer Nichte gefolgt.

Mina schüttelte den Kopf. »Ich glaube nicht.«

Energisch ging Till zur Stalltür, stieß sie auf. »Jirra? Bist du hier?«

»Wohnt er im Stall?«, fragte Mina unsicher.

»Nein, in einer Kammer darüber«, sagte Till und klang traurig. »Joseph möchte es so.«

»Es ist nur ein Pferd da, aber ihr habt doch zwei? Einen Braunen und einen Fuchs. Der Fuchs steht auf der Weide dort vorn.«

»Ist das Gherry da?«, fragte Till und ging zur Remise. »Nein, das Gherry ist nicht da, nur die Droschke.« Sie schüttelte traurig den Kopf.

»Was ist ein Gherry?«, wollte Mina wissen.

»Das ist ein kleiner, wendiger Wagen. Jirra scheint damit unterwegs zu sein.« Till schüttelte verwirrt den Kopf. »Dabei habe ich ihm doch gesagt, dass wir den Wagen heute Nachmittag brauchen. Oder ist Joseph damit unterwegs? Das kann doch nicht sein, er wollte doch mit uns zu den Wasserfällen kommen.«

»Onkel Joseph sagte, dass er noch arbeiten müsse.« Mina biss sich auf die Lippe.

»Ist das so?« Till kniff die Augen zusammen. »Ich werde es nicht zulassen, dass mir diese Person in der Küche meine Stellung madig macht!«, murmelte sie.

In diesem Moment kam das Gherry die Einfahrt hochgefahren.

»Da ist er ja«, sagte Till. »Wo warst du, Jirra?«

Der Kutscher hielt neben ihnen, senkte den Kopf. »Musste was erledigen, M'am«, sagte er leise. Dann stieg er ab und vermied es, Till anzusehen.

»Wo ist Darri?«, wollte Mina wissen. »Wo ist sie?«

Jirra schüttelte den Kopf. »Das weiß ich nicht.«

»Red keinen Unfug«, drängte ihn nun auch Till. »Smith war sehr unfreundlich zu ihr. Ist Darri gegangen? Hast du sie weggebracht?«

»Smith hasst uns. Smith hasst alles, was Aborigine ist.« Seine Stimme klang verächtlich. »Smith ist eine böse Frau. Sie müssen sich vor ihr in Acht nehmen.«

»Ich weiß«, sagte Till leise. »Das weiß ich sehr genau.«

»Aber wo ist Darri?« Mina zog Jirra am Hemdsärmel. »Wo hast du sie hingebracht? Lass uns hinfahren und sie zurückholen.«

Er schüttelte wieder den Kopf. »Ich habe sie in die Wälder gebracht. Sie folgt nun ihren Traumpfaden. Keiner wird sie finden, wenn sie das nicht will.«

»Vielleicht will sie es …« Mina flehte ihn an.

»Nein, kleines Fräulein. Das will sie nicht. Sie wird zurückkommen, wenn es an der Zeit ist. Vielleicht aber wird das niemals mehr der Fall sein. Sie sagte, sie habe etwas erfüllen müssen, und nun sei ihre Aufgabe erledigt.«

»Oh nein.« Mina konnte die Tränen nicht mehr zurückhalten.

»Komm«, sagte Till und nahm sie in den Arm. »Komm, wir gehen zurück zum Haus.«

Zurück in Glebe

»Wie war es?«, fragte Elsa aufgeregt und hüpfte wie ein junges Känguru durch das Zimmer. »Du bist eine Woche länger geblieben als geplant, ich dachte schon, du kommst gar nicht mehr wieder.«

»Es war sehr schön«, sagte Mina und senkte den Kopf. Ihrer jüngeren Schwester würde sie sicher nicht die ganze Wahrheit erzählen. Sie legte den Koffer auf ihr Bett, öffnete die Verschlüsse und klappte ihn auf. »Und wie war es bei Tante Hannah?« Mina nahm sorgsam ein Kleidungsstück nach dem anderen heraus, schlug es aus und legte die Sachen sorgsam gefaltet in den Schrank.

»Das … das sind ja alles neue Sachen«, staunte Elsa.

»Richtig.« Mina grinste.

»Oh. Sind die alle für dich?«

Nun drehte sich Mina um und sah ihre Schwester an. »Erzähl mir nicht, dass du bei Tante Hannah und Onkel Harry keine neuen Sachen bekommen hättest.«

»Doch schon, aber nicht so viele und keine neuen«, sagte Elsa leise. »Wie war es denn?«

»Na ja, ich werde nicht noch einmal dahinfahren, wenn auch May dort ist. Eher bleibe ich hier.« Elsa schob die Unterlippe nach vorn.

Mina lachte. »May war wie immer?«

»Schlimmer. Tante Hannah geht es nicht gut. Sie hat doch im April ein Kind verloren. Seitdem ist sie etwas kränklich. May ist nun dageblieben, um ihr zu helfen.« Elsa schnalzte mit der Zunge. »Als ob es Hannah helfen würde, wenn May da ist. Aber Onkel Harry ist von der Idee begeistert.«

»Das ist er ja immer. Er merkt gar nicht, wie anstrengend May sein kann.« Mina schüttelte den Kopf.

»Ihr redet hier doch nicht über eure Tanten?«, fragte Großmutter, lehnt sich an den Türrahmen und verschränkte amüsiert die Arme vor der Brust. »Das gehört sich nicht.«

»Nein!«, sagte Elsa entsetzt und wurde puterrot. »Mina wollte gerade von Wentworth Falls erzählen …«

»Ich habe euch gehört«, sagte Großmutter und kniff die Augen zusammen. Dann kam sie in das Zimmer, setzte sich auf Elsas Bett und grinste. »Wie war das jetzt mit May? Hannah schreibt mir nur Andeutungen. Sie ärgert sich über ihre Schwester, aber ich weiß nicht genau, warum.«

Elsa lachte. »Du kennst doch May, Großmutter.«

»Ja, ich kenne sie. Aber sie will doch nur helfen. Hannah sollte dankbar sein, dass May bei ihr ist und sich um die Kinder kümmert.«

»May ist keine Hilfe«, sagte nun Lina, die plötzlich ins Zimmer gekommen war. »Weißt du das denn nicht, Mutter? May himmelt Harry an. Schon immer, schon, seit sie ihn das erste Mal gesehen hat.«

»Da war May fünfzehn. Ein Kind.«

»Ein Jahr älter, als ich jetzt bin«, meinte Mina. »Und ich bin kein kleines Kind mehr.«

»Erzähl von Joseph.« Lina setzte sich neben Großmutter auf das Bett und schaut Mina an. »Wie ist er so? Wir haben ihn ja nur ein paarmal kurz gesehen.«

»Onkel Joseph ist … nett.« Mina zögerte.

»Nett?« Lina lachte. »Das klingt langweilig. Und ich dachte, er wäre furchtbar in Till verliebt und sie hätte ihn jahrelang zappeln lassen.«

Mina schüttelte den Kopf. »Ich denke schon, dass sie auf die eine oder andere Art glücklich miteinander sind, aber die mitreißende Liebe, so wie es zwischen Tante Hannah und Onkel Harry ist, ist es bei ihnen nicht.«

»Tante Till ist ja auch schon alt«, sagte Elsa.

»Sie ist siebenunddreißig, ohne hundert davor«, meinte Lina und pikste Elsa in den Bauch. »Du bist ganz schön frech.«

»Schöne Sachen hat dir Till gekauft. Dabei haben dir die anderen doch noch gepasst.« Großmutter runzelte die Stirn.

»Ja, Großmutter, natürlich. Und Till schickt die anderen Sachen mit der Post. Sie sind ja noch gut und schön und für alle Tage bestens. Sie wollte mir nur eine Freude machen.«

»Wenn sie dir nicht mehr passen, bekomm ich die Kleider, nicht wahr?«, fragte Elsa. »Ich habe bei Tante Hannah auch zwei neue Kleider bekommen. Und Unterwäsche aus Leinen und Baumwolle. Herrlich – so weich. Die kratzt gar nicht.«

»Wollene Unterwäsche hält warm, Prinzessin«, sagte Großmutter empört. »So Fisselzeug kommt mir nicht ins Haus.«

Mina sah Elsa warnend an. »Du hast recht, deine Wollunterwäsche ist durch nichts zu ersetzen«, sagte sie und zwinkerte ihrer Schwester zu.

»Das wollte ich auch meinen.« Großmutter stand ächzend auf. »Ich mache jetzt Essen. Danach musst du mir aber noch mehr von Till und Joseph erzählen, Mina.«

Die drei Mädchen warteten, bis die Schritte der Großmutter auf der Treppe verklungen waren.

»Du hast Baumwollunterwäsche bekommen? Zeig her«, wisperte Lina dann. »Ich habe auch immer welche von Hannah bekommen«, gestand sie kichernd. »Oft habe ich mich auf dem Schulweg ins Gebüsch verzogen und mich umgezogen.«

»Das mache ich auch so«, sagte Mina. »Ich muss nur immer daran denken, mich auf dem Heimweg wieder umzuziehen.«

»Wirklich?«, fragte Elsa und sah von der einen zur anderen. »Dann mach ich das ab jetzt auch.«

Alle drei lachten fröhlich.

Erst nachts, als Mina im Bett lag, kehrten ihre Gedanken wieder nach Wentworth Falls zu Till zurück. Großmutter hatte sie voller

Sorge gefragt, ob Till glücklich sei. Die Frage konnte Mina nicht wirklich beantworten. War Hannah denn glücklich? Sie und Harry gingen auf jeden Fall anders miteinander um als Till und Joseph. Aber es waren ja auch ganz unterschiedliche Menschen.

Am Anfang der Ferien hatte Mina sich nichts sehnlicher gewünscht, als dass Till und Joseph sie bei sich aufnehmen würden. Doch das hatten sie nicht getan. Sie hatten Mina eingeladen, jederzeit wieder zu Besuch zu kommen, das schon. Und sie war verwöhnt worden. Das Zimmer, ein tägliches heißes Bad, neue Kleidung und neue Schuhe. Ausflüge hatten sie gemacht, und das Essen war immer sehr reichhaltig und gut gewesen. Ihr hatte es an nichts gemangelt. Doch dem Haus, dachte sie nun, fehlte es an irgendetwas, dabei schien alles reichlich vorhanden zu sein. Aber schon nach wenigen Tagen hatte Mina das Lachen und den Trubel von zu Hause vermisst, und die Stille in dem großen Haus bedrückte sie von Tag zu Tag mehr. Ob Till das auch so empfand? Vielleicht würde sich das ja ändern, wenn die beiden Kinder hätten. Darri war nicht wieder aufgetaucht, und Onkel Josephs Einstellung zu den Aborigines blieb unerbittlich streng.

Mina machte sich Sorgen um Darri, aber Jirra hatte sie beruhigt. Er sagte: »Sie weiß, was sie macht und wohin sie geht. Sie muss ihren Pfaden folgen.«

So wirklich hatte Mina das nicht verstanden, aber die Worte hatten sie getröstet. Oft war sie bei Jirra im Stall gewesen, hatte ihm geholfen, die Pferde zu versorgen. Dort hatte sie sich viel wohler gefühlt als im Haus.

Dennoch hatte sie auch schöne Tage mit Till verbracht. Sie waren bei den Wasserfällen gewesen und hatten die Drei Schwestern bei Tageslicht besucht. Außerdem hatten sie zusammen Handarbeiten gemacht und abends Karten oder Brettspiele gespielt. Onkel Joseph hatte ihr geduldig die Regeln des Schachspiels erläutert. Erst hatte Mina gedacht, dass sie es nie lernen würde, doch dann war sie besser geworden. Noch längst war sie nicht so weit, ihren Onkel schlagen zu können, aber sie hatte sich fest vorgenommen, zu üben.

»Du hattest ein eigenes Zimmer?«, fragte Elsa nun flüsternd von der anderen Seite des Raumes. »Ganz für dich allein?«

»Ja.«

»Wie unglaublich toll. Das möchte ich auch mal.«

»Die Chancen stehen sehr gut, dass ich vor dir ausziehe«, sagte Mina und grinste. »Dann hast du dein eigenes Zimmer.«

»Du bist erst vierzehn. Bis du ausziehst, ist es noch ewig hin.«

Mina lachte leise. »Und wie war es wirklich bei Hannah?«

Elsa schwieg erst. »Hannah hat sich verändert«, sagte sie dann leise. »Sie war immer so lustig und fröhlich, alles schien ihr leicht von der Hand zu gehen. Jetzt sitzt sie meist in einem Sessel und starrt in die Luft. Sie überlässt den Haushalt der Köchin.«

»Sie ist noch schwach und krank«, meinte Mina.

»Schwermütig ist sie, sagt Onkel Harry. Er schien ganz besorgt zu sein.«

»Und May will wirklich dableiben?«

»Ja.«

»Hat Hannah denn nichts dagegen?«

»Nein, ihr ist alles egal. May kann ihr Margaret abnehmen, dass macht May sogar richtig gern. Hätte ich nie gedacht, aber um die Kinder hat sie sich sehr liebevoll gekümmert.«

»Bist du dir sicher, dass es wirklich unsere May war?«

Die beiden Schwestern kicherten.

»Sie ist gar nicht mehr so«, sagte dann Elsa nachdenklich. »Nicht mehr so eigensinnig und anstrengend. Weißt du noch, wie sie Großvater in den Wahnsinn treiben konnte?«

»Ja, einmal ist er hinter ihr her und durch den Hof. Da hat sie sich auf dem Abort eingeschlossen und ist fünf Stunden dringeblieben.«

»Daran kann ich mich nicht erinnern. Das muss aber dann im Winter gewesen sein, im Juli oder August. Im Sommer hätten die

Fliegen sie dort aufgefressen. Gute Güte, fünf Stunden auf dem Abort.« Elsa kicherte. »Ich kann mich an viele Dinge nicht erinnern«, sagte sie dann leise und traurig. »Ich kann mich gar nicht an Mama erinnern, obwohl ich es manchmal denke. Aber das sind all die Sachen, die die Tanten und Großmutter von ihr erzählen.«

»Ja.« Mina schluckte. »Und ich kann mich auch kaum noch an Tutt erinnern.«

»Sie hat mir eine Karte geschickt«, sagte Elsa plötzlich aufgeregt. »Willst du sie sehen?«

»Morgen. Wenn wir jetzt die Kerze anzünden, kommt Großmutter hoch. Ich weiß nicht, wie sie es macht, aber sie scheint es zu riechen oder zu hören.«

»Tutt fährt nach Berlin, hat sie geschrieben, und besucht Großvaters Bruder.«

»Berlin. Das klingt so – großartig. Dort sind manchmal der Kaiser und seine Familie. Ob sie ihn schon mal gesehen hat?« Mina legte sich auf den Rücken und verschränkte die Arme hinter ihrem Kopf. »Ich habe Tutt einen langen Brief geschrieben. Ich musste ihr nämlich die Geschichte des Mallagongan und der drei Schwestern erzählen.«

Elsa antwortete nicht. Ihre Atemzüge waren tief und gleichmäßig geworden.

Carola

1901

Besuch in Krefeld

»Mina hat mir einen langen Brief geschrieben, Tante Thilde. Und Elsa eine Karte.« Carola hielt die Post hoch. »Aus Hamburg sind auch Briefe für dich da. Soll ich sie dir öffnen?«

Tante Thilde schüttelte den Kopf und starrte aus dem Fenster. Seit dem Tod ihres Mannes vor ein paar Monaten war sie immer schwermütiger geworden.

»Oh, und ich habe einen Brief aus Berlin erhalten, von Großonkel Robert Lessing.«

»Das ist einer der Brüder deines Großvaters«, sagte Tante Thilde mit müder Stimme.

»Ja, ich weiß. Großvater hat mich gebeten, ihn anzuschreiben. Das habe ich im letzten Monat gemacht und schon gar nicht mehr mit einer Antwort von ihm gerechnet.« Sie lächelte Tante Thilde an, doch die Tante winkte nur ab.

»Ach, Tantchen. Kann ich irgendetwas für dich tun?«, fragte Carola besorgt. »Soll ich mit der Mamsell sprechen? Wünscht du etwas Bestimmtes zu essen?«

»Nein, meine Liebe. Danke. Ich bin nur müde«, seufzte Tante Thilde und öffnete mit schwerfälligen Bewegungen die Post, die aus Hamburg gekommen war. »Das ist ein Brief von meiner Schwägerin Laetitia«, sagte sie nachdenklich. »Sie fragt, ob ihre Tochter Susanne uns besuchen kann.«

»Susanne … wer war das noch?«, fragte Carola.

»Susanne ist die jüngste Tochter von Laetitia und Wilhelm. Wilhelm war Johannes Bruder.« Wie immer, wenn sie über ihren verstorbenen Mann sprach, füllten sich ihre Augen mit Tränen.

»Es wäre doch nett, Besuch zu bekommen«, sagte Carola sanft. »Findest du nicht, Tantchen?«

»Ich bin nicht in der Stimmung und doch gerade erst aus dem Trauerjahr heraus«, sagte Tante Thilde und holte ihr Taschentuch hervor.

»Das weiß ich doch.« Carola schaffte es, nicht aufzustöhnen und auch nicht die Augen zu verdrehen. Aber es rang ihr einiges an Beherrschung ab. Stattdessen lächelte sie – aber auch nicht zu sehr, sie wollte nicht fröhlich, sondern nur aufmunternd wirken. »Es sind aber doch eineinhalb Jahre, seit Onkel Hannes verstorben ist«, fügte sie hinzu. »Ein Besuch der Verwandtschaft könnte dir vielleicht guttun.«

»Ich glaube nicht, mein Kind.« Tante Thilde wischte sich noch einmal über die Augen, setzte dann die Brille auf und nahm den Brief wieder zur Hand. Schweigend las sie weiter, dann seufzte sie erneut. »Laetitia ist krank. Deshalb bittet sie uns, ihre Tochter in Obhut zu nehmen.«

»Wie alt ist sie denn?«

»Ein Jahr jünger als du. Ihr Bruder Werner soll sie herbringen.« Tante Thilde seufzte laut. »Ach, dann müssen wir das wohl doch tun. Es wäre eine wohltätige Tat, und dein Ziehvater würde das gutheißen.«

»Das würde er, ganz sicher. Wann sollen sie denn kommen?«

»Sobald es geht, schreibt Laetitia«, sagte Tante Thilde und räusperte sich. »Dafür müssen wir aber einige Vorkehrungen treffen. Die Zimmer müssen gereinigt werden. Ich muss mit der Mamsell sprechen. Wir müssen die Mahlzeiten planen und vielleicht auch ein größeres Abendessen.«

»Oh ja!«, sagte Carola erfreut. »Ich kann helfen.«

»Das weiß ich, Carola. Aber wir werden wohl noch zusätzliche Leute einstellen müssen. Zumindest für die Küche und für die Wäsche. Solange nur wir zwei hier waren, war das ja überschaubar für die Mamsell – aber mit zwei Gästen … wie lange hatten wir schon keine Gäste mehr?« Sie schüttelte den Kopf.

»Jahre«, seufzte Carola leise. »Wie alt ist denn Cousin Werner? Und wie lange werden die beiden bleiben?«

»Werner ist einundzwanzig. Er soll sie nur sicher hierhergeleiten und vielleicht ein paar Tage hier verbringen. So genau weiß ich das alles noch gar nicht. Ich werde Laetitia kabeln.« Sie straffte die Schultern und sah viel lebendiger aus. »Das mache ich als Erstes. Und dann spreche ich mit der Mamsell.«

Wie aufregend. Vor etwas mehr als einem Jahr waren sie von Hamburg nach Krefeld gezogen, in eine große Wohnung am Alexanderplatz. Sie gehörte einem von Tante Thildes Brüdern, und er überließ sie ihnen mitsamt der Mamsell. Vorher hatten sie immer abwechselnd in Hamburg, wo sie ein Haus am Besenbinderhof, nicht weit vom Jungfernstieg, hatten, und in Krefeld gelebt. 1892, in dem Jahr nach Carolas Ankunft in Deutschland, bezogen sie ein Haus auf der Dionysiusstraße, das der Familie te Kloot gehörte. Dann war jedoch die Cholera in Hamburg ausgebrochen, und weder Johannes noch Thilde wollten ihre Ziehtochter dieser Gefahr aussetzen. Doch Johannes' Herz hing an seiner Arbeit im Spital in Hamburg, und deshalb kehrten sie dorthin zurück, pendelten zwischen den beiden Wohnorten. Vor zwei Jahren erkrankte Johannes schwer, und sie blieben ganz in Hamburg. Doch nach seinem Tod konnte Thilde die Räumlichkeiten, in denen ihr Mann gelebt hatte und gestorben war, nicht mehr ertragen. Deshalb waren sie wieder nach Krefeld gekommen.

Obwohl Carola bisher nur positive Erinnerungen an die kleine Stadt am Niederrhein gehabt hatte, war ihr das vergangene Jahr lang geworden. Sie sehnte sich nach Hamburg. Oder wenigstens nach ein paar Aktivitäten und etwas Freude. Das Einzige, was ihr die Tante zugestanden hatte, war der Besuch des Lesezirkels und der Bibliothek. Manchmal fuhren sie mit der Elektrischen nach Düsseldorf, um dort in einer Konditorei einzukehren und am Rhein entlangzuspazieren. Aber das war eher die Ausnahme.

Die Tante liebte es, im Stadtwald um den Weiher herum zu laufen, zückte aber auch dort immer wieder ihr Taschentuch, wenn sie an ihren Gatten denken musste.

Sechsundsiebzig Jahre ist er alt geworden, dachte Carola oft mit Groll. Um einiges älter, als meine Mutter werden durfte. Dennoch war sie ihren Zieheltern sehr dankbar dafür, dass sie sie aufgenommen hatten. Für das kinderlose Ehepaar war Carola wie ein Geschenk des Himmels gewesen. Für Carola waren die ersten Jahre die Hölle. Die Sehnsucht nach Australien und ihrer Familie verzehrte sie. Doch sie konnte es nicht ändern. Und jeder nichtssagende Brief von ihrem Vater ließ sie mehr resignieren. Immer noch sehnte sie sich nach ihren Geschwistern, aber wenn ihr jemand eine Reise nach Australien geschenkt hätte – sie hätte sie nicht angetreten. Nicht, solange ihr Vater sie nicht um eine Rückkehr bitten würde – und das hatte er bisher nicht. Carola zweifelte daran, dass er es jemals tun würde.

»Soll ich dich zur Post begleiten?«, fragte sie jetzt ihre Tante.

»Nein, du könntest die Gästezimmer inspizieren. Wir müssen sicherlich überall putzen. Und vielleicht sollten wir auch Pflanzen kaufen?« Die Tante sah sich um. »Es wirkt doch alles recht trostlos hier.«

Hoffentlich ändert sie wirklich etwas, dachte Carola und biss sich auf die Lippe, hoffentlich. Das wäre zu schön.

Nur drei Tage später reisten die Gäste an. Drei Tage voller Unruhe und Betriebsamkeit. Die Mamsell sorgte dafür, dass vier Mädchen kamen und halfen. Jeder Raum der großen Wohnung, so erschien es Carola, wurde auf den Kopf gestellt. Die Teppiche kamen in den Hof und wurden ausgeklopft, die Schränke leer geräumt und ausgewischt. Dann wurden die Schränke von den Wänden gerückt und abgestaubt. Der Parkettboden wurde erst gereinigt und dann gebohnert – eine aufwendige und schweißtreibende Arbeit, bei der die Mädchen, auf den Knien rutschend, das Wachs mit einem Tuch aufbrachten und anschließend mit dem Bohnerbesen nachpolierten. Auch Carola versuchte sich an der Arbeit. Doch das Wort »Besen« trog – es war ein Stab, an dem ein gusseiserner Block mit einem Bürstenbelag befestigt war. Schon nach kurzer Zeit ging ihr die Puste aus, und die Arme wurden ihr schwer.

»Ne, ne«, lacht Nele, eines der Mädchen. »Das reicht nicht. Das muss glänzen, sonst schimpft die Mamsell.«

»Ich kann nicht mehr«, stöhnte Carola.

»Dann gebt mir den Bohnerbesen.« Nele sah sie mitleidig an. »Nichts für ungut, aber das ist auch keine Arbeit für ein Fräulein, wie Ihr es seid.« Flink nahm sie das Gerät wieder zur Hand und fuhr damit über den Holzboden.

Das Geschirr wurde gespült, das Silber poliert. Alle Wäsche ließ die Tante waschen und plätten. Die Bücher wurden abgestaubt, die Fenster geputzt und mit Petroleum und Zeitungen blank gerieben.

Stundenlang saß die Tante mit der Mamsell zusammen und besprach die Menüs und Einkaufslisten.

Trotz des ganzen Chaos fand es Carola herrlich. Endlich fühlte sie sich wieder lebendig.

»Liebe Mina und liebe Elsa«, schrieb sie, »ihr könnt euch nicht vorstellen, was hier los ist. Wir bekommen Besuch. Eine Nichte und ein Neffe vom verstorbenen Onkel Doktor kommen her. Das wird euch als nichts Besonderes erscheinen, denn schließlich geben sich die Besucher bei Großmutter die Klinke in die Hand. Aber hier war es seit über einem Jahr totenstill. Wir trauern immer noch um den armen Onkel Doktor, aber nun endlich scheint Tantchen das Trauerjahr beendet zu haben.

Besuch – ihr glaubt es sicher nicht, aber ich jubele innerlich.

Zu gern würde ich auch euch einmal hier begrüßen und euch mein Leben in Deutschland zeigen. Das wäre wunderbar, und vielleicht ist es ja irgendwann möglich.«

Ihre Cousine Susanne würde das Zimmer mit ihr teilen, solange Werner das Gästezimmer bewohnte. Das fand Carola nicht schlimm. Früher hatte sie ihr Zimmer mit Mina und Elsa geteilt – es schien schon so lange her zu sein, aber immer noch hatte sie beim Gedanken daran ein Gefühl von Geborgenheit.

Mina hatte ihr im letzten Jahr geschrieben, wie schön es bei Tante Till gewesen war, ein Zimmer nur für sich selbst zu haben. So manches Mal hätte sich Carola die Unruhe gewünscht, die das Teilen eines Raumes mit sich brachte. So neideten sie sich die Dinge der anderen, was irgendwie abstrus war.

Ich bin sicher privilegiert, dachte Carola, mit meinem eigenen Zimmer, meiner Kleidung, die nur selten von Cousinen stammte, den Annehmlichkeiten, die ich habe. Sicher geht es mir finanziell besser, Tantchen muss nicht auf Heller und Pfennig schauen, sie konnten sich so einiges leisten.

Aber Mina und Elsa hatten die Geborgenheit der Familie, den Zusammenhalt und die Fröhlichkeit, die mit dem Trubel einhergingen. Verstand sich die eine nicht mit der anderen, gab es genügend Tanten, Cousins und Cousinen, mit denen sie sich zusammentun konnten.

Sie aber hatte niemanden.

Vielleicht freute sie sich auch deshalb so sehr auf den Besuch. Es würde herrlich werden, phänomenal. Susanne und sie würden nachts im Bett liegen und miteinander flüstern, so wie es Mina und Elsa taten. Sie würden Geheimnisse teilen und sich anvertrauen.

Dann schließlich war es so weit, und Tante Thilde nahm Carola mit zum Bahnhof. Die Gäste, so war aus Hamburg gekabelt worden, würden mit der Elektrischen aus Düsseldorf gegen Abend ankommen. Mehrfach hatte Tantchen das Essen für diesen Abend verändert, und die Mamsell seufzte erleichtert, als die Tante schließlich die Wohnung verließ.

»Grundgütiger«, flüsterte die Mamsell zwinkernd Carola zu. »Ich hatte wirklich Angst, sie würde in letzter Minute noch mal alles ändern.«

Aber sie änderte nichts, sondern setzte sich in die bestellte Droschke, und sah angespannt aus dem Fenster. »Du lieber Himmel, du lieber Himmel«, murmelte sie. »Gute Güte!«

Carola lachte leise. »Aber was ist denn, Tantchen? Alles ist für die Gäste vorbereitet. Freust du dich nicht?«

»Freuen?« Wie ein erschrockenes Huhn drehte die Tante den Kopf zu ihr. »Freuen? Wie kannst du bei all der Aufruhr nur von Freude sprechen?«

»Wir bekommen Besuch. Die Wohnung ist so sauber, wie sie wahrscheinlich seit dem Bezug nicht mehr war. Die Mamsell hat einige famose Gerichte geplant. Das ist doch wunderbar – ein Grund, sich zu freuen, findest du nicht?« Carola strahlte. »Ich zumindest bin ganz gespannt auf Cousine und Cousin.«

»Du bist nicht mit ihnen verwandt«, sagte Tante Thilde fast tonlos. »Noch nicht einmal angeheiratet verwandt. Laetitia, die Frau des Bruders deines Ziehvaters – sie ist eine ganz spezielle Frau. Du würdest sie nicht mögen.«

»Warum nicht?«

»Sie ist flatterhaft wie ein Vögelchen.«

»Es gibt ganz wunderbare Vögel ...«

»Ein Spatz, ein schwatzhafter Spatz. Spatzen wühlen und baden im Dreck«, zischte die Tante.

Carola sackte in sich zusammen. »Was meinst du damit, dass ich nicht mit ihnen verwandt bin?«, fragte sie leise.

»Das weißt du doch selbst – du bist mit mir verwandt, eine te Kloot. Aber keine Ansing. Das wirst du nie sein. Du wirst nie eine Ansing sein.«

»Ich bin eine Lessing«, sagte Carola fast unhörbar. »Das zählt viel mehr.« Sie schluckte den bitteren Geschmack hinunter, der sich in ihrem Mund gesammelt hatte.

Die Elektrische hatte Verspätung – ein Tier war, so sagten es die Gerüchte, auf das Gleis gerannt. Das konnte dauern.

Der kleine Bahnhof am Dießemer Feld war nicht wirklich heimelig. Es zog, und dann fing es auch noch an zu regnen. Auch in dem kleinen Bahnhofsgebäude blieb es frisch und ungemütlich.

»Wie lange wird das dauern?«, fragte die Tante den Bahnhofsvorsteher ungeduldig. »Die Elektrische ist schon über eine halbe Stunde zu spät.«

»Es tut mir leid.« Er zuckte mit den Schultern. »Aber solche Dinge passieren. Das kann noch eine Weile dauern.«

»Eine Weile, eine Weile – was ist das denn für eine Auskunft?« Tante Thilde stapfte unruhig durch das Gebäude.

»Was gibt es denn heute Abend zu essen?«, versuchte Carola sie abzulenken. »Wollen wir uns nicht da vorn hinsetzen?«

»Heute Abend?« Tantchen runzelte die Stirn, während sie zielstrebig auf die Stühle zuging und sich setzte. Carola ließ sich erleichtert neben ihr nieder.

»Heute Abend gibt es eine Hühnerbrühe mit Einlage. Das kann die Mamsell. Ich habe darauf geachtet, dass es etwas gibt, was sie wirklich beherrscht, nicht dass wir unsere Gäste aus Hamburg enttäuschen. Hühnerbrühe kann sie.«

»Ja, das kocht sie ja auch jeden dritten Tag – dann Täubchenconsommé und am nächsten Tag Rinderkraftbrühe. Hin und wieder einen Ochsenschwanz«, seufzte Carola, der die täglichen Suppen langsam über wurden.

»Ich mag kräftige Brühen«, sagte Tante Thilde und schaute fast beleidigt drein. »Danach gibt es Fisch – Steinbutt. Dann gebratene Hühnerleber auf Reis mit Pilzen.« Sie schaute Carola fragend an. »Findet das deine Zustimmung?«

»Das klingt vorzüglich.«

»Als erstes Hauptgericht gibt es die Hühnerbrüste und -schenkel, mit Gemüse und Kartoffeln gratiniert.« Tantchen holte tief Luft. »Wir wollen ja nicht an einem Abend schon alles Pulver verschießen, und wenn wir schon mal Hühner kaufen, dann müssen wir sie auch ganz gebrauchen.«

Carola nickte etwas enttäuscht.

»Danach gibt es Schweinelende geschmort mit Backpflaumen und Petersilienkartoffeln. Dann lasse ich einen Käsegang bringen, und zum Schluss – so Gott es will und die Mamsell es hinbekommt – gibt es Eis mit Früchten.« Nun lächelte die Tante. »Wie gefällt dir das?«

»Das klingt einfach nur himmlisch.«

»Und am Samstag laden wir meinen Bruder und seine Familie ein – dann gibt es ein Festessen. Dazu habe ich ein Milchlamm, Rinderbraten und -bäckchen bestellt. Und Hummer.« Die Tante neigte den Kopf zur Seite, aber Carola sah ihr breites Lächeln.

»Wirklich?«, fragte Carola atemlos. »Wirklich? Das klingt ja traumhaft.«

»Wenn die Mamsell die acht Gänge hinbekommt, dann wird es auch ein Festmahl.« Tantchen nickte. »Du wirst es vielleicht nicht glauben, aber früher haben dein Ziehvater und ich oft Festivitäten mit sehr gutem Essen gegeben.«

»Wann hat das aufgehört und warum? Darüber hast du noch nie gesprochen.«

Es gab jeden Tag gutes Essen im Haus der Tante, aber nie wirklich abwechslungsreich. Suppe, Hauptgang mit Fleisch und einen Nachtisch, meist aus Früchten, Äpfel, Birnen, Pflaumen – getrocknet oder eingelegt, wenn keine Saison war.

»Wir haben früher sogar Bälle ausgerichtet«, sagte Tante Thilde nun und klang verklärt. »Damals, als dein Onkel noch Geld gesammelt hat für sein Spital und seine Projekte für die Armen. Das war, bevor du zu uns gekommen bist. Damals war alles im Aufbruch, und nur noch selten hat er seine Familie davon überzeugen können, dass diese Projekte Mittel brauchen, dass sie es wert sind. Also mussten wir andere Geldquellen akquirieren und haben reiche Geschäftsleute eingeladen. Dein Onkel hat glühende Reden gehalten, und die Pfeffersäcke in Krefeld und Hamburg haben Geld gegeben. So konnte er sein Spital finanzieren.« Sie wischte sich mit dem Taschentuch über die Augen, schnaubte sich die Nase. »Das ist lange her. Als du kamst, brauchten wir das nicht mehr. Und ihm war es zuwider, den Reichen ins Kreuz kriechen zu müssen. Aber diese Gesellschaften, mein Kind, die waren phantastisch.«

Vor meiner Zeit, dachte Carola und versuchte, ihre Gedanken zu ordnen. Sie kannte Onkel und Tante nur als wohltätige Leute ohne große gesellschaftliche Ambitionen. Der Onkel war die meiste Zeit im Spital. Tantchen besuchte Armenhäuser und Stätten, in denen unverheiratete Mütter eine Zuflucht fanden. Es gab ein Waisenhaus in Hamburg, das sie unterstützten, eine Suppenküche in Krefeld und andere Projekte. Immerzu hatten sie sich um die Schwächsten der Gesellschaft gekümmert. Feste oder gar Bälle kannte Carola nicht. Seit der Onkel gestorben war, hatte sich Tantchen jedoch ganz zurückgezogen.

Aber bevor Carola weiterfragen konnte, fuhr endlich die Elektrische ein.

»Jetzt kommen sie endlich«, sagte Tante Thilde, stand auf und strich ihren Rock glatt. »Das wurde ja auch Zeit.«

Aus den Waggons strömten die Menschen.

»Wie erkennen wir sie?«, fragte Carola unsicher und schaute von einer Seite zur anderen. »Ich kann mich gar nicht mehr an sie erinnern, auch wenn ich sie schon mal getroffen habe …«

»Wir erkennen sie am Gepäck«, sagte Tante Thilde. »Und nicht am Gesicht. Da vorn, das müssen sie sein.«

Tatsächlich stand am Bahnsteig ein Pärchen mit einigen Koffern und schaute sich um. Das waren keine Hiesigen.

Carola lief auf sie zu. »Cousine Susanne? Cousin Werner?«

»Du bist Carola te Kloot?«, fragte die junge Frau.

»Ja, das bin ich.« Carola lachte erleichtert. »Herzlich willkommen.«

»Willkommen in der Provinz«, brummte der junge Mann und zwirbelte seinen dünnen Schnurrbart. »Das ist ja noch grässlicher, als ich gedacht habe.«

»Ach«, winkte Carola ab und grinste. Was für ein Schnösel, dachte sie nur. So ein aufgeblasener Affe. »Der Bahnhof ist der lebhafteste Ort in Krefeld. Also schaut euch gut um.«

»Wo sind die Kofferträger?«, fragte Werner und seufzte hörbar.

»Koffer … Kofferträger? Nein«, sagte Carola und lächelte immer noch. »So etwas gibt es hier nicht. Ich helfe euch. Dort vorn ist Tante Mathilde. Ihr geht es noch nicht so gut.«

»Sie trauert immer noch?«, wisperte Susanne ihr zu. »Mutter hat zum Glück jetzt das Schwarz abgelegt. Aber dennoch … nun ja, braucht sie Zeit für sich.«

»Deine Mutter ist krank?«, fragte Carola besorgt und dachte an den Brief, den Tante Laetitia geschickt hatte.

»Nein, ist sie nicht«, fauchte Werner fast. »Sie will neue Bande knüpfen, scheint es uns. Und Susanne ist als letztes Kind nicht wohlgelitten zu Hause.«

»Werner, sei nicht immer so streng, tzz, tzz«, sagte Susanne und schüttelte den Kopf. »Was soll denn die Verwandtschaft von uns denken?«

»Das ist mir egal.« Er nahm eine Zigarette aus einer silbernen Dose, klopfte sie auf den Deckel und steckte sie an. »Wir sind gar nicht wirklich miteinander verwandt. Carola ist nur angenommen worden, nicht adoptiert.«

Du Schnösel, dachte Carola und ärgerte sich, wollte es sich aber nicht anmerken lassen. »Die Droschke wartet vor dem Bahnhof«, sagte sie und nahm eine der Taschen und hob sie hoch.

Nein, sie gehörte nicht zur Familie Ansing, sie war noch nicht einmal rechtlich Tantchens Tochter. Im Prinzip war sie ein Nichts. Schnaufend eilte sie über den Bahnsteig.

»Lass dich nicht von ihm ärgern«, sagte Susanne keuchend. Sie hatte einen der Koffer genommen und versuchte nun mit Carola Schritt zu halten. »Ich freu mich, dass wir hier sind. Werner freut sich eigentlich auch. Er ärgert sich nur über Mutter und nicht über dich.«

»Warum?«

»Ach, das ist eine lange Geschichte«, wisperte Susanne und stellte den Koffer schnaufend neben Tante Thilde ab. »Guten Tag«, sagte sie fröhlich. »Ich bin so froh, hier sein zu dürfen.«

»Mein Kind«, sagte Tante Thilde und lächelte. »Ach, du bist gar kein Kind mehr. Wie schön, dass ihr da seid.« Sie schaute über Susannes Schulter und nickte Werner zu, der die restlichen zwei Koffer trug.

»Das ist hier wirklich Provinz«, murmelte er und verzog das Gesicht, die Koffer ließ er krachend zu Boden fallen.

»Krefeld lässt sich nicht mit Hamburg vergleichen«, sagte Tante Thilde. »Da hast du sicherlich recht.«

Der junge Mann wurde rot. Carola konnte es kaum fassen. Hatte er tatsächlich so etwas wie Schamgefühl?

»Die Droschke wartet, lasst uns gehen«, fügte Tantchen bestimmt hinzu und ging voraus.

»Unglaublich.« Werner schüttelte den Kopf, nahm aber die beiden Koffer wieder auf und folgte ihr.

»Er ist eigentlich gar nicht so«, sagte Susanne leise zu Carola. »Wirklich nicht.« Auch ihr Gesicht hatte einen rötlichen Schimmer bekommen.

Andere Sitten

»Ist sie immer so?«, wollte Susanne wissen, als sie nachts im Bett lagen. Carolas Bett war unter das Fenster geschoben worden. Susannes Lager stand nun an der Wand rechts von der Tür.

»Wer?«, fragte Carola und zog die Decke zurecht. Nach Monaten einfacher Kost füllte das mehrgängige Menü nun ihren Bauch auf unangenehme Weise.

»Die Tante. Mathilde. Wer sonst?« Susanne kicherte.

»Wie war sie denn?«

»Nun, so unnahbar und beobachtend. Ich habe mich kaum getraut, zu essen.« Wieder kicherte Susanne. »Wie in einer der Anstalten, die die Familie unterstützt. Warst du da schon mal? Jugendliche Missetäter, Waisenhäuser, schwangere Dienstboten. Papas Familie hat ja etliche Projekte. Wir mussten immer zu den Weihnachtsfeiern und dort Geschenke abgeben. Ein Amüsement der besonderen Art.«

»Amüsement?« Carola schluckte. »Was war daran lustig?«

»Es war nicht lustig, du Dummkopf.« Susanne lachte. Sie schien von einem heiteren Gemüt zu sein. »Es war eher traurig, all diese verlorenen Gestalten mit ihren armseligen Leben. Aber ist Tante Thilde immer so unnahbar und steif?«

Jetzt kicherte Carola. »Heute war sie ausgesprochen lebhaft und aufgeweckt. Die letzten Monate hat sie im Prinzip nur trauernd und mit einem Taschentuch an den Augen verbracht. Sie hat das Trauerjahr bis zur Vollendung zelebriert. Ich bin so froh, dass ihr da seid und endlich mal wieder etwas passiert.«

In diesem Moment klopfte es an der Tür, und dann öffnete sie sich, bevor eines der Mädchen etwas sagen konnte.

»Guten Abend, die Damen«, sagte Werner und trat ein. »Darf ich mich noch zu Ihnen gesellen?« Wieder wartete er nicht ab, sondern zog sich einen Stuhl an die Betten, setzte sich und zog sein Zigarettenetui aus der Tasche seines Bademantels.

Er trägt sein Nachtgewand und seinen Bademantel, dachte Carola schockiert. Und so ist er zu uns ins Zimmer defiliert. Das ist unglaublich schamlos. Sie schnappte hörbar nach Luft.

»Dir macht es doch nichts aus, wenn ich rauche?«, fragte Werner und grinste.

»Weiß Tantchen ...?«, fragte Carola schwach.

»Grundgütiger, nein. Das wollen wir zumindest nicht hoffen.« Er grinste noch breiter und riss ein Streichholz an und entzündete die Zigarette, inhalierte tief. »Sie würde vermutlich sterben, wenn sie mich hier anträfe. Todesfälle hatten wir in der letzten Zeit zur Genüge, da brauchen wir keinen weiteren.«

»Werner!« Susanne setzte sich im Bett auf und schüttelte den Kopf. »Du entsetzt sie ja. Schau doch nur, sie ist bleich wie das Laken.« Sie lachte, streckte die Hand aus. »Nun gib schon her.«

Werner reichte der Schwester die glimmende Zigarette, steckte sich eine weitere an und musterte Carola. »Möchtest du auch?«

»Ich rauche nicht«, sagte sie und räusperte sich. Dann richtete sie sich auf und öffnete das Fenster »Tantchen würde tatsächlich sterben, wenn sie mitbekäme, dass hier jemand im Schlafzimmer raucht.«

»Mein Gott!« Werner schüttelte sich. »Seid ihr wirklich so bieder?«

»Bieder?« Carola sah ihn voller Verachtung an. Nun hatte er das letzte bisschen Wohlwollen, das sie vielleicht für ihn empfunden hatte, verspielt. »Nun, dann sind wir eben bieder!«, sagte sie und zog die Bettdecke bis über die Brust.

»Ärgere sie doch nicht. Sie kann nichts dafür, dass Mutter uns hierhergeschickt hat, Pussel.« Susanne verzog das Gesicht.

Pussel? Sie nannte ihren Bruder Pussel? Carola biss sich auf die Lippen, um nicht loszuprusten.

»Entschuldige, Cousine Carola«, sagte Werner und verbeugte sich leicht in ihre Richtung. »Natürlich hat meine Schwester recht. Aber Susi, du bist diejenige, die hier eine Zeitlang ausharren muss. Ich darf mich schon in ein paar Tagen wieder verabschieden und mich dann ins Hamburger Nachtleben stürzen. Ich nehme mal an«, wandte er sich wieder Carola zu, »ein Krefelder Nachtleben gibt es nicht?«

»Vermutlich gibt es so etwas, wenn auch eher im biederen Stil, aber ich habe damit noch keine Erfahrung gemacht«, sagte Carola. »In Düsseldorf gibt es einige Nachtclubs, aber Tantchen würde mir nie erlauben, dorthin zu fahren.«

»Ach, du Arme«, sagte Susanne. »Sie sagte, Tante Thilde sei heute besonders lebhaft gewesen, Pussel. Kannst du dir das vorstellen?«

»Wie erträgst du das?«, fragte Werner.

Carola zuckte mit den Achseln. Bisher hatte sie sich darüber keine Gedanken gemacht, sie kannte es ja nicht anders. »Tantchen und Onkel Doktor waren schon immer so – ihnen war die Wohltätigkeit sehr wichtig. Sie haben selten am Gesellschaftsleben teilgenommen, seit ich bei ihnen bin.«

»Onkel ... Doktor?« Susanne riss die Augen auf. »Sag nicht, du hast ihn wirklich Onkel Doktor genannt?«

»Doch. Wieso?«

»Das klingt ja grauenvoll. Für uns war er immer Onkel Hannes. Auch wenn wir nie viel Kontakt hatten. Mutter hat keine gute Meinung von Tante Thilde. Sie hält sie für spröde. Und ausnahmsweise muss ich Mutter recht geben, so schwer es mir fällt.« Werner seufzte.

»Tante Thilde hat ein großes Herz, und das hatte Onkel auch.« Das Doktor hinter dem Onkel verschluckte Carola diesmal.

»Sie haben dich adoptiert, nicht wahr?«, fragte Werner. Er stand auf und warf die Zigarettenkippe aus dem Fenster. Plötzlich klang seine Stimme nicht mehr so arrogant, sondern sehr mitfühlend.

»Du kommst eigentlich aus Australien, oder?«, fragte nun auch Susanne ganz interessiert. »Erzähl doch mal.«

»Wir sind nicht wirklich miteinander verwandt«, meinte Werner nun.

»Nein, das sind wir nicht. Tantchen ist eine Schwester meines Vaters. Meine Mutter ist gestorben, als ich acht war. Und Tantchen und Onkel D…«, sie schluckte, »und ihr Mann haben mich aufgenommen.«

»Hast du sonst keine Familie?«, fragte Susanne.

»Doch.« Carola versuchte, die Tränen wegzublinzeln. »Nur mein Vater und sein älterer Bruder sind nach Australien ausgewandert, die anderen Geschwister sind noch hier. Aber sie sind alle schon sehr alt. Mein Vater war das jüngste Kind.«

»Familiengeschichten.« Werner lächelte. »Da haben wir auch so einiges. Zum Beispiel, warum wir jetzt hier sind.«

»Aber was ist mit deiner Familie in Australien?«, fragte Susanne noch einmal.

»Nun lass sie doch, Susi«, zischte Werner. »Siehst du nicht, dass sie nicht darüber sprechen will?«

»Das stimmt gar nicht.« Carola schüttelte energisch den Kopf. Erst in diesem Moment wurde ihr bewusst, dass es tatsächlich so war. »Mich fragt ja nie jemand nach meiner Familie in Australien.«

»Hast du denn noch Kontakt?«, wollte Susanne erstaunt wissen.

»Wir schreiben uns.«

»Das ist möglich?«

»Oh Gott, Susi«, seufzte Werner auf. »Nun sei doch bitte nicht so naiv. Tut mir leid, Cousinchen. Susi ist manchmal etwas weltfremd. Es gibt ja auch schließlich schon ein Kabel bis zur Südsee.«

»Wirklich? Ach, das wusste ich gar nicht.« Susanne lachte auf. »Gib mir noch eine Zigarette, Pussel.«

Er schaute zu Carola, diesmal schien er ihre Erlaubnis haben zu wollen.

»Nun macht«, sagte sie und lachte. »Nach Australien kann man kabeln, aber das ist zu teuer, und außerdem kann man ja nur ein paar Sätze schreiben. Ich habe dort noch zwei Schwestern und zwei Brüder, meine Großeltern und einen ganzen Haufen an Tanten.«

»Du hältst Kontakt zu allen? Das ist ja großartig – aber wie verständigt ihr euch? Dein Deutsch ist perfekt, kannst du auch so gut Englisch sprechen und schreiben?«

Carola kicherte. »Meine Eltern und meine Großeltern sind Deutsche. Meine Geschwister sprechen und schreiben auch Deutsch. Zu Hause bei uns wurde immer Deutsch gesprochen. Nur in der Schule und im Ort nicht.«

»Kängurus – du hast sicher schon Kängurus gesehen. Und all die anderen wunderlichen Tiere, die dort leben. Nun erzähl schon!«, verlangte Susanne.

Und Carola erzählte. Sie wühlte in ihren Erinnerungen, grub lustige Erlebnisse aus und merkte, wie gut es ihr nach all den Monaten der Düsternis und Trauer tat, mit Gleichaltrigen zu reden. Und es tat ihr auch gut, endlich einmal über ihre Familie sprechen zu können. Tante Thilde wollte selten etwas aus Australien hören.

Werner lehnte sich zurück, verschränkte die Arme vor der Brust und beobachtete Carola.

Erst tief in der Nacht verabschiedete er sich gähnend.

»Das war interessant«, sagte er. »Ich hätte nicht gedacht, dass es in Krefeld interessante Abende geben könnte.« Er zwinkerte Carola zu.

»Das war vermutlich der erste und der letzte«, gab sie lachend zurück.

»Ich fürchte das auch.«

Dann schloss er leise die Tür hinter sich. Das Zimmer war trotz des geöffneten Fensters voller Qualm.

»Tantchen wird uns töten«, seufzte Carola.

»Blödsinn. Wir wedeln jetzt die Luft mit einer Decke nach draußen«, sagte Susanne, stand auf und schwang ihre Decke hüpfend hin und her. »So tauschen wir die Luft aus. Hat mir Werner erklärt. Und er muss es wissen, er ist ziemlich klug.«

Sie bekamen den Qualm nicht ganz aus dem Zimmer, aber es roch deutlich frischer, nachdem sie wie verrückt ihre Decken geschüttelt und geschwungen hatten.

Immerhin, dachte Carola, als sie endlich wieder lag, das Licht gelöscht war und Susanne schon längst tief und fest schlief, immerhin war dies einer der lustigsten Abende meines Lebens gewesen. Nur ob Werner wirklich so klug war, wie Susanne behauptete, würde sich noch zeigen. Aber er war immerhin nicht der Schnösel, für den sie ihn zu Anfang gehalten hatte. Was mochten die nächsten Tage wohl bringen? Sie kuschelte sich in ihr Kissen und nahm sich vor, Mina einen langen Brief zu schreiben.

»Aufstehen, gnädige Fräuleins! Du lieber Himmel«, rief Nele und schnappte nach Luft. »Hatte Sie die Hottentotten über Nacht hier? Es stinkt wie in einer Absteige.«

Susanne stöhnte auf. »Wie spät ist es?«, murmelte sie, drehte sich dann um, ohne auf die Antwort zu warten, und zog sich das Kissen über den Kopf.

»Woher weißt du, wie es in einer Absteige riecht?«, fragte Carola und gähnte. Ausgeschlafen war sie nicht, aber der Gedanke an einen weiteren Tag mit der Verwandtschaft ließ sie munter werden.

»Na, das weiß ich natürlich nicht. Aber im Bahnhof riecht es morgens so – und schlimmer.« Nele lachte gezwungen. »Ihrer Tante wird das aber nicht gefallen. Sie kennen sie doch«, meinte sie vorwurfsvoll.

»Ich weiß.« Carola streckte sich und schaute zu Susanne, die sich aber nicht rührte. »Was sollen wir denn machen, außer zu lüften? Das Fenster stand schon die ganze Nacht auf.«

»Na, da werde ich mal schauen. Eine aufgekochte Essiglösung vertreibt den Gestank meistens recht schnell. Aber ob die Mamsell da mitspielt?«

»Ich frag sie.« Carola sprang aus dem Bett und nahm sich ihren Morgenmantel.

Schnell huschte sie durch den Flur bis zu den Wirtschaftszimmern. Dort waren die Badekammer mit der Zinkwanne und daneben der Abort. Auf der anderen Seite waren die Küche, die Speisekammer und das Gesindezimmer. Nele und die Mamsell hatten ihre Schlafkammern unter dem Dach in der Mansarde. Jeden Morgen kamen sie in der Früh über die Hintertreppe in die Wohnung, entfachten Herd und Öfen, heizten das Wasser auf und füllten die Krüge. Dann wurde das Frühstück bereitet und allerlei anderes gemacht. Immer ging es betriebsam in den Wirtschaftsräumen zu, auch zu den Zeiten, als Tantchen wie eine Schnecke in ihrem Haus lebte und nur wenige Kontakte pflegte. Wäsche musste trotzdem gewaschen, Essen gekocht werden. Die große Wohnung musste sauber gehalten, die Vorräte ergänzt werden. Und außerdem hatten sie Holz und Kohlen aus dem Keller zu holen – oft mehrmals am Tag. Zum Glück gab es schon fließendes Wasser in der Küche.

»Guten Morgen, gnädiges Fräulein«, sagte die Mamsell, die so breit wie hoch zu sein schien. »Schon so früh munter?«

»Oh, Mamsell, es duftet mal wieder köstlich.« Carola ging zum großen Küchentisch, der in der Mitte des Raumes stand. Dort dampften frischgebackene Brötchen, und in der Pfanne auf dem Herd brutzelte der Speck.

»Finger weg«, ermahnte die Mamsell, gab Carola dann aber doch eines der süßen Brötchen.

»Mit Rosinen, so lecker.« Carola biss genießerisch hinein.

»Du bist nicht hier, um meine Backkunst zu loben. Also, was soll ich machen?«, fragte die Mamsell streng.

»Nun«, druckste Carola, »es war so … der Werner, also unser Gast, der Herr Ansing und seine Schwester … also, die mussten gestern Abend noch etwas besprechen und … nun ja, sie haben das auch gemacht …«

»Komm auf den Punkt, Fräulein. Was haben sie angestellt, und was muss ich jetzt wieder geradebiegen, damit es die Tante nicht bemerkt?«

Carola grinste erleichtert. »Sie haben im Schlafzimmer geraucht.«

»Grundgütiger«, seufzte die Mamsell. »Und jetzt stinkt es wie in einer Absteige, und ich soll es richten? Da hilft nur kochendes Essigwasser.«

»Danke. Oh, danke. Mamsell, das ist wirklich wunderbar!«

»Falls«, sagte die Mamsell und zog die Augenbrauen zusammen, »die beiden an den nächsten Abenden wieder etwas zu besprechen haben und dabei rauchen, sollten sie hier auf den Küchenbalkon gehen.« Sie räusperte sich. »Wobei ich es nicht gern sehe, wenn jemand meine Küche betritt, wenn ich nicht da bin.«

»Das verstehe ich. Ich werde aufpassen, dass sie nichts anrühren. Danke noch mal.«

Das Essigwasser tat seine Dienste, denn Tante Thilde reagierte so allergisch darauf, dass ihre Nase lief und die Augen tränten – sie roch den Qualm nicht, schimpfte aber mit der Mamsell. Carola fühlte sich schuldig, aber Werner und Susanne lachten nur darüber.

»Das ist doch ein Spiel, das sie spielen, Angestellte und Herrschaft. Zumindest in unseren Kreisen«, sagte Werner.

Die Tante hatte von dem Gestank Kopfschmerzen bekommen und musste ruhen. Carola fuhr mit den Gästen zum Stadtwald. Dort spazierten sie nun um den Weiher.

»Ein Spiel?«, fragte Carola nachdenklich. »Wieso ein Spiel?«

»Wir brauchen die Bediensteten, oder kannst du dir vorstellen, dass deine Tante Frühstück macht und Betten bezieht? Würdest du es können? Würdest du ein Essen kochen können?«

Carola schüttelte den Kopf. »Nein, ich glaube nicht. Aber ich könnte es lernen, wenn ich müsste. Meine Großmutter kocht jeden Tag für die Familie. Sie hat keine Mamsell.«

»Was?«, fragte Susanne ungläubig. »Wie macht sie das denn?«

»Eine Mamsell haben nur zwei meiner Tanten. Mein Onkel hat

wohl auch eine, das weiß ich aber nicht so genau. Meine Mutter hatte eine Köchin und eine Hilfe für das Grobe, aber mehr auch nicht. Sie hat oft in der Küche gestanden und viel im Haushalt gemacht.«

»Du hast doch vier Geschwister, wie hat deine Mutter das denn geschafft? Das klingt ja grauenvoll.« Susanne blieb stehen. »Das kann ich mir gar nicht vorstellen.«

»Susi, die meisten Arbeiterfamilien haben einen Stall voller Kinder und sicherlich keine Köchin. Da muss die Mutter eben sehen, wie sie kocht, wäscht und putzt«, sagte Werner und klang plötzlich sehr ernst. »Wir haben eine privilegierte Stellung durch unsere Familie, aber das ist doch eher die Ausnahme. Schau dir die Wohnung von Tantchen an – sie ist riesig, dafür, dass nur zwei Personen dort wohnen. Es gibt zwei Schlafzimmer, ein Gästezimmer, eine Bibliothek, einen Salon und ein Esszimmer. Und dann noch die Wirtschaftsräume. Die meisten unserer Arbeiter haben eine Wohnung, die so groß ist wie der Salon von Tantchen. Und darin leben sie zu acht oder neunt.«

»Das kann ich mir nicht vorstellen«, sagte Susanne.

»Aber warum ist es denn ein Spiel?«, hakte Carola nach. »Das mit den Angestellten und der Herrschaft?«

»Deine Tante regt sich auf, aber sie würde der Mamsell bestimmt nicht kündigen«, sagte Werner lachend.

»Da wäre ich mir nicht so sicher«, sagte Carola nachdenklich. »Schließlich gibt es genügend andere, die die Arbeit machen könnten. Tantchen sitzt am längeren Hebel.«

»Natürlich, da hast du recht. Bedienstete sind austauschbar. Aber echte Perlen, und dazu zählt eure Mamsell, bleiben oft in der Familie. Manchmal sogar, wenn sie gar nicht mehr arbeiten können. Sie bekommen dann ein Gnadenbrot.«

»Nicht von Mutter«, sagte Susanne leise und verzog das Gesicht. »Gnade gehört nicht gerade zu ihren Kompetenzen.«

»Womit du mal wieder recht hast«, murmelte Werner.

Weshalb die Geschwister nach Krefeld geschickt worden waren und was es mit der Mutter auf sich hatte, erzählten die beiden jedoch immer noch nicht.

Ich werde es schon noch erfahren, dachte Carola. Irgendwann werden sie es mir ja erzählen.

Das Festmahl

In den nächsten beiden Tagen ging es hoch her in der Wohnung am Alexanderplatz. Das Festessen musste vorbereitet werden. Die Mamsell und Tante Thilde besprachen das Menü, änderten es ab, besprachen es neu.

»Das Eis, es ist wichtig, dass es wirklich cremig wird«, mahnte die Tante.

»Es ist nicht das erste Mal, dass ich ein Eis rühre«, sagte die Mamsell und schnaufte.

»Wie viele Eigelb nehmen Sie?«

»Ich denke, zwölf werden reichen, auf einen Liter Milch und einen Viertelliter Sahne.«

Tante Thilde nickte zufrieden.

»Ich habe heute das Fleisch bekommen«, sagte die Mamsell nun und schüttelte den Kopf. »Die Kalbsbäckchen gefallen mir nicht. Das habe ich dem Fleischer auch schon gesagt. Ich möchte sie zurückschicken.«

»Ach du lieber Himmel!« Die Tante schlug die Hände zusammen. »Was ist denn mit den Bäckchen?«

»Wollen Sie sie sehen, Gnädigste? Ich habe das Gefühl, sie sind sehr abgehangen … da hilft auch keine Buttermilch mehr.«

In der Vorratskammer, die neben der Küche an der Nordseite des Hauses war, stand ein kleinerer Eisschrank. Im Kriechkeller gab es noch einen gefliesten Raum, aus dem Nele im Sommer alle drei Tage zwei Stücke Stangeneis holen musste, um den Schrank neu zu befüllen. Das Eis legte sie in die beiden Zinkwannen oben im Schrank, aus denen das Tauwasser über einen Ablauf in einen Eimer tropfte.

Das Kühlfach war ebenfalls mit Zink ausgeschlagen und die Wände und der Boden mit Stroh und Torf isoliert.

Im Keller lagerten etwas größere Mengen verderbliche Lebensmittel, wie Fleisch, Fisch oder Butter.

»Die Bäckchen habe ich gleich hier oben gelassen«, erklärte die Mamsell. »Ich dachte, Sie sollten sie sich anschauen. Der Braten riecht vorzüglich, der scheint von einem anderen Rindvieh zu stammen.« Sie unterdrückte ein Grinsen. »Die Bäckchen aber stinken.« Sie öffnete den Schrank, und sofort kam ihnen der beißende Geruch verdorbenen Fleisches entgegen. »Der Fleischer wollte mir allen Ernstes weismachen, dass die Kalbsbäckchen gut seien und so riechen müssten.« Wieder schnaubte sie.

»Unglaublich!« Die Tante stemmte die Hände in die Hüften. »Na warte, der wird was erleben. Packen Sie mir das ein, Mamsell!«

»Und dann?«

»Dann werde ich dem Fleischer einen Besuch abstatten und ihm die Bäckchen um die Wangen hauen. Was glaubt er, wer ich bin? Eine Greisin ohne Geruchssinn?«

»Ich will mit«, sagte Carola, die in der Küche gesessen und das Gespräch mit angehört hatte.

»Du kümmerst dich bitte um unsere Gäste. Wo sind die überhaupt?«

»Sie schlafen noch.« Carola biss sich auf die Lippe. Inzwischen wusste sie, dass die beiden gern die Nacht zum Tage machten und dafür bis in die Puppen schliefen. Da es kein Nachtleben in Krefeld gab, setzten sie sich auf den Küchenbalkon, rauchten, tranken Likör oder Wein, redeten und spielten Karten. Carola saß meist ein paar Stunden dabei, aber dann fielen ihr die Augen zu.

Da Tante Mathilde morgens entweder in die Kirche zur Andacht ging oder selbst länger liegen blieb, weil sie sich nicht wohl fühlte, gab es eine Art Frühstücksbuffet und keinen festen Zeitpunkt, um die erste Mahlzeit gemeinsam einzunehmen. Carola hatte bis vor wenigen Wochen noch die höhere Schule besucht und war es deshalb gewöhnt, früh aufzustehen. Sie hatte Nele gebeten, sie weiterhin zu wecken, denn sie mochte nicht den halben Tag verschlafen.

»Sie schlafen immer noch?«, fragte Tante Mathilde und schaute skeptisch zur Uhr, die auf der Anrichte stand. »Herrje, hat Laetitia denn so seltsame Sitten? Oder frühstücken sie generell nicht? Das soll es geben. Wir hatten mal einen Missionar aus Afrika zu Gast, der schwor darauf, dass es ungesund sei, vor zwölf Uhr etwas zu sich zu nehmen, außer Tee. Aber danach hat er in sich hineingeschaufelt, als gäbe es kein Morgen mehr.« Sie seufzte. »Nun, die beiden sind Gäste. Sollen sie schlafen.«

»Dann kann ich doch mit«, bat Carola.

»Nein, du bleibst hier. Irgendwann werden sie ja aufstehen. Aber Mamsell, Sie kommen mit«, sagte die Tante entschieden.

»Oh ja«, sagte die Mamsell, legte eilig ihre Schürze und ihre Haube ab, nahm Hut und Tuch. »Sehr wohl.«

»Wir lassen uns doch so einen Schund nicht andrehen«, sagte Tante Mathilde entrüstet, als sie gemeinsam die Wohnung verließen.

»Aber auf keinen Fall, Gnädigste. Wir nicht!«, fügte die Mamsell hinzu. »Da hat er mir doch gesagt, dass Sie die Bäckchen besonders gut abgehangen wollten. Abgehangen ja, aber doch nicht verdorben. Mürbe kann ich sie auch schmoren.«

Die Tür schloss sich hinter ihnen, und Carola ging grinsend zurück in die Küche, wo Nele alle Fenster weit aufriss.

»Was für ein Gestank«, lamentierte sie. »Das ist ja ekelig. Und jetzt ist auch noch die Mamsell weggegangen.« Sie wedelte aufgebracht mit den Händen. »Und ich muss alles allein machen.«

»Was musst du denn machen?«, fragte Carola.

»Die Kartoffeln müssen geschält, gekocht und gedämpft werden. Ich muss den Fisch putzen, den es heute Mittag geben soll. Dann muss ich den Salat waschen und auslesen. Zudem muss ich schauen, ob die Herrschaft aufsteht. Wenn sie aufsteht, muss ich frischen Kaffee oder Tee aufbrühen, Eier kochen, denn die von heute Morgen sind jetzt kalt. Der Gnädigste will Rührei mit Speck statt gekochter Eier, die wiederum will die junge Gnädigste. Und dann«, sie seufzte theatralisch, »muss natürlich der Eisschrank mit Essigwasser ausgewaschen werden.«

»Ich helfe dir«, sagte Carola. »Was soll ich tun?«

»Ich bin noch nicht fertig«, sagte Nele und spitzte die Lippen. »Dazu kommen ja noch meine anderen Aufgaben – Betten machen, das Feuer schüren, Kohle und Holz hochholen, kehren und abstauben. Das schaffe ich alles nicht«, jammerte sie. »Und dann ist das Spülmädchen heute nicht gekommen.«

In diesem Moment klopfte es an der Hintertür, und Werner öffnete seine Zimmertür. Carola schaute den Flur entlang nach links, zur Hintertür, dann nach rechts und sah Werner. Er schien sie nicht zu sehen, seine Augen wirkten verquollen, die Haare standen zu allen Seiten hin ab, und er war natürlich unrasiert.

»Mädchen, ich will ein Bad«, rief er. »Ist das Wasser heiß?«

»Gleich, gnädiger Herr«, rief Nele und fluchte dann kaum hörbar. »Herrschaftszeiten, ich glaub, mich tritt ein Pferd.« Sie hastete zur Hintertür.

»Es tut mir so leid«, sagte ein dralles Mädchen. »Ich komme wohl zu spät.« Sie kicherte. »Konnte nicht früher weg.«

»Zwei Stunden zu spät«, schimpfte Nele. »Los, lauf, heiz den Badeofen an.«

»Cousin Werner, guten Morgen«, sagte Carola, eilte auf ihn zu und nahm ihn beim Arm. »Möchtest du nicht erst einen Kaffee haben? Oder Frühstück?« Sie blickte über ihre Schulter zu Nele und zwinkerte ihr zu.

»Ich kann doch so nicht …« Er sah unsicher an sich herab, strich sich dann über das Kinn.

»Na ja«, sagte Carola lächelnd und flüsterte ihm zu: »In dem Aufzug sitzt du auch nachts auf dem Balkon. Bei Tageslicht sieht es nicht so viel anders aus. Rasieren kannst du dich immer noch. Nun komm erst einmal ins Esszimmer.«

»Und das Tantchen? Sie sollte mich nicht so sehen. Ich brauche dringend ein Bad.«

Das stimmt, dachte Carola, sagte es aber nicht.

»Tantchen ist mit der Mamsell zum Fleischer gegangen. Der hat ihr nämlich verdorbenes Fleisch geliefert. Kannst du dir das vorstellen? Deshalb ist hier heute Morgen auch alles durcheinander.«

»Durcheinander?« Werner sah sie verdutzt an.

»Ja, natürlich. Mamsell ist nicht da, und Nele, das Mädchen, muss alles allein machen, das arme Kind.« Sie schlug die Augen mitleidheischend auf. »Und natürlich muss der Eisschrank erst einmal gründlich gesäubert werden.«

»Natürlich«, sagte Werner verwirrt.

»Ich bin froh, dass du so viel Verständnis hast, lieber Werner.«

»Verständnis?« Er runzelte die Stirn.

»Ja, für diese chaotischen Verhältnisse heute Morgen. So ist es ja wahrlich nicht immer. Möchtest du also noch Kaffee? Er steht drüben auf dem Wärmer, allerdings ist er nicht mehr wirklich warm. Wir haben ja auch schon vor Stunden gefrühstückt«, plapperte Carola weiter und zog ihn mit sich ins Esszimmer. »Aber wir haben noch gekochte Eier. Ich weiß, du magst frisches Rührei lieber, aber sieh es sportlich – wie eine Art … nun ja – Picknick.« Carola lachte.

»Du weißt, dass ich lieber Rührei mag?«

»Ja, natürlich. Und am liebsten knusprigen Speck dazu.«

»Wir haben doch noch nie gemeinsam gefrühstückt?«, sagte er erstaunt. »Woher weißt du das dann?«

»Eine Frau weiß so etwas.« Carola zwinkerte ihm zu. »Und jetzt machen wir ein Picknick, ja? So lange zumindest, bis das Badewasser heiß ist.«

»Na gut.« Werner grinste. »Du bist gar nicht so bieder, wie ich anfangs meinte.«

Und du nicht so ein Schnösel, wie ich befürchtet habe, dachte Carola zufrieden.

Als Werner in der Wanne lag, Susanne ein Stück Brot aß und lauwarmen Kaffee trank, das Mädchen das Geschirr abwusch und Nele das Eisfach säuberte, kamen Tante Mathilde und die Mamsell zufrieden zurück.

»Und?«, fragte Carola. »Hat er euch das Fleisch eingetauscht?«

»Das hat er!«, sagte die Mamsell und hob den Korb hoch, schwenkte ihn hin und her. »Da stinkt nichts.«

»Außerdem hat er uns noch einen Ochsenschwanz als Entschädigung gegeben«, sagte die Tante und nickte grimmig. »Jetzt können wir heute Abend eine gute, kräftige Suppe essen.«

»Und ein Ragout«, fügte die Mamsell hinzu.

Nachmittags legte sich die Tante für eine Stunde hin. Die Gäste spielten Karten auf dem vorderen Balkon, und Carola ging in die Küche, wo es hektisch zuging.

Die Mamsell wischte sich mit dem Unterarm den Schweiß von der Stirn. »Schneller, Nele«, rief sie und klang wütend. »So werden wir nie fertig. Wir müssen noch dies und das für Samstag vorbereiten. Das ist schon morgen, falls du es vergessen hast.«

»Ja, Mamsell«, sagte Nele leise. »Ich mach ja schon, aber hexen kann ich auch nicht.«

»Kann ich helfen?«, fragte Carola.

»Gnädigste? Sie waren schon Hilfe genug. Nele hat mir alles erzählt.« Die Mamsell nickte heftig.

»Alles? Was alles?«

»Wie Sie die Gäste im Zaum gehalten haben. Sonst hätte es das Mädchen auch nicht geschafft. Ist auch kaum zu schaffen für uns zwei.«

»Ja«, sagte Carola nachdenklich. »Das sehe ich auch so. Haben Sie denn morgen mehr Hilfe?«

»Zum Glück«, schnaufte die Mamsell. »Es kommen noch zwei weitere und Effi, das Spülmädchen.« Sie schaute zu der Drallen am Waschtisch. »Morgen bist du aber pünktlich, Effi, sonst ziehe ich dir was vom Lohn ab!«

»Jawohl, Mamsell«, sagte Effi. »Ganz sicher.«

»Was muss denn noch gemacht werden?«, wollte Carola wissen.

»Alles«, seufzte Nele. »Wir müssen heute noch den Suppenfond für morgen kochen, die Suppe für heute Abend, das Ragout auch für heute. Der Braten muss noch mariniert werden. Kartoffeln müssen wir kochen und pellen und durch die Presse drücken.«

»Das Brot müssen wir noch backen«, zählte die Mamsell weiter auf. »Das Gemüse so weit vorbereiten, dass es morgen nur noch auf den Herd muss. Ich habe Flusskrebse, die wir zu einem Fond verarbeiten müssen, den Teig für die Krebsnasen können wir auch schon heute machen. Eier müssen gekocht und der Pastetenteig vorbereitet werden. Außerdem müssen wir noch die Gläser und das Silber polieren. Aber das kann Effi machen.«

Das Mädchen zuckte zusammen.

»Wir haben schon das Weißsauer angesetzt und werden gleich noch die Eier in Aspik machen«, fügte Nele hinzu.

»Und die beiden Puddings, die machen wir auch schon heute.« Die Mamsell nickte eifrig. »Kuchen habe ich schon gebacken.«

Carola lächelte. »Ach deshalb duftet es so gut.«

»Die sind für morgen«, sagte die Mamsell streng.

»Kann ich denn noch helfen?«

»Wollen die Gäste frische Limonade? Dann könntet ihr die mitnehmen und Gläser auch.« Mamsell seufzte laut. »Und schön wäre es, wenn es keine weiteren und besonderen Wünsche gäbe.«

»Oh, ich könnte mit den beiden nach Düsseldorf fahren und auch dort mit ihnen essen gehen«, schlug Carola vor.

»Das wäre traumhaft«, murmelte Nele kaum hörbar. »Weniger zu kochen, weniger Geschirr, weniger Arbeit.«

»Nele! Also wirklich. Als ob wir mit einem kleinen Essen nicht fertig werden würden. Früher habe ich für viel größere Gesellschaften gekocht. Und das ohne Probleme und mit mehr Gängen.« Die Mamsell schüttelte entrüstet den Kopf.

»Es wäre doch trotzdem eine Idee. Ich glaube nämlich, die beiden langweilen sich hier.« Carola überlegte. »Aber erst einmal bringe ich ihnen Limonade. Ist sie im Vorratsraum?«

»Der Krug steht im Eisfach. Ich habe sie vorhin frisch gemacht«, meinte Mamsell.

Carola ging in die Vorratskammer. Es roch intensiv nach dem Essigwasser, mit dem Nele den Eisschrank am Morgen ausgewaschen hatte. Die Kammer schien bis oben hin vollgestopft zu sein. Hier war es deutlich kühler als in der Küche, in der der Ofen ständig angeheizt wurde. Würste hingen an Haken von der Decke, auf dem Regal standen Laden mit Eiern. Darunter lagerte das frische Gemüse in Kisten. Neben dem Eisschrank stand ein Bottich. Carola zuckte erschrocken zurück, als sich etwas darin bewegte.

»Igitt, was ist das?«, rief sie entsetzt.

Nele eilte zu ihr und fing dann schallend an zu lachen. »Das sind die Hummer für morgen. Sie sind heute Mittag frisch mit der Bahn geliefert worden.«

»Aber die bewegen sich«, stammelte Carola.

»Natürlich. Sie leben ja auch noch.« Nele beugte sich, öffnete den Eisschrank und nahm den Krug mit der gekühlten Limonade heraus. »Bitte sehr.« Dann eilte sie zurück in die Küche.

»Nun los«, hörte Carola die Mamsell schimpfen. »Schließlich müssen wir fertig werden. Effi, hast du immer noch nicht die Töpfe gespült? Nun mach hinne, das kann doch nicht so lange dauern.«

»Düsseldorf«, sagte Werner und streckte die Beine aus. »Das klingt sehr verlockend.«

»Ach, ich weiß nicht«, meinte Susanne und gähnte. »Können wir das nicht nächste Woche machen? Ich wollte eigentlich heute Abend meine Garderobe durchsehen und schauen, was ich morgen anziehe. Wie viele Personen werden wir sein? Und wer kommt noch mal? Das ist Verwandtschaft, nicht wahr?«

»Tantchens Bruder – Onkel Alfred kommt mit seiner Familie«, sagte Carola.

»Und wie groß ist die Familie?«, wollte Werner amüsiert wissen.

»Nun, seine Frau Agathe natürlich und dann die beiden Töchter mit ihren Männern, und ich glaube, auch zwei der Enkel kommen. Die Enkel müssten in unserem Alter sein.«

»Jungs?« Susanne wirkte sofort munterer. »Nette Jungs?«

Carola lachte. »Ich weiß nicht, ob du Wilhelm und Hermann als nett bezeichnen würdest. Ich finde sie sehr angenehm. Sie sind höflich und freundlich, vielleicht ein bisschen langweilig.«

»Wie das so ist in der Provinz«, sagte Werner und lächelte gutmütig.

Doch seine Äußerung fuchste Carola. Nicht alles musste immer aufregend sein. Und nicht alles, was in einer Kleinstadt stattfand, war schlecht.

»Alfred leitet eine Weberei, und seine Söhne werden sie übernehmen. Auch die Enkel werden jetzt schon in den Familienbetrieb eingeführt. Sie haben somit eine sichere Zukunft, deren Grundstock ihre Vorväter vor Generationen gelegt haben. Das kann nicht jeder von sich behaupten.« Sie schluckte, und es ärgerte sie, dass sie vor Wut rot wurde.

»Was wirst du tun, um deinen Lebensunterhalt zu bestreiten?«

»Ich?« Werner zog amüsiert die Augenbrauen hoch. »Ich habe ein Erbe, das ich verprassen kann. Und dann werde ich irgendeine Stellung im Handelsunternehmen der Familie antreten.«

»Siehst du, auch du kannst dich auf das verlassen, was deine Familie geschaffen hat. Aber es muss auch Unternehmen in der Provinz – wie du es nennst – geben. Nicht jeder kann in Hamburg leben.«

»Du hast ja recht«, meinte er gutmütig.

»Meine Schwestern in Australien werden einen Beruf ergreifen müssen. So wie auch meine Tanten arbeiten. Und ich werde demnächst im Spital meines Ziehvaters anfangen, sobald wir nach Hamburg zurückkehren.«

»Du wirst … arbeiten?«, fragte Susanne verblüfft.

»Ja«, sagte Carola. »Du nicht?«

»Gott bewahre. Mutter würde sich umbringen.« Susanne kicherte.

»Was gar keine schlechte Lösung wäre«, murmelte Werner.

»Aber was wirst du dann tun?«, fragte Carola die Cousine.

»Ich werde mich hoffentlich sehr lange amüsieren, bis ich dann schließlich jemanden heirate. Das ist meine Bestimmung – zu heiraten und Kinder zu kriegen. Das ist doch auch deine Bestimmung, nicht wahr?«

»Das weiß ich nicht. Ich werde nur dann heiraten, wenn ich jemanden treffe, den ich wirklich und wahrhaftig lieben kann«, sagte Carola leise. »So wie meine Mutter meinen Vater geliebt hat. Obwohl er ein Trottel und ein Nichtsnutz ist.«

»Oha«, meinte Werner. »Du hast keine gute Meinung von deinem alten Herrn.«

»Nein.«

»Und warum?«, fragte Susanne neugierig.

Doch Carola senkte den Kopf. Darüber wollte sie nun wirklich nicht reden.

»Kannst du eigentlich Schafskopf spielen?«, fragte Werner aus heiterem Himmel, holte das Kartenspiel hervor und mischte geschickt.

»Nein«, sagte Carola, die dankbar für den Themenwechsel war. »Aber ich würde es gern lernen. Ich fürchte nur, Tantchen wird es missbilligen.«

»Tantchen ruht.« Werner grinste und zwinkerte ihr zu. »Ich erkläre es dir. Also …«

Sie verbrachten den Nachmittag auf dem Balkon, selbst Tante Mathilde gesellte sich zu ihnen und spielte ein paar Runden Whist.

An diesem Abend blieben sie nicht so lange auf, nur in der Küche herrschte noch bis tief in die Nacht Betriebsamkeit. Dort wurde Teig gerührt und geknetet, Fond gekocht und Gläser poliert. Was mit den Hummern passierte, wollte Carola gar nicht so genau wissen.

Der Samstag war sonnig und warm, deshalb beschloss Tante Mathilde, dass sie nach Uerdingen zum Rhein fahren würden.

»Dort können wir auch einen kleinen Imbiss einnehmen«, sagte sie zur Mamsell. »Dann haben Sie mittags keine Last mit uns.«

»Aber das Essen ist schon gekocht«, murmelte Nele empört.

»Sei still«, zischte die Mamsell ihr zu, doch Carola hörte es dennoch. »Das können wir doch essen. Und den Rest kochen wir ein. Immerhin haben wir kein Geschirr und auch keine weitere Arbeit mit ihnen heute Mittag. Und jetzt schlag die Eier auf. Schlagen, schlagen, schlagen – es muss eine Creme entstehen, kein Brei.«

»Ja doch«, sagte Nele. »Ich schlage ja. Und wie ich schlage.«

»Achten, du musst Achten schlagen, Mädchen.«

Grinsend schloss Carola die Tür hinter sich.

Rückkehr nach Hamburg

Das Festmahl war ein voller Erfolg.

»Liebste Mina«, schrieb Carola ihrer Schwester später. *»unsere Mamsell und das Mädchen haben sich förmlich überschlagen. Alles war so lecker und so schön angerichtet. Obwohl es eine elende Arbeit gewesen sein musste, spürte man, wie stolz die Mamsell war. Und das zu Recht. Nur unsere Gäste wussten das nicht wirklich zu würdigen. Onkel Alfred, der Bruder von Vater und Tantchen, und seine Frau haben nur winzige Bisschen genommen, als ob sie fürchteten, vergiftet zu werden. Auch unsere Cousinen haben sich sehr zurückgehalten. Immerzu haben sie der Tante erklärt, wie protzig das doch sei und welche Verschwendung. Ein Eintopf oder ein einfacher Braten hätten es doch auch getan. Man hat Tantchen angesehen, wie sehr es sie verärgert hat. Cousine Susanne und Cousin Werner hat das alles nicht beeindruckt. Sie langten zu und lobten die Mamsell. Ich hätte beide küssen können. Aber der Hummer war auch so köstlich und zart – so etwas kannst du dir nicht vorstellen. Vorher hatte ich noch gedacht, dass ich nie im Leben einen Bissen davon herunterbekommen würde, schließlich sind die Tiere kurz davor noch in der Speisekammer herumgekrochen. Aber dann habe ich mich doch überwunden und es nicht bereut.*

Werner verlässt uns leider schon bald. Er meint, er müsse seine Mutter unterstützen, aber das glaube ich ihm nicht so recht. Es ist ihm hier zu langweilig, obwohl wir inzwischen zweimal in Düsseldorf waren und morgen eine Tanzveranstaltung besuchen dürfen. Tantchen ist wie ausgewechselt, wieder viel lebhafter und fröhlicher. Sie plant, schon bald nach Hamburg zurückzukehren und ihre Arbeit am Spital wiederaufzunehmen. Doch erst einmal wird Susanne noch den Sommer bei uns in Krefeld verbringen.

Meine liebste Mina,

ich muss immer darüber nachdenken, ob wir wohl auch so viel Spaß zusammen hätten, wie Susanne und ich im Moment haben. Ich denke schon, denn du und ich, wir sind schließlich Schwestern.

Vielleicht finde ich es auch einfach nur so schön, endlich einmal jemanden bei mir zu haben, weil mir das so lange fremd war.

Diese Abende zusammen in der Dämmerung, wenn Susanne und ich uns stundenlang etwas erzählen – so etwas habe ich mir immer und immer gewünscht. Wir lachen viel, wir lesen uns Sätze aus Büchern vor, wir studieren zusammen die Zeitung. Sie mag Rosen genauso gern wie ich. Magst du eigentlich Rosen?

Mir wird mehr und mehr klar, wie wenig ich dich doch eigentlich kenne. Was ist deine Lieblingsfarbe? Dein Lieblingsgericht? Welche Blumen magst du?

Wären wir zusammen aufgewachsen, wüsste ich das alles. Aber so … nun, vielleicht magst du mir ja diese Fragen beantworten. Und hoffentlich, hoffentlich werden wir irgendwann einmal ein Zimmer und Geheimnisse teilen. Das wäre so schön.

Bevor ich diesen Brief schließe und zur Post bringe, grüße doch bitte alle anderen ganz herzlich von mir. Besonders die kleine Elsa. Und natürlich die Großeltern. Bestell Großvater, dass ich mit seinem Bruder schreibe und er uns vielleicht demnächst einmal besuchen kommt. Ich werde Großvater natürlich auch selbst noch schreiben. Gib Großmutter einen dicken Kuss von mir.

Ganz liebe Grüße
Eure Tutt.«

Carola legte die Feder beiseite und wartete darauf, dass die Tinte trocknete. Eigentlich war sie ganz beschwingt und glücklich gewesen, als sie den Brief angefangen hatte. Doch der Gedanke daran, wie weit ihre Familie doch von ihr entfernt war, machte sie traurig. Und auch die Erkenntnis, dass sie sich immer mehr voneinanderweg entwickelten.

»Na, schöne Maid«, sagte Werner neckend, der unbemerkt ins Zimmer gekommen war, »so tief in Gedanken versunken?«

»Ich habe meiner Schwester von dem Festessen berichtet«, antwortete Carola und faltete den Brief zusammen.

»Sind deine Großeltern und Geschwister auch so puritanisch wie die anderen te Kloots?« Er grinste. »Grundgütiger«, imitierte er mit hoher Stimme Tante Agathe. »Pasteten? Und Aspik? Und außerdem noch Weißsauer? Also wirklich, Mathilde, das ist viel zu viel. Und so protzig.«

Carola lachte schallend auf. »Hummer?«, sagte sie in demselben Tonfall wie er, »dekadent, dekadent, meine Guteste!«

»Das Süppchen hätte mir gereicht«, fuhr Werner fort. Dann sprach er wieder mit seiner Stimme. »Sind sie immer so?«

»Es war das erste Mal, dass ich sie bei einem festlichen Abend erlebt habe. Vielleicht war es auch das erste Mal für sie, dass sie so etwas serviert bekommen haben. Tatsächlich sind sie sehr puritanisch. Die te Kloots waren lange Mennoniten. Ich glaube, im Herzen sind sie das immer noch.«

»Aber Tante Mathilde ist doch nicht so.«

»Nein, aber das liegt vielleicht an deiner Familie und ganz bestimmt an Onkel Doktor.«

Werner grinste, aber das machte Carola nichts mehr aus. So hatte sie ihren Ziehvater nun mal all die Jahre genannt. Und inzwischen wusste sie, dass Werner zwar gern frotzelte, aber im Grunde ein herzensguter Mensch war.

»Früher, das hat Tante Mathilde mir erzählt, waren sie in Hamburg oft auf großen Gesellschaften, haben selbst auch Bälle gegeben in dem Haus am Besenbinderhof. Für mich war es das erste Mal, dass ich Hummer gegessen habe, aber für sie nicht. Für dich auch nicht«, sagte sie und lächelte, »das hat man gemerkt.«

»Woran?«

»Du hast die Augen geschlossen und den Geschmack des Schalentiers genossen. Du weißt also, wie er schmecken sollte.«

»Ich bin immer wieder erstaunt über deine gute Beobachtungsgabe«, sagte er anerkennend. »Mennoniten seid ihr also.«

»Nein, wir sind Lutheraner, genau wie ihr. Früher waren die te Kloots Mennoniten. Davon gibt es noch viele hier in Krefeld. Die von der Leyen, die das große Stadtpalais gebaut haben, waren auch Mennoniten – aber keine typischen. Sie mochten Pracht und Prunk.«

»Wie man an dem Gebäude deutlich sehen kann.«

»Stimmt«, sagte Carola. »Und das, obwohl der mennonitische Glaube eigentlich für Schlichtheit und Demut steht. Vermutlich steckt das bei einigen te Kloots noch tief in den Knochen.«

»Und dein Vater? Ist er sehr gläubig?«

Carola schüttelte den Kopf. »Das denke ich nicht. Er ist vor allem eines: verbittert.«

»Weshalb?«

»Weil sich seine Lebensträume nicht erfüllt haben. Er wollte Wein anbauen in Australien, aber er ist gescheitert. Seitdem läuft er dem Geld immer hinterher, erreicht nie etwas und zürnt dem Schicksal.« Carola verzog das Gesicht. »Mich hat er quasi verkauft.«

»Verkauft?«, fragte Werner überrascht.

»Ich sollte es nicht wissen, doch ich habe eines Abends ein Gespräch zwischen Tantchen und Onkel Doktor mit angehört.« Sie senkte den Kopf. »Natürlich haben sich die beiden immer ein Kind gewünscht und waren sehr unglücklich darüber, dass sie keine Kinder bekommen konnten, deshalb haben sie mich voller Freude und Liebe angenommen. Aber mein Vater hatte noch andere Gründe, mich nach Deutschland zu schicken. Er hoffte darauf, das Erbe eher ausgezahlt zu bekommen. Tantchen hat Geld von ihrem Vater und zweien ihrer Brüder geerbt und angelegt. Einen Teil davon fordert mein Vater für sich.«

»Zu Recht?«, wollte Werner wissen.

Carola zuckte mit den Schultern. »Das weiß ich nicht genau. Ich glaube nicht. Onkel Doktor sagte etwas davon, dass meine Tante ihm ja schon im Voraus das Erbe ausgezahlt hatte, als er nach Australien auswanderte. Davon hatte er sich die Farm gekauft. Sie haben ihm auch Geld geschickt, nach dem Tod meiner Mutter. Aber das hat ihm nicht gereicht.«

»Hast du das Gefühl, verkauft worden zu sein?«

»Tantchen und der Onkel haben mich sicherlich nicht gekauft. Sie hätten meinem Vater auch so geholfen, im Rahmen, versteht sich, und nicht in dem Ausmaß, wie er es fordert. Sie haben mich aufgenommen, um mir ein gutes Leben zu bieten und Geborgenheit. Mein Vater aber, er hat mich weggeschickt in der Hoffnung, davon finanziell zu profitieren.« Die letzten Worte spuckte sie voller Verachtung aus.

»Das tut mir leid«, sagte Werner leise und drückte ihre Hand.

Zwei Tage später verabschiedeten sie ihn. Zusammen waren sie mit der Kleinbahn nach Düsseldorf gefahren, von wo er in den Zug nach Hamburg stieg.

»Bis bald, Cousinchen«, rief er ihr aus dem geöffneten Zugfenster zu und winkte. »Ich hoffe, wir sehen uns wieder.«

Carola verspürte ein merkwürdiges Zwicken im Bauch. Erst wenige Tage kannte sie Werner, aber sie hatte ihn liebgewonnen. Auch Susanne brachte sie große Zuneigung entgegen, doch das Gefühl für Werner war irgendwie anders, stellte sie erstaunt fest. Sie freute sich auf ein Wiedersehen.

Carola genoss den Sommer mit Susanne in vollen Zügen. Oft fuhren sie an den Rhein oder mit der Kleinbahn nach Düsseldorf. Sie spielten Karten, lasen gemeinsam Bücher und gingen, begleitet von te-Kloot'-schen Cousins, ins Theater. Doch als der Herbst sich mit leuchtenden Blättern und kühlerer Luft ankündigte, wurde Susanne unruhig. Auch Tante Mathilde schien das geruhsame Leben nicht mehr zu genügen, auch wenn sie an Amüsements, wie Theaterbesuchen, nicht teilnahm. Sie korrespondierte oft mit dem Leiter des Spitals, das ihr Mann für die Armen und Ärmsten in Hamburg gegründet hatte.

»Sie brauchen mich in der Verwaltung«, sagte sie. »Wir ziehen zurück zum Besenbinderhof. Auch für dich werden wir dort eine Aufgabe finden, Carola.«

»Tante Mathilde, du willst doch nicht wirklich, dass Carola dort arbeitet?«, fragte Susanne entsetzt. »Ich werde sie in die Gesellschaft einführen. Sie sollte noch etwas vom Leben haben, bevor sie sich verheiratet. Und das wird sie ja irgendwann, schließlich ist sie schon achtzehn.«

»Heiraten?« Carola lachte. »Davon bin ich noch weit entfernt. Es gibt ja noch nicht mal einen Hauch eines Anwärters.«

»Weil du noch nicht in die Gesellschaft eingeführt wurdest, liebste Carola.« Susanne zwinkerte ihr zu. »Mach dir keine Sorgen, du siehst so hinreißend aus, es wird nicht lange dauern, und sie werden sich um dich reißen.«

»Kinder, über Heiraten und andere Themen könnt ihr euch in ein paar Jahren unterhalten, wenn ihr erwachsen seid«, sagte Tante Mathilde und verkniff sich ein Lächeln. »Also, es ist abgemacht, wir werden zurück nach Hamburg ziehen. Ich habe schon deiner Mutter geschrieben, Susanne.«

»Oh, wie wunderbar. Onkel Robert hat mir geschrieben, dass er mich unbedingt kennenlernen will«, rief Carola begeistert. »Er will uns in Hamburg besuchen kommen.«

»Das werden wir dann sehen«, sagte Tante Mathilde nachdenklich. »Er ist schließlich schon über siebzig.«

»Ich wollte ihn schon immer und immer treffen. Es wäre auch ein großer Wunsch meines Großvaters.«

»Das weiß ich, mein Kind.« Damit beendete Tante Mathilde die Unterhaltung.

Alles wurde in Kisten, Koffer und Körbe gepackt. Die Möbel sollten nach ihrem Auszug mit Laken bedeckt werden, damit sie nicht zustaubten. Und schließlich wurden die letzten Vorräte aus dem Eiskeller geholt und verbraucht.

»Haben Sie es sich überlegt, Mamsell?«, fragte die Tante, zwei Tage bevor sie abreisen würden.

»Das habe ich, gnädige Frau. Tatsächlich, wenn Sie immer noch der Meinung sind, dass Sie mich brauchen können, würde ich mitkommen nach Hamburg. Mir wurde zwar auch hier schon eine neue Stelle angeboten, aber ich war noch nie in einer Großstadt.« Ihre Wangen glühten, und sie räusperte sich. »Da wäre aber noch etwas. Meinen Sie, Sie könnten auch Nele weiterhin beschäftigen? Ich habe mich an das Mädchen gewöhnt, und sie ist sehr fleißig.«

»Ach, das hatte ich nicht zu hoffen gewagt«, sagte die Tante erleichtert. »Ich bin sehr froh, dass Sie es ansprechen, Mamsell. Sehr gern würde ich auch Nele weiter in meinen Diensten haben.«

Auch Carola freute sich, sie mochte die resolute Art der Mamsell, und Nele war ihr in den eineinhalb Jahren vertraut geworden. Es war ein wenig so, als würde man ein Stück Heimat mitnehmen.

Dann war der Tag gekommen, und die Droschke brachte sie zur Bahn. Das große Gepäck würde geliefert werden. Tante Mathilde und die beiden Mädchen reisten in der ersten Klasse. Der Mamsell und Nele hatte Mathilde Karten für die zweite Klasse gekauft, obwohl sie sonst nicht so verschwenderisch war.

»Es ist eine lange Fahrt, und sie sollen nicht in der Holzklasse reisen müssen. Die letzten Wochen mit all der Packerei waren hart, und es wird die ersten Tage in Hamburg nicht leichter werden. Schließlich müssen wir alles wieder einräumen.«

Zum Glück hatte sie jemanden beauftragt, das Haus am Besenbinderhof gründlich zu lüften und zu putzen.

Seltsam kam das schmale, aber hohe Haus Carola vor, als sie schließlich ankamen. Über ein Jahr lang waren sie nicht hier gewesen. Die Räume wirkten so viel kleiner und gedrungener als in ihrer Erinnerung. Ob das daran lag, dass die Wohnung in Krefeld so großzügig gewesen war?

Hier hatten sie das Wohnzimmer im Erdgeschoss, daneben den

Salon und das Esszimmer. Die Küche und die Wirtschaftsräume lagen eine Treppe tiefer im Souterrain. In der ersten Etage waren die Schlafzimmer und das Bad und unter dem Dach die Kammern für die Dienstboten.

Die Stadt erschien ihr entsetzlich laut und voller Menschen. Überall boten Leute Waren feil, Pferdefuhrwerke drängten sich durch die Straßen, und die Straßenbahn bimmelte. Größer, aber viel enger schien es zu sein.

»Dabei sind wir doch nur eineinhalb Jahre fort gewesen«, murmelte Carola verblüfft.

»Du wirst dich schon wieder daran gewöhnen«, sagte Tante Mathilde und begann ihren Koffer auszupacken.

Susanne war am Bahnhof von ihrem Bruder abgeholt worden, doch zu Carolas Enttäuschung holte Wilhelm, ein älterer Bruder, sie ab und nicht Werner.

»Bis bald«, sagte Susanne und drückte sie zum Abschied. »Lass dich bloß nicht zu irgendeiner Arbeit zwingen«, flüstere sie Carola zu. »Das ist nicht deine Bestimmung. Du wirst schon sehen, man kann in Hamburg viel Spaß haben.«

Was mag denn meine Bestimmung sein, überlegte Carola und winkte Susanne traurig hinterher.

Es dauerte ein paar Tage, bis sie sich wieder eingelebt hatte. Zuerst war es ungewohnt, das Zimmer nicht mehr mit jemandem zu teilen. Carola fehlten die nächtlichen Gespräche, ihr Kichern, das Gefühl, nicht allein zu sein. Doch dann genoss sie es auch. Endlich konnte sie sich so geben, wie sie war, ohne Rücksicht nehmen zu müssen.

»Da ist ein Brief für dich«, sagte Tante Mathilde, als sie aus dem Spital zurückkam. Sie ging jeden Morgen in der Frühe dorthin, kam zwei Stunden später wieder, um gemeinsam mit Carola zu frühstücken. Anschließend kümmerte sie sich um die Papiere und den Haushalt, bevor sie nach dem Mittagsmahl wieder ins Spital fuhr.

»Er ist von Onkel Robert«, sagte Carola aufgeregt. »Oh, er möchte uns im Oktober zusammen mit seiner Nichte Magdalies in Hamburg besuchen kommen. Wie wunderbar. Ich muss heute noch an Großvater schreiben.«

Tante Mathilde runzelte die Stirn. »Ach, das passt mir gar nicht. Zum einen möchte ich nicht, dass der alte Mann diese Reise auf sich nimmt. Er schrieb doch, dass er Herzprobleme habe. Zum anderen muss ich sowieso einige Besuche in Berlin machen. Ich werde ihm schreiben und ihm vorschlagen, dass wir nach Berlin kommen.«

»Wirklich? Du fährst mit mir zusammen nach Berlin?« Carola klatschte begeistert in die Hände.

»Vielleicht ist es die letzte Chance für dich, deinen Großonkel kennenzulernen.« Sie schaute zu der Fotografie ihres Mannes, die mit Trauerflor auf der Anrichte stand. »Man weiß nie, wann der Tod zuschlägt, und dein Großonkel scheint schon gebrechlich zu sein«, sagte sie leise und traurig.

»Oh, Tantchen!« Carola sprang auf und umarmte sie besorgt. »War es zu früh, um nach Hamburg zurückzukehren?«

Die Tante schüttelte den Kopf. »Nein, es war höchste Zeit, zurückzukommen. Ich hätte mich sonst in meiner Trauer verloren. Dabei werde ich doch noch gebraucht.« Sie lächelte. »Also lass mich deinem Großonkel schreiben, und dann sehen wir weiter.«

Die Schreiben gingen hin und her, dann endlich hatten sie einen Termin vereinbart. Mitte Oktober würden sie nach Berlin fahren. Nun galt es schon wieder die Koffer zu packen. Carola war so aufgeregt wie lange nicht mehr. Zur Familie ihres Großvaters hatte sie bisher nur wenig Kontakt gehabt. Sie freute sich sehr darauf, war aber auch ein wenig ängstlich. Diese Seite der Familie, die Lessings, waren alles sehr gebildete Leute. Sie waren Künstler, Schriftsteller oder in der Politik tätig. Neben ihnen kam sie sich ganz klein vor.

Die Zugfahrt von Hamburg nach Berlin dauerte nur drei Stunden. Und während der ganzen Zeit klopfte Carolas Herz wie wild.

»Dein Großonkel«, sagte Tante Mathilde nachdenklich, »hat mich gebeten, dass du ihn für einige Zeit besuchen darfst. Er möchte also, dass du länger bleibst.«

»Oh«, brachte Carola nur hervor. »Und?«

»Ich werde darüber nachdenken. Noch kenne ich ihn ja nicht und möchte mir erst ein Bild machen.«

Sie hatten sich im Hotel du Nord, Unter den Linden, eingebucht. Das Haus war groß, fast trutzig, die Räume sauber, aber schlicht. Tante Mathilde rümpfte die Nase und wies das Zimmermädchen an, Holz nachzulegen. Carola stand am Fenster und betrachtete staunend das Treiben auf der großen Allee. Eine riesige, breite Straße, in deren Mitte ein Reitweg angelegt war. Sowohl die eine als auch die andere Fahrbahn wurden in beiden Richtungen befahren.

»Wie weitläufig hier alles ist«, staunte Carola. »Ganz anders, als in Hamburg.«

»Hier residiert der Kaiser«, sagte Tante Mathilde und lächelte.

»Gnädige Frau«, sagte das Zimmermädchen leise, »eine Nachricht wurde für Sie hinterlegt.« Sie gab Tante Mathilde ein Kuvert, knickste und verließ das Zimmer.

»Es ist von deinem Großonkel. Er möchte uns morgen zum Kaffee aufsuchen. Nun gut.«

»Morgen schon?« Beide hatten gedacht, dass sie den Großonkel erst in der nächsten Woche treffen würden.

»Ja, ich werde meinen Termin mit dem Chefarzt der Charité verlegen müssen, aber das macht nichts.« Tante Mathilde tätschelte Carolas Wange.

Besuch in Berlin

Wie aufgeregt Carola war und auch wie ängstlich. Wie würde er sein, dieser Bruder ihres Großvaters? Wie würde er sie aufnehmen? In seinen Briefen hatte er sie mit dem vertraulichen Du angesprochen, das gab ihr Hoffnung. Sorgfältig kleidete sie sich an diesem Nachmittag an und ließ sich das Haar richten. Sie wollte ordentlich aussehen, nicht wie eine Wilde aus dem australischen Busch. Natürlich wusste sie, dass Großvater mit seinem Bruder korrespondierte, und somit würde dieser auch wissen, dass Sydney nicht der Busch und das Outback waren. Aber dennoch hatte sie schon viele seltsame Vorurteile erfahren, sobald jemand mitbekam, dass sie in Australien geboren worden war.

»Sei nicht aufgeregt. Es ist ein alter, siecher Mann. Erwarte dir nicht zu viel davon, Liebes«, ermahnte Tante Mathilde sie. »Er steht an der Schwelle des Todes.«

Doch der Mann, der am Nachmittag das Café des Hotels betrat, war keineswegs siechend und sah auch nicht so aus, als sei er dem Tode nahe. Die Ähnlichkeit mit Großvater fand Carola frappierend.

»Du … du musst Großonkel Carl Robert sein«, sagte sie und ging ihm entgegen.

»Das bin ich«, erwiderte er lächelnd und drückte ihre Hand – ein warmer, fester Händedruck. »Und du bist meine Großnichte Carola. Wie schön, dass wir uns endlich treffen. Ich habe so lange darauf gewartet.« Er sah über ihre Schulter zu Tante Mathilde. »Und Sie sind sicher Frau Ansing?«

»Ja.« Auch Tante Mathilde kam auf ihn zu, reichte ihm die Hand.

»Das Kind konnte kaum erwarten, Sie endlich kennenzulernen, Herr Lessing.«

Er sah sich um. »Darf ich Sie zu mir einladen? Meine Nichte Magdalies führt mir den Haushalt seit dem Tod meiner Frau.« Für einen Moment verzog er das Gesicht. »Den ich immer noch sehr betrauere. Aber auch Sie, liebe Frau Ansing, haben ja erst kürzlich einen schweren Verlust erlitten und wissen, wie schmerzlich das ist.«

»In der Tat«, murmelte Tante Mathilde.

»Nun denn, meine Nichte hat jedenfalls alles vorbereitet, und ich würde mich sehr freuen, Sie heute Abend als meine Gäste begrüßen zu dürfen.« Er sah erst Tante Mathilde an, lächelte dann Carola zu.

»Sehr gern, Herr Lessing«, sagte Tante Mathilde zu Carolas Erleichterung. »Es wird uns eine große Freude sein.«

»Und für morgen Abend würde ich sie auch gern einladen. Zuerst zu einem Dinner und anschließend in das Theater. Es wird ›Der fliegende Holländer‹ aufgeführt.«

»Theater?« Tante Mathilde griff sich unsicher an den Hals. »Ich weiß nicht, ich bin ja noch im Trauerjahr.«

»Och Tantchen!« Carola sah sie bittend an. »Eine Oper von Wagner. Bitte sag ja.«

Tante Mathilde schüttelte schwach den Kopf.

»Überlegen Sie es sich«, sagte Großonkel Robert. »Sie müssen es nicht jetzt entscheiden.« Er nickte ihnen zu. »Ich freue mich auf Ihren Besuch.«

Überrascht setzte sich Tante Mathilde wieder, nachdem er gegangen war. »Ich habe ihn mir ganz anders vorgestellt.«

»Er sieht Großvater sehr ähnlich«, sagte Carola aufgeregt. »Es ist ein wenig so, als würde ich ihn treffen. Nach all den Jahren wird er jetzt auch so aussehen.«

»Dein Onkel sieht weitaus besser und lebendiger aus, als ich gedacht habe. Hat er nicht etwas am Herzen?«

»Ja, sein Arzt hat ihm eine Herzschwäche attestiert, deshalb darf er nicht mehr wandern und bergsteigen, was ihn sehr betrübt, schrieb er mir.«

»Er sieht aus wie das blühende Leben, scheint seine Sehfähigkeit und Hörkraft nicht eingebüßt zu haben. Bemerkenswert.«

»Oh, wie aufregend, wir dürfen ihn besuchen. Ist es weit bis zur Dorotheenstraße? Dort hat er ein Haus und in Meseberg sogar einen Landsitz.« Carolas Wangen glühten vor Freude.

»Ja, Gropius hat sein Haus erbaut, und dein Onkel pflegt dort einen literarischen und kulturellen Zirkel. Du weißt, dass er der Herausgeber der ›Vossischen Zeitung‹ ist?«, fragte Tante Mathilde nun, sie klang seltsam skeptisch.

»Ja, das weiß ich alles, und seit Jahren möchte ich ihn kennenlernen. Warum haben wir das nicht vorher getan? Uns mit ihm treffen? Es ist doch gar nicht so weit von Hamburg bis nach Berlin.«

Tante Mathilde schüttelte den Kopf. »Johannes wollte es nicht. Er hatte Sorge, dass dich diese Seite der Familie beeinflussen würde. Die Avantgarde, die Künstler, die Freidenker. Musiker, Bildhauer, Schriftsteller – Lebeleute, so sah er es.«

»Und du?«, fragte Carola leise.

»Ich habe lange seine Meinung geteilt«, sagte die Tante nachdenklich. »Und dann war da natürlich auch immer die Angst, dich wieder zu verlieren.«

»Mich zu verlieren?« Carola sah sie erstaunt an.

»Carola, mein Kind, weißt du das denn nicht?«, fragte die Tante leise. »Weißt du denn nicht, was es für uns bedeutet hat, dich zu bekommen? Dich aufziehen zu dürfen? Weißt du nicht von all den Ängsten, die wir immer und immer ausgestanden haben?«

»Ängste?«

»Ja, Ängste. Ich hatte Angst, dass mein Bruder, dein Vater, der so wechselhaft ist wie das Fähnlein im Wind und nur auf eines aus ist – Geld –, dich zurückfordern würde, wenn ich ihm nicht meinen Anteil am Erbe überschriebe.« Sie seufzte. »Ich habe ihn als Erben eingesetzt, aber ihm das Geld nicht gegeben, sondern es in Anleihen gesteckt. Somit wird er, wenn ich sterbe, eine mannigfaltige Rendite haben. Und muss nicht denken, dass ich dich gekauft habe.« Sie nahm die Tasse mit dem inzwischen erkalteten Kaffee und nippte daran, verzog angewidert das Gesicht und stellte sie zurück. »Und dann natürlich die Ängste, dass deine Großeltern, die dir, das weiß ich ganz sicher, herzlich verbunden sind, dich zurückfordern würden. Schließlich ziehen sie auch deine Geschwister auf.« Sie senkte den Kopf, schwieg kurz. »Lange war ich mit mir im Zwiespalt – ist es richtig, dich hier in Deutschland, fern von deiner Familie, großzuziehen? Das war es wahrscheinlich nicht«, sagte sie dann traurig. »Aber ich liebe dich so sehr, ich mochte dich nicht mehr hergeben. Das war sehr eigensüchtig von mir und ist es noch.«

»Tantchen«, sagte Carola fast tonlos. Sie fühlte sich plötzlich unglaublich hilflos. Nie hätte sie mit einem solchen Geständnis gerechnet. Wie sollte sie nur reagieren?

»Ich konnte«, sagte die Tante und winkte der Kellnerin, »keine eigenen Kinder bekommen. Das war wirklich ein Schicksalsschlag für mich, denn ich wünschte mir Kinder zeit meines Lebens.« Sie hielt inne, zeigte auf die Karte und nickte der Bedienung zu. »Zweimal«, sagte sie und wandte sich dann wieder um. »Dann starb deine Mutter, Gott hab sie selig. Ich bin deine Patin und sah es als meine Pflicht an, meinem Bruder Unterstützung zukommen zu lassen. Er bot dich an, direkt, ich musste gar nicht fragen.«

Carola nickte. Das wusste sie, auch wenn sie den Gedanken lieber verdrängte.

»Und nach einiger Überlegung hatten wir uns entschlossen, dich aufzunehmen. Dich allein, denn deine Schwester Hermine, wollte er nicht hergeben. Ihr Pate ist mein Bruder Karl. Auch ihn hat dein Vater angeschrieben und vermutlich die Paten all deiner Geschwister, zumindest die wohlhabenden. Doch alle anderen sind mit Kindern gesegnet oder haben wenig Geld. Oder beides. Sei es drum, Du bist als Einzige nach Deutschland gekommen, und das hat mich geschmerzt, denn ich konnte sehen, wie sehr du deine Familie vermisst hast.«

»Er … er wollte uns alle verkaufen?«, fragte Carola ungläubig.

Tante Mathilde nickte. »Zumindest hat er es versucht.«

»Das ist … grausam«, flüsterte Carola. »Ich hasse ihn dafür.« Erschrocken sah sie auf. »Bitte missversteh das nicht. Du und Onkel Doktor, ihr wart die besten Zieheltern, die sich jemand nur wünschen kann. Ich habe alles gehabt, viel mehr, als meine Geschwister in Australien haben. Ich bin euch sehr dankbar. Sehr, sehr dankbar.« Sie biss sich auf die Lippe, blinzelte die Tränen weg.

»Ich weiß, Kind. Das weiß ich. Du bist ein gutes Kind, das beste, das man sich wünschen kann. Wir sind mit dir gesegnet.«

»Ich liebe dich«, sagte Carola leise. Dann stand sie auf und ging um den Tisch herum zu ihrer Tante. Die anderen Leute im Café waren ihr plötzlich egal. Sie kniete sich neben die Tante und umarmte sie. »Ich liebe dich, Muttchen. Du bist eine Mutter für mich. Nicht meine Mutter, aber dann doch wieder. Muttchen, darf ich dich ab jetzt Muttchen nennen statt Tantchen? Darf ich das?«, schluchzte sie.

»Kind …« Mehr brachte die Tante nicht hervor. Die beiden lagen sich in den Armen.

Der Ober stand auf einmal neben ihnen und räusperte sich. »Sie haben Cognac bestellt? Zwei Gläser?«

»Das ist richtig«, sagte Tante Mathilde, schnaubte in ihr Taschentuch und versuchte, sich wieder zu fassen. Auch Carola war aufgestanden und setzte sich nun in den roten Plüschsessel, dessen Farbe mit dem Teppich harmonierte.

Tante Mathilde wartete, bis der Ober gegangen war, dann deutete sie auf das eine Glas und nahm das andere. »Das können wir beide brauchen.«

»Cognac?«, fragte Carola ungläubig. Bisher hatte sie mal einen Schluck Champagner trinken dürfen und hin und wieder ein Glas Wein, aber nie Branntwein.

»Du wirst erwachsen, da beißt die Maus keinen Faden ab. Also verträgst du auch einen Cognac.« Die Tante lächelte schwach, dann hob sie das Glas, wartete, bis es Carola ihr gleichtat und trank einen Schluck.

»Uh!« Carola schüttelte sich. Dann dachte sie für einen Moment nach. »Was hat das mit Großonkel Robert zu tun?«

»Ja, das wollte ich dir noch erklären.« Tante Mathilde nickte. »Die Familie deines Großvaters ist eine sehr bekannte Familie. Wer kennt nicht *Emilia Galotti* oder *Minna von Barnhelm*? Wer kennt nicht die Vossische Zeitung heutzutage oder den romantischen Maler Carl Friederich? Du kommst aus einer sehr bekannten Familie.«

»Die Ansings sind nicht weniger bekannt.«

»Die Ansings sind Händler. Sie sind reich oder zumindest wohlhabend, aber es sind keine Kulturschaffenden. Ich glaube, das hat deinem Onkel Doktor Angst gemacht.«

»Angst?«

»Ja, Angst, nicht mithalten zu können. Sein Lebenswerk, sein ganzes Bestreben lag darin, Armen zu helfen. Ihnen eine medizinische Versorgung zuteilwerden zu lassen. Das war alles, was er wollte. Und er hatte Angst, dass er, dass wir, in deinen Augen nicht bestehen würden, wenn du zu dem avantgardistischen Teil deiner Familie, den Lessings, Kontakt hättest.« Sie trank den Rest aus dem Glas. »Und ich hatte Angst«, sagte sie leise, kaum hörbar, »dass dieser Teil der Familie deine Sehnsucht nach Australien und deine Trauer erkennen und sie deinen Großeltern mitteilen würde. Dann, da bin ich mir sicher, hätten sie dich zurückgeholt. Und das wollte ich nicht. Wie selbstsüchtig von mir.« Sie hob das Taschentuch. »Ich wollte dich nicht wieder hergeben.«

»Muttchen.« Das Wort kam Carola erstaunlich leicht über die Lippen. »Aber das ist doch nicht selbstsüchtig. Ich kann das verstehen.«

»Wirklich?«, fragte Tante Mathilde überrascht.

»Ja.« Carola nickte.

»Wir sollten jetzt auf unser Zimmer gehen und uns zurechtmachen.« Die Tante lächelte schief. »Was soll sonst dein Großonkel von uns denken? Zwei verheulte Frauen, die ihn besuchen kommen …«

»Das darf er auf keinen Fall denken.« Carola stand auf und reichte Tante Mathilde die Hand. »Komm, Muttchen, wir machen uns schick.«

Zwei Stunden später standen sie vor dem klassizistischen Bau, der tatsächlich nur eine Straße entfernt von ihrem Hotel war. Hier also wohnte Großonkel Robert. Hier gingen die Größen der kulturellen Welt Berlins ein und aus. Die Dorotheenstraße war schmaler, als die Allee Unter den Linden, aber immer noch viel breiter als die meisten Straßen in Hamburg. Auch hier gab es Bäume und einen Reitweg.

»Das ist so imposant«, flüsterte Carola.

Tante Mathilde drückte energisch auf den Klingelknopf, und fast sofort wurde die Tür geöffnet.

»Frau Ansing und Tochter?« Das Dienstmädchen lächelte und öffnete die Tür weit und ließ sie ein.

Staunend sah sich Carola um, aber dann kam schon Onkel Robert auf sie zu.

»Wie schön, dass Sie gekommen sind«, sagte er und reichte Tante Mathilde die Hand. »Mein Kind.« Er umarmte Carola herzlich. »Ach, ich muss meinem Bruder unbedingt von unserem Treffen schreiben. Er wird sich so freuen.« Dann drehte er sich um. »Und dies ist Magdalies Weinschenck, meine Nichte, die mir seit dem Tod meiner lieben Frau zum Glück den Haushalt führt. Ohne Magdalies wäre ich verloren.«

Carola starrte die Frau unverhohlen an.

Sie sah den Blick, lachte. »Habe ich etwas im Haar hängen, meine Liebe?«, fragte sie fröhlich. »Staub? Oder lebt es gar und krabbelt? Nur heraus damit!«

»Sie … Sie sehen meiner Schwester Hermine so ähnlich. Erst vor kurzem hat sie mir eine Fotografie von sich geschickt. Das ist es nur. Verzeihen Sie mir, ich wollte nicht unhöflich sein.«

»Ach, das macht doch nichts. Und es ist auch nichts Ungewöhnliches, dass sich Familienähnlichkeiten auch über Ecken und Generationen immer wieder zeigen. Wir sind miteinander verwandt. Überhaupt – wollen wir uns nicht duzen? Wir sind doch Familie. Ich bin Magdalies.« Sie streckte Carola die Hand entgegen. »Schön, dass Sie da sind«, sagte sie dann zu Tante Mathilde. »Wir haben allerdings nur eine kleine Mahlzeit vorbereitet. Suppe, Hauptgang und ein leichtes Dessert. Ich hoffe, es genügt Ihren Ansprüchen.«

»Das ist alles wunderbar«, sagte Tante Mathilde. »Wir sind ja eher schlicht.«

Der Abend war gelungen, fanden nachher die Tante und auch Carola. Sie wurden herzlich aufgenommen und fühlten sich sofort wohl.

»Ich habe es mir überlegt«, sagte Tante Mathilde zum Abschied zu Großonkel Lessing. »Ich werde morgen mit ins Theater kommen und den Wagner ansehen.«

»Das freut mich ungemein. Das freut mich sehr, wirklich!«, sagte Onkel Robert und schüttelte ihre Hand. »Morgen müssen Sie ein wenig früher kommen, ich möchte Carola die Familienbilder zeigen, wenn Sie es gestatten.«

Auf dem Heimweg schwiegen die beiden Frauen. Auch wenn sie nur eine Straße weiter mussten, hatte der Großonkel eine Droschke bestellt. Er wollte nicht, dass sie durch die Dunkelheit liefen, dabei beschienen Gasleuchten die Straßen.

Carola wie auch Tante Mathilde hingen ihren Gedanken nach.

»Macht dir der Großonkel immer noch Angst?«, wollte Carola wissen, als sie im Hotel angekommen waren.

»Nein, das tut er nicht. Ich freue mich für dich, dass du diesen Teil der Familie auch kennenlernst. Ich hätte es schon viel früher erlauben sollen und bereue es nun.« Tante Mathilde drückte Carolas Hand. »Verzeih mir.«

»Da gibt es nichts zu verzeihen. Ich bin für alles, was du für mich getan hast und tun wirst, sehr dankbar, und ich liebe dich dafür.«

Was würden die nächsten Tage bringen? Carola konnte es kaum erwarten. Dennoch schlief sie schnell ein, was sicher auch an den ungewohnten Cognacs und dem Wein, der zum Essen serviert worden war, liegen mochte. Aber sie träumte nicht von Australien so wie meistens, sondern von Werner.

Die Lessings

»Jeden Morgen, außer sonntags«, erzählte Magdalies Carola, als sie am nächsten Tag wieder in der Dorotheenstraße vorsprachen, »reitet Onkel Robert eineinhalb Stunden. Er hat hier in den Stallungen zwei Reitpferde, und zwei weitere in Meseberg.« Sie führte Carola und Tante Mathilde durch das Haus. Sogar den Dachboden zeigte sie ihnen, wo mehrere Lagen mit Äpfeln für den Winter lagerten.

»Nach seinem Ausritt kommt er nach Hause, ruht sich etwas aus. Dann nimmt er eine leichte Mahlzeit zu sich.« Sie kicherte leise. »Man sollte es nicht denken, schon gar nicht wegen seines Alters, aber Onkel Robert hat einen gesegneten Appetit.«

»Dabei ist er doch schon fünfundsiebzig. Und er reitet wirklich jeden Tag aus?«, fragte Tante Mathilde verwundert.

»Nun, Sie haben doch sicher die Reitwege in der Stadt gesehen. Jeder, der etwas auf sich hält, reitet oder flaniert Unter den Linden oder auch die Dorotheenstraße entlang.«

»Und was macht Großonkel dann?«, wollte Carola wissen.

»Von zwölf bis drei geht er in das Büro der Zeitung in der Breitenstraße. Er kann es einfach nicht lassen«, sagte sie und lachte. »Er denkt, wenn er sich nicht um die Zeitung kümmert, dann geht sie zugrunde.«

»Jeden Tag? Wirklich?«, sagte Carola erstaunt.

Tante Mathilde seufzte. »So war mein Mann auch. Jeden Tag ging er ins Spital. Und manchmal hat er auch noch selbst operiert. Er meinte, er wäre unersetzlich.« Sie seufzte. »Und er ist nur sechsundsiebzig geworden. Sicher auch, weil er sich nie geschont hat.«

Carola legte ihr tröstend die Hand auf den Arm. »Ach Muttchen«, flüsterte sie.

Tante Mathilde wischte sich über die Augen, fasste sich dann aber wieder.

»Und jetzt müssen wir schnell wieder nach unten gehen. Gotthold und Anna sind heute von einer zwölftägigen Reise wiedergekommen«, plauderte Magdalies. »Gotthold ist Onkel Roberts Sohn. Für die beiden hat Onkel Robert das Schloss in Meseberg gekauft. Allerdings hat er dort auch Wohnrecht. Dort ist es so herrlich, du musst unbedingt mit uns dorthin fahren, Carola.«

»Oh, und sein Sohn und dessen Frau sind heute auch zum Dinner hier?«, fragte Tante Mathilde.

»Natürlich. Sie machen immer einen Zwischenhalt in Berlin, wenn sie wiederkommen. Onkel Robert und Gotthold stehen sich sehr nahe. Sie werden, da bin ich mir sicher, auch mit in die Oper gehen.«

»Aber … die Mamsell ist doch sicher nicht auf so viele Besucher eingerichtet?«

»Oh doch«, lachte Magdalies, die ein heiteres Gemüt hatte. »Fast jeden Abend kommen Leute zum Dinner. Mal angemeldet, mal einfach so. Es ist nicht immer einfach, genügend Vorräte zu haben, aber wir machen das schon, die Mamsell und ich. Sie ist ein wirkliches Talent, was das Zaubern von Gerichten angeht. Eine wahre Perle.«

»Ich glaube, so ist unsere Mamsell auch«, sagte Carola verschmitzt. »Sie hat nur nicht so oft die Möglichkeit dazu, das unter Beweis zu stellen.«

»Möglicherweise kommt auch gleich Tante Emma«, sagte Magdalies und zog die Stirn kurz kraus. »Ich bin mir nicht ganz sicher, meine aber, dass sie auch mit in die Oper wollte.«

»Wer ist jetzt Tante Emma?«, fragte Carola und lachte. »Die ganzen Namen machen mich schwindelig.«

»Tante Emma ist die Schwester meiner Mutter. Und somit eine

Lessing mütterlicherseits.« Magdalies wedelte mit den Händen. »Ich blicke auch nicht immer ganz genau durch die verwandtschaftlichen Verhältnisse durch. Tante Emma ist seit drei Jahren verwitwet. Sie wohnt in der Uhlandstraße in Charlottenburg. Es ist ein großes Haus, und sie hat nun eine ganze Etage nur für sich. Sie fühlt sich oft einsam, denke ich und kommt deshalb so gern hierher.«

»Es ist aber auch ein ganz besonders schönes Haus«, lobte Carola. »Alles ist so gemütlich. Und die schönen Vasen und die Dekoration …«

»Das alles hat Onkel Roberts verstorbene Frau so eingerichtet. Und er möchte nicht, dass irgendetwas verändert wird. Ihr Zimmer«, flüsterte sie nun, »sieht immer noch so aus wie am Tag ihres Todes vor sechs Jahren. Kann man sich das vorstellen? Und in Meseberg ist es nicht anders – was sie eingerichtet hat, bleibt so. Das wird so sein, bis er stirbt, denke ich.«

Sie gingen die Treppen hinab.

»Worüber flüstert ihr denn?«, fragte lachend Großonkel Robert, der in der ersten Etage auf sie gewartet zu haben schien. »Dunkle Familiengeheimnisse?«

»Gibt es die?«, fragte Carola neugierig.

»Die gibt es in jeder Familie, mein junges Fräulein.« Großonkel Robert zwinkerte ihr zu. Dann wandte er sich an Tante Mathilde. »Darf ich Ihnen kurz Ihre Tochter entführen? Ich möchte ihr ein paar Familienfotos zeigen.«

»Aber natürlich.«

»Möchten Sie noch die Küche sehen?«, fragte Magdalies Tante Mathilde.

»Ja, das interessiert mich sehr. Und auch diese formidable Mamsell möchte ich gern kennenlernen.« Freundlich miteinander plauschend gingen die beiden die Treppe hinunter.

»Hier hinein«, sagte Großonkel Robert und fasste Carola am Ellenbogen. »Hier ist die Bibliothek.«

»Ja, Magdalies hat sie uns schon gezeigt und alles andere auch. Sogar bis auf den Dachboden waren wir.«

Großonkel Robert lachte. »So ist sie. Ohne sie wäre ich verloren. Sie ist großartig darin, diesen Haushalt zu führen, und es scheint ihr sogar Spaß zu machen. Seit sieben Jahren ist sie nun schon bei uns, sie kam, als meine liebe Frau erkrankte, und hat ihr viel abgenommen. Auch dafür bin ich dankbar.« Er blieb vor der gutgefüllten Bücherwand stehen. Natürlich waren dort auch alle Bücher von Gotthold Ephraim Lessing, Roberts Großonkel. Aber es standen dort auch viel Silberrahmen mit Fotografien. Carola hatte sie vorhin schon gesehen, aber nur einen flüchtigen Blick daraufgeworfen. Sie kannte diesen Teil der Familie ja nicht und wusste somit nichts mit den Bildern anzufangen.

Aber nun erklärte Großonkel Robert ihr, wer auf den Fotos zu sehen war und wie die verwandtschaftlichen Zusammenhänge waren.

»Dies hier«, sagte er und nahm einen Bilderrahmen und gab ihn Carola. »Die ist dein Großvater als junger Mann. Da muss er etwa zwanzig gewesen sein. Er hatte gerade sein Kapitänspatent gemacht und träumte von seiner eigenen Brigg.«

»Das ist Großvater?«, sagte Carola ungläubig.

»Ja, mein Bruder Carl Gotthold.«

Carola kicherte. »Ihr heißt alle Carl mit Vornamen. Überhaupt war man früher nicht so einfallsreich, was Namen angeht, scheint mir.«

»Du heißt doch auch Carl – Carola ist eine weibliche Form des Namens.«

»Das stimmt, daran habe ich bisher überhaupt noch nicht gedacht.« Carola biss sich auf die Lippen.

»Sondern?«, fragte Großonkel Robert leise. »Du verbindest etwas anderes mit deinem Namen?«

»Ja.« Carola nickte. »Weißt du, wir hatten eine Aborigine als Dienstmädchen, Darri heißt sie, sie hatte eine enge Verbindung zu meiner

Mutter. Darri war dabei, als ich geboren wurde. Sie gab mir einen Namen in ihrer Sprache: Cardina nannte sie mich. Das bedeutet Sonnenaufgang, denn das war die Stunde, in der ich geboren wurde. Meiner Mutter gefiel der Name, meinem Vater nicht, aber sie haben einen Kompromiss gesucht, und somit heiße ich Carola.«

»Das ist eine wirklich schöne Geschichte«, sagte Großonkel Robert nachdenklich. »Man spürt, dass du Australien vermisst.«

»Jetzt ist Deutschland meine Heimat.« Carola straffte die Schultern. »Und ich bin auch sehr dankbar dafür.« Sie nahm wieder die Fotografie ihres Großvaters zur Hand. »Unglaublich, dass das Großvater sein soll. Ich habe ihn ganz anders in Erinnerung. Auch die Fotos, die ich von ihm habe, zeigen einen ganz anderen Mann.«

Großonkel Robert lachte. »Zwischen den Fotos liegt ja auch ein ganzes Leben. Schau, das bin ich als junger Mann.« Er nahm einen anderen Rahmen aus dem Regal und reicht ihn Carola.

»Oh.« Carola kicherte. »Das bist nicht wirklich du!«

»Doch. Natürlich. Vor einem ganzen Leben sah ich so aus. Ich war naiv und unwissend und stand allem skeptisch gegenüber. Dein Großvater hatte es schwerer als ich, das muss ich wohl sagen. Er war in der Schule nur durchschnittlich, was aber nicht wirklich an ihm lag, sondern auch an den Lehrern. Und unser Vater wollte unbedingt einen Sohn in der englischen Marine haben, aber das hat nicht geklappt.«

»Warum nicht?«

»Weil die Marine keine Ausländer annahm. Mein Vater steckte Carl Gotthold dann kurzerhand als Schiffsjungen auf eine Brigg. Aber dein Großvater, der sehr darunter gelitten hat, ließ sich nicht unterkriegen. Ich weiß, er fühlte sich von Vater abgeschoben, aber er hat das Beste daraus gemacht.«

»Er fühlte sich abgeschoben?«, fragte Carola leise.

»Ja, natürlich. Ich durfte studieren, er nicht. Er kam bei Verwandten in Hamburg unter, entfernten Verwandten, die ihn wie Personal behandelten. Und du weißt gar nicht, wie Schiffsjungen damals mitunter leiden mussten. Er tat mir sehr leid, aber ich konnte nichts für ihn tun. Aber er hat sich hochgekämpft, hat einen Schritt nach dem nächsten gemacht. Aus eigener Kraft, dein Großvater hat nämlich den Dickkopf unserer seligen Mutter.« Der Großonkel lachte. »Er wurde Leichtmatrose, erster Offizier, dann hat er in Windeseile sein Kapitänspatent abgelegt und ein Schiff übernommen. Er ist ohne Furcht um das Kap Hoorn gesegelt. Das hat mir wirklich imponiert. Und deshalb habe ich ihm auch Geld geliehen, damit er sein eigenes Schiff bauen konnte – die *C. F. Lessing*. Er hat das Schiff nach unserem Vater benannt, obwohl Vater das nicht verdient hätte, in meinen Augen. Aber Gotthold sah das anders. Er war Vater dankbar. Ohne diese ganze Unbill, hat er mir gesagt, wäre er nicht zu dem Mann geworden, der er ist. Ich finde das bewundernswert.«

Carola sah ihren Großonkel an und nickte. »Ich glaube, darüber muss ich nachdenken. Du hast mir gerade viele wichtige Dinge erzählt. Danke.«

Eine Glocke läutete, und Großonkel Robert hob den Kopf. »Ich glaube, wir sollten wieder nach unten gehen. Ich hoffe, wir werden noch mehr Zeit miteinander haben, um über uns und die Familie zu sprechen.« Er nahm ihren Arm und führte sie zur Tür. »Mein Sohn Gotthold und seine liebe Frau Anna sind heute von einer Reise zurückgekommen, kennst du sie schon?«

Carola schüttelte den Kopf. Ihre Gedanken schwirrten. Alles drang so plötzlich auf sie ein. Nach den langen Monaten, die sie mit Tante Mathilde zusammen in Trauer verbrachte hatte, war dies wie ein Wasserfall an Gefühlen und Eindrücken, der sie zu überschwemmen drohte.

Unten warteten schon Magdalies, Tante Mathilde und die anderen Besucher. Carola wurde herzlich begrüßt. Es gab ein fulminantes Mahl, und kurz darauf brachen sie auf zur Oper. Carola konnte kaum den Blick von der Bühne wenden, all die Szenen am und auf dem Schiff ließen sie an ihren Großvater denken.

Nachts lag sie lange wach. Großmutter war mit acht Jahren bei ihrer Tante und ihrem Onkel in Hamburg geblieben, während ihre Eltern nach England gingen, um dort das Familiengeschäft aufzubauen. Großvater war mit fünfzehn von seiner Familie weggeschickt worden. Er hatte keinen Halt in ihnen gehabt, musste sich selbst hochkämpfen. Sein Traum war immer ein eigenes Schiff gewesen, und diesen Traum hatte er sich erfüllt – wohl mit Hilfe seiner Brüder.

Großmutter, die von den Eltern verlassen worden war, hatte sich nichts sehnlicher gewünscht, als eine eigene Familie mit Zusammenhalt zu haben. Auch sie hatte sich den Traum erfüllt.

Bis jetzt hatte Carola keine Familie kennengelernt, die so innig miteinander umging und füreinander da war wie die Lessings. Und auch der deutsche Zweig der Familie schien so zu sein. Herzlich, warm und offen hatten sie sie in ihrer Mitte aufgenommen. Die Familie ihres Vaters dagegen war viel kühler und distanzierter.

Ich habe beides in mir, dachte Carola. Liegt es an mir, wie die Zukunft wird? Welches Erbteil ich zum Tragen kommen lasse, oder ist alles Schicksal? Tante Mathilde ist eine te Kloot, aber sie ist warmherzig und liebevoll. Sicher hat sie ihre Einschränkungen, die ihr aber vielleicht von außen auferlegt worden waren. Sie ist auf keinen Fall so wie Vater, dem es immer nur ums Geld geht. Sie ist auch nicht so distanziert wie Onkel Alfred, der wie ein Stück Eis wirkt.

Vielleicht schaffe ich es, mein Schicksal in meine eigenen Hände zu nehmen. Ich muss nur herausfinden, was mein Lebenstraum ist. Sie kichert leise in ihr Kissen, denn eine Brigg zu besitzen gehörte nicht dazu.

Auch am nächsten Tag waren sie wieder in dem schönen und gemütlichen Haus in der Dorotheenstraße.

»Mein lieber und guter Freund, Seine Exzellenz von Alten, wird uns heute zum Dinner besuchen«, sagte Großonkel Robert, als sei es das Selbstverständlichste der Welt, dass Exzellenzen zum Essen kamen. Vermutlich, dachte Carola, ist das für ihn auch so. Sie tauchte, das wurde ihr mehr und mehr klar, in eine ganz andere Welt ein.

Aber bevor der Besuch eintraf, nahm der Großonkel Carola wieder mit in die Bibliothek, um ihr weitere Bilder zu zeigen und von der Familie zu erzählen. Und Carola saugte die Informationen nur so auf.

Tante Mathilde verstand sich ungemein gut mit Anna, der Schwiegertochter von Großonkel Robert.

»Sie müssen uns unbedingt auf Meseberg besuchen kommen«, sagte Anna. »Wirklich. Wir hätten Sie so gern zu Gast.«

»Nun, wir haben eigentlich nur ein paar Tage hier in Berlin eingeplant«, meinte Tante Mathilde nachdenklich.

»Das ist so eine wunderbare Idee«, unterbrach sie Onkel Robert. »Ich bin sehr dafür und werde Sie begleiten. Überhaupt sollte Carola mehr Zeit mit uns verbringen, sie ist schließlich meine Großnichte, die Enkelin meines Bruders.«

»Welches Bruders?«, fragte Exzellenz von Alten. »Kenne ich ihn?«

»Carl Gotthold.«

»Der kleine Gotthold? Natürlich kenne ich ihn. Der Kapitän, der den Weltmeeren trotzt. Er war doch vor ein paar Jahren noch hier. Sie kann unmöglich seine Enkelin sein, guter Lessing, sie muss seine Tochter sein.«

Großonkel Robert lachte. »Carl Gotthold ist zweiundsiebzig. Behüte, dass er in diesem Alter noch so junge Töchter hat, das würde ihm nicht bekommen. Du bist zwei Jahre jünger als er, du Jungspund.«

»Herr im Himmel«, murmelte von Alten. »Wie die Zeit vergeht …«

Und dann war es abgemacht. In zwei Tagen würden sie nach Meseberg fahren. Carola konnte es kaum erwarten.

Am Bahnhof wurden sie von einer großen Kutsche, einem Landauer, abgeholt. Es war so beeindruckend, aber Großonkel Robert, der sie begleitete, schien das gar nicht zu bemerken.

»Ich kann nur eine Nacht bleiben, dann treiben mich die Geschäfte zurück nach Berlin. Aber wenn ihr am Freitag zurückkommt, müssen wir uns unbedingt sehen. Ich bestehe darauf. Und für das Wochenende habe ich schon Theaterkarten besorgt.«

Tante Mathilde schluckte hörbar, doch dann nickte sie. Auch sie war von allem überwältigt. Die Familie ihres Mannes gehörte zu den reichsten in Hamburg. Auch die Ansings pflegten gute Kontakte und gesellschaftliches Leben, dennoch war es nicht vergleichbar mit Berlin. So ein Laisser-faire hatte auch sie noch nicht erlebt.

Das Staunen wurde noch größer, als sie in die Allee einbogen und zum Schloss Meseberg fuhren. Carola lehnte sich aus dem Fenster.

»Aber ... aber ... Oh ... Muttchen, schau nur. Das ist ein Schloss. Ein Schloss für Könige.«

Großonkel Robert lachte. »Es war einmal ein Rittersitz. Ich habe es für Gotthold und seine Frau gekauft und wiederherrichten lassen. Meine liebe Frau, Gott habe sie selig, hat es ausgestattet. Das hat ihr viel Freude gemacht, und alles, was ihr Freude machte, habe ich natürlich unterstützt.«

»Du gute Güte«, seufzte Tante Mathilde. »Sie haben dieses ganze Anwesen für Ihren Sohn gekauft?«

Großonkel Robert senkte den Kopf. »Wir hatten drei Söhne. Die beiden ersten starben. Gotthold war der Einzige, der uns blieb. Er war uns alles Geld wert.« Dann lächelte er. »Außerdem war das Gut wirklich heruntergekommen, und ich konnte es günstig erstehen. Eine gute Geldanlage, meinen Sie nicht, meine Liebe? Sie müssten das als Ansing doch beurteilen können.«

»Ich denke, damit haben Sie recht.«

Dass der Tonfall von Tantchen etwas spitz war, fiel wohl nur Carola auf.

»Ich habe Ihnen das Zimmer Nummer vierzehn fertigmachen lassen«, sagte Anna bei der herzlichen Begrüßung.

Das Zimmer, so stellten Tante Mathilde und Carola fest, war eher eine Suite, mit einer Ankleide- und einer Badekammer. Es war riesig, aber gleichzeitig sehr gemütlich. Vor dem Kamin, der lustig brannte, standen ein Sofa und zwei Sessel. Es gab zwei bequeme, breite Betten mit großen und weichen Daunendecken, Kommoden, einen Schreibtisch und ein gutgefülltes Bücherregal.

»Ich bin die Königin«, jauchzte Carola und ließ sich rücklings in ihr Bett fallen, versank tief in Kissen und Decken.

»Ja, aber die Königin wird gleich unten erwartet«, sagte Tante Mathilde schmunzelnd. »Das Waschwasser im Krug ist warm. Wasch dich, zieh die Reisekleidung aus und etwas Ordentliches an. Flott!«

Anna führte sie an diesem Tag durch das Schloss und das Anwesen mit den Stallungen und der Destillerie, in der Schnaps gebrannt wurde.

»Liebste Mina«, schrieb Carola an diesem Abend ihrer Schwester, *»wir ›residieren‹ zurzeit im Schloss Meseberg, dem Rittergut unseres Großonkels, das er seinem Sohn und seiner Frau vermacht hat. Wobei der Geist von Großtante Emma, Großonkels verstorbener Frau, die ich nicht kennenlernen durfte, immer noch sehr spürbar durch die Gemäuer huscht. Sie hat es eingerichtet, so wie das Haus in Berlin, und das merkt man. Die Räume sind riesig, aber so gemütlich – Sofas, Sessel, Kissen, Bücher, kleine Tischchen mit Lampen, schöne Dinge aus Porzellan –, das Auge hat so viel zum Sattsehen, da fällt die Größe der Räume gar nicht auf.*

Zuerst wurden wir über das Anwesen geführt – ein Hof, ein Schloss mit Treppen, auf denen die Adeligen emporgleiten können, davor der stille See mit den Trauerweiden, die ihre Äste ins Wasser hängen lassen. Und Buchen, Kastanien, Ahorn – alles in schönster Herbstpracht und in den buntesten Farben.

Tante Anna ist so zuvorkommend und freundlich, sie gibt mir und auch Tantchen das Gefühl, schon immer zur Familie dazuzugehören.

Morgen möchte sie mit mir Tennis spielen (sie haben einen eigenen Tennisplatz, ist das zu glauben?), und Onkel Gotthold will mit mir eine Ruderpartie machen. Großonkel Robert besteht darauf, dass ich mit ihm ausreite. Dabei habe ich noch nie auf einem Pferd gesessen. Tantchen ist entschieden dagegen, sie sieht mich schon mit mindestens zwei Halsbrüchen und Schlimmerem im Hospital liegen. Ich möchte es trotzdem gern wagen.

Ich soll auch mitgehen auf die Jagd, ein Sport, den wohl alle in diesen Kreisen betreiben. In Hamburg jagt die andere Familie nur nach Profiten und rentablen Frachten. Hier ist eine ganz andere Welt.

Es ist so ruhig und still, und das ist so angenehm nach Berlin, das mich mit dem Verkehr, den Leuten und den Geräuschen wirklich überrollt hat. Dabei ist die Stadt noch viel großzügiger, was den Platz angeht, als das enge und übervolle Hamburg. Mir geht es hier so, wie du es geschildert hast, als du in den Blue Mountains bei Tante Till warst – zumindest, was die Geräusche angeht.

Hier hört man das heisere Kreischen der Kraniche, die Enten und das Singen der Schwäne, die majestätisch über den See gleiten.

Im Schloss gibt es einen großen Saal – da werden die Feierlichkeiten und Essen zelebriert, aber nun ist er schon für den Winter geschlossen worden. Es wäre zu aufwendig, ihn jeden Abend zu heizen. Gesehen habe ich ihn dennoch und war beeindruckt von Größe und Imposanz.

Am Abend saßen wir gemütlich zusammen in der Bibliothek am prasselnden Feuer und haben uns unterhalten. Es ist so eine Freude, hier zu sein und all die Geschichten der Familie, die mir doch so fremd ist, zu hören. Ich werde auf- und angenommen, als wäre es selbstverständlich. Und ich muss sagen, es tut mir wirklich gut.

Morgen wird sicher ein weiterer aufregender Tag, ich werde dir berichten.

Deine Tutt.«

Sie blieben vier Tage, und für Carola fühlte es sich so an, als ob die Zeit nur so raste. Sie spielte Tennis, begleitete Gotthold auf die Jagd und ritt mit Großonkel aus. Tante Mathilde befürchtete das Schlimmste, aber Carola saß so sicher auf dem Pferd, als hätte sie von Kindesbeinen an nie etwas anderes gemacht.

Doch schließlich war die Zeit des Abschieds gekommen.

»Du musst unbedingt wiederkommen. Im Frühling vielleicht?«, sagte Tante Anna. »Und dann musst du länger bleiben, mindestens zwei Wochen. Ach bitte, Frau Ansing, dass müssen Sie gestatten. Carola ist uns so lieb und uns so sehr ans Herz gewachsen.«

Tante Mathilde lächelte. »Ja, das habe ich bemerkt, und es freut mich außerordentlich für sie. Wir werden in Kontakt bleiben. Das machen wir ganz sicher.«

»Ist es dir wirklich recht?«, fragte Carola, als sie im Zug auf dem Weg nach Berlin saßen.

»Ja«, sagte Tante Mathilde, klang aber traurig. »Doch du wirst mir fehlen, und ich habe Sorge, dass ich dich an diesen Teil der Familie verlieren werde.«

»Aber nicht doch, Muttchen«, sagte Carola schnell und nahm sie in den Arm. »Niemals wirst du mich verlieren. Ich bleibe deine Tochter für immer und immer. Die Lessings sind ein weiterer, sehr liebenswürdiger Zweig meiner Familie. Es war so spannend, zu hören, wie Großvater und Großmutter zueinandergefunden haben. Und all die anderen Familiengeschichten.«

Tante Mathilde nickte nur.

Sie blieben noch einige Tage in Berlin. Großonkel Robert war schon vor ihnen in die Stadt zurückgekehrt, selten hielt er es länger als zwei Tage fern der Zeitungsredaktion aus.

Am kommenden Abend lud er sie wieder in die Oper ein. Zur Feier von Albert Lortzings 100. Geburtstag wurde ein ganzer Zirkel seiner Werke aufgeführt. Großonkel Robert nahm sie mit in »Zar und Zimmermann«. Zu Carolas Entzücken waren auch vier der Söhne des Kaisers im Theater.

»Prinz Eitel-Fritz, Prinz August-Wilhelm, Prinz Oskar und Prinz Joachim saßen in der kaiserlichen Loge«, schrieb sie ihrer Schwester Mina. »Nur Prinz Eitel-Fritz trug eine Uniform. Sie wurden von zwei Adjutanten begleitet. Stell dir vor, die beiden jüngeren Prinzen studierten die ganze Zeit nur das Textbuch und schienen gar nicht zuzuhören, dabei ist die Ouvertüre wirklich schön und das Lied des Zaren so ergreifend. Wenn du die Möglichkeit hast, solltest du dir die Oper ansehen.«

Schließlich kehrten sie nach Hamburg zurück, nicht ohne Großonkel Robert versprochen zu haben, bald wiederzukommen.

Elsa

1904

An Bord unterwegs nach Cairns

»In den Ferien fahre ich zu Tante Lily.« Elsa zog die Stirn kraus und streckte das Kinn nach vorn. »Ich habe Otto jetzt schon zwei Jahre nicht gesehen.«

»Aber Prinzessin«, brummte Großvater Lessing und schüttelte den Kopf. »Du willst bis nach Queensland reisen?«

»Vielleicht kann Otto uns ja besuchen«, schlug Lina vor. »Und Lily könnte sich hier auch mal wieder blicken lassen.« Sie schnalzte leise und abwertend mit der Zunge.

»Es wird schon einen Grund geben«, sagte May und grinste, »warum Lily so weit weg wohnt und nicht mehr zu Besuch kommt.«

»Olala«, sagte Lina. »Denkst du auch das, was ich denke?«

»Lina, May«, sagte Großmutter streng. »Zügelt eure gehässigen Zungen. Wie könnt ihr nur so über eure arme Schwester reden?«

»Nun, findest du es nicht seltsam, dass sie vor drei Jahren bis hoch nach Queensland gezogen ist? Um den Haushalt auf einer riesigen Schaffarm zu führen. Das ist skandalös. Sie kannte den Farmer doch kaum.« May verdrehte die Augen.

»Nein«, sagte Großmutter, »ich finde es keineswegs seltsam. Es wurde Zeit, dass Lily eine neue Bestimmung findet. Zu lange hat sie ihrem Mann nachgetrauert. Nun hat sie eine Aufgabe, die sie erfüllt. Mehr, als man von dir sagen kann, mein Fräulein.«

»Was kann ich denn dafür, dass das Büro geschlossen wurde?« May stand auf. »Ich kümmere mich schon um eine neue Stelle, keine Sorge. Und damit ich euch nicht länger zur Last falle, werde ich zu Hannah und Harry ziehen und ihnen im Haushalt helfen. Zumindest so lange, bis ich etwas anderes gefunden habe.« Sie hielt einen

Brief hoch. »Bei ihnen bin ich herzlich willkommen, schreibt Hannah mir. Sie kann mit ihren vier Kindern jede Hilfe gebrauchen und würde sich sehr freuen, wenn ich käme.«

»Hannah?«, Lina lächelte böse. »Oder Harry?«

»Wie meinst du das?«, zischte May. »Du solltest dir den Mund auswaschen, du böse Schlange.«

»Getroffene Hunde bellen.« Lina lachte.

»Hört auf zu streiten«, sagte Großvater laut. »Das ist ja unerträglich. Ja, es ist besser, wenn du zu Hannah und Harry ziehst und deiner Schwester im Haushalt hilfst, statt hier böses Blut zu erzeugen.«

»Das ist wieder typisch«, sagte May und verzog abfällig das Gesicht. »Ich verbreite gar kein böses Blut – das ist Lina mit ihrer scharfen Zunge.«

»Hört auf, Mädchen!« Großmutter klang erschöpft, doch ihre Augen blitzten wach. »Wer hat dich denn heute von der Schule nach Hause begleitet, Elsa?«

»Niemand.« Elsa senkte den Kopf.

»Doch, doch. Ich habe es genau gesehen. Jemand hat deinen Ranzen getragen, ein junger Mann.«

»Das war doch nur James«, sagte Elsa. »Er ist in der Abschlussklasse, und wir haben den gleichen Heimweg.«

»James wer?«, fragte nun Großvater misstrauisch. »Du bist erst sechzehn. Ich dulde keine Tändeleien.«

»Ich weiß, Großvater«, seufzte Elsa. »Er will doch nur nett sein.«

»So fangen sie alle an«, schnaubte Großvater. »Sie wollen nur nett sein und stürzen dann Mädchen wie euch ins Unglück.«

»Er hat doch nur meine Tasche getragen, wirklich.«

»Nun lass sie doch«, sagte Mina, die bisher ruhig in der Ecke gesessen und gestrickt hatte. »Ich habe mit Till geschrieben. Sie fragt mich, ob ich nicht zu ihr kommen möchte, jetzt, da ich die Schule beendet habe, und ihr im Haushalt helfen. Sie haben ja immer viel zu tun – mit der ganzen Lehrerschaft und den Internatsschülern.«

Großmutter nickte. »Das ist eine wundervolle Idee. Zumal es Till nicht gutgeht.«

»Warum denn nicht?«, fragte May, die schon in der Tür stand, sich jetzt aber wieder umdrehte.

»Sie hat schon wieder ein Kind verloren. Der Doktor hat ihr nun jede Hoffnung genommen. Immerhin ist sie schon über vierzig«, sagte Großmutter leise.

»Du warst vierzig, als du mich bekommen hast«, meinte Lina.

»Ja, aber du bist mein neuntes Kind. Während der Schwangerschaften habe ich nie ein Kind verloren, nur die kleine Susanna ist viel zu früh verstorben. Wir hatten Glück.« Großmutter seufzte. »Till nimmt es sehr mit, sie hat sich so sehr Kinder gewünscht.«

»Dann fahre ich zu ihr«, sagte Mina entschlossen.

»Und ich werde zu Tante Lily fahren.« Wieder schob Elsa trotzig das Kinn nach vorn.

»Darüber ist das letzte Wort noch nicht gesprochen«, brummte Großvater missmutig.

Aber Elsa wurde nicht zufällig ›Prinzessin‹ gerufen, als jüngste der Enkelinnen wurde sie von allen verwöhnt. Und so setzte sie es tatsächlich durch, dass sie nach Queensland zu Tante Lily fahren durfte. Allerdings nicht allein, Tante Molly begleitete sie. Sie nahmen ein Dampfschiff, das am 20. Dezember von Sydney nach Cairns fuhr.

»Es gefällt mir gar nicht«, sagte Großmutter zum Abschied am Hafen, »dass du Weihnachten nicht mit uns feiern wirst.« Dabei wischte sie sich eine Träne von der Wange. »Aber ich freue mich natürlich, dass Lily Familie bei sich haben wird. Benimm dich, Prinzessin. Und habe eine gute Zeit.« Dann wandte sie sich ihrer Tochter Molly zu. »Pass gut auf sie auf, Kind, ja?«

»Mutter«, sagte Molly, die inzwischen schon Mitte vierzig war, »wir werden die Reise gut überstehen. Mach dir keine Sorgen. Sobald wir in Cairns sind, werde ich dir kabeln.«

»Das ist eine gute Idee. Vergiss es nicht, Molly.«

Tante Molly nahm ihren Koffer und beschritt energisch die Gangway des Dampfers. »Kommst du, Elsa?« Sie weigerte sich entschieden, ihre Nichte mit dem Kosenamen zu rufen, den ihr der Rest der Familie gegeben hatte.

Elsa gab der Großmutter noch einen Kuss, dann hastete sie ihrer Tante hinterher.

Ein Steward stand oben an Deck und wies den Passagieren ihre Unterkünfte zu oder zeigte ihnen den Weg zum Aufenthaltsraum. Von Sydney aus würden sie Brisbane anfahren und weiter nach Port Curtis, wo alle Reisenden, die nach Rockhampton wollten, in den Zug umsteigen mussten. Der nächste Hafen, an dem sie anlegen würden, war Mackay. Dann folgte Townsville, und schließlich, in zwei Tagen, würden sie in Cairns einlaufen. Von dort aus mussten sie mit der Eisenbahn weiterfahren. Am dreiundzwanzigsten Dezember würden sie bei Lily und Otto auf der Farm in den Atherton Tablelands sein. Elsa und Molly fuhren mit einem Liniendampfer, und obwohl sie damit gut zwei Tage bis nach Cairns brauchten, war es damit schneller als alle Bahnverbindungen. 1901 hatte sich Australien für unabhängig erklärt, dennoch hatten die fünf Bundesstaaten eigenständige Verwaltungen und Regierungen und außerdem unterschiedliche Spurbreiten der Eisenbahnlinien. Wollte man also von einem Bundesstaat in den anderen reisen, musste man unter Umständen dreimal die Bahnlinie wechseln. Unter vier Tagen wären sie nicht unterwegs gewesen und das noch wesentlich unkomfortabler.

Molly schaute sich nun in der Kabine, die sie sich teilten, um und seufzte zufrieden auf. »Wie wunderschön«, sagte sie und lächelte.

Elsa hatte die Tante, die von den jüngeren Tanten May und Lina als alte Spinster bezeichnet wurde, sehr gern. Molly war Lehrerin an einer Schule in Hunters Hill und schien ihren Beruf zu lieben. Elsa hatte sie des Öfteren dort besucht.

Auch Elsa schaute in die Kajüte. Ein schmales Bett auf der rechten Seite, ein weiteres auf der linken, dazwischen eine kleine Kommode mit einer Waschschüssel. Außerdem gab es zwei Stühle, die nicht sehr bequem aussahen an einem kleinen Tischchen unter dem Fenster.

»Wunderschön?« Elsa schüttelte verdutzt den Kopf. »Das ist sehr schlicht.«

»Wir wollen hier nicht einziehen und längere Zeit wohnen, Elsa«, sagte Tante Molly und lächelte. »Als Kabine ist es durchaus komfortabel. Wenn ich da an das Zwischendeck auf der *Lessing* denke … das war für die Reisenden sicher grauenvoll.«

»Kannst du dich noch an die Fahrten mit Großvater erinnern?«, wollte Elsa wissen, unschlüssig sah sie von einem Bett zum anderen, aber ihre Tante nahm ihr die Entscheidung ab. Molly stellte ihre Teppichtasche auf das rechte Bett, klappte sie auf und nahm das Nachthemd hervor, schüttelte es aus und faltete es dann wieder ordentlich zusammen.

»Ja, ich kann mich noch gut daran erinnern. Auch später, als wir schon in Glebe wohnten, hat Papa uns hin und wieder mitgenommen, wenn er eine Order in unseren Ferienzeiten hatte. Zur Schule mussten wir gehen, da gab es kein Vertun. Das war ihm wichtig. Aber in den Ferien, da durften wir mit auf das Schiff.« Sie lächelte. »Wir haben es alle geliebt – wir älteren Geschwister. Nur deine Mutter, Minnie, nicht. Sie wühlte lieber im Garten und setzte Stecklinge und säte Samen.« Molly lachte leise. »Aber sie hat Papa geliebt und sich deshalb das ein oder andere Mal überwunden und ist doch mit ihm gefahren. Es war ein Grauen für sie.«

»Weshalb hat sie es dennoch gemacht?« Elsa setzte sich auf ihr Bett und hopste ein wenig. Die Matratze federte jedoch nicht.

»Weil sie Papa geliebt hat«, sagte Molly und drehte sich zu Elsa um. »Sie wollte ihm einfach nahe sein.«

»Ach so.« Elsa biss sich auf die Lippen. »Ich bin immer froh, wenn ich so weit wie möglich weg von meinem Vater bin.«

Molly lachte leise. »Das kannst du auch. Aber jetzt pack deine

Sachen aus. Ich nehme die oberen zwei Schubladen, du kannst die untern beiden haben.«

»Auspacken? Für zwei Nächte lohnt sich das doch nicht.«

»Wenigstens die Wechselwäsche und deine Handtücher, Kind. Du willst doch nicht aus dem Koffer leben. Das gehört sich nicht.«

Molly nahm ihre Sachen und verstaute sie ordentlich in den Schubfächern. Lustlos nahm Elsa einige Wäsche aus dem Koffer und legte sie in die unteren Laden. Ihr Nachthemd stopfte sie unter das Kopfkissen.

»Fertig«, sagte sie dann, schloss den Koffer und stellte ihn in die Ecke der Kajüte.

»Man merkt, dass du noch nicht oft auf See gewesen bist. Bei einem Sturm wirst du schlecht frische Wäsche aus dem Koffer holen können.« Molly grinste.

»Sturm?« Elsa sah sie entsetzt an. »Wir werden doch keinen Sturm haben?«

»Das weiß man nie.« Auch Molly war nun fertig und schob die Tasche unter ihr Bett. Sie sah sich zufrieden um. Die Handtücher lagen bereit auf der Kommode, neben der Waschschüssel und dem Wasserkrug. Ihre Zahnbürste hatte sie in das eine Glas gestellt, die Seife in die Schale gelegt.

»Lass uns das Schiff erkunden«, sagte sie dann.

Von der Kabine aus traten sie auf das umlaufende obere Deck.

»Dort oben«, erklärte Molly, »ist die Kommandobrücke. Hinten am Heck sind die Räume des Kapitäns und der Offiziere, da ist auch die Messe. Vorn im Bug sind die Kombüse und die Mannschaftsräume. Unter uns befinden sich weitere Kabinen, die allerdings größer und schlichter ausgestattet sind. Auf dem Vorderdeck sind die Dritte-Klasse-Passagiere. Es gibt einen Aufenthaltsraum für die zweite Klasse und einen Salon für die erste Klasse. Dort wird es auch ein Raucherzimmer und eine Bar geben. Und das suchen wir jetzt«, sagte sie entschieden.

»Das Raucherzimmer?«, fragte Elsa verblüfft. »Du rauchst?«

Molly schaute sie an und kniff kurz die Augen zusammen. »Ja, das tue ich. Und wenn du Mutter und Papa ein Sterbenswörtchen davon verrätst, werde ich dir eigenhändig die Haut abziehen und dich den Krokodilen zum Fraß vorwerfen.« Molly straffte die Schultern und stapfte das umlaufende Deck entlang. »Schließ die Tür ab und vergiss den Schlüssel nicht«, rief sie ihrer Nichte über die Schulter hinweg zu. »Wer weiß, was noch für Gesindel an Bord ist.«

Elsa folgte ihrer Anweisung und folgte ihr dann eilig. Bisher hatte sie Molly meist nur bei den Großeltern erlebt. Da wurde sie, wie alle unverheirateten Töchter, genau wie die Enkel behandelt. Liebevoll bevormundend. Keine der Lessingtöchter lehnte sich dagegen auf. In Hunters Hill, wo Elsa Molly auch besucht hatte, war Molly anders – aber immer sehr beherrscht, streng, auch wenn ihr Humor durchblitzte. Sie war nicht mütterlich warm wie Tante Lily oder Hannah, sie war sehr viel älter als May und Lina und somit auch keine Freundin in dem Sinne. Aber, das wusste sie, Molly war ihr wohlgesonnen, auch wenn sie Elsa nicht so verwöhnte, wie es der Rest der Familie tat.

Jetzt hastete sie schnell hinter Molly her, die sich schon an der Bar niedergelassen hatte und tatsächlich eine Zigarette anzündete.

»Limonade für meine Nichte«, bestellte Molly und lächelte süffisant. »Wenn du ein paar Jahre älter bist, darfst du auch einen Gin trinken.«

»Aber das machen doch nur Männer«, hauchte Elsa, die zugleich entsetzt und fasziniert war.

»Was machen nur Männer?«

»Trinken und rauchen.«

Molly lachte. »So ein Blödsinn. Das machen nur Männer und Frauen mit schlechtem Ruf, weil man Frauen mit gutem Ruf nichts gönnt. Ich arbeite, seit ich erwachsen bin, lebe mein Leben, verdiene mein Geld. Warum soll ich mir nicht auch etwas gönnen? Nur weil ich nicht als Junge geboren wurde? Das ist alles so falsch, und die Zeiten, das sage ich dir, sie werden sich ändern.« Sie nahm ihr Glas, leerte es, bestellte neu. »Und wehe, du erzählst irgendjemandem davon.« Diesmal zwinkerte sie Elsa zu.

»Ich kenne dich ja gar nicht«, sagte Elsa verblüfft.

»Doch, du kennst mich. Du kennst mich als die Tochter meiner Eltern, deiner Großeltern. Du kennst mich so, wie ich bei euch zu Besuch bin. Das ist eine Seite von mir.«

»Aber spielst du da nicht allen etwas vor?«

Molly dachte kurz nach, drückte dann die Zigarette im Aschenbecher aus. »Nein. Für meine Eltern bin und bleibe ich die kleine Amalie. Ihr Kind. Das wird sich sicherlich nicht ändern. Deshalb bin ich bei ihnen so, wie ich es früher war und wie sie es von mir erwarten.«

Elsa nickte. »Ich glaube, das verstehe ich. May und Lina verhalten sich woanders auch nicht so wie zu Hause.«

Molly schaute sich um. Langsam füllte sich der Raum, die Luft wurde stickig.

»Wir sind ziemlich ausgebucht«, sagte der Steward hinter dem Tresen und hob fragend die Ginflasche.

Molly schüttelte den Kopf.

»Viele Leute fahren über Weihnachten zu ihren Familien. Viele Arbeiter aus New South Wales wollen nach Hause, nach Queensland. Die umgekehrten Touren sind ähnlich voll. Bis Heiligabend wird es die Hölle sein.« Er seufzte.

»Alle haben eine Kabine?« Elsa sah durch das große Fenster auf das Vordeck, das auch voller Menschen war.

»Nein, Elsa«, lachte Molly. »Die meisten fahren doch nur bis zum nächsten Hafen oder bis zum übernächsten. Dort steigen sie wieder aus. Wie viele Kabinen hat das Schiff?«, fragte sie den Steward.

»In der ersten Klasse dreißig, in der zweiten, ein Deck tiefer, fünfzig. Dann haben wir noch Platz im Zwischendeck – dort sind auch Pritschen, aber eigentlich reichen ihnen die Bänke und Tische. Meist bleiben sie eh auf Deck. Sie sind ja oft nur ein paar Stunden an Bord.«

»Wird es Sturm geben?«, fragte Elsa leise, die von den Worten ihrer Tante immer noch verunsichert war.

»Auf dieser Fahrt?« Der Steward lachte. »Das ist sehr unwahrscheinlich. Wir bleiben im Küstengewässer und fahren nicht auf hohe See. Ein wenig schwierig ist die Fahrt vorbei am großen Reef, aber unser Kapitän ist sehr erfahren.«

»Das ist gut«, meine Molly. »Und wie ist das Essen?«

»Sie sind Erste-Klasse-Passagiere, nicht wahr? Da ist das Essen ganz ordentlich. Die zweite Klasse bekommt frisches Brot und heiße Suppe. Die Deckpassagiere müssen sich selbst versorgen.« Er nickte Molly zu.

»Das Schiff legt gleich ab«, sagte Molly zu Elsa, ihre Stimme klang gleich viel lebhafter. »Wollen wir nach draußen auf das Oberdeck gehen?«

Elsa war schon ein paarmal mit Großvater auf einem Schiff gefahren. Allerdings nur Tagestouren, manchmal sogar nur durch den Hafen. Großvater schien fast jeden Kapitän zu kennen, der in Sydney festmachte.

Ab und an, wenn Kapitän Schmidt, der von Großvater die *Centennial* übernommen hatte, im Hafen war, nahm er sie mit. Und sei es nur für eine Rundfahrt. Großvater schien dann immer aufzublühen. Und ähnlich verhielt sich nun auch Molly. Ob ihre Wangen wegen des Gins glühten oder ob es von der Aufregung kam, konnte Elsa nicht sagen.

»Die Leinen los«, murmelte Molly und lehnte sich über die Verschanzung. »Siehst du die dicken Taue? Die werden jetzt gelöst und dann an Bord gezogen. Das Schiff stampft schon, die Kessel werden beheizt und treiben die Schiffsschrauben an. Gleich geht es los.«

Und tatsächlich ging ein Ruck durch das Schiff, als es sich langsam vom Ufer löste.

Molly schloss verzückt die Augen. »Ich kann mich noch daran erinnern, als wir klein waren und auf der *Lessing* gewohnt haben. Da war es natürlich anders, sie war ja ein Segelschiff und kein Dampfer, aber dieser Moment des Ablegens, der war immer magisch. Papa war nervös und aufgeregt, Mama besorgt. Wie eine Glucke hielt sie uns zusammen. Wir haben es geliebt, denn ›Leinen los‹ hieß, dass es weiterging.«

»Das klingt so … fremd, auch wenn Großvater uns immer wieder davon erzählt hat«, sagte Elsa leise. »Aber es klang so wie ein Märchen, verstehst du? Wie etwas, was vor langer, langer Zeit passiert ist.«

Molly nickte. »Das scheint auch so. Das Leben auf einem Segelschiff ist mit dem auf einem Dampfer nicht zu vergleichen.« Sie seufzte. »Sollen wir mal schauen, wo der Salon ist? Oder willst du lieber noch ein wenig hierbleiben?«

»Ich will bleiben. Erzähl doch noch mehr von früher, von eurem Leben auf dem Schiff, bitte. Es interessiert mich wirklich«, bat Elsa.

Und so blieben sie auf dem Oberdeck und sahen der Sonne zu, wie sie im Meer versank.

Auf dem Weg zu den Atherton Tablelands

Elsa und Molly genossen die zwei Tage auf See. Dabei fuhr der Dampfer eigentlich nur von Hafen zu Hafen. Bei jedem Halt strömte ein Teil der Passagiere an Land, während bald darauf neue an Bord kamen. Es schien ein ständiges Kommen und Gehen zu sein, vor allem auf dem Zwischendeck.

Die erste Klasse war, dafür, dass es sich nur um ein Linienschiff handelte, recht ansprechend. Die Betten waren zwar hart und die Kabinen klein, doch das Essen gut. Fast den ganzen Tag hielten sie sich auf dem Promenadendeck auf, denn auch das Wetter zeigte sich von seiner besten Seite.

Molly erzählte viel von früher, von ihrer Zeit auf der *Lessing*, aber auch von den ersten Jahren in Sydney. Sie war lustig und gelöst, nicht so ernst und in sich gekehrt wie sonst.

»Freust du dich auf Tante Lily?«, wollte Elsa wissen.

»Ja, eigentlich schon. Mit Lily und Minnie hat mich immer mehr verbunden als mit den jüngeren Schwestern.« Molly sah Elsa nachdenklich an.

»Und Tante Till?«

»Ach, ich weiß nicht. Till war immer die liebe und nette. Mit ihr gab es keinen Streit, aber auch sonst kaum eine Verbindung. Mit Lily habe ich mich früher wie wild gestritten. Wir konnten uns kreischend und hauend durch das ganze Haus verfolgen und haben Mama schier zum Wahnsinn getrieben. Sie drohte immer damit, dass Papa uns schon die Leviten lesen würde, wenn er wieder da wäre. Aber wenn er kam, war das natürlich alles schon längst vergessen. Im Rückblick tut sie mir richtig leid, unsere Mama.« Molly lachte leise.

»Doch sie hat es immer mit Fassung getragen. Ihr war wichtig, dass wir uns abends aussöhnten und nicht im Streit zu Bett gingen.«

»Das hat sie auch mit May und Lina versucht, aber so wirklich geklappt hat das nie. Erst als May ausgezogen war, wurde es besser. Aber sie ist ja jetzt wieder da.« Elsa seufzte. »Und macht uns das Leben schwer«, murmelte sie fast unhörbar.

»Sie ist doch zu Hannah gezogen.«

»Ja, Tante Molly, aber dort wird sie nicht lange bleiben, das glaube ich nicht.«

»Nun vergiss doch mal die Tante«, sagte Molly lachend. »Eigentlich sind wir viel eher Schwestern – du wächst bei Mama und Papa auf, wie wir damals auch. Und du sagst doch auch nicht Tante zu Lina und May.«

»Aber es ist schon etwas anderes«, meinte Elsa. »Ich meine, das Verhältnis zu meiner Schwester ist anders als das zu euch Tanten. Irgendwie.«

»Wie denn?«

»Na, Mina ist eben meine Schwester. Wir streiten zwar auch, aber wir sind anders miteinander verbunden. Ich habe immer das Gefühl, das Lina und May mich überwachen. Sie kontrollieren mich. Und auch ihr anderen Tanten.« Elsa schmunzelte. »Ihr seid manchmal wie Glucken, wie weitere Ziehmütter.«

Molly nickte nachdenklich und zündete sich eine Zigarette an. Immer noch fand es Elsa merkwürdig, sie rauchen zu sehen.

»Vielleicht, weil wir uns für euch verantwortlich fühlen – im Namen unserer Schwester Minnie, eurer Mutter.« Molly zog an der Zigarette, blies einen Rauchkringel.

»Oh«, sagte Elsa. »Das ist ja phantastisch, wie machst du das denn?«

Molly lachte. »Das ist eigentlich ganz einfach, aber ich zeige es dir nicht. Mama würde mich umbringen.«

»Siehst du, das meine ich. Wenn ich deine Schwester wäre, würdest du dich mit mir verbünden.« Elsa streckte das Kinn vor.

Molly schüttelte den Kopf. »Nein, vermutlich nicht. Dazu ist unser Altersunterschied zu groß. Ich trage die Verantwortung für dich. Till oder Lily würde ich es zeigen.« Sie schmunzelte.

»Es ist manchmal ganz schrecklich, so viele Ziehmütter und Tanten zu haben.« Elsa klang trotzig. »Immerzu schaut jemand, dass wir nichts verkehrt machen.«

»Was denn?«

»Na ja, gerade die Sache mit Jungs. Ich habe oft das Gefühl, dass irgendwer aus der Familie an der Ecke steht – also symbolisch – an jeder Ecke. Ich fühle mich nie wirklich frei.«

Nun runzelte Molly die Stirn. »Wie frei willst du dich denn mit Jungs fühlen?«

»Siehst du, du machst es auch, Molly. Du hast sofort Hintergedanken, machst dir unnötige Sorgen. Mir kann noch nicht einmal ein Nachbarsjunge den Tornister nach Hause tragen, ohne dass da nicht eine große Diskussion entsteht. Eine von euch Tanten hat es ganz sicher gesehen, selbst wenn er mir die Tasche schon zwei Blocks vor unserem Haus wiedergibt.« Sie seufzte entschieden. »So kann ich ja gar nicht meine eigenen Erfahrungen machen. Und am schlimmsten ist es, wenn unser Vater zu Besuch ist. Das ist immer fürchterlich.«

»Warum?«

»Weil er mir und Mina stundenlang Vorträge darüber hält, wen er als zukünftigen Schwiegersohn akzeptieren würde. Es muss ein Mann deutscher Abstammung sein, die Familie muss Geld haben. Am besten sollte sie mit dem Kaiser verwandt sein oder so. Ich glaube nicht, dass ich jemals heiraten werden.«

»Ach, natürlich wirst du heiraten, Elsa.«

Elsa schüttelte den Kopf. »Nein. Ich hätte immer ein schlechtes Gewissen, dass der Mann nicht gut genug ist. Außerdem – du bist doch auch nicht verheiratet und dennoch glücklich.«

»Meinst du?« Molly drückte die Zigarette aus und stand auf.

Am nächsten Tag – ihrem zweiten und letzten auf dem Schiff, packte Molly schon morgens ihre Sachen wieder in die Tasche, auch wenn sie erst nach dem Lunch in Cairns anlegen würden.

Elsa wusste inzwischen, dass sie besser dem Beispiel der Tante folgte, wenn sie keine langen Erklärungen darüber, was besser war, hören wollte. Es war ganz seltsam, dachte sie bei sich – manchmal war Molly lustig und entspannt, dann aber wieder streng und wollte, dass Regeln befolgt wurden.

Molly schloss ihre Reisetasche und seufzte. »Wir werden noch Stunden mit dem Zug fahren müssen. Angeblich soll das Klima dort ja angenehm sein, aber wer weiß schon, ob das stimmt.«

»Es ist sicherlich besser als in Gleelong. Da schmilzt man ja jetzt im Sommer«, feixte Elsa. »Und in Sydney wird es auch heiß und stickig in den nächsten Wochen. So soll das in den Tablelands nicht sein.«

»Wahrscheinlich werden wir frieren.« Molly lachte. »Aber die Zugfahrt wird sicherlich anstrengend. Ich werde den Steward bitten, uns einige Flaschen Wasser einzupacken und ein paar Sandwichs zu machen.«

»Erst einmal gibt es Frühstück.« Elsa rieb sich die Hände. »Eier, Speck, Würstchen, Scones, Butter, Marmelade, Honig. Das ist fast so wie bei Hannah, nur noch besser.«

»Bei Hannah gibt es so ein ausladendes Frühstück?«, fragte Molly. »Wirklich?«

»Oft. Nicht immer. Aber meistens, wenn ich da bin. Es gibt bei ihr alles. Sie braucht ja auch nur nach nebenan in den Laden zu gehen und sich die Sachen zu holen. Der Fleischer kommt jeden Tag vorbei und liefert Frischware.« Sie hielt sich die Hand vor den Mund und kicherte.

»Was?«, wollte Molly wissen.

Elsa schüttelte den Kopf. »Nein, das sag ich nicht.«

»Nun, was?«

»Onkel Harry – ihm sieht man es an. Er war ja immer stattlich, solange ich denken kann. Aber nun ist er sehr stattlich.«

»Ja, er wird fett, und ich weiß nicht, wieso Hannah das duldet.« Molly schloss die Kabinentür ab und hakte sich bei Elsa unter. »Aber man muss Hannah nicht verstehen. Sie liebt ihren Mann, egal, was er tut. Und Till genauso.«

»Wie meinst du das?«

»Ach, ich meine das nur so. Denkst du nicht auch manchmal so über Mina: Muss sie jetzt so sein? Denken das Schwestern nicht übereinander?«

»Doch, ja«, sagte Elsa nachdenklich. »Mina hat kürzlich zum Glauben gefunden. Ich meine, Großmutter geht ja immer mit uns zur Kirche, und wir mussten auch in den Jugendgottesdienst gehen und all das, aber Mina macht es jetzt freiwillig. Sie betreut die Kinder während des Gottesdienstes, backt Kuchen für die Gemeinde und so. Ich würde das nicht tun.«

»Und Tutt? Hört ihr noch etwas von Tutt?«

»Ja, Tutt schreibt uns«, sagte Elsa leise.

»Aber?«

»Manchmal bist du wirklich wie eine Lehrerin«, beschwerte sich Elsa lachend. »Immerzu hakst du nach.«

»Ich bin eine Lehrerin.« Molly grinste. »Aber du musst ja darauf nicht antworten.«

»Tutt lebt in einer ganz anderen Welt. Da in Deutschland. Sie schreibt Briefe und schickt Fotos – aber wie das dort so ist, kann ich nicht nachempfinden. Sie haben Mamsell, und sie geht zu Gesellschaften, spielt Tennis und reitet. Reiten kann ich auch. Fred, unser Nachbar, lässt mich manchmal auf seinem Esel reiten. Aber ich habe kein Reitkleid, und es klingt alles so anders. So fremd.« Elsa schluckte. »Ich finde es traurig. Tutt ist doch unsere Schwester, aber sie könnte ebenso gut auf einem anderen Stern leben.«

»Im Prinzip tut sie das – nur dass es kein Stern, sondern ein anderer Kontinent ist. Und jetzt erzähl mir noch mal von dem Nachbarsjungen, der deine Tasche nach der Schule trägt.« Molly stieß Elsa sanft in die Seite. »Nun mach schon, erzähl.«

Sie verbrachten den letzten Vormittag an Bord, erzählend, kichernd, staunend. Das Schiff fuhr nur mit wenigen Knoten durch die Küstengewässer entlang dem großen Reefs. Das Wasser war schimmernd blau und die Strände so viel weißer als vor Sydney. Der Lotse stand am Bug und rief die Tiefe aus. Delphine schwammen und sprangen um das Boot herum, schnatterten lustig.

»Schau, dort«, rief Elsa aufgeregt und zeigte Molly die große Schildkröte, die durch das klare Wasser neben dem Schiff glitt, elegant wie eine Tänzerin bewegte sich das riesige Tier.

Molly nickte nur. »Ja, so etwas habe ich schon früher gesehen«, murmelte sie, »und es scheint mir eine Ewigkeit her zu sein.«

Eine Ewigkeit dauerte es auch, bis sie endlich in Cairns vom Hafen bis an den Bahnhof gelangten. Es war warm, aber nicht tropisch heiß. Ein angenehmer Luftzug wehte konstant von der See. Die Dampfeisenbahn wartete schon, pfiff schrill und tauchte den Bahnsteig in wabernde Dampfschwaden.

»Ist das wirklich der richtige Zug?«, fragte Molly nervös. »Wir müssen nach Kuranda, und dort soll uns eine Kutsche abholen.«

»Sie wollen nach Kuranda? Dann sind Sie hier richtig«, sagte der Schaffner beruhigend. »Steigen Sie ein. Ich helfe Ihnen mit dem Gepäck.«

»Danke.« Molly sah sich nervös um, doch Elsa schubste sie in das Zugabteil.

»Los, Molly, er hat gesagt, dass wir hier richtig sind.«

Elsa hatte die Fahrt auf dem Dampfer genossen. Sie hatte einige neue Einblicke in ihre Familie erhalten und ihre Tante auf eine ganz unerwartete Weise kennengelernt. Doch so schön es auch gewesen war, nun wollte sie endlich ankommen. Sie wollte zu Lily und Otto.

Ihr Cousin Otto war in ihrer Erinnerung immer da gewesen. Wie ihre Brüder Arthur und Billy. Arthur war vier Jahre älter als sie und gab sich selten mit der kleinen Schwester ab, Billy war zwei Jahre jünger als sie – in Elsas Augen trennten sie Welten. Otto war nur ein dreiviertel Jahr jünger und ihr Seelenfreund. So zumindest war es ihr in ihrer Kindheit immer erschienen. Irgendwann würde sie Otto heiraten, daran glaubte sie fest. Oder zumindest jemanden, der ihm sehr, sehr ähnlich sein musste. Aber so jemanden wie ihn hatte sie noch nicht getroffen, und sie bezweifelte auch, dass es ihn gab. Also würde sie Otto heiraten.

Es hatte schier ihr Herz gebrochen, als Tante Lily zusammen mit Otto nach Queensland gezogen war. Sie hatte es nicht verstanden und wäre ihnen am liebsten sofort gefolgt.

Nur einmal waren Otto und Tante Lily seitdem zu Besuch gewesen, und damals war die Zeit viel zu kurz, um ihn wieder kennenzulernen. Denn, obwohl sie sich regelmäßig schrieben, war er ihr fremd geworden.

Ob es wohl das Leben auf der Farm war, das sich sicher von dem in Sydney unterschied? Ob es daran lag, dass er nun, so wie sie auch, erwachsen wurde? Elsa wusste es nicht. Aber ihre ganze Kindheit über war Otto ihr Anker gewesen, eine verlässliche Größe, jemand, an den sie sich klammern konnte, und sie war nicht gewillt, dies aufzugeben.

Aber sie hatte Angst vor dem Zusammentreffen. Was, wenn er es inzwischen ganz anders sah? Wenn sie für ihn nur noch die Cousine war? Sie teilten ein Schicksal – hatten beide einen Elternteil verloren. Das hatte sie sicher in der Kindheit verbunden und auch, dass sie beide im Haushalt der Großeltern lebten. Aber Otto hatte immer noch seine Mutter, die bei ihm war. Elsas Vater kam nur unregelmäßig zu Besuch, eine Bindung hatten die Kinder nicht zu ihm.

Vielleicht hingen deshalb Elsa und Mina so sehr aneinander, vielleicht war auch deshalb der Kontakt zu Carola nie ganz abgebrochen, obwohl es zwischendurch immer Zeiten gab, in denen sie sich wenig schrieben.

Auch mit Arthur verstand sie sich gut, aber noch besser mit dem Baby der Familie – mit Billy. Er war nicht auf Augenhöhe mit ihr, so wie es Otto immer gewesen war, er war ihr kleiner Bruder, den sie beschützen musste.

Natürlich gab es auch Streitereien und Zank zwischen den Geschwistern, aber nicht so ausgeprägt und so böse wie die Zusammenstöße zwischen May, Lina und Hannah.

Der Zug fuhr los, und Elsa schaute ganz in Gedanken aus dem Fenster. Auch Molly schien zu grübeln. Die Umgebung war wunderschön, die Vegetation üppig. Hier an der Küste gab es tropischen Regenwald, im Landesinneren waren viele Wälder abgeholzt worden. Die Eisenbahn fuhr über eine Brücke, ein Wasserfall ergoss sich malerisch in die Tiefe und unter den Gleisen hindurch.

»Schau«, sagte Elsa plötzlich aufgeregt, »dort sind Koalabären.«

Doch sie waren schon vorbei, Molly hatte sie nicht gesehen. Plötzlich pfiff die Lok, und es wurde dunkel – ein Tunnel, der sie durch einen der Bergvorsprünge führte. Dann wurde es wieder hell, eine weitere Brücke folgte, noch eine und wieder ein Tunnel. Elsa begann begeistert zu zählen.

»Wie schön es hier ist, so grün, und die Luft ist so frisch, auch wenn es doch sehr warm ist.«

Molly hatte ihren Fächer aus der Tasche genommen und wedelte sich Luft zu. Schweiß stand auf ihrer Stirn. »Die Luftfeuchtigkeit ist auf jeden Fall höher als in Sydney«, stöhnte sie.

»Aber die Schafstation liegt ja weiter im Landesinneren. Otto schrieb, dass das Klima dort angenehm sei.«

»Otto ist ein vierzehnjähriger Junge. Er weiß nicht, wie ältere Frauen so ein Klima empfinden.« Molly grinste.

»Otto ist fast fünfzehn. Er hat im Januar Geburtstag.« Elsa straffte die Schultern. »Oh, ein weiterer Tunnel. Sechs waren es bisher und elf Brücken.« Dann drehte sie sich wieder zu Molly um. »Wieso ist Tante Lily auf eine Farmstation gezogen? Sie versteht doch eigentlich nichts von Viehzucht.«

Molly kniff kurz die Augen zusammen, kramte in ihrer Handtasche und nahm dann das silberne Zigarettenetui und die Streichhölzer heraus. »Ich finde, Elsa, das solltest du sie selbst fragen und nicht mich.«

Elsa sah sie einem Moment lang nachdenklich an. »Ich hätte jetzt von dir eine andere Antwort erwartet.«

»Welche Art Antwort denn?«

»Etwas Nichtssagendes. So etwas, wie Großmutter immer sagt: Sie musste ihren Weg gehen, eine neue Bestimmung finden. Sie ist dort Haushälterin, es ist egal, wo sie die Stelle hat, und diese ist nun mal in den Tablelands. Aber nach deiner Antwort auf die Frage werde ich Lily fragen müssen, denn es scheint ja doch mehr dahinterzustecken.« Elsa lachte leise. »Eine Liebesgeschichte etwa? Das weißt du doch, nun erzähl es mir, Molly.«

»Oh, noch eine Brücke, das wären dann zwölf«, sagte Tante Molly und schaute nach draußen. »Und ich glaube, dort kommt schon wieder ein Tunnel.«

»Du willst mir also nicht antworten«, stellte Elsa fest.

»Für deine sechzehn Lebensjahre bist du manchmal erstaunlich clever, mein Kind.«

Am Ende waren es fast vierzig Brücken, die die Bahnlinie überquerte, und fünfzehn Tunnel, durch die sie fuhren, bis sie Kuranda erreichten. Die Lok zog den Zug dampfend und stampfend in die Höhe bis zu den Tablelands, einer Anhöhe über dem Regenwald. Über Liebesgeschichten sprachen sie nicht mehr.

»Die Gegend ist«, sagte Elsa staunend, »imposanter als die Blue Mountains.«

»Und heißer und feuchter«, stöhnte Molly. »Wie Lily es hier nur aushält?«

Sie nahmen ihre Taschen und Koffer und verließen den Zug in Kuranda, der Endstation. Der Bahnsteig war mit den Dampfschwaden der Lokomotive gefüllt, und es dauerte einen Moment, bis sie sich orientieren konnten. Vor ihnen lag das Bahnhofsgebäude, hinter ihnen die Schienen und der Zug. Molly packte entschlossen ihre Teppichtasche, die Handtasche hatte sie umgehängt und den kleinen Koffer in der anderen Hand. Auch Elsa fasste ihren Koffer und die Tasche, hob sie hoch und folgte der Tante, die auf das Gebäude zuging.

»Lily hat versprochen, uns abholen zu lassen. Ich will nicht hoffen, dass sie es vergessen hat«, schimpfte Molly.

»Hat sie nicht«, sagte eine raue, aber lachende Stimme. Tante Lily trat aus dem Nebel des Dampfes hervor. »Hier bin ich, um euch mitzunehmen.«

»Tante Lily!« Elsa ließ ihre Tasche und den Koffer fallen, lief auf Lily zu und fiel ihr in die Arme. »Tante Lily.«

Die beiden umarmten sich herzlich, wiegten sich von einer Seite zur anderen.

»Elsa, Elsa, Prinzesschen, du bist so groß geworden. Lass dich anschauen«, sagte Lily mit tränenerstickter Stimme und schob ihre Nichte ein Stück von sich weg. »Gut siehst du aus. Du bist ja fast erwachsen. Grundgütiger. Ach, es ist schön, dich hier zu haben.« Wieder nahm sie Elsa in die Arme, drückte sie an sich.

»Ich freue mich auch, hier zu sein«, sagte Molly trocken, lachte aber dann. »Das wirkt ja so, als sei Elsa von den Toten auferstanden.«

»Ein wenig ist das für mich auch so.« Lily wischte sich die Tränen von den Wangen, schaute dann ihre Schwester an. »Du hast dich nicht verändert.«

»Ist das jetzt gut oder schlecht?« Molly lächelte, dann ging sie auf ihre Schwester zu, stellte ihre Taschen ab und umarmte sie. »Ich freue mich, dass ich hier bin.«

»Ich freue mich auch, du alte Kratzbürste«, flüsterte Lily liebevoll. »Ich konnte es kaum erwarten, dass ihr kommt. Immer noch habe ich gedacht, dass Mama ihre Erlaubnis wieder zurückzieht.«

Die beiden hielten sich in den Armen, und Elsa staunte währenddessen über das Aussehen ihrer Tante. Lily war braungebrannt, die Haare von der Sonne gebleicht. Tiefe Fältchen hatten sich um die Augen eingegraben, aber das machte sie nicht unattraktiv, im Gegenteil. Das Haar hatte sie zu einem praktischen Knoten im Nacken geschlungen, und ihre Kleidung entsprach nicht der gängigen Mode. Sie trug eine weiße Bluse, deren Ärmel sie hochgekrempelt hatte, und einen schlichten, glockenförmigen Rock aus dünnem Wollstoff. Keine Tournüre, keine Volants, keine Spitze. Sie trug noch nicht mal eine Jacke oder einen Mantel, auch keinen Hut. Sie war, stellte Elsa fest, gekleidet wie eine Farmersfrau oder Arbeiterin. Doch dabei hatte Lily eine schlichte Eleganz, die aufzeigte, dass sie eben keine einfache Frau war.

»Der Wagen steht draußen«, sagte Lily. »Wir sollten los, denn es liegt noch eine weite Strecke vor uns.« Sie nahm Mollys Teppichtasche, schaute sich dann um. »Willst du nicht helfen? Oder wenigstens hallo sagen?«, fauchte sie.

Ein Junge trat aus dem Schatten des Bahnhofsgebäudes hervor.

Otto, dachte Elsa, und ihr Herz pochte plötzlich heftiger als vorher. Es schien ihr wie ein kleiner Vogel zu sein, der in ihrem Brustkorb flatterte. Otto.

Schüchtern kam er zu ihr, warf nur einen kurzen Blick zu Molly, sah dann Elsa an.

»Hallo.«

»Hallo? Ist das alles?« Für einen kurzen Moment zögerte Elsa, aber dann warf sie alle Bedenken von sich. Dies war Otto, ihr Cousin, ihr Seelenverwandter, der Junge, der sie durch die schwierige Kindheit begleitet, sie geteilt hatte. Otto, den sie irgendwann heiraten würde. Wenn er ein Mann wäre – mit breiteren Schultern und ohne die Pickel. Aber das, das wusste Elsa, würde noch werden.

Otto machte sich steif, als sie die Arme um seinen Hals warf und ihn an sich drückte. Für einen Augenblick nur, dann aber, zu Elsas Erleichterung, erwiderte er die Umarmung, hielt sie fest an sich gedrückt.

»Du riechst immer noch so süß wie früher«, flüsterte er in ihr Haar. »Ich bin froh, dass du da bist.«

Millers Sheep Station

»Wir haben drei Stunden Fahrt mit dem Karren vor uns«, sagte Lily und klang wie ein General im Krieg. »Mindestens. Habt ihr etwas gegessen? Und vor allem – habt ihr genügend zu trinken? Das ist kein Ausflug in die Stadt, es geht auch nicht in die Blue Mountains oder nach Geelong, wir fahren ins Outback. Ist euch das bewusst?«

Molly verdrehte theatralisch die Augen. »Oh Gott, oh Gott, ich wusste nicht, dass ich in mein Verderben renne. Warum hat mir das denn vorher niemand gesagt?« Dann schüttelte sie den Kopf und straffte die Schultern. »Hältst du uns für blöd, Lily? Für richtig und wirklich doof? Wir haben ordentlich auf dem Schiff gefrühstückt und noch Sandwichs eingepackt. Wasser haben wir allerdings nicht mehr. Hast du uns keines mitgebracht?« Sie hob die Augenbrauen. »Nicht sehr einfühlsam, so als Gastgeberin. Daran hättest du schon denken können.« Aber sie grinste, zu Elsas Erleichterung, bei den Worten. »Sicherlich bekommt man hier in der Stadt noch Wasser, bevor wir uns auf den Weg in die Wüste abseits der Zivilisation begeben.«

»Es ist keine Stadt«, murmelte Otto, kaum hörbar für Elsa. »Es ist ein gottverdammtes Dorf.«

Elsa sah ihn nachdenklich an. Seine Miene war mürrisch. Er sah aus, als wünschte er sich mindestens tausend Meilen weg von hier.

»Freust du dich nicht, dass wir da sind?«, fragte sie verzagt.

»Doch«, sagte er, drehte sich dann zu ihr, sah sie erst nachdenklich an, lächelte schließlich. »Du hast dich unglaublich verändert.« Er schüttelte den Kopf. »Du bist so … erwachsen. Eine Frau, fast. Ich kann es kaum glauben. Du bist nicht mehr meine Elsa.«

Elsa runzelte empört die Stirn. »Natürlich bin ich immer noch ich. Was glaubst du denn? Ich kann nichts dafür, dass ich wachse. In welche Richtungen auch immer.« Sie senkte ihren Kopf. »Wir verändern uns beide. Äußerlich zumindest.«

»Wir werden es sehen«, sagte er kryptisch, nahm ihren Koffer und stapfte davon.

»Das kann ja toll werden«, dachte Elsa verzweifelt und überlegte kurz, ob sie die Weihnachtsfeiertage nicht doch besser bei Till, Hannah oder gar bei Großmutter verbringen sollte. Doch dazu war es zu spät.

»Wasser haben wir«, sagte Lily. »Wir könnten aber auch noch eine Mahlzeit im Inn einnehmen, wenn ihr wollt. Die Fahrt zur Station ist lang und unbequem. Möchtet ihr vorher noch eine Rast einlegen?«

Molly sah Elsa an.

»Ich möchte eigentlich so schnell wie möglich ankommen«, seufzte Elsa. »Etwas zu essen wird es doch auch auf der Station geben?« Ihre Stimme zitterte nur leicht. Otto hatte das Gebäude schon verlassen, zumindest er bekam ihre Unsicherheit nicht mit.

Lily kam auf sie zu, drückte sie noch mal herzlich. »Du Süße, verhungern wirst du bei uns ganz sicher nicht. Und genügend Wasser haben wir auch dabei.« Sie schaute Molly wieder an. »Aber nur Wasser – keinen Gin, keinen Wein und keinen Whisky.«

»Das habt ihr auch nicht auf der Station?« Molly räusperte sich.

Lily lachte. »Doch, keine Sorge.« Dann hakte sie sich bei ihrer Schwester unter. »Was glaubst du, wie ich es sonst dort überstehe. Aber«, sie warf Elsa einen stechenden Blick zu, »das wird Großmutter nie erfahren, hast du verstanden, Prinzessin? Sonst könnte es sein, dass ich dich den Krokodilen zum Fraß vorwerfe.«

»Oh, du auch?« Elsa lachte. »Das würde schon Molly erledigen, hat sie mir angedroht.«

»Wirklich?« Lily sah Molly an und lachte wieder. »Weshalb?«

»Ich glaube, wegen so ziemlich allen Verhaltens, das ich an den

Tag lege, wenn ich nicht in Glebe bin.« Molly nahm die silberne Schachtel aus ihrer Handtasche, fischte eine Zigarette heraus, klopfte sie auf die Schachtel und entzündete ein Streichholz, dann inhalierte sie tief. »Aber«, sagte sie und stieß den Qualm aus, »Mutter wird es ja nicht erfahren, nicht wahr, Elsa?«

Elsa hob die Schultern. »Ich weiß gar nicht, wovon ihr redet«, sagte sie.

»Gutes Mädchen.« Lily nickte. »Ich weiß, dass ich mich auf dich verlassen kann. Aber nun sollten wir los, damit wir vor der Dämmerung zu Hause sind.«

Otto hatte schon das Gepäck auf dem Wagen verstaut, half nun Molly auf den Kutschbock.

»Du willst sicher neben Mama sitzen«, sagte er und grinste verschmitzt. »Ich denk, ihr habt euch viel zu erzählen.«

»Das siehst du völlig richtig, mein Junge«, sagte Molly, nahm seine Hand und schwang sich nach oben.

Lily brauchte keine Hilfe, behände kletterte sie auf den Bock, löste die Zügel und die Bremse.

Otto sprang hinten auf den Wagen neben das Gepäck und hielt Elsa die Hand hin. Sein Lächeln hatte den Jungen von früher zurückgebracht, und so nahm sie seine Hand und stieg zu ihm. Sie konnte sich gerade noch setzen, als Lily die Peitsche knallen ließ und losfuhr.

»Ich freue mich wirklich«, sagte Otto, »dass du gekommen bist.«

»Das will ich hoffen«, erwiderte sie grinsend. »Es war ein Kampf, Großmutter und Großvater dazu zu bringen. Sie hätten mich lieber bei sich behalten oder zu Hannah geschickt, aber dorthin wollte ich auf keinen Fall, May ist dort eingezogen.«

»May bei Hannah? Ob das mal gutgeht. Und wo sind die anderen über Weihnachten?«

»Mina ist nach ihrem Schulabschluss in die Blue Mountains zu Till gezogen und hilft ihr, den Haushalt zu führen. Es gab wohl Ärger mit der Köchin, und außerdem ist Tills Gesundheit angeschlagen. Mina und Till verstehen sich gut, nur mit Onkel Joseph hat Mina manchmal Schwierigkeiten.«

»Ich habe ihn zwar nur wenige Male getroffen, aber er ist ein seltsamer Kauz«, stimmte Otto ihr zu. »Und Arthur und Billy?«

»Die bleiben über Weihnachten bei den Großeltern, genau wie Lina. Arthur wird anschließend zusammen mit Großvater zum Angeln fahren, und Billy wird wahrscheinlich Onkel Fred besuchen.«

»Dann sind ja fast alle außer Haus.«

»Ja, ich denke, Großmutter wird die Ruhe für zwei Tage genießen und dann nervös werden, weil es so leer, ruhig und still ist. Vermutlich wird sie mit dem Mädchen einen Großputz veranstalten und alle Wäsche durchwaschen, wie fast jedes Mal, wenn wir in den Ferien weg sind.« Elsa lachte.

»Ist Allunga immer noch bei euch?«

»Ja, sie war mal ein halbes Jahr fort, ist aber dann wiedergekommen. Ich könnte mir ein Leben bei Großmutter ohne sie auch gar nicht vorstellen.«

»Und Mina ist jetzt wirklich fertig mit der Schule?«, fragte Otto weiter. Er schien die Informationen in sich aufzusaugen.

»Ja. Sie wird jetzt erst einmal ein paar Monate bei Till wohnen, da sie noch nicht weiß, was sie machen will. Großvater möchte, dass sie eine Ausbildung macht, als Sekretärin oder so, aber sie kann sich einfach nicht entscheiden. Die Schule hat ihr nie wirklich Spaß gemacht.«

»Im Gegensatz zu dir. Bist du immer noch so gut?« Er sah sie von der Seite her an.

Elsa zuckte mit den Schultern. »Was heißt gut? Ich gebe mir Mühe, lerne viel, ansonsten wären meine Noten auch nicht so. Ich gebe Großvater recht – Bildung ist wichtig. Ich will später eine gute Stelle bekommen.«

»Was willst du denn machen?«

»Das weiß ich noch nicht. Ich habe ja auch noch zwei Jahre Zeit.

Aber ich würde gern aufs College gehen, wenn es irgendwie möglich ist. Und du?«

Otto zuckte mit den Schultern. »Ich weiß auch noch nicht. Das Leben auf der Station ist hart, aber ich habe angefangen, es zu mögen. Aber ob ich da mein Dasein fristen will? Wahrscheinlich nicht.« Er schaute sich um, doch Lily und Molly waren ins Gespräch vertieft und hörten ihnen nicht zu. »Ich würde gern zur Armee gehen. Aber Mutter würde wahrscheinlich der Schlag treffen.«

»Mich auch. Zur Armee?« Elsa schüttelte den Kopf. »Und auf einer Station leben – das ist doch langweilig. Willst du nicht auch etwas erleben? Länder bereisen, Abenteuer … es gibt doch so viel zu entdecken auf dieser Welt, und manchmal beneide ich Großmutter, die als junge Frau schon so viele Länder gesehen hatte. Wie aufregend das gewesen sein muss.«

»Mama sagt, es war eher anstrengend für Großmutter. Überleg doch mal – mit drei oder vier kleinen Kindern auf einer Brigg, das muss die Hölle gewesen sein.«

»Immer noch besser, als sein Leben auf einer Station zu fristen. Zumindest als Frau.« Sie schaute Otto an. »Gehst du eigentlich zur Schule?«

»Ne, ich wäre ja ewig unterwegs. Einmal in der Woche kommt der Lehrer vorbei. Er fährt nach und nach alle Stationen in den Tablelands ab und besucht die Schüler, bringt neues Material und nimmt die Aufgaben mit, um sie zu korrigieren. Für die Prüfungen müssen wir alle paar Wochen für zwei Tage nach Kuranda. Auf der Station gibt es außer mir noch drei weitere schulpflichtige Kinder – ein Mädchen und zwei Jungen. Die Kinder unserer Aborigine-Arbeiter sind nicht schulpflichtig. Sie können am Unterricht teilnehmen, müssen aber nicht.«

»Ich dachte, auch die Aborigines wären inzwischen schulpflichtig?«

»Laut Gesetz, Elsa, nur laut Gesetz«, sagte Molly und drehte sich zu ihnen um. Sie hatte wohl doch zugehört. Vielleicht war sie aber auch nur auf das Wort ›Schule‹ angesprungen.

»Genau«, sagte jetzt Lily. »Zumindest hier in der Gegend. Man hat festgestellt, dass man die Aborigines nicht zwingen kann. Sie ziehen einfach weiter, wenn Zwang ausgeübt wird. Und da wir sie als Arbeiter brauchen, sieht man davon ab, sie zu zwingen. Woanders mag das strenger gehandhabt werden, aber es gibt sowieso immer weniger Aborigines.« Sie seufzte laut. »Es wird ja fast alles darangesetzt, sie auszurotten.«

»Ja, das ist eine Schande«, sagte Molly. Dann drehten sich die beiden wieder um und gingen ihren Gesprächen nach.

»Hoffentlich hat Mutter das mit der Armee nicht mitbekommen«, flüsterte Otto Elsa zu.

»Glaube ich nicht. Und selbst wenn, bis du in die Armee eintreten kannst, dauert es noch ewig. Wer weiß, ob du es bis dahin überhaupt noch willst«, sagte sie und hoffte, dass es tatsächlich so wäre.

Die Landschaft veränderte sich. Sie verließen den feuchten Regenwald, kamen in trockeneres Buschland. Roter Staub füllte die Luft, und es wurde noch heißer. Aber dadurch, dass es nicht mehr so feucht war, war die Hitze besser zu ertragen. Otto kramte Wasserflaschen hervor und reichte sie herum.

»Was macht ihr den ganzen Tag auf der Station?«, wollte Elsa wissen.

»Nun, ich stehe morgens auf.« Otto kicherte. »Und dann gehe ich erst einmal zum Frühstück.«

»Und schlingst alles in dich hinein, was dir unter die Finger kommt. Gut, also immerhin in dem Punkt hast du dich nicht verändert«, sagte Elsa amüsiert. Sie musterte ihn von der Seite. Früher hatte er eine leichte Neigung zur Pummeligkeit gehabt, doch die war inzwischen verschwunden. Sein Körper hatte sich gestreckt, seine Schultern waren breiter geworden, die Arme schienen jedoch überlang zu sein und baumelten an den Seiten, als würden sie eigentlich zu einem anderen Körper gehören. Doch Elsa erinnerte sich daran, dass es bei ihr bis vor einiger Zeit ähnlich gewesen war – manche Teile ihres Körpers schienen schneller zu wachsen als andere. Erst in den letzten Monaten stimmten die Proportionen wieder. Und inzwischen kamen auch deutliche weibliche Rundungen dazu, von denen Elsa noch nicht wusste, ob sie ihr gefielen oder nicht.

»Wenn man auf einer Station arbeitet, hat man immer Hunger. Du glaubst gar nicht, welche Mengen die Köchin zubereiten muss, und die Arbeiter sind trotzdem immer hungrig.«

»Aber du arbeitest doch nicht ernsthaft auf der Station.« Elsa schüttelte grinsend den Kopf.

»Doch, das tue ich. Das wirst du schon noch sehen. Es kommt natürlich immer auf die Saison an. Also, ich frühstücke, und manchmal gehe ich mit in die Ställe oder reite mit auf die Weiden, je nach Jahreszeit. Im Spätwinter, wenn die Schafe werfen, haben wir eigentlich ständig etwas zu tun. Aber auch zur Schur im Frühsommer – da geht es ab wie auf dem Jahrmarkt, das kannst du dir nicht vorstellen. Nach der Schur müssen wir die Schafe ein paar Wochen genau beobachten – es kommt immer wieder zu Verletzungen und dann zu Entzündungen. Jetzt, im Sommer, ist es eher ruhig. Die meisten Herden sind draußen auf den Weiden. Wir haben zwei verschiedene Arten von Herden«, erklärte Otto ernst. »Einmal die, die wir für die Wolle halten. Sie leben draußen. Ihre Schäfer leben in Hütten an den Weiden und kümmern sich um sie. Dann haben wir die, die wir züchten und die Milch geben. Diese Schafe sind in der Nähe der Station. Nach ihnen sehen wir täglich.«

»Oh, Grundgütiger. Du befasst dich tatsächlich damit«, staunte Elsa. »Was genau musst du tun?«

Otto straffte stolz die Schultern. »Ich helfe beim Versorgen der Lämmer, bei der Schafschur, beim Auseinandertreiben der Herden, wenn wir die Lämmer von den Mutterschafen trennen.«

»Und was passiert mit den Lämmern, wenn sie von ihren Müttern getrennt werden?«

»Die männlichen Lämmer werden meist geschlachtet. Wir züchten nur ganz bestimmte Widder, die sich dann fortpflanzen dürfen. Andere werden kastriert, aber Hammelfleisch ist minderwertig, deshalb werden die jungen Widder meistens geschlachtet oder verschickt.«

»Verschickt?«

Otto lachte. »Du bist doch hierhergereist. Was glaubst du, passiert mit einem Schafkadaver, wenn er einen Tag im Frachtraum eines Schiffes gelagert wird und dann erst in Brisbane ankommt, um weiterverkauft zu werden?«

Elsa verzog das Gesicht. »Bis dahin ist das Fleisch verdorben.«

»Du bist nicht doof, aber das wusste ich schon. Richtig, Elsa – das Fleisch würde verderben. Deshalb schlachten wir nur für den Eigenbedarf. In Kuranda gibt es eine kleine Konservenfabrik, in Cairns eine größere und auch einen Schlachthof. Aber auch überschüssige weibliche Schafe verschicken wir dorthin.«

»Mit dem Zug?«

»Nein, sie werden als Herde hinuntergetrieben.«

»Die Armen«, seufzte Elsa.

»Typisch Stadtmädchen.« Otto verschränkte die Arme vor der Brust. »So ist es doch besser und wirtschaftlicher. Wir machen das nicht zum Spaß.«

»Du hast dich in der Tat verändert«, murmelte Elsa und dachte an die kleinen Beutelratten, die Otto immer heimlich im Hofschuppen aufgepäppelt hatte.

»Es gibt mehr Rinderstationen als Schafe hier oben. Rinder sind pflegeleichter, müssen nicht geschoren werden, und ihr Fleisch bringt mehr Geld. Der Wollpreis ist gefallen. Aber wir haben hier oben einige Wasserquellen, deshalb ist es uns möglich, die Schur sofort auszuwaschen, zu trocknen und zu pressen. Wir verschicken keine ungewaschene Wolle, sondern gesäuberte Vliese. Der Vorteil für uns ist – wir können auch Wollwachs gewinnen. Lanolin. Das erzielt gute Preise auf dem Markt, denn es wird als Salbengrundlage in der Medizin verwandt. Onkel George arbeitet an einem Verfahren, das Wollwachs noch besser zu reinigen.« Otto klang stolz.

»Wer ist Onkel George?«, wollte Elsa wissen.

Otto räusperte sich. »George Miller. Nach ihm ist die Station benannt. Sie gehört ihm.«

»Und er ist unser Onkel?«, fragte Elsa nach.

»Nein, natürlich nicht. Ich nenne ihn nur so. Dumme Angewohnheit«, nuschelte Otto und senkte das Kinn auf die Brust.

»Er gehört nicht zur Familie?«

»Nun sei doch nicht so dumm«, herrschte Otto sie plötzlich an. »Natürlich gehört er nicht zur Familie. Ich rufe ihn Onkel George, er ist ein Freund meiner Mutter, ihr Arbeitgeber. Verstehst du nicht?«

Elsa verstand es nicht wirklich, aber sie ahnte, dass dahinter eine Geschichte steckte, von der sie keine Ahnung hatte. So Geschichten schien fast jede ihrer Tanten zu haben, dachte Elsa plötzlich. Lily und Molly verhielten sich hier ganz anders als in Glebe, bei Großmutter, Till hatte ein dunkles Geheimnis, und bei Hannah schien einiges nicht zu stimmen. Darüber sprach keiner wirklich, es gab nur nebulöse Andeutungen.

Wer soll sich da schon durchfinden, fand Elsa.

»Und was ist nun mit dem Wollwachs?«, fragte Elsa, doch Otto wollte nicht mehr reden. Er drehte sich zur Seite und schaute Löcher in die Gegend. Dabei war das gar nicht nötig, die Landschaft war öde genug.

Einmal machten sie Rast, tränkten die Pferde und aßen eine Kleinigkeit. Molly hatte noch Sandwichs vom Schiff, und Lily hatte auch einen Imbiss mitgebracht, den sie kalt verzehrten. Es gab Schafskäse und Brot, getrocknetes Fleisch und ein wenig geräucherte Wurst.

Die Sonne brannte auf das Hochplateau, es gab kaum Bäume, die Schatten spendeten. Molly holte ihren Fächer hervor, benutzte ihn hektisch.

»Sag mir, dass das nicht so bleibt«, beschwor sie ihre Schwester. »Oder verrate mir, wie du das aushältst.«

»Das ist nur dies Stück Weg«, beschwichtigte Lily sie. »Dort hinten ist der Creek, dort haben wir eine bessere Vegetation. Und die Miller's Station liegt wirklich ganz entzückend und idyllisch. Wir haben einen kleinen See und zwei Bachläufe, die das Gelände bewässern.« Sie warf ihrer Schwester einen spöttischen Blick zu. »Du wirst schon nicht sterben, ich bin es in den letzten vier Jahren ja auch nicht.«

»Ich würde gerade viel für ein kaltes Bad geben«, stöhnte Molly.

»Badezimmer haben wir nicht«, sagte Otto und riss die Augen auf. »Nur zwei Außenduschen, die wir mit den Scherern und Arbeitern zusammen benutzen. Aber das Wasser dort ist erfrischend und kühl.«

»Wie bitte?«, fragte Molly und schluckte. Sie fixierte Lily mit ihrem Blick, der fast hätte töten können.

Lily räusperte sich, sah Otto an und dann wieder zu ihrer Schwester. Ihre Wangen wurden dunkelrot. »Nun ja, es ist eine Station, kein Hotel … was hast du erwartet?«, fragte sie mit erstickter Stimme.

»Ich kehre sofort um. Auf der Stelle. In Kuranda gibt es einen Inn? Dahin will ich. Die werden ein Bad haben«, sagte Molly entrüstet. »So etwas. Eine Außendusche. Es ist ja nicht zu fassen.«

Otto schnappte nach Luft, und Lily drehte sich um, senkte den Kopf, um dann plötzlich loszuprusten.

Elsa sah von einem zum anderen und begriff. »Otto, du bist ein Tasmanischer Teufel!«, rief sie. »Schlimmer als die schlimmste Beutelratte. Wie kannst du nur?«

Lily lachte haltlos, sie nahm ihre Schwester in den Arm. »Die Vorlage von Otto war zu schön, ich musste sie nutzen. Natürlich haben wir Badezimmer. Sogar mit fließendem Wasser aus den Hochtanks. Und Badeöfen. Keine Sorge, für dein Wohl wird gesorgt sein.«

Molly kniff die Augen zusammen und schnappte nach Luft. Dann aber fiel sie in das Gelächter ein. »Elsa hat recht, Otto«, keuchte sie und hielt sich die Seiten vor Lachen, »du bist ein Tasmanischer Teufel. Du hast mich veräppelt. Aber glaube mir, ich werde es mir merken und es dir heimzahlen.«

Die Situation hatte die Stimmung gelöst, und auf der Weiterfahrt sprach Otto wieder mit Elsa. Das Thema George Miller vermieden sie jedoch beide. Nach einer weiteren Stunde hatte sich die Umgebung abermals verändert. Es war sehr viel grüner geworden. Bäume wuchsen, der Busch war dichter geworden, und es schien auch kühler zu sein. Die Erde war immer noch mehr rot als braun, aber es staubte nicht mehr so sehr, sondern roch nach gutem und fruchtbarem Boden.

»Wir haben einen Gemüsegarten und Obstbäume«, erzählte Otto. »Es ist meistens wirklich wunderschön hier.«

Das werde ich ja sehen, dachte Elsa skeptisch.

Dann tauchte die Station vor ihnen auf. Sie war viel größer und imposanter, als Elsa es sich vorgestellt hatte. Der Wagen hielt vor dem weißgestrichenen Haupthaus, das von einer überdachten Veranda umgeben war. Dort standen Schaukelstühle, Tische und Sessel.

Das gefällt mir, dachte Elsa. Vielleicht ist ein Leben auf einer Station gar nicht so übel.

Bei Lily

Im Haus war es erstaunlich kühl. Die Fenster waren so angeordnet, dass die leichte Brise, die von den Bergen kam, durch das Haus strich. Durch die breite Veranda und den weiten Dachüberstand lagen die Hauswände im Schatten und speicherten deshalb nicht die Hitze der Sonnenstrahlen. Elsa blieb an der Tür stehen und blickte um sich.

Tatsächlich lag auf der Westseite des Geländes ein Teich, der herrlich blau schimmerte, umgeben von Araukarie-, Eukalyptusbäumen und Sträuchern. Ein kleiner Flusslauf speiste den Kratersee. Neben dem Haupthaus standen drei weitere Gebäude – der Scherschuppen, das Küchengebäude und die Unterkünfte der Arbeiter.

»Dort hinten«, sagte Otto und zeigte nach Norden, »sind die Hütten der Saisonarbeiter.«

Elsa kniff die Augen zusammen. »Warum sind sie so weit weg?«

»Die Saisonarbeiter reisen meist im Treck und manchmal sogar mit ihren ganzen Familien an. Sie wollen unabhängig sein, feiern oft sehr lange und ausgiebig und versorgen sich selbst.«

»Sie würden also nur stören?«

Otto nickte. »Es gibt auch eine gewisse Rivalität zwischen den Angestellten und den freien Arbeitern. Onkel George möchte keine Streitigkeiten.« Er nahm ihre Hand, und plötzlich veränderte sich Elsas Herzschlag. »Ich zeig dir jetzt dein Zimmer.«

Von der breiten Diele führte links eine Tür in das Esszimmer, rechts war das große Wohnzimmer. Elsa spähte hinein. Auf einem Tischchen stand eine Norfolktanne, die bereits weihnachtlich geschmückt war. Breite Sofas, tiefe Sessel und niedrige Tischchen füllten den Raum, der sehr gemütlich wirkte. An der Kopfseite war ein Kamin, in dem Holzscheite bereitlagen.

»Ein Kamin?«, fragte Elsa erstaunt.

»Nachts wird es hier erstaunlich kühl, selbst im Sommer manchmal. Vor allem, wenn der Regen einsetzt. Dieses Jahr hat es noch nicht länger geregnet, aber das kommt sicher noch.«

Im hinteren Teil des Gebäudes waren ein Teil der Schlafzimmer und ein großes Bad. Eine Treppe führte in das erste Geschoss, das allerdings kleiner war. Das Haus wirkt wie eine Pagode, dachte Elsa belustigt.

»Hier oben habe ich mein Zimmer, deines ist nebenan. Mutter, Tante Molly und Onkel George schlafen unten. Hier«, sagte er und öffnete eine Tür, »dies ist unser Badezimmer.«

Eine emaillierte Wanne stand auf der einen Seite, ein Waschbecken daneben.

»Nur für uns?«, staunte Elsa. »Wirklich?«

»Es gibt noch zwei weitere Gästezimmer hier, aber die sind nicht belegt. Hier oben ist es heißer als unten, aber meist ist es dennoch gut auszuhalten.«

Dann führte er sie zu ihrem Zimmer. Bett, Schreibtisch, Kommode und ein kleiner Tisch, auf dem eine Vase mit frischen Blumen stand, erwarteten sie. Sie sah sich um, lachte fröhlich und drehte sich im Kreis.

»Ein Zimmer für mich ganz allein. Ein Traum.« Dann blieb sie stehen. »Wobei ich das ab jetzt bei Großmutter auch haben werde, da Mina ja ausgezogen ist. Es kommt mir komisch vor.«

»Du wirst dich daran gewöhnen.« Otto schmunzelte. »Soll ich dir ein Bad einlassen?«

»Das wäre herrlich. Danke.«

Jemand hatte ihr Gepäck schon nach oben gebracht, und Elsa verstaute ihre Sachen in der Kommode und dem kleinen Schrank, den sie hinter der Tür entdeckt hatte. Alles war so aufregend und fremd, die ganzen Eindrücke der Reise machten sie schwindelig. Oder war das die Höhenluft? Otto hatte ihr erzählt, dass einige Leute empfindlich auf die Höhe reagierten. Aber sie war ja keine Mimose. Wahrscheinlich würde es ihr nach dem erfrischenden Bad und einer ordentlichen Mahlzeit schon bessergehen.

Das Wasser war angenehm lauwarm, die Seife duftete köstlich nach Lavendel. Elsa zog sich frische Sachen an, kämmte sich die nassen Haare und schaute aus dem Fenster. Es dämmerte schon, bald würde es dunkel werden. Im Kochhaus herrschte hektische Betriebsamkeit, und auch im Wohngebäude der Arbeiter gab es ein reges Treiben. Sie konnte Männerstimmen hören, Frauenlachen und Kinderweinen. Als sie angekommen waren, hatte eine dumpfe Stille über der Station gelegen. Jetzt wieherten die Pferde, zwei Kühe und mehrere Ziegen wurden von einem kleinen Jungen in den Stall getrieben. Die Kutsche, mit der Lily sie abgeholt hatte, stand neben einigen Leiterwagen und einer kleinen Gherry in der Remise. Auf dem Hof, im Schatten einer Akazie, lagen zwei schwarzweißgescheckte Hunde, die der Trubel nicht zu interessieren schien. Aus dem Kamin des Küchenhauses stieg Rauch, und zwei Chinesinnen liefen eifrig mit Schüsseln und Tabletts zum Haupthaus. Elsa hörte einen kleinen Gong von unten – das Essen wurde wohl aufgetragen.

Sie schlang ihre langen, immer noch feuchten Haare zu einem Knoten, trocknen würden sie auch so. Dann betrachtete sie sich noch einmal im Spiegel, nickte zufrieden und ging nach unten. Es duftete köstlich.

Petroleumlampen und Kerzen tauchten den Raum in warmes Licht, die Kristallgläser und das gute Porzellan funkelten.

Tante Lily trug ein dunkelblaues Kleid mit hohem Spitzenkragen, eine Kamee schmückte ihre üppige Brust. Das bodenlange Kleid war mit Volants geschmückt, das Haar hatte sie kunstvoll aufgesteckt. Sie wirkte so viel eleganter als am Nachmittag, dass Elsa staunte. Auch Tante Molly hatte sich umgezogen. Und trat lächelnd zu ihrer Schwester, die Feder in ihrer Frisur wippte fröhlich.

»Den Kragen hat Mutter genäht«, sagte sie.

»So wie deinen auch.« Lily lachte. »Gut siehst du aus, sehr vornehm.«

Das stimmt, dachte Elsa. Beide wirkten eher so, als wollten sie in Sydney in die Oper gehen und nicht auf einer Schafstation in Queensland zu Abend essen.

Elsa zählte die Gedecke am Tisch – es waren nur vier. Für wen hatten sich die Tanten so herausgeputzt?

Auch Otto hatte gebadet und saubere Sachen angezogen. Sauber, aber nicht zu elegant, stellte Elsa erleichtert fest, die ihr gutes Kleid zum Lüften ans Fenster gehängt hatte. Sie wollte es erst morgen anziehen.

Die beiden Chinesinnen kamen wieder in den Raum, stellten weitere dampfende Schüsseln auf den Tisch.

»Zuerst die Suppe, Hoa. Das hatte ich doch gesagt«, tadelte Tante Lily. »Den Rest später. Nimm das Fleisch und die Beilagen wieder mit und halte alles warm.« Sie drehte sich um und schüttelte den Kopf. »Ich habe das alles zigmal mit ihnen durchgesprochen, aber sie sind ein mehrgängiges Menü nicht gewohnt.« Dann lächelte sie. »Aber bitte setzt euch doch.«

Unsicher sah Elsa zum Tisch. Tante Molly ging zielstrebig zu dem Platz auf der einen Kopfseite, Lily zur anderen. Otto nahm in der Mitte Platz, und so blieb ihr das Gedeck ihm gegenüber. Der Tisch war zwar nicht klein, aber keineswegs so groß wie Großmutters.

»Zu wievielt seid ihr gewöhnlich?«, fragte sie verwundert. »Nur zu dritt?«

»Meinst du, der Tisch wäre zu klein?« Lily lachte. »Nun, er lässt sich bis auf vier Meter verlängern, wenn es gebraucht wird. Ich dachte aber, dass wir vier uns dann gar nicht wirklich sehen, geschweige denn miteinander reden könnten.«

»Wir sind gewöhnlich zu sechst«, beantwortete Otto ihre Frage. »Wilson, der Verwalter, McAllister und Hoffmann, die beiden Vorarbeiter, Hoffmanns Frau und wir.«

»Und was ist mit diesem Onk …«

»Mr Miller, der Besitzer der Farm, kommt nur ab und an«, unterbrach Lily sie. Sie warf Otto einen strengen Blick zu.

»Er wohnt gar nicht hier?«, fragte Elsa dennoch nach.

»Er hat hier natürlich Räumlichkeiten, mein Kind. Und er kommt auch regelmäßig vorbei.« Lily räusperte sich. Irgendetwas an dem Thema schien ihr unangenehm zu sein.

»Wo wohnt er denn dann?« Elsa schüttelte den Kopf. »Dies ist doch seine Station.«

»Es ist eine seiner Stationen.« Otto lachte leise. »Er hat noch drei weitere.«

»Und er fährt von Station zu Station? Immerzu? So, wie damals die Herrscher in Europa von Burg zu Burg reisten?«

»Schön, dass du im Geschichtsunterricht immer so gut aufpasst«, sagte nun Tante Molly. »Aber das ist kein Thema bei den Mahlzeiten. Ach, und da ist ja schon die Suppe.« Sie seufzte auf und klang erleichtert.

Was ist hier eigentlich los, fragte Elsa sich. Vielleicht würde Otto ihr später die Fragen beantworten, doch auch er hatte bei dem Thema Onkel George seltsam reagiert. So, als wäre der Mann ein Tabu.

»Und wo sind die anderen heute?«, hakte Elsa trotzdem nach.

»Wilson ist in Cairns über die Feiertage, Hoffmann und seine Frau sind bei ihren Familien in Adelaide. Sie werden erst in zwei oder drei Wochen wiederkommen. McAllister hat es vorgezogen, uns heute Abend allein zu lassen. Vermutlich wird er aber morgen mit uns speisen.« Tante Lily lächelte, es wirkte gezwungen.

»Wie kommst du mit ihnen aus?«, fragte Molly.

»Lisa Hoffmann ist eine einfache Frau, aber sie kann zupacken. Man kann keine Konversation mit ihr betreiben, aber sie lässt keine Arbeit liegen. Die beiden Vorarbeiter sind fleißige Männer. Wilson ist im Prinzip nicht übel, aber an Feiertagen trinkt er gern einen über den Durst, deshalb bin ich gar nicht böse darum, dass er in die Stadt gefahren ist.« Nun endlich lächelte Lily wieder. »Es gibt eine kräftige Bouillon mit Gartengemüse. Ich hoffe, sie schmeckt euch.«

Die beiden Chinesinnen reichten die gefüllten Teller herum, frisches, noch dampfendes Maisbrot stand auf dem Tisch. Elsa lief das Wasser im Mund zusammen.

Eine der Frauen schenkte ihnen Wein ein. Auch Elsas und Ottos Gläser füllte sie. Lily nickte ihr zu.

»Das ist leichter Weißwein, das darfst du.«

»Aber besser, ich verrate es Großmutter nicht«, murmelte Elsa.

Nach der Suppe gab es eine Pastete. Anschließend gegrillten Fisch und Salat, danach Roastbeef mit Gemüse und Kartoffeln. Als Nachtisch eine Creme.

»Der Salat war köstlich«, lobte Molly. »Ich wusste gar nicht, dass ihr auf der Station so gutes Essen habt.«

Lily lachte. »Wir haben eine irische Köchin für das Haupthaus und einen chinesischen Koch für die Arbeiter. Es hat eine ganze Weile gedauert, bis ich den beiden den typischen Einheitsbrei aus Hammeleintopf und Damper abgewöhnt habe. Wenn die Scherer kommen, ist es dennoch das Hauptgericht. Die würden einen Salat nicht essen. Sie würden nichts essen, was nicht mindestens zwei Stunden über dem Feuer gehangen hat. Aber Mutter hat mich in der Hinsicht sehr beeinflusst. Ich habe etliche ihrer Rezepte durchsetzen können, auch wenn es nicht ganz so wie zu Hause schmeckt.«

»Das Menü morgen ist noch besser, und übermorgen, am Weihnachtstag, werdet ihr platzen.« Otto grinste.

»Morgen ist doch Weihnachten«, sagte Elsa erstaunt.

»Hier nicht, mein Kind. Wir müssen uns den Gepflogenheiten der meist britischstämmigen Arbeiter anpassen.« Lily zuckte bedauernd mit den Schultern. »Hier wird am 25. Weihnachten gefeiert. Was uns aber nicht daran hindern wird, morgen die Kerzen am Baum zu entzünden. Ein wirklich deutsches Weihnachtsessen, so wie Mutter es zubereitet, kann ich euch jedoch leider nicht bieten.«

Elsa biss sich auf die Lippe und verkniff sich das Lachen. »Es gibt keine Gans?«, fragte sie dann.

»Doch.« Lily straffte resolut die Schultern. »Die gibt es. Aus unserem Stall. Allerdings«, bei den Worten sank sie wieder in sich zusammen, »etwas anders, als von euch gewohnt.«

Molly lachte auf. »Etwa chinesisch? Oder irisch?«

Lily räusperte sich. »Ich kann O'Kelly nicht davon abbringen, ihre Gewürze zu benutzen. Ich habe alles versucht, aber sie lässt nicht davon ab.«

»Es schmeckt aber«, sagte Otto leise. »Es schmeckt wirklich.«

»Daran zweifle ich nicht.« Molly schob den Stuhl zurück und stand auf. »Gehen wir jetzt in den Salon?« Sie nahm die silberne Zigarettenschachtel aus ihrer Handtasche und klopfte mit dem Zeigefinger darauf. »Ein Port wäre schön nach dem üppigen Essen.«

»Sicher.« Auch Lily stand auf. »Ich lasse den Kamin anzünden.«

Otto erhob sich, verneigte sich höflich, um sich dann wieder zu setzen. Elsa sah ihn verblüfft an.

»Bleib sitzen«, flüsterte er ihr tonlos zu.

Tante Molly hakte sich bei Lily unter, die beiden gingen über die Diele in das Wohnzimmer, beachteten Otto und Elsa gar nicht mehr.

»Willst du noch etwas trinken?«, fragte Otto Elsa.

»Trinken?«, sie sah ihn fassungslos an.

»Schnaps? Whisky? Portwein?«

»Trinkst du so etwas?«

»Manchmal. Der ist gut, den hat Onkel George mitgebracht.« Otto lächelte schief. »Keiner darf die Flasche anfassen. Es ist ein Single Malt aus Schottland.« Er stand auf, nahm die Flasche von der Anrichte und drehte sich lächelnd zu ihr um. »Die nehmen wir. Komm!«

»Aber … aber … aber, wo willst du hin?« Elsa erhob sich unsicher.

»Weg. Nach draußen. Eigentlich will ich hier weg.« Otto spuckte die Worte aus und stürmte in den Hof.

»Weg?« Elsa schaute sich um. Die Tanten saßen im Wohnzimmer am Kamin, erzählten und lachten.

Tatsächlich hatte es sich empfindlich abgekühlt, und Elsa zog fröstelnd die Schultern hoch, als sie Otto in den Hof folgte.

»Komm«, rief er und lief zur Remise. Hinter den Kutschen führte eine kleine Stiege nach oben.

Elsa zögerte.

»Nun komm schon«, forderte Otto sie wieder auf.

Langsam gingen sie nach oben. Otto hatte eine Kerze entzündet, die auf einem Tisch in der Mitte des Raumes stand. An der hinteren Wand befanden sich ein altes Bettgestell, daneben ein Waschzuber und eine Kommode.

»Wohnt hier jemand?«, fragte Elsa verwundert.

»Früher hatte hier der Kutscher seine Unterkunft. Jetzt ist er mit seiner Frau in eine der Schererhütten gezogen. Hier kommt niemand mehr hin.«

Die Kerze auf dem Tisch war schon sehr heruntergebrannt, daneben befanden sich die Stummel anderer Kerzen. Auf der Kommode standen einige saubere Gläser, ein Spültuch lag ordentlich gefaltet über einer der Stuhllehnen.

»Niemand? Es sieht so aus, als würde der Raum regelmäßig genutzt.« Elsa setzte sich, Otto holte zwei Gläser, schenkte beiden von der bernsteinfarbenen Flüssigkeit ein.

»Stimmt.« Er hob das Glas und trank.

»Es ist deine Zuflucht?«

»Richtig.«

»Aber du hast doch dein eigenes Zimmer im Haupthaus.« Elsa schüttelte den Kopf. »Außerdem hast du gesagt, dass es dir hier gefällt.«

»Meistens.« Otto schenkte sich abermals ein.

»Was ist denn bloß los mit dir? Du benimmst dich wie ein albernes Mädchen, so launisch bist du. Fast wie May.«

Otto starrte mürrisch auf den Tisch, knibbelte Wachsreste von der schrundigen Holzplatte.

»Gefällt es dir nun hier oder nicht?«

»Es ist wunderschön hier, findest du nicht? Warte ab, bis du noch mehr von der Station gesehen hast. Und ich liebe die Arbeit mit den Tieren«, sagte Otto leise.

»Aha.«

Er leerte das Glas, füllte sich wieder nach. Elsa wartete darauf, dass er fortfuhr mit seiner Erklärung, aber sie wartete vergebens.

»Wenn du nicht mit mir reden willst ...«, sagte sie schließlich und schob den Stuhl zurück.

»Ich kann nicht«, brummte Otto kaum hörbar.

»Warum? Was ist es denn?«

»Ahnst du es denn nicht?« Endlich schaute er auf und sah sie an, seine Augen glitzerten.

»Nein.« Elsa zog den Stuhl wieder heran. Behutsam nahm sie seine Hand, rechnete damit, dass er seine Finger hastig zurückziehen würde, doch er ließ die Berührung zu.

»Du bist so naiv«, seufzte Otto. »Es ist wegen Mama.«

»Tante Lily scheint es doch sehr gutzugehen. Sie wirkt lebhaft und entspannt und glücklich.«

»Ja, manchmal ist sie das auch.«

»Nicht immer?« Elsa spürte, dass er ihr etwas sagen wollte, dass sie etwas verstehen sollte, doch sie wusste nicht, was.

»Nein, natürlich nicht.« Es klang bitter. Jetzt entzog er ihr auch die Hand und stand auf. »Aber du verstehst das nicht.«

»Dann erkläre es mir.«

»Herrgott, Elsa!« Wütend stieß er seinen Stuhl zurück, so dass dieser polternd umfiel. Einer der Hunde auf dem Hof fing an zu bellen.

Ohne weiter auf sie zu achten, rannte er nach unten.

Du liebe Güte, dachte Elsa erschrocken, was ist bloß mit ihm los? Ihn belastet etwas, aber was mag es sein? Sie löschte die Kerze und stieg vorsichtig die steile Treppe hinunter.

Früher hätte er mir alles anvertraut, aber wir haben uns beide verändert. Ich habe gedacht, dass unser inneres Band, das uns immer verbunden hat, zwar dünn geworden ist, aber noch hält. Da habe ich mich anscheinend getäuscht.

Langsam ging sie zurück zum Haupthaus und schlang dabei die Arme um sich. Von Otto war nichts zu sehen. Aus den Unterkünften der Arbeiter ertönte fröhliches Lachen, und sie konnte Musik hören – jemand spielte auf einer Fiedel eine schnelle und heitere Melodie. Auch im Küchenhaus war noch Betrieb. Sie konnte das Klappern von Geschirr und aufgeregte, fremdländische Stimmen hören. Das musste der chinesische Koch sein.

Langsam stieg sie die Stufen zur Veranda empor. Auf einem der Schaukelstühle lag ein großes Umschlagtuch, das sie sich um die Schultern legte. Sie setzte sich und starrte in den Sternenhimmel. So hatte sie sich das Treffen mit Otto nicht vorgestellt. Die Enttäuschung darüber, dass er so seltsam abweisend zu ihr war, formte einen dicken Kloß in ihrem Bauch. Weihnachten, das war doch die Zeit der Besinnlichkeit, der Freude und des Friedens. Es war ein Fehler gewesen, hierherzukommen.

Was war nur mit Tante Lily? Machte sich Otto Sorgen um sie? Oder gab es ganz andere Probleme? Vielleicht war ihre Stellung ja gefährdet und die Zukunft unsicher. Oder war sie etwa krank und wollte es keinem sagen, grübelte Elsa.

»Ach du lieber Himmel«, hörte sie plötzlich Lily hinter sich sagen. »Und was machst du jetzt, Molly?«

Lily hatte das Fenster des Wohnzimmers geöffnet. Vorher hatte Elsa nur leises Stimmengemurmel der beiden Schwestern vernehmen können, doch nun konnte sie der Unterhaltung folgen.

So etwas macht man nicht, dachte Elsa, zog die Beine an, schlang die Arme um die Knie und drückte sich tief in den Schaukelstuhl. Sie versuchte, flach zu atmen, um sich ja kein Wort entgehen zu lassen.

»Was soll ich schon machen? Ich warte ab, genau wie du.« Molly seufzte.

»Wenn Mutter das erfährt …«

»Mutter weiß von ihm und mir.« Molly räusperte sich. »Ich weiß nicht, woher, aber sie weiß es.«

»Grundgütiger. Sie weiß es?« Lily klang entsetzt.

»Sie trägt es mit Fassung. Ihre größte Sorge ist, dass Papa es erfährt. Das darf nie geschehen.«

»Nun wirklich nicht, es würde ihn umbringen.« Lily schwieg einen Moment. »Meinst du, sie weiß auch … von mir?«

»Ich glaube, sie ahnt es. May lästert natürlich über deine Stellung hier draußen und lässt immer wieder kleine, schmutzige Andeutungen fallen.«

»Natürlich. Warum sollte May sich auch geändert haben. Dabei sitzt sie im Glashaus.« Lily lachte trocken, es klang nicht belustigt.

»Mutter fährt ihr immer über den Mund, und ich glaube, Vater will gar nicht verstehen, was sie da sagt.«

»Aber dass Hannah May bei sich aufgenommen hat, wo doch alle wissen, wie sehr sie Harry anhimmelt, verstehe ich nicht.«

»Hannah hat sich von der letzten Geburt noch nicht richtig erholt.« Molly seufzte. »Manchmal frage ich mich, ob es ein Segen oder ein Fluch ist, dass ich keine Kinder habe.«

»Ein Segen, Molly, glaub mir. Es ist ein Segen. Ich überlege, ob ich Otto nicht auf ein Internat schicken sollte. Er wird immer schwieriger. Vor allen Dingen jetzt, da Georges Frau nach all den Jahren doch schwanger geworden ist. Er wird sie jetzt ganz sicher nicht verlassen und zu mir stehen.«

»Wie viel weiß Otto denn?«

»Am Anfang war es ganz einfach. Er mochte George auf Anhieb, nannte ihn sofort Onkel. Die beiden haben viel Zeit miteinander verbracht. Das hat mich natürlich gefreut, Otto brauchte eine Vaterfigur. Doch seit einem halben Jahr wird er immer mürrischer, mag noch nicht mal mit uns essen, wenn George da ist. Und er stellt lauter spitze Fragen zu Georges Familie, ganz wie May es tun würde.«

»Was für Fragen?«

»Nun, so Sachen wie: Was macht deine Frau? Willst du sie nicht einmal mit auf die Station bringen?« Wieder seufzte Lily laut. »Oder: Habt ihr schon einen Namen für das Baby?«

»Und wie reagiert George?«

»Er ist unwirsch. Sein Verhalten Otto gegenüber hat sich verändert. Vorher war er sehr geduldig und liebevoll mit ihm …«

»Warum, denkst du, hat er sich verändert?«

»Ich kann es nur ahnen, Molly. Er hatte darüber gesprochen, seine Frau zu verlassen. Früher. Vor der Schwangerschaft. Und er hat auch darüber nachgedacht, Otto eine gewisse Stellung hier zu verschaffen. Aber nun ist alles anders, und Otto macht es auch nicht leichter dadurch, dass er George immer reizt.«

»Dieser Dösbaddel.« Genau wie die anderen Geschwister, hatte Molly eine Reihe Schimpfwörter von Großvater übernommen.

Lily lachte. »Dieser Ausdruck, das habe ich ja schon ewig nicht mehr gehört. Wie läuft es denn mit deinem Professor?«

»Er verbringt die Feiertage natürlich mit seiner Familie, so wie dein George auch. Ach, Lily, warum haben wir beide uns mit verheirateten Männern eingelassen?«

»Weil wir sie lieben?«

Elsa sog die Luft scharf zwischen ihren Zähnen ein. Das war es also, was Otto bedrückte – Lily hatte eine Affäre mit diesem Onkel George. Natürlich hatte sie die, jetzt machten auch all die kleinen Bemerkungen, die May über die Stellung ihrer Schwester auf der Station von sich gab, Sinn. Und Molly hatte eine Affäre mit einem der Professoren? Elsa wurde ganz schwindelig von diesen Informationen. Ihr wurde bewusst, wie indiskret ihre Lauscherei war, aber sie konnte jetzt unmöglich aufstehen und ins Haus gehen. Wo mochte nur Otto sein?

»Eigentlich mag ich es so, wie es ist«, sagte Molly nachdenklich. »Ich habe die guten Stunden mit ihm, auch wenn es nur wenige sind. Wenn er zu mir kommt, sind wir nur wir zwei, und die Welt um uns herum scheint weg zu sein. Wir essen, reden, lieben uns. Manchmal sitzen wir auch nur nebeneinander und lesen. Ich habe keinen Alltag mit ihm, aber deshalb auch keinen Streit um Socken, um Geld oder andere Dinge. Ich muss nicht mit ihm diskutieren, wenn ich mir neue Vorhänge kaufe oder so.«

»Aber du wachst nie neben ihm auf, oder nur selten. Du sitzt nicht Abend für Abend neben ihm am Kamin …« Lily klang sehnsuchtsvoll.

»Ich muss seine Socken nicht stopfen und seine Unterwäsche nicht waschen.« Molly schnaubte.

Lily begann zu kichern. »Da hast du natürlich recht. Magst du noch ein Glas Port?«

»Gern. Aber können wir ein paar Schritte an die Luft gehen? Ich habe das Gefühl, zu platzen. Es war köstlich, aber auch sehr reichlich. Für mich allein mache ich nie so einen Aufwand, und mit Wally gehe ich meist essen.«

»Habt ihr keine Angst, gesehen zu werden?«

Molly lachte. »Es gibt schon verschwiegene Lokale bei uns. Aber wir fahren oft nach Putney oder irgendwo anders hin. Seine Familie wohnt in Riverview, und seine Frau geht nicht gern aus.«

Elsa hörte das Rücken von Stühlen und Schritte in Richtung Diele.

Was mach ich denn jetzt?, fragte sie sich entsetzt. Die Tanten werden mich hier entdecken. Schnell stand sie auf und huschte um die Ecke. Die Veranda führte einmal um das Haupthaus herum. Hinten, so meinte sie sich zu erinnern, gab es auch einen Eingang. Und tatsächlich war dort eine Tür. Sie öffnete sie vorsichtig, spähte in den Flur. Rechts von ihr war die Treppe, die nach oben ging. Elsa zog die Schuhe aus und schlich sich in die obere Etage. An der Tür zu Ottos Zimmer blieb sie lauschend stehen, doch es war nichts zu hören. Sie überlegte, ob sie nachschauen sollte, ließ es aber dann. Erst einmal musste sie den heutigen Abend verdauen. Was sollte sie Otto nur sagen? Ganz sicher schämte er sich für seine Mutter. Oder er war wütend oder machte sich Sorgen, vielleicht aber auch alles auf einmal.

Elsa und Otto

»Aufstehen, Elsa!«, rief Molly fröhlich nach oben.

Elsa streckte sich, hielt die Augen aber erst noch geschlossen. Das Bett war herrlich weich und bequem. Sie lauschte auf die morgendlichen Geräusche. Es schien schon jetzt hektisch zuzugehen auf der Station. Aber natürlich, in einem Betrieb mit Tieren gab es keine Feiertage. Zweimal war sie auf dem Schiff aufgewacht, dort hatte sie das Klatschen der Wellen gehört, die Rufe der Matrosen und das Kreischen der Möwen. Die Schritte der Leute auf dem Deck klangen dumpf, wie Trommeln. Und die Luft auf See war ganz anders gewesen als im Hafen von Sydney.

Hier in den Tablelands war wieder alles ungewohnt und neu. Die Arbeiter redeten laut miteinander, aus dem Küchenhaus kam das Klappern von Töpfen und Pfannen, ein Vogel, den sie nicht kannte, schrie laut.

»Wir müssen die Herde auf die andere Weide bringen«, hörte sie eine tiefe Stimme sagen. »Otto, du kommst mit.«

Otto war also schon wach? Elsa sprang auf. Das Badezimmer war leer, aber der leichte Duft von Seife lag in der Luft. Eine Katzenwäsche musste reichen, schließlich hatte sie gestern erst gebadet.

Doch was sollte sie anziehen? Otto hatte ihr die Station zeigen wollen, aber nach seinem mürrischen Abgang gestern war sie sich nicht so sicher, ob er sie immer noch mitnehmen würde.

Sie hatte schon das ein oder andere Mal auf einem Pferd gesessen, aber wirklich sattelfest war sie nicht, und vor allem hatte sie nichts passendes anzuziehen.

»Liebes? Wo bist du?«, hörte sie Lily vor der Badezimmertür fragen. »Ich habe dir ein paar Sachen auf dein Bett gelegt – schau doch mal, was dir passt. Otto sagte, dass du mit auf die Weiden reiten wolltest. Du musst dich aber beeilen – sie satteln schon die Pferde.«

»Danke!«, rief Elsa und flocht sich die Haare zu einem straffen Zopf. Lily muss irgendwie Gedanken lesen können, dachte sie. Genau wie Großmutter. Ob ich das auch irgendwann mal lerne? Zu gern wüsste ich, was wirklich in Otto vor sich geht.

Verwundert nahm sie einen Rock hoch, der aussah wie eine sehr weit geschnittene Hose. Es war ein Jupe-Culotte, so etwas hatte sie schon in Sydney gesehen – allerdings als sehr extravagante Mode. Dieser Hosenrock jedoch war aus festem Stoff und ohne Verzierungen.

Sehr praktisch, dachte Elsa und schlüpfte hinein. Es fühlte sich ungewohnt an, auch fehlten ihr die Unterröcke. Fast schien es, als sei sie noch nicht wirklich bekleidet, auch wenn der Rock bis zu ihren Füßen reichte.

Lily hatte ihr außerdem zwei einfache weiße Blusen hingelegt, von denen Elsa nun eine anzog. Dann eilte sie die Treppe hinunter.

»Gut schaust du aus.« Lily lächelte ihr entgegen. »Wie hast du geschlafen?«

»Wie ein Stein. Herrlich!« Elsa drehte sich vor ihrer Tante im Kreis. »Habe ich es richtig angezogen?«

»Perfekt, wie für dich gemacht. Ich nehme an, dass du auf einem Pferd sitzen kannst?«

»Damensattel? Ja, ein wenig.«

Lily lachte laut. »So einen Schnickschnack haben wir hier nicht. Aber ich habe dir meinen alten Klepper satteln lassen. Es ist ein ganz lieber. Und McAllister wird auf dich aufpassen. Aber du musst dich beeilen. Schnell, iss etwas Brot und Rührei, damit du was im Magen hast. Chan hat schon ein Lunchpaket für euch fertiggemacht.«

Hastig schlang Elsa einige Bissen hinunter und spülte mit heißem, sehr süßem Tee nach. Sie war von gestern noch satt und mochte gar nicht viel essen. Außerdem drückte ihr die Aufregung den Magen zu. Wie würde sich Otto heute verhalten? Wie sollte sie ihm begegnen, nun, da sie von dem Geheimnis wusste.

Elsa warf Lily einen Blick zu. Ihre Tante sah gar nicht anders aus als gestern, und doch hatte sich etwas verändert. Vielleicht nur, weil ich nun etwas von ihr weiß, was ich vorher noch nicht einmal geahnt habe, dachte Elsa. Sie schob den Gedanken daran zur Seite, denn er beunruhigte sie. Eine Affäre, so etwas hatten doch nur Frauen aus einem ganz anderen Milieu. Schlechte Frauen, ohne Gewissen und Moral. Das passte weder zu Molly noch zu Lily, jedenfalls nicht so, wie Elsa die beiden kannte.

Sie wischte sich den Mund ab, holte einmal tief Luft und ging dann über die breite Veranda, die Treppenstufen hinunter und in den Hof. Die Luft war warm und trocken, über Mittag würde es sicher wieder heiß werden.

»Warte, Elsa!«, rief Lily hinter ihr her. »Du musst einen Hut tragen, sonst bekommst du einen Sonnenstich.« Sie hielt einen großen Strohhut in der Hand und schwenkte ihn.

Im selben Moment trat Otto aus dem Stall heraus und nickte Elsa zu. Zu ihrer Erleichterung wirkte er freundlich und nicht mürrisch. Er pfiff leise durch die Zähne. »Du siehst ja wie eine waschechte Farmerin aus.«

Elsa grinste. »Warte, bis ich auf dem Pferd sitze. Vermutlich werdet ihr mich festbinden müssen.«

»Hast du Angst?« Er trat zu ihr und berührte sie leicht am Arm.

Elsa schüttelte den Kopf. »Aufgeregt bin ich, aber Angst habe ich nicht. Wenn du reiten kannst, werde ich es auch lernen können«, sagte sie und grinste.

»Nicht frech werden.« Aber er lächelte zurück.

»Dort drüben, der alte Fuchs, das ist dein Pferd.« Otto nahm ihre Hand und führte sie über den Hof. »Wir haben allerdings keine Damensättel. Du schwingst das Bein über den Sattel und setzt dich rittlings. Die Füße kommen in die Steigbügel – meinst du, du schaffst das?« Er sah sie skeptisch an.

Gerade noch hatte sie sich selbst das gefragt, aber nun erwachte der Trotz in ihr, und sie streckte das Kinn nach vorn. »Selbstverständlich werde ich das schaffen. Ich habe ja schon ein paarmal auf einem Pferd gesessen.« Sie legte ihre Hände um das Sattelhorn, stieg mit dem linken Bein in den Steigbügel und wollte sich gerade hochziehen, als sie Ottos Hände auf ihrem Hintern spürte. Er hob sie an und gab ihr einen Stoß. Dann nickte er und rieb sich zufrieden die Hände.

»Oben bist du schon mal – aber halt dich gut fest, nach unten geht es bisweilen schneller.« Er lachte leise, setzte seinen Hut auf und schwang sich auf einen Rappen, der von einem der Aboriginekinder festgehalten wurde. Dann nahm er die Zügel und schaute zu McAllister, dem Vorarbeiter, der bereits aufsaß.

McAllister trieb sein Pferd neben Elsas Fuchs und tippte sich mit den Fingern an die Hutkrempe. »Wir sind uns noch nicht vorgestellt worden, gnädiges Fräulein. Ich bin McAllister, der Vorarbeiter.«

»Elsa te Kloot.« Sie spürte das Blut in ihre Wangen steigen.

»Gut festhalten«, sagte er grinsend und gab seinem Pferd die Sporen.

Doch der Fuchs dachte gar nicht daran, sich in Bewegung zu setzen. Alle ritten vom Hof, aber egal, wie sehr Elsa schnalzte und die Hacken in den Leib des Pferdes stieß, es blieb stehen.

»Verdammt!«, rief sie ärgerlich, als sie sah, dass Otto sich umdrehte, und klatschte dem Gaul mit der flachen Hand auf das breite Hinterteil. Der Fuchs schnaubte, trabte dann aber doch gemächlich hinter den anderen her.

Zuerst waren die Bewegungen sehr ungewohnt für Elsa. Aber schon bald hatte sie sich auf den Rhythmus des Pferdes eingestellt. Sie brachte es sogar dazu, noch etwas an Tempo zuzulegen, so dass sie aufholen konnte. Otto hatte seinen Rappen gezügelt und wartete auf sie.

»Ich dachte schon, du hättest es dir anders überlegt.« Otto grinste.

»Es gab ein paar Verständigungsprobleme zwischen dem Gaul und mir. Hat er eigentlich einen Namen?«

»Sam. Er heißt Sam.«

»Und deiner?«

»Tom. Und bevor du weiterfragst, das Pferd von McAllister heißt Magnus, und das von Mutter wird Sissi gerufen.« Er schnalzte mit der Zunge und stob davon.

»Los, Sam«, murmelte Elsa. »Lauf!«

Ob es daran lag, dass sie das Pferd mit dem Namen angesprochen hatte, oder einfach daran, dass es nicht zurückbleiben wollte, wusste Elsa nicht. Jedenfalls legte Sam einen Schritt zu und trabte hinter den anderen her. Elsa beobachtete Otto, er hob und senkte sich mit den Bewegungen seines Rappen, und sie versuchte, es ihm gleichzutun. Es war anstrengend, aber so hatte sie nicht mehr das Gefühl, gleich hinuntergeschüttelt zu werden, sondern sich im Einklang mit dem Tier zu bewegen.

Die Landschaft war wunderschön, die Wiesen saftig und die Luft klar.

Noch drei weitere Arbeiter waren mit ihnen gekommen. Einer davon war ein Aborigine. Tante Lily hatte gesagt, dass sie einige einheimische Arbeiter auf der Station beschäftigten, aber bisher hatte Elsa nur zwei entdecken können.

Heute, so hatte ihr Otto erklärt, würden sie einen Teil der Schafe näher an die Station herantreiben.

Sam holte auf, und sie ritt endlich wieder neben ihrem Cousin.

Otto nickte ihr anerkennend zu. »Das machst du gut.«

Elsa schnaufte, sie hatte es sich nicht so anstrengend vorgestellt. Lange, dachte sie, halte ich das nicht durch. Aber sie wollte keine Schwäche zeigen.

Zum Glück verlangsamte McAllister das Tempo. »Wagga, wo ist die Herde?«

Der Aborigine lenkte sein Pferd zum Vorarbeiter. »Sie müssten nördlich des Creeks sein. Da waren sie auf jeden Fall noch vor zwei Tagen.«

»Dann teilen wir uns hier auf«, beschloss McAllister. »Otto, du bleibst hier und passt auf, dass die Tiere nicht nach Süden laufen. Wir versuchen, hinter sie zu kommen und sie hierherzutreiben. Wagga, du und George reitet westlich und sperrt ihnen dort den Weg ab.« Er pfiff den Hunden und gab seinem Pferd die Sporen. Diesmal hatte Elsa Mühe, Sam zurückzuhalten, er wollte den anderen folgen.

»Ho!«, rief Otto, der schon abgesprungen war und griff ihr in die Zügel.

Sie waren am Rand eines nach Süden sanft abfallenden Plateaus unter einer Gruppe großer Eukalyptusbäume. Otto schaute sich um und nickte. »Einen guten Rastplatz hat uns McAllister ausgesucht.«

»Wir bleiben hier?« Vorsichtig schwang Elsa sich vom Pferd. Ihre Beine schienen aus Kautschuk zu sein, und sie hielt sich einen Moment lang am Sattel fest.

»Ja, wir warten jetzt, bis die Herde kommt.« Er stützte sie, führte sie zu einem Baumstamm, der am Boden lag. Davor war eine Feuerstelle.

»Möchtest du Tee?«, fragte Otto. »Ich könnte Feuer machen und den Tee erwärmen, den uns O'Kelly, die Köchin, eingepackt hat.« Er schnaubte. »Lange wird sie nicht mehr bei uns bleiben, fürchte ich.«

»Ich trinke den Tee auch so.« Elsa streckte ihre schmerzenden Glieder. »Jetzt sofort«, sagte sie grinsend und streckte die Hand nach dem Blechbecher aus. »Ich habe das Gefühl, völlig ausgetrocknet zu sein. Dabei ist es gar nicht so heiß.«

»Es ist eine trockene Hitze, die nimmt man anders wahr.« Otto schenkte ihr den Becher voll und reichte ihn ihr.

»Was du nicht alles weißt.« Elsa lachte leise. »Warum wird die Köchin gehen?«

»Sie ist noch nie mit Mutter klargekommen, aber diese Weihnachten war die Krönung. Mutter möchte euch ein richtiges Weihnachtsmenü servieren lassen – nach Großmutters Rezepten. Das passt

O'Kelly nicht. Überhaupt gefällt es ihr nicht, was Mutter so treibt.« Er biss sich auf die Lippe.

Elsa senkte den Kopf. Sie wusste nun, worauf Otto anspielte, aber sie hatte immer noch keine Ahnung, wie sie damit umgehen sollte.

»Was habt ihr denn sonst zu Weihnachten gegessen? Deine Mutter hat uns ja eine Gans versprochen.«

»Es gab Schinken, wohl nach einem irischen Rezept. Der war auch lecker. Weißt du, eigentlich geht es darum, dass ihr hier seid, glaube ich. Wir sind auf einer Schafstation – da gibt es so etwas wie Ferien und Feiertage selten. Ja natürlich, Wilson und die Hoffmanns sind abgereist, aber McAllister könnte gar nicht auch noch weg, selbst wenn er wollte.«

»Warum nicht? Es ist Weihnachten?« Elsa sah ihn erstaunt an.

»Meinst du, die Schafe wissen das?« Otto lachte. »Die Arbeit muss getan werden. Letzte Woche haben wir die eine Herde ans Haus getrieben, die Widder aussortiert, entweder kastriert oder weggebracht, heute ist die andere Herde dran. Ja, es läuft alles ein wenig ruhiger als gewöhnlich, aber die Schafe haben dieses Jahr, sehr zu Wilsons Missfallen, erst spät gelammt. Die meisten Lämmer hatten wir erst Ende Oktober, viel später als sonst. Das lag sicher an dem nassen Winter und der langen Regenzeit. Die Herden draußen, die Wollschafe, lammen im Herbst. Wilson will das umstellen, er streitet mit Onkel George noch darüber.«

»Das verstehe ich nicht. Gibt es nicht feste Zeiten, in denen die Tiere tragen? Unsere Katzen werfen im Mai, also im Herbst, und im September – im Frühjahr. Wie ist das bei Schafen?«

»Schafe werfen im Frühjahr, normalerweise.«

»Normalerweise?« Elsa lachte, trank den Becher leer und nahm ihm die Kanne aus der Hand, schenkte sich nach. Ihr Hals schien ausgedörrt zu sein.

»Wo kommen Schafe her?«, fragte Otto und zog die Augenbrauen hoch.

»Aus Europa?«, fragte Elsa zurück. »Ja, aus Europa. Hier gab es keine vorher.«

»Richtig. Und in Europa ist im März Frühjahr.«

»Stimmt. Das hatte ich ganz vergessen. Die haben ja ganz falsche Jahreszeiten. Sie haben jetzt dort Winter.«

»Genau. Und wir haben Sommer. Außerdem ist es dort viel kälter als hier. Vor allem in ihrem Winter, deshalb kommen die Lämmer dort im März – dann haben sie noch den Sommer vor sich mit den saftigen Weiden und den Herbst, um ein dickes Fell zu bekommen, und können so den Winter überstehen. Aber Tiere achten nicht auf das Wetter, also nicht langfristig.« Er runzelte die Stirn. »Ich versuche es dir zu erklären. Wenn du jetzt zu deiner Schwester Carola fahren würdest, um Weihnachten mit ihr zu feiern, was würdest du dann einpacken?«

Elsa überlegte. »So wie sie es schildert, gibt es dort Eis und Schnee. Hast du schon mal Schnee gesehen, Otto?«

»Natürlich. Auf den Bergen liegt Schnee. Daher bekommen wir unser Eis«, brummte er.

»Ich würde warme Sachen einpacken.«

»Gut. Aber Schafe sind dumm, es sind Tiere. Sie denken immer noch, auch wenn sie schon hundert Jahre in Australien sind, dass es im Dezember kalt wird. Deshalb werfen sie vor allem im März. Das ist nicht so schlimm, aber dennoch wächst inzwischen ihre Wolle dichter, wenn es tatsächlich kälter wird – also im August. Und Lämmer sterben eher, wenn es kühler und nasser ist – in unserem Winter. Besser ist es also, wenn sie im Frühjahr, also in der Zeit von September bis November, werfen.«

»Kann man das beeinflussen?«, fragte Elsa erstaunt.

»Ja, natürlich. Sie brauchen Widder, um in die Hitze zu kommen. Unsere Aufgabe ist es, die jungen Widder jetzt von der Herde zu trennen, zu schauen, ob die Schafe nach der Schur von Fliegenmaden befallen sind, und die Zuchtschafe herauszunehmen. Deshalb treiben wir die Herden zusammen. Diese Herden leben im Umkreis von ein bis zwei Stunden von der Station entfernt. Die anderen sind weiter weg, auf den höheren Weiden. Dort gibt es Leute, die nach ihnen schauen.«

»Was ist mit den Leuten? Wann kommen sie zur Station?«, wollte Elsa wissen.

»Alle paar Tage kommt jemand und holt neue Vorräte. Oder jemand fährt mit dem Karren dorthin und versorgt sie. Das zu regeln ist unter anderem Aufgabe meiner Mutter.«

»Wie viele Außenstationen gibt es denn?«

»Wir haben nur drei, die Miller's Station ist eher klein. Wir haben nur achttausend Schafe.«

»Achttausend? Das klingt aber nicht klein.«

»Ist es aber. Wirklich. Es gibt Stationen, die haben zwanzig- oder dreißigtausend Tiere. Da ist Miller's Station noch recht klein.«

»Und was macht ihr jetzt mit der Herde?«

Otto runzelte die Stirn, legte einen Zeigefinger an die Lippen. »Hörst du das?«, wisperte er.

Elsa lauschte, konnte aber nichts hören als den Wind, der durch die Bäume strich.

Otto legte eine Hand auf den Boden. »Da kommt etwas, aber es ist nicht die Herde.«

»Was?« Elsa sah ihn erstaunt an und tat es ihm gleich. Unter den Bäumen war nur flaches Gras oder rotstaubiger Boden. Erst spürte sie nichts, dann ein leichtes Vibrieren. »Was ist das?«

»Vermutlich haben sie ein paar Kängurus aufgescheucht«, meinte Otto achselzuckend und packte das Lunchpaket aus. »Du hast nicht wirklich gefrühstückt, oder?«

»Woher weißt du das?«

»Weil du nicht mit uns am Tisch gesessen hast, als es Frühstück gab.« Er zwinkerte ihr zu. »Hast du Hunger?«

Jetzt wäre die Gelegenheit, um ihn auf den gestrigen Abend anzusprechen, doch Elsa ließ den Moment vergehen.

»Wir haben getrocknetes Kängurufleisch, natürlich Damper und Stew – vermutlich auch mit Känguru. Das Stew könnte ich warm machen.« Er schaute nach oben, nickte und sammelte dann einige Äste ein und entfachte ein Feuer. »Es wird sowieso noch dauern.«

Elsa stand auf und schaute sich um. So weit sie sehen konnte, wogte das Gras, unterbrochen von Inseln aus Bäumen und Sträuchern. Über ihnen stand am blauen Himmel die sengende Sonne, und obwohl es hier auch viele Eukalyptusbäume gab, waren die Farben anders als in den Blue Mountains.

Es war heiß, aber nicht drückend heiß. Eine trockene Hitze, die durch den sanften Wind, der von den Bergen kam, gemildert wurde.

»Was wird noch dauern?«, wollte sie wissen.

»Bis die Herde kommt.«

»Aber ich höre schon was.«

»Das sind Kängurus oder vielleicht auch einige Emus, die aufgescheucht wurden. Sie sind viel empfindlicher als Schafe.« Er runzelte die Stirn und stand auf, lauschte. »Da. Sie kommen von dort.« Er zeigte nach Norden, dorthin, wohin McAllister geritten war. »Ja, das müssen Kängurus sein. Manchmal haben wir hier auch einige der grauen Riesen, meist sind es aber Wallabys, die hier leben.«

»Ist es eine Herde? Eine größere Gruppe?«, fragte Elsa. »Müssen wir Schutz suchen? Beißen sie? Ich habe gehört, sie können ganz furchtbar treten.«

»Du bist tatsächlich ein Stadtmädchen«, sagte Otto lachend. »Selbst wenn es welche von den grauen Riesen sind, musst du keine Angst haben. Sie greifen nicht an. Kängurus sind meistens Einzelgänger, sie leben höchstens als Paar zusammen oder in kleinen Gruppen, aber nicht im Rudel. Und sie haben mehr Angst vor uns, als wir vor ihnen. Im Winter jagen wir sie gern, denn das Fleisch ist köstlich. Aber das weißt du sicherlich.«

»Großmutter kocht nicht mit Kängurufleisch«, sagte Elsa. »Weißt du das nicht mehr?«

»Stimmt. Allunga hat manchmal Wallaby auf dem Markt gekauft, und Großmutter wollte, dass sie es den Hunden gibt. Es landete dann doch im Eintopf, und Großmutter hat es nicht bemerkt.«

»Doch, ich glaube, das hat sie wohl. Aber an gutes Fleisch zu kommen ist nicht immer leicht, wenn man kein Geld hat.« Elsa seufzte. »Ich werde es später besser haben. Ich werde einen guten Beruf erlernen und Geld verdienen.«

Otto zog sie unter die Bäume. »Dahinten kommen sie. Auch wenn sie im Prinzip ungefährlich sind, wilden Tieren in Panik sollte man nie gegenübertreten«, wisperte er ihr zu. »Hier unter den Bäumen sind wir geschützt, denn sie wollen in die offene Ebene, weg von den Geräuschen der Treiber und der Schafherde.«

Gespannt sah Elsa nach Norden. Erst war nur eine rote Staubwolke zu sehen, sie spürte den Boden unter ihren Füßen beben. Aus einem kleinen Wäldchen erhob sich eine Gruppe Kookaburra in die Lüfte, die ihren lauten Warnruf Koo-koo-koo-ka-ka-ka ausstießen, was wie hämisches Gelächter klang. Elsa lief ein Schauer über den Rücken. Alles war so fremdartig hier.

Und dann kamen die Kängurus. Es waren etwa fünfzehn große Graue, angeführt von einem riesigen Männchen.

»Oh mein Gott«, flüsterte Elsa und drückte sich an Otto. Er legte ihr den Arm um die Schultern.

»Hab keine Angst, sie wollen nicht zu uns, sondern weg von uns.«

Tatsächlich sprangen sie, ohne auch nur anzuhalten, an ihnen vorbei über die Ebene und die sanfte Senke hinunter in das nächste Tal.

»Wohin fliehen sie?« Elsa schaute ihnen nach.

»Dort hinten ist Wald. Da werden sie sich vermutlich verstecken.«

»Ich habe noch nie so viele große Graue auf einmal gesehen«, sagte Elsa, die immer noch ganz beeindruckt war. »Manchmal verirrt sich ein Wallaby an den Stadtrand, und auch in den Blue Mountains habe ich schon welche gesehen, aber nie so viele …«

Otto grinste. »Ja, das Leben hier oben birgt so manche Überraschung.« Er sammelte noch ein paar trockene Zweige ein, entfachte dann ein Feuer. Aus seiner Satteltasche hatte er die Verpflegung geholt, die ihnen O'Kelly eingepackt hatte. Einen Henkelmann aus

Blech, den er geschickt auf den Steinen der Feuerstelle platzierte. Dazu gab es natürlich Damper, das Brot der Viehtreiber und Einheimischen, ein flaches, trockenes Fladenbrot, das ohne Treibmittel hergestellt wurde.

»Mutter lässt auch richtiges Brot backen, hat immer einen Vorrat an Sauerteig, aber die Arbeiter bevorzugen Damper.«

Elsa tunkte eine Ecke des Brotes in das Stew, das inzwischen köchelte und herrlich duftete.

»Ungewohnt, aber lecker.« Sie nickte anerkennend. Dazu tranken sie den gesüßten starken Tee.

Immer wieder schaute Elsa nach Norden zu der Stelle, wo die Kängurus aufgetaucht waren, aber lange Zeit war weder etwas zu hören noch zu sehen.

Sie dösten im Schatten der Bäume, erzählten sich dies und das, aber beide mieden gefährliche Themen wie die Familie oder ihre Zukunft. Otto berichtete von dem Leben auf der Station, von lustigen oder auch traurigen Erlebnissen mit den wandernden Scherern.

»Wir wohnen halt weitab. Bis zum Arzt in Kuranda sind es ein paar Stunden. Deshalb ist Mutter für Verletzte oder Kranke zuständig.«

»Wirklich? Aber sie hat doch gar keine Ausbildung im medizinischen Bereich.«

»Tante Till hat ihr das medizinische Lexikon von Helferich geschickt.« Er biss sich auf die Lippen. »Da sind anatomische Zeichnungen drin. Willst du es mal sehen? Mutter schließt es zwar immer in ihrem Schrank ein, aber ich weiß, wo der Schlüssel ist.« Otto grinste schelmisch.

»Oh ja! Großmutter hat auch so ein Buch, und es ist uns bei Strafe verboten, es in die Hand zu nehmen. May hat sich aber noch nie an Verbote gehalten«, sagte Elsa und lachte leise. »Einmal hat Großvater sie mit dem Buch erwischt, da war die Hölle los. Er hat sie mit der Axt in den Händen durch den Hof gejagt, bis sie sich im Abort verschanzt hat. Wäre Großmutter nicht gekommen und hätte eingegriffen, wer weiß, ob er das Häuschen nicht zerlegt hätte und May gleich mit.«

»Hast du schon mal in das Buch geschaut?«

Elsa spürte, dass sie rot wurde. »Ja«, hauchte sie. »Da sind Zeichnungen drin, na weißt du …«

»Anatomie.« Otto nickte. »Ganz schön interessant.«

Elsa dachte an die Zeichnungen der nackten Menschen, die man aufklappen konnte, um in ihr Inneres zu sehen. Es war ihr peinlich gewesen, vielleicht aber auch deshalb, weil es ihr verboten war. Trotzdem hatte das Gespräch einen seltsamen Verlauf genommen. Otto sah sie an, ihre Blicke tauchten ineinander. Da war es wieder, dieses Gefühl der absoluten Vertrautheit von früher.

In diesem Moment hörten sie ein dumpfes Grollen. Elsa schaute zum Himmel, dessen Blau kein Wölkchen trübte.

»Was ist das?«, fragte sie verstört und sprang auf.

»Das sind die Schafe.« Hastig packte Otto die Sachen zusammen und stopfte sie in die Satteltasche. Das Feuer war schon erloschen, dennoch schaufelte er Sand auf die Feuerstelle.

»Und nun?« Elsa merkte, wie nervös sie war. »Was müssen wir tun?«

»Du musst gar nichts tun. Ich mache das schon.« Plötzlich lag eine für sie unbekannte Ernsthaftigkeit in seiner Stimme. Er war nicht mehr der kleine Junge, er war ein Mann, ein vollwertiges Mitglied der Station, mit Aufgaben, die er erfüllen musste.

»Komm, sitz auf«, drängte er sie und half ihr in den Sattel. »Halt die Zügel straff. Sam ist zwar ein ruhiger Geselle, doch bei so einem Auftrieb kann auch er schon mal die Nerven verlieren.«

»Die Nerven verlieren? Wie meinst du das?«, fragte Elsa und schluckte.

»Es wird schon nichts passieren, bleib einfach nur an meiner Seite.« Er schwang sich auf seinen Rappen und starrte zu dem Wäldchen im Norden. Von dort kam die Herde, das war an den großen Staubwolken zu sehen.

»Wie viele sind es?«

»Tausendfünfhundert in etwa, schätze ich.« Ottos Rappe tänzelte nervös, während Sam noch ruhig Grashalme abrupfte und genüsslich kaute.

Das Donnern der Hufe schallte über die Ebene, Spannung, wie vor einem Gewitter, schien in der Luft zu liegen.

»Schau«, rief Otto Elsa zu, »hier hinter uns, dort, wo die Kängurus hingeflohen sind, fällt die Ebene ab, und weiter hinten liegt ein großes Waldgebiet. Die Schafe würden, genau wie die Kängurus, diesen Weg wählen. Wir müssen sie aber nach Osten treiben, dort vorn hin, dort am Gebüsch vorbei und den Hang hoch zur Station. Nach unten geht es schneller, deshalb werden sie freiwillig nicht nach oben laufen. Also müssen wir ihnen den Weg nach unten absperren.«

»Wir beide? Gegen tausendfünfhundert Schafe? Das ist Irrsinn!« Elsa schüttelte entsetzt den Kopf.

Otto lachte. »Schafe sind feige. Und kurzsichtig. Und jetzt sind sie in Panik. Wir müssen hier auf und ab reiten, sie sehen die Bewegung, und sie erkennen uns als Hindernis. Also laufen sie in eine andere Richtung. Wagga und die anderen kommen von Westen und sperren ihnen dort den Fluchtweg ab, und McAllister ist hinter ihnen und treibt sie voran.«

»Das klappt?«

Otto lachte. »Bisher hat es jedenfalls immer funktioniert.«

Und dann stürmten die Schafe den Hang herunter. Eine Wand aus graubraunem Fell in einer Wolke roten Staubs. Blöken und das schrille Schreien der Lämmer erfüllten die Luft, der Boden vibrierte unter den Tausenden von Hufen.

»Halt die Zügel straff!«, schrie Otto Elsa zu, nahm seinen Hut und gab dem Rappen die Sporen.

»Hey! Hey! Hey!«, rief er und schwang wild seinen Hut. Die Hunde liefen um die Herde herum, bellten und trieben die Tiere zusammen.

Woher wissen die Hunde, wohin sie die Schafe treiben müssen, grübelte Elsa und nahm sich vor, Otto das später zu fragen. Aber es schien zu funktionieren. Die Schafherde kam zwar erst auf sie zugestürmt, doch Otto schrie und schwenkte, was das Zeug hielt.

Wenn er das kann, kann ich es auch, dachte Elsa, löste die Bänder des Strohhuts und gab Sam die Sporen.

»Kusch, Kusch!«, schrie sie und schwenkte den Hut. Für einen Moment schienen die Schafe voller Ehrfurcht zu erstarren, dann drehten sie sich um. Eines rannte in die andere Richtung, und alle anderen folgten. Auf der anderen Seite waren Wagga und seine Leute. Auch sie standen in den Steigbügeln, schrien und schwenkten Hüte und Halstücher. Wieder wich die Herde zurück und rannte nun den Weg, den sie nehmen sollte – den Hügel hinauf und durch die Enge des Busches bis auf das nächste Plateau. Durch die Engstelle mussten sie sich hindurchzwängen, aber bis auf wenige Verluste schafften es alle Schafe.

»Yeah!«, rief Otto. »Yeah!«

McAllister und die anderen folgten der Herde, Otto und Elsa blieben zurück. Otto sprang vom Pferd und sammelte die totgetrampelten Lämmer ein, band ihre Läufe zusammen und legte sie hinter seinen Sattel. Es waren bestimmt zehn. Elsa wandte den Kopf ab, sie wollte das nicht sehen. Auch einige ältere Schafe lagen blökend und verletzt auf dem Boden.

»Was geschieht mit ihnen?«, wollte sie wissen. »Wir können sie doch nicht hier so liegen lassen, so sterben sie doch.«

Otto nahm eine Pistole hervor und erschoss die verletzten Schafe. »Ja, sie sterben«, sagte er dann. »Das ist der Lauf der Dinge.«

Entsetzen machte sich in Elsas Magen breit. »Wie kannst du nur …«

»Die Arbeiter kommen morgen und sammeln ein, was die Dingos und die Greifvögel von ihnen übriggelassen haben. Es ist eher minderwertiges Fleisch, und auch das Vlies ist nicht mehr brauchbar.« Er bestieg seinen Rappen und sah seine Cousine an. »Du weinst ja«, sagte er überrascht.

»Du hast sie einfach erschossen«, schluchzte Elsa. »Einfach so.«

»Sie haben sich die Läufe gebrochen. Das ist der Lauf der Natur, daran können wir nichts ändern. Immerhin habe ich sie erschossen – ein schneller und kein qualvoller Tod.« Er lenkte sein Pferd neben Sam, berührte Elsas Arm. »So ist das hier auf einer Schafstation. Das sind Nutztiere, keine Haustiere.«

»Früher hast du jede Beutelratte gerettet, die keine Mutter mehr hatte, jedes Kätzchen, das Großvater ertränken wollte.«

Otto zuckte zurück. »Das war in der Stadt. Wir können uns hier so eine Mildtätigkeit nicht leisten, Elsa. Tiere sind da, um Ertrag zu bringen. Die toten Lämmer wird O'Kelly verarbeiten. Aber diese toten Schafe«, er zeigte um sich, »sind Ausschuss. Sie taugen höchstens als Hundefutter.« Er schaute in den Himmel, die ersten Geier kreisten schon dort. Bald würden die Dingos kommen. Die Raubtiere wussten inzwischen, die besten und einfachsten Mahlzeiten gab es in der Nähe der Menschen. »Los, wir müssen nach Hause.«

Weihnachten

Es dauerte noch ein paar Stunden, bis sie die Schafe in die Pferche getrieben hatten. Die Sonne hatte heiß und sengend über ihnen gestanden, und Elsa war froh über den Strohhut gewesen, den Lily ihr gegeben hatte.

Sie mussten kontrollieren, welche Tiere am schlimmsten verletzt waren, und diese von der Herde trennen. Dann musste Wasser und Silage zum Gatter gebracht werden.

»Morgen werden die Arbeiter anfangen, die männlichen Lämmer auszusortieren«, erklärte Otto und wischte sich mit dem Unterarm den Schweiß von der Stirn.

Heute war Heiligabend, fiel Elsa ein, morgen Weihnachten.

»Aber es sind doch Feiertage.«

»Älter als zehn Wochen sollten die Widder nicht sein. Lieber jünger. Das ist Schlachtvieh. Aber die Mütter können wir noch etwa zwei Monate melken und aus der Schafsmilch Käse bereiten. Dies ist ein Betrieb, Elsa, kein Zoo.« Otto senkte den Kopf. Er schien zu spüren, dass sie Probleme damit hatte.

Elsa legte ihm die Hand auf den verschwitzten Arm. »Ich weiß«, sagte sie leise. »Musst du morgen auch arbeiten?«

Er schüttelte den Kopf. »Nein. Wir haben Besuch. Euch.« Er lachte leise.

»Und wenn wir nicht da wären?«

»Eigentlich haben wir die Herden immer bis Anfang Dezember durch, nur diesmal hat uns das Wetter einen Strich durch die Rechnung gemacht. Dies war die letzte Herde, die wir eintreiben, trennen, versorgen und wieder wegtreiben müssen.«

»Das Wetter?« Elsa schaute sich um. »Es ist warm, aber traumhaft.«

Wieder lachte Otto. »Weil du keine Ahnung hast.« Er hob den Sattel von seinem Pferd und legte ihn auf den Halter an der Wand des Stalles.

»Ich mach das schon«, sagte ein halbwüchsiger Aborigine zu Otto und grinste Elsa breit an. »Du und Misses jetzt Feierabend.«

»Danke, Mandu.« Otto nahm sein Halstuch ab und rieb sich damit über den Nacken.

Elsa lächelte Mandu zu, aber er erwiderte das Lächeln nicht.

»Sind sie uns nicht wohlgesonnen, die Aborigines hier?«, wisperte Elsa Otto zu, während sie den Stall verließen. Schwärme von Fliegen schienen nur darauf gewartet zu haben, sich in der Dämmerung auf die verschwitzten Menschen zu stürzen. Ärgerlich wedelte Elsa mit ihrem Hut in der Luft.

»Die Fliegen sind uns ganz sicher nicht wohlgesonnen.« Otto nahm ihre Hand. »Komm, lass uns schwimmen gehen.« Er zog sie mit sich zu dem Weiher, der unweit der Häuser lag.

»Schwimmen?«

»Ja, wir haben einen Steg dort hinten, hinter den Akazien. Das Wasser ist herrlich erfrischend, es gibt nichts Besseres, als nach einem Ausritt dort schwimmen zu gehen.«

»Aber … aber ich habe gar keine … ich meine … wie sollen wir da … Otto …«, stotterte Elsa und versuchte, sich aus seinem Griff zu befreien.

Otto lachte nur. »Stell dich nicht so an, Elsa. Wir sind doch früher auch nachts im Lake Northam schwimmen gegangen oder am Bondi Beach, wenn uns Großvater mitgenommen hat.«

Endlich schaffte es Elsa, sich aus seinem Griff zu befreien. Sie blieb stehen und schaute zum Haupthaus. Es wurde inzwischen dämmerig, und jemand entzündete im Haus die Lampen.

»Das war früher, Otto. Wir waren Kinder. Und wir hatten … hatten … hatten …«

»Was hatten wir?«, fragte er lachend.

»Handtücher«, hauchte Elsa und biss sich auf die Lippen. Ihr Körper war verschwitzt und klebrig, die Aussicht auf ein kühles und erfrischendes Bad in dem kristallklaren See verlockend, aber die Scham hielt sie davon ab, weiter zum Wasser zu laufen.

Otto trat zu ihr, stellte sich vor sie und schaute ihr in die Augen.

»Elsa, Prinzesschen, nun stell dich nicht an«, flüsterte er und legte sacht seine Hand an ihre Wange. »Du und ich … wir sind doch … wie Geschwister. Nun komm.«

Dann drehte er sich um, warf im Laufen seine Kleidung von sich – erst das Hemd und dann das Unterhemd, auf einem Bein hüpfend strampelte er sich aus der Hose, bis er nur noch die Socken und die Unterhose anhatte. Er setzte sich kurz, zog die Socken aus, und mit einem lauten »Jipppeeeh!« sprang er in das Wasser.

Wieder schaute Elsa zum Haupthaus, aber auf der Veranda ließ sich niemand blicken. Was solls, dachte sie. Otto ist wie ein Bruder für mich. Irgendwie. Und überhaupt, er weiß es noch nicht, aber ich will ihn heiraten. Sie lief zum Ufer des Sees, zog sich die Stiefel, den Hosenrock und die Bluse aus. Ihre Unterwäsche ließ sie an und dann sprang sie hinter ihm in das Wasser.

Der kleine See wurde nicht nur von dem Bachlauf, der aus den Bergen kam, gespeist, sondern auch von einer Quelle. Das Wasser war erfrischend kühl, fast schon kalt, und Elsa quietschte erschrocken auf.

»Es ist herrlich, nicht wahr?« Otto schwamm zu ihr und hielt kurz vor ihr an. Es war gerade so tief, dass sie auf Zehenspitzen stehen konnte. Sie sahen sich in die Augen.

»Ja«, wisperte Elsa, »es ist herrlich.«

Er beugte sich zu ihr, küsste sie sacht auf den Mund, dann warf er sich zurück, schwamm einige Züge, legte sich auf den Rücken und strampelte wild mit den Füßen, so dass Elsa nassgespritzt wurde.

»Na warte«, rief sie und schwamm ihm hinterher.

Großvater hatte ihnen schon früh das Schwimmen beigebracht

und sie oft mit zum Strand oder zu anderen Gewässern genommen. Elsa war eine geschickte Schwimmerin, aber Otto war deutlich kräftiger als sie. Zudem hatte ihr der lange Tag auf dem Pferderücken zugesetzt. Sie spürte Muskeln, von denen sie noch nicht einmal gewusst hatte, dass sie sie besaß.

»Du kriegst mich nicht«, feixte Otto und schlug einen Haken, tauchte dann unter ihr durch und war plötzlich hinter ihr.

Elsa legte sich auf den Rücken und ließ sich treiben. Die Sterne funkelten am Himmel, in der Ferne hörte sie ein seltsames Heulen. »Was war das?«

»Dingos.« Otto seufzte. »Sie werden der Herde gefolgt sein. Das tun sie immer, sie scheinen zu wissen, dass Kadaver zurückbleiben.« Er schwamm zum Ufer und kletterte aus dem Wasser. »Wir sollten reingehen. Es ist zwar erfrischend, aber doch sehr kühl. Nicht, dass du dir etwas holst, das würde mir Mutter nie verzeihen.« Er hielt ihr die Hand hin, um sie hochzuziehen.

Elsa zögerte. Plötzlich wurde ihr sehr bewusst, dass sie nur noch ihr Unterzeug trug. Handtücher lagen nicht bereit, in die sie sich hätte hüllen können. »Ich schaffe das schon allein, geh ruhig vor.«

Otto lachte, ein leises, kehliges Lachen. »Genierst du dich vor mir? Du? Nun komm, stell dich nicht an wie ein Mädchen.«

»Ich bin ein Mädchen.« Doch sie griff nach seiner Hand, ließ sich von ihm hochziehen. Er blieb vor ihr stehen, betrachtete sie.

»Ja, tatsächlich«, sagte er leise. »Und was für eines.«

Verlegen wandte Elsa sich ab. Irgendetwas, das spürte sie, hatte sich verändert. Schon als er sie geküsst hatte, als seine Lippen sanft ihre berührten, fühlte sie ein seltsames, unbekanntes Kribbeln im Bauch, das sich nun verstärkte.

Ihre Wäsche hing nass an ihr herab, die Konturen ihres Körpers waren deutlich sichtbar, auch in der Dunkelheit.

Otto trat noch näher zu ihr. Sie konnte die Hitze, die sein Körper ausstrahlte, spüren.

»Elsa …«, murmelte er und legte wieder seine Hand an ihre

Wange. Sie bemerkte die Schwielen an seinen Fingern, die rissige Haut. Er zog sie an sich und für einen Moment umarmten sie sich. Wind kam auf, und wieder konnten sie das Heulen der Dingos hören.

»Komm«, sagte Otto plötzlich. »Lass uns schnell reingehen. Sie warten sicher schon auf uns.« Er nahm ihre Hand, zog sie mit sich bis zu der Stelle, wo Elsa sich ausgezogen hatte. Unschlüssig nahm sie die Sachen auf.

Otto lachte. »Nicht anziehen.«

»Aber was machen wir denn jetzt? Wir können doch unmöglich so auf die Veranda und durch die Eingangstür gehen.«

»Es gibt hinten eine Tür, direkt an der Treppe, die nach oben führt.«

»Ach ja, stimmt««, sagte Elsa. »Die habe ich gestern schon benutzt.«

Otto sammelte seine Sachen ein, die verstreut auf dem Boden lagen. »Wieso?«, fragte er.

»Weil … weil ich auf der Veranda war und Lily und Molly nach draußen kamen. Ich wollte nicht, dass sie mich sehen«, sagte sie leise. Ihr fiel wieder ein, worüber die beiden Tanten geredet hatten, und sie war froh, dass es so dunkel war und Otto nicht sehen konnte, dass sie rot wurde.

»Mutter muss nicht wissen, dass wir schwimmen waren«, murmelte Otto. »Lass uns ins Haus schleichen und uns schnell umziehen. Du kannst ins Bad, ich hole mir nur einen Krug mit Wasser.«

Zusammen schlichen sie sich zum Haus. Draußen war zu Elsas Erleichterung niemand zu sehen, aber hinter den Fenstern des Esszimmers bewegten sich Schatten. Bestimmt wurde der Tisch schon gedeckt.

»Wir müssen uns beeilen«, sagte Otto nun und führte sie um das Haus herum. Auch hinten gab es eine Treppe zur Veranda. Er öffnete die Hintertür, spähte in den Flur, dann nickte er. »Die Luft ist rein. Los, schnell.«

Hastig lief Elsa nach oben, Otto folgte ihr. Vor dem Badezimmer blieb er stehen, wischte sich das nasse Haar aus dem Gesicht und grinste. »Das war ein toller Tag, Prinzessin. Das sollten wir wiederholen.«

Elsas Mund war plötzlich so trocken, dass die Zunge am Gaumen zu kleben schien. Sie nickte nur und ging in ihr Zimmer. Schnell entzündete sie die Petroleumlampe, die auf der Kommode stand. Dann schaute sie in den Spiegel und zuckte zusammen.

»Oh mein Gott!« Die nassen Haare hingen ihr wirr um den Kopf, an ihren Füßen bildete sich eine Pfütze, es tropfte ohne Unterlass aus ihrer Wäsche. Schnell zog sie die nassen Sachen aus, hängte sie über die Stuhllehne. Dann trocknete sie sich ab, schlang das Tuch um ihren Kopf und nahm neue Sachen aus dem Schrank. Ihr gutes Kleid hatte sie zum Lüften an das Fenster gehängt. Schnell schlüpfte sie hinein und lief dann ins Bad. Die Haare waren eine einzige Katastrophe. Elsa nahm ein weiteres Handtuch und versuchte, sie so gut wie möglich trockenzurubbeln.

Ich muss es so machen wie gestern, dachte sie dann resigniert, und sie hochstecken. Dabei hätte ich mich heute Abend so gern hübsch frisiert.

Zum Glück schien niemand ihre feuchten Haare zu bemerken, als kurz darauf zum Essen gerufen wurde. Das Esszimmer war schön geschmückt mit Tannenzweigen, Kerzen und Blumen. Das Kristall und das glänzend polierte Besteck funkelten. Lily und Molly hatten sich wieder fein herausgeputzt, und selbst Otto trug einen Anzug.

Den Vorarbeiter McAllister hätte Elsa beinahe nicht erkannt, denn auch er hatte sich modisch gekleidet, das Haar zurückgekämmt und den Schnurrbart gewachst.

»Das Fräulein hat sich gut gehalten«, sagte er und lächelte Elsa zu. »Sie scheint wie gemacht zu sein, um auf einer Station zu leben. Werden Sie hierbleiben, Miss te Kloot?«

»Das würde Mutter umbringen«, wisperte Lily und lachte leise. »Hat es dir Spaß gemacht, Prinzessin?« Sie wies zu den Stühlen, und alle nahmen Platz. Die beiden Chinesinnen trugen den ersten Gang auf – eine Geflügelbrühe mit Eierstich.

»Heute Abend werden wir Essen nach den Rezepten meiner Mutter servieren, McAllister. Ich hoffe, es wird Ihnen schmecken.«

»Ich mag die deutsche Küche, habe vorher auf einer Station in der Nähe von Brisbane gearbeitet, sie gehörte Deutschen, und sie hatten ihre Köchin aus der Heimat mitgebracht.«

»Wo hat es Ihnen besser gefallen?«, wollte Molly wissen, und schon waren die drei Erwachsenen in eine Unterhaltung vertieft und achteten nicht auf Elsa und Otto.

Die Gans, Rotkohl und Klöße wurden zu Tisch gebracht. Es roch herrlich heimatlich vertraut, und Elsa lief das Wasser im Mund zusammen.

»Meine Mutter füllt die Gans immer mit Äpfeln, und ich habe O'Kelly angewiesen, es ebenso zu halten.« Lily seufzte. »Ich hoffe, sie hat es auch gemacht.«

»Sie hat schon ihre Koffer gepackt, nach den Feiertagen bringe ich sie zum Bahnhof in Kuranda. Haben wir schon eine Nachfolgerin?« McAllister nahm sich reichlich.

»Nein, ich habe noch keine Nachfolgerin. Ich weiß auch gar nicht, ob das sein muss. Chan kann genauso gut für uns mitkochen. Er wird sich ein wenig umstellen müssen, aber seine Frau ist recht fleißig und hilft viel in der Küche. Und ich könnte auch mit anfassen. Wir haben ja kein großes Herrschaftshaus. Und dann gibt es ja auch noch Lisa Hoffmann, die auch kochen kann.«

»Was sagt denn der Boss dazu?«, fragte McAllister interessiert.

»Ich habe noch nicht mit ihm darüber gesprochen. Als er vor vier Wochen das letzte Mal hier war, hat er nur mit Wilson gestritten. Ich will nicht hoffen, dass er Wilson entlässt.«

»Sie haben beide einen Dickkopf.«

»Was sagen Sie denn zu Wilsons Plänen?« Lily sah den Vorarbeiter gespannt an.

»Ich bin sehr dafür, denn wir verlieren schon etliche Hundert Tiere, wenn sie im Herbst werfen. Auch die Qualität der Wolle scheint zu leiden«, sagte er und wollte noch weiterreden, aber Molly unterbrach ihn.

»Nun erzähl du doch mal, Elsa«, fragte sie. »Was hast du heute erlebt?«

Elsa tupfte sich den Mund mit der Serviette ab und zog die Stirn kraus. Das, was sie am meisten berührt hatte, war die gemeinsame Zeit mit Otto gewesen. Die sachten und vorsichtigen Berührungen, die beiden zärtlichen Küsse, das Schwimmen. Aber davon würde sie nie jemandem berichten, noch nicht einmal Mina. Sie überlegte kurz, dann erzählte sie von der Rast im Eukalyptushain, von den Kookaburra und ihren lauten Warnrufen, die wie Gelächter klangen, von den grauen Riesen, die an ihnen vorbeigehüpft waren. Sie berichtete von der Schafherde, die wie eine Wand auf sie zu gerannt war, um dann im letzten Moment abzudrehen. Ihre Wangen glühten, je mehr sie erzählte, und ihr Herz pochte wieder wild, als sie an die aufregenden Momente dachte.

»Merkst du deine Knochen?«, wollte Lily wissen und grinste.

»Ja, ein wenig. Und Muskeln, die ich vorher ganz sicher nicht hatte.« Elsa kicherte leise.

»Morgen wird es schlimmer sein«, sagte Otto und klang mitfühlend.

»Ich kann mich noch gut an die Tage nach meinen ersten längeren Ausritten erinnern. Es war grauenvoll.« Lily winkte Hou, allen noch einmal nachzuschenken.

»Danke.« Elsa verzog das Gesicht. »Das hättest du mir doch auch eher sagen können. Dann hätte ich vielleicht auf das Erlebnis verzichtet.«

»Du nicht.« Otto lachte. »Dich kann man von nichts abhalten, wenn du es dir einmal in den Kopf gesetzt hast. Jedenfalls war das früher immer so.«

Das Geschirr wurde abgeräumt, der Nachtisch aufgetragen. Entsetzt starrte Lily auf die Teller und schnaubte. »Ich hatte ihr gesagt, dass sie gern an den Weihnachtstagen ihren Plumpudding servieren könne, aber nicht heute. Heute wollte ich einen echten Pudding mit frischem Obst, so wie ihn Mutter immer macht. Ich habe ihr das Rezept gegeben, sie hat es sogar probegekocht.« Ihr Gesicht färbte sich dunkel.

Molly lachte. »Sieh es als die Rache der kleinen Frau. In zwei Tagen bist du sie los. Gib ihr nicht die Genugtuung, dass sie erreicht hat, was sie wollte – dich zu ärgern.« Molly stand auf und ging zur Anrichte. Sie füllte ein Glas mit Brandy und brachte dies ihrer Schwester. »Möchten Sie auch?«, fragte sie McAllister.

»Gern.«

Elsa hatte drei Klöße, ein großes Stück Gänsefleisch und eine ordentliche Portion Rotkohl gegessen. Der Plumpudding war ihr viel zu mächtig, also schob sie den Teller zurück.

»Vielleicht Obst?«, fragte Otto, der sie beobachtete, leise. Auch er erhob sich und holte die Schale mit Mangos, Ananas, Äpfeln, Orangen und Weintrauben von der Anrichte.

Elsa nahm sich ein paar der süßen Trauben und sah erstaunt zu, wie Otto seine Portion des reichhaltigen englischen Puddings verschlang. Dann griff er nach ihrem Teller und schaute sie fragend an.

»Falls du dann nicht platzt, nimm ihn«, sagte sie lachend.

»Ich bin im Wachstum«, sagte er kauend.

»Du wirst sicher einmal so groß werden wie dein Vater«, meinte Lily seufzend. Auch Molly und sie nahmen lieber Obst, während McAllister es Otto gleichtat und sich zwei Portionen Plumpudding einverleibte.

Dann erhoben sich die drei Erwachsenen, um nach nebenan an den Kamin zu gehen, etwas zu trinken und zu rauchen.

»Kind«, sagte Lily besorgt zu Elsa. »Du siehst müde aus. Es war vielleicht doch etwas zu viel heute. Hast du schon gebadet? Ich habe kein Wasser rauschen hören?«

»Ich habe mich nur schnell gewaschen«, sagte Elsa und biss sich auf die Lippe. Sie hoffte, dass Lily nicht sah, wie sehr sie errötete.

»Ein heißes Bad wirkt Wunder, wenn man sich angestrengt hat. Es entspannt die Muskeln. Kala, eine unserer Aborigines-Frauen, hat wunderbare Badezusätze mit Heilkraft. Frag mich aber nicht, was da drin ist, sie verrät es nicht. Ich lasse das Wasser im Badeofen wieder anheizen, und dann gehst du in die Wanne. Und morgen, auch wenn du kaum aus dem Bett kommen solltest, setzt du dich wieder aufs Pferd. Nicht den ganzen Tag, aber einen guten Ritt solltest du absolvieren. Das mag für dich erst unvorstellbar sein, aber tatsächlich hilft es. Bewegung hilft gegen Muskelkater. Otto, was hast du morgen vor?«

»Wir müssen die Herde trennen und die Widder aussortieren«, sagte er.

»Ach ja. Trotzdem nimmst du dir die Zeit und reitest eine Runde mit Elsa.«

»Natürlich, Mama.« Er zwinkerte Elsa zu. »Wenn du darauf bestehst.«

»Morgen ist Weihnachten«, sagte Tante Lily und tätschelte Elsas Schulter. »Darauf freust du dich hoffentlich.«

»Gehen wir in die Kirche?« Elsa sah von Otto zu Lily. Beide fingen schallend an zu lachen.

»Um Gottes willen, nein.« Tante Lily schüttelte den Kopf.

»Die nächste Kirche ist in Kuranda, du weißt doch, wie weit das von hier ist«, fügte Otto hinzu. »Wir halten einen kleinen Gottesdienst am Abend ab, lesen aus der Weihnachtsgeschichte, singen. Aber in die Kirche zu fahren, das können wir uns nicht erlauben.«

»Erlauben?« Elsa sah ihn erstaunt an.

»Zeitlich, Cousinchen, nur zeitlich.«

Sie lachte. »Ich glaube, ich bin wirklich erschöpft. Natürlich, darüber habe ich nicht nachgedacht, man wäre ja fast den ganzen Tag unterwegs. Ein heißes Bad klingt wunderbar, Tante Lily. Vielleicht denke ich dann auch wieder geradeaus.«

»Gut, Kind. Und gib deine Sachen von heute in die Wäsche, ich weiß, wie durchgeschwitzt man ist, wenn man den ganzen Tag auf dem Pferd sitzt.«

»Ja, triefend.« Otto grinste.

Elsa stieß ihm den Ellenbogen in die Seite. Lily musste nun wirklich nicht wissen, dass sie noch schwimmen gewesen waren.

»Sieh zu, dass der Ofen geheizt wird, Otto. Komm, ich gebe dir den Badezusatz, Prinzessin, du wirst sehen, er wirkt Wunder.« Lily nahm Elsas Arm und führte sie mit sich in ihr Zimmer.

Eine kleine Kerze brannte in einem Glas am Fenster, aber Lily entzündete schnell die Petroleumlampe. Ihr Zimmer war groß und gemütlich. Unter dem einen Fenster stand ein kleines Sofa, davor ein Tischchen. Ein Sekretär, überladen mit Briefen und Schriftstücken, stand unter dem anderen Fenster, daneben ein Regal mit Büchern. In der Ecke befand sich ein großes Bett, fast so breit wie das der Großeltern, das ein Quilt in Blautönen bedeckte, darauf lagen mindestens sechs große Kissen. Elsa hätte sich am liebsten auf das Bett fallen lassen. So ein schönes, weibliches Zimmer. Dann sah sie den stummen Diener in der Ecke, über dem ein Jackett und eine Hose hingen. Plötzlich entdeckte sie eine Pfeife auf dem Tischchen vor dem Sofa, die Stiefel in der Ecke neben dem Schrank. Ihr wurde urplötzlich klar, dass Lily den Raum nicht allein bewohnte, und ihr schoss das Blut in die Wangen.

Lily schien zum Glück nichts zu bemerken. Sie öffnete eine Schublade der Kommode und entnahm ihr ein Schraubglas, das mit zerriebenen Kräutern gefüllt war.

»Davon gibst du eine Handvoll in das heiße Badewasser. Ich schwöre, es wirkt.« Sie nickte Elsa freundlich zu und schob sie in den Flur. »Gute Nacht, mein Kind.«

Vielleicht, dachte Elsa beklommen, ist ihr klargeworden, was ich gesehen habe. Zeichen ihres gemeinsamen Lebens mit diesem geheimnisvollen George Miller. Und vielleicht ist es ihr peinlich oder unangenehm. Oder zumindest möchte sie es mir nicht erklären müssen. Sie weiß ja nicht, dass ich schon längst dahintergekommen bin. Und sie weiß auch nicht, dass es auch bei mir das eine oder andere gibt, was sie nicht wissen sollte. Was würde Tante Lily über die Küsse zwischen Otto und mir denken? Wie würde sie unser gemeinsames nächtliches Schwimmen beurteilen?

Das also meinen die Tanten, wenn sie von Frauengeheimnissen sprechen. Ist das mit Otto und mir auch so ein Geheimnis? Oder sind wir nur enge Verwandte? Nein, wir haben eine Grenze überschritten, wurde ihr klar, aber wohin wird das führen? Ich war mir immer sicher, dass ich irgendwann Otto heiraten werde, aber das war ein Mädchentraum. Doch nun rückt dieser verrückte Traum in greifbare Nähe. Otto empfindet etwas für mich. Oder etwa nicht? Ihre Gedanken kreisten noch um diese Frage, als sie langsam die Treppe nach oben stieg. Ihre Beine schienen immer schwerer zu werden. Der Badeofen knisterte und zischte, das Wasser brodelte schon, und Otto ließ es plätschernd in die Wanne.

Er sah Elsa nachdenklich an, als sie in das Badezimmer kam.

»Nicht dass du einschläfst und in der Wanne ertrinkst.«

»Ich bin doch kein Baby mehr.« Elsa lachte und hörte selbst, wie gekünstelt ihr Lachen klang.

»Gut, ich bin in meinem Zimmer. Ruf, wenn du Hilfe brauchst. Und schließ die Tür nicht ab.« Er schaute ihr in die Augen. »Keine Sorge, ich werde nichts Falsches tun.«

»Danke.«

Der erste Feiertag

Das Bad tat Elsa tatsächlich gut. Danach kroch sie in ihr Bett und fiel in einen tiefen Schlaf. Am nächsten Morgen glaubte sie, dass sie nie wieder würde aufstehen können, aber sie erinnerte sich an die Worte ihrer Tante und zwang sich dazu. Jeder Schritt, jede Bewegung waren schwierig und schmerzten. Dennoch schaffte sie es lächelnd zum Frühstückstisch.

»Geh nach drüben«, sagte Tante Lily und strahlte. »Am Kamin hängen eure Strümpfe.«

Weihnachtsstrümpfe gab es bei den Großeltern nicht, es war keine deutsche Tradition. Aber Elsa kannte den Brauch von ihren Klassenkameraden. Überhaupt vermischten sich die Bräuche und Traditionen der Einwanderer miteinander.

In den dicken, langen Strümpfen, die mit Wollbäuschen, die wohl Schneeflocken sein sollten, verziert waren, steckten Nüsse, Äpfel, Orangen und Schokolade. So etwas hatten sie zu Hause bei den Großeltern auf ihren Weihnachtstellern. Dazu aber hatte Elsa in ihrem Strumpf auch noch einen Tiegel mit Salbe, die köstlich duftete, ohne dass Elsa den Geruch identifizieren konnte, und zwei schöne Strumpfbänder aus weißer Spitze. Elsa hielt sie voller Entzücken hoch, schaute sich dann aber erschrocken um. Doch Otto war nicht zu sehen, nur Tante Lily stand in der Tür.

»Gefallen sie dir?«, fragte Lily.

»Wunderschön. Oh, Danke sehr!« Elsa stürzte zu ihrer Tante, küsste und umarmte sie. Dann trat sie zurück und biss sich auf die Lippen. »Aber ich kann sie ja überhaupt nicht tragen«, wisperte sie traurig.

»Wieso?« Tante Lily schüttelte energisch den Kopf. »Natürlich kannst du das. Du bist doch jetzt eine Frau. Fast zumindest.«

»Großmutters Strümpfe«, hauchte Elsa.

»Du lieber Himmel. Du willst doch nicht sagen, dass Mutter immer noch Strümpfe strickt und euch zwingt, diese anzuziehen? Du hast keine Baumwollstrümpfe?«

»Nein.« Elsa senkte den Kopf. »Das würde Großmutter nie erlauben.«

»Hast du einen Hüfthalter?« Lily ballte die Fäuste. »Nun sag schon, Kind.«

»Natürlich nicht. Großmutter …«

»… würde sterben.« Lily seufzte. »Ja, ich weiß. Ich hatte nur gedacht, sie würde wenigstens ein bisschen mit der Zeit gehen.« Dann schaute sie Elsa nachdenklich an. »Aber du hast doch gestern keine gestrickten Zopfstrümpfe unter deinem Reitrock getragen, oder? Da hättest du ja einen Hitzschlag bekommen.«

»Nein. May und Lina haben mir ihre alten Baumwollstrümpfe gegeben.«

»Da sind die beiden doch zu etwas gut.« Lily richtete sich resolut auf. »Ich denke, wir beide müssen in den nächsten Tagen nach Cairns fahren und einkaufen gehen. Molly begleitet uns sicher gern.«

»Wirklich?« Elsa konnte es kaum fassen. »Aber … aber …«

»Kein aber. Und jetzt wird gefrühstückt.« Lily nahm ihre Nichte in den Arm und drückte sie an sich. »Ich kann wenig genug für dich tun, du armes, mutterloses Kind. Aber ich will versuchen, dir wenigstens ein Stück weit die Mutter zu ersetzen.«

»Wo ist Otto?«, fragte Elsa. als sie sich an den Tisch setzten. Molly trank schwarzen Tee. Sie sah so aus, als hätte sie zu wenig Schlaf bekommen, aber vielleicht vertrug sie auch nur das Klima nicht, mutmaßte Elsa.

»Otto ist schon draußen bei den Schafen. Diese Herde ist zu spät auf die Station getrieben worden, nun fehlt uns der zweite Vorarbeiter, von Wilson ganz zu schweigen«, sagte Lily düster. »Das wird George nicht gefallen.«

»Sie fehlen?«, fragte Molly. »Ihr habt ihnen doch freigegeben.«

»Es gibt grundsätzlich zu wenige freie Tage auf einer Station, und die Feiertage sind nun mal etwas Besonderes. Wir konnten auch nicht ahnen, dass wir erst so spät die letzte Herde eintreiben würden. Jetzt steht der arme McAllister allein da und muss alles organisieren.«

»Er macht seinen Job recht gut, will mir scheinen«, sagte Molly. »Außerdem ist er ein höflicher und humorvoller Mann.«

Lily lachte. »Du wirst doch wohl nicht Gefallen an ihm finden?«

»Warum denn nicht?« Molly zwinkerte ihr zu. Die beiden kicherten.

Plötzlich war es Elsa unmöglich, weiter mit ihnen in einem Raum zu sein. Ihre Tanten zeigten sich auf einmal in einem ganz anderen Licht, und es war Elsa unsagbar peinlich, wie sie sich verhielten.

Sie stand auf. »Ich geh dann mal«, sagte sie leise und vermied es, sie anzusehen.

»Hab Spaß, Prinzessin«, rief ihr Lily hinterher.

Elsas Beine waren wie Kautschuk und Blei zugleich, es fiel ihr unsagbar schwer, die Veranda zu überqueren. Die Stufen, die auf den Hof führten, waren das nächste Hindernis, welches sie nur schaffte, indem sie sich an dem Geländer festklammerte.

Hoffentlich sieht mich keiner, dachte sie. Ich gehe so, als hätte ich eine Flasche Brandy getrunken. Sie haben mir zwar gesagt, dass die Beine heute schmerzen würden, aber wie schlimm es tatsächlich ist, darauf hat mich keiner vorbereitet. Plötzlich war sie wütend auf Otto. Und auf Tante Lily und Tante Molly, die zusammensaßen, sich über ihre Liebhaber unterhielten und vermutlich damit kokettierten, wie sie mit McAllister geflirtet hatten. Elsa schämte sich für die beiden und bereute es mit einem Mal sehr, hierhergekommen zu sein. Weihnachten bei Hannah wäre zwar anstrengend, aber nicht so peinlich geworden.

»Guten Morgen, Prinzessin!«, rief Otto ihr vom Stall aus zu.

Ich will nicht mit dir sprechen, dachte Elsa und seufzte auf. Ich will mit niemandem sprechen. Meine Ruhe will ich und nachdenken. Vielleicht hätte ich einfach lieber in mein Zimmer gehen sollen. Doch der Gedanke an die Treppe hatte sie davon abgehalten.

Otto kam auf sie zu. Er bewegte sich geschmeidig und voll jugendlicher Kraft.

»Wie geht es dir?« Er grinste sie an, schob seinen Hut in den Nacken.

Elsa funkelte ihn böse an. »Gut«, fauchte sie. »Mir geht es ganz wunderbar!« Sie straffte den Rücken und zwang sich zu lächeln. »Sehr gut sogar.«

»Du lügst«, sagte Otto und runzelte die Stirn. »Ist es so schlimm?« Plötzlich klang er mitfühlend. »Glaub mir, mir ist es die ersten Male nicht anders gegangen. Es war grauenvoll. Ich hatte Pudding in den Beinen und gleichzeitig brannte alles wie Feuer, wenn ich nur daran dachte, mich fortzubewegen. Mein … ähm … Hintern war das Schlimmste. Ich würde, dachte ich damals, nie wieder sitzen können. Und die Oberschenkel, mein Gott, die Oberschenkel …«

»Ehrlich?«, wollte Elsa wissen. »Wirklich? Dir ging es auch so? Was hast du dagegen gemacht?«

»Ich habe die Zähne zusammengebissen und versucht, mir nichts anmerken zu lassen. Onkel George hat es trotzdem bemerkt.«

»Und?«

»Er hat mich auf ein Pferd gesetzt und ist mit mir ausgeritten. Drei Tage lang – jeden Tag mindestens zwei Stunden. Danach ging es.«

»Drei Tage?« Elsa stöhnte. »Bis dahin bin ich tot.«

»Bist du nicht. Ich habe da eine Salbe, die hilft. Gerade an den Stellen«, er zeigte auf seinen Hintern und grinste verschämt, »wo es besonders schmerzt. Kala rührt sie an – ich weiß nicht, was darin ist, aber sie nimmt unser Wollfett als Grundlage. Es scheint die Nerven zu betäuben oder so.«

»Bitte, bitte, gib mir davon«, flehte Elsa ihn an. »Bitte. Ich werde auch alles für dich tun.«

»Das klingt sehr verlockend.« Otto lächelte und wedelte die Fliegen vor seinem Gesicht weg. »Aber erst musst du noch eine Runde reiten.«

»Nie im Leben!« Elsa schüttelte entschieden den Kopf.

»Glaub mir, es hilft.«

»Ich glaube niemandem hier noch irgendetwas.«

Otto sah sie erstaunt an. »Ist etwas passiert?«

Elsa schnaubte. Sollte sie mit ihm über ihre Gedanken reden? Darüber, wie sie das Verhalten seiner Mutter und das von Molly fand? Über das, was sie heimlich mit angehört hatte? Ihr schoss das Blut in die Wange, und sie senkte schnell den Kopf.

»Na gut. Wir reiten. Wenn ich irgendwie auf den Gaul komme. Aber nur ein wenig, versprochen?«

Otto biss sich auf die Lippe. Er schien zu ahnen, dass es da etwas gab, was sie beschäftigte, doch zu Elsas Erleichterung fragte er nicht nach.

»Komm, ich helfe dir«, sagte er und nahm ihren Arm.

Die ersten Schritte waren schwierig, doch dann wurde es besser, obwohl ihr Körper immer noch schmerzte.

»Habt ihr einen Kran?«, fragte sie leise.

»Wozu?«

»Ich glaube nicht, dass ich ohne Kran aufsteigen kann.«

Otto blieb stehen und lachte schallend. »Die Vorstellung ist herrlich. Das müsste man auf einer Fotoplatte festhalten. Elsa te Kloot wird auf ein Pferd gehievt.«

»Das ist nicht lustig«, fauchte Elsa, fiel dann aber doch in sein Gelächter mit ein.

»Stell es dir vor: Wir hängen dich an einen Haken und ziehen dich in die Höhe.« Otto wischte sich eine Lachträne aus den Augen.

»Und dann«, quietschte Elsa, »bleibe ich hängen, weil der Mechanismus nicht funktioniert …«

»Das Pferd wird erschrocken scheuen und weglaufen …«

Sie lachten und schauten sich an. Es war wie früher, als ein Wort das andere gab und jeder wusste, was der andere dachte. Auf einmal fühlte sich Elsa wieder unbeschwert und befreit.

»Ach herrje!« Sie schüttelte plötzlich den Kopf. »Ich habe ja gar keinen Reitrock an. Den Hut habe ich auch vergessen.«

Otto musterte sie. »Willst du dich umziehen gehen?«

»Bist du verrückt? Ich schaffe es nie im Leben hoch und wieder runter. Die Treppe bringt mich um.«

»Nun ja, du kannst auch in dem Kleid reiten, musst nur einfach den Rock etwas hochziehen. Einen Hut haben wir im Stall. Ohne solltest du nicht ausreiten.«

»Meinst du wirklich, das geht?« Skeptisch sah Elsa an sich herunter. Sie hatte ein schlichtes Tageskleid aus Kattun an, das ihr nur knapp bis zu den Knöcheln reichte. Der Rock war weit geschnitten, Otto hatte recht, es müsste gehen, auch wenn sie dann einiges ihrer Waden zeigen würde. Aber nichts, was Otto nicht schon gesehen hatte. Sowieso erlaubte Großmutter ihr erst seit zwei Jahren knöchellange Kleider zu tragen.

Otto zuckte mit den Schultern. »Klar geht das.« Er nahm wieder ihren Arm, und sie gingen zum Stall.

»Du bist mit Sam ja gut zurechtgekommen. Ich habe ihn schon mal für dich satteln lassen.«

»Ich komme aber nicht hoch, fürchte ich«, flüsterte Elsa ihm zu. »Ganz ehrlich, das schaffe ich nicht.«

»Doch. Ich helfe dir«, flüsterte er zurück. Wieder kicherten sie beide und kamen sich vor wie Verbündete bei einer geheimen Mission.

Doch als Elsa vor dem Pferd stand, kam es ihr höher vor als ein Berg und absolut unüberwindbar. Die Füße anzuheben, nur um die paar Schritte zu gehen, war schon eine unglaubliche Anstrengung gewesen. Sie würde ihr Bein nicht über den Rücken des Tieres schwingen, nicht in die Steigbügel steigen können.

»Ich kann nicht«, jammerte sie.

»Leg die Hände auf den Sattelknauf«, befahl Otto ihr. »Und halt dich fest.« Dann legte er seine linke Hand an ihre Hüfte, die rechte unter ihren Po und hob sie hoch, als wäre sie nur ein Fliegengewicht. »Heb dein Bein hoch, jetzt!«, sagte er.

Elsa schloss die Augen und befahl ihrem Körper, sich zu bewegen. Sie krallte sich am Sattelknauf fest, lag fast auf dem Pferd. Otto gab ihrem rechten Bein einen kleinen Schubs, schob den Rock etwas hoch, und schon saß sie im Sattel.

»Siehst du, geht doch.« Er klang amüsiert.

Elsa verdrängte die Tränen des Schmerzes, die sich in ihren Augen sammelten, ihr Körper, das spürte sie, drohte zu zerbrechen. Das rechte Bein würde abfallen, ebenso das linke. Ihr Po würde wahrscheinlich zersplittern, sobald sich das Pferd in Bewegung setzte. Sie würde den Halt verlieren und zu Boden stürzen und sich das Genick brechen.

»Bis du so weit?« Otto war plötzlich mit seinem Rappen neben ihr. »Geht es?«

Elsa biss die Zähne zusammen und nickte. Er saß auf, und es sah so leicht und einfach aus, ganz anders, als sie sich gefühlt hatte. Sie war ein Sack nasser Wolle gewesen, den er auf das Pferd hatte hieven müssen, wie unsagbar peinlich. Doch dann ritt er los, und Elsa trat Sam in die Flanken. Es war eher ein leichtes Anstupsen, was sie fertigbrachte, aber selbst Sam schien Mitleid mit ihr zu haben und setzte sich in Bewegung.

»Wohin reiten wir?«, fragte Elsa.

»Ich zeige dir ein wenig von der Gegend. Ist das in Ordnung? Nachher muss ich aber wieder zur Koppel und beim Aussortieren und Prüfen der Tiere helfen.«

»Da wäre ich auch gern dabei. Ich habe so etwas noch nie gesehen.«

»Du wirst es nicht glauben, aber wir werden die ganze nächste Woche damit beschäftigt sein«, sagte Otto lachend. »Du hast also noch genügend Zeit, es dir anzusehen.«

»Kann ich auch helfen?«

Er sah sie skeptisch an. »Das ist keine Arbeit für Mädchen.«

»Ach Otto!«, schimpfte Elsa. »Ich bin weder May noch Lina.«

»Zum Glück.« Er gab seinem Pferd die Sporen und ritt davon.

»Huch«, rief Elsa und konnte sich gerade noch am Sattelknauf festhalten, als Sam dem Rappen folgte. Sie wurde ordentlich durchgeschüttelt. Doch der Schmerz in ihren Muskeln verwandelte sich.

Otto zeigte ihr den großen Gemüsegarten, den sie hinter der Station am Bachlauf angelegt hatten, und die Obstplantage.

»Mutter möchte frische Sachen verwenden, statt der üblichen Konserven oder Trockenfrüchte. Das Klima hier oben ist auf unserer Seite – weil es so mild ist. Zwar wird es nachts kühl, aber tagsüber nicht so heiß. Die Regenzeit trifft uns nicht so stark wie die Region zur Küste hin. Es ist eigentlich paradiesisch hier oben.«

»Ihr habt Mangos, Trauben, Äpfel und Birnen. Orangen und Zitronen. Großmutter würde vor Neid erblassen. Und auch euer Gemüsegarten sieht großartig aus.«

»Auf den Salat ist Mutter besonders stolz. Erst wollte das keiner hier essen, aber sie hat sie dazu gebracht. Das hat ihr Großmutter mitgegeben. Auch mag sie nicht, wenn die Gerichte verkocht werden. Einer der Hauptstreitpunkte mit O'Kelly. Für sie ist nichts genießbar, was nicht mindestens drei Stunden gekocht wurde.«

»Großmutter hat mal erzählt, dass sie eine Weile an der chinesischen Küste festgesessen hätten nach einem Sturm. Da hätte sie die leichte asiatische Küche kennengelernt, und seitdem schätzt sie frische Kost. Ich mag das lieber als fette Speisen mit viel Mehlschwitze und weichem Gemüse.«

»Du musst aber bedenken, dass unsere Arbeiter Essen brauchen, das sie satt macht. Unser chinesischer Koch bereitet am liebsten fettige Eintöpfe aus Hammelfleisch zu.«

»Das wird sicher noch Probleme geben.«

»Da halte ich mich raus.« Ottos Gesicht verfinsterte sich.

»Hast du mal überlegt, woanders zur Schule zu gehen? In Sydney?«, fragte Elsa leise.

»Hier weggehen? Ohne Mama? Niemals.« Otto schüttelte den Kopf. »Und sie hat hier ihre Bestimmung gefunden. Und Onkel George«, fügte er leise hinzu.

»Seltsam. Tante Lily und Tante Molly sind hier so anders als zu Hause.«

»Großmutter und Großvater sind ja auch weit weg.« Otto grinste schief. Inzwischen hatten sie eine weite Runde um die Häuser der Station gedreht und waren wieder an dem kleinen See angekommen, in dem sie gestern Nacht schwimmen gewesen waren.

»Heute gehst du brav in die Wanne«, sagte Otto und zwinkerte ihr zu. »Aber vielleicht können wir das mit dem nächtlichen Schwimmen ja noch einmal wiederholen?«

»Also wirklich, Otto, das ziemt sich doch nicht.« Elsa tat entrüstet.

»Mag sein«, sagte er plötzlich nachdenklich. »Manchmal glaube ich jedoch, dass es wohl egal ist, ob sich etwas ziemt oder nicht. Meiner Mutter ist es egal.«

Elsa wusste nicht, was sie darauf antworten sollte. Zu frisch waren die Informationen, zu neu das Gefühl. Sie konnte es nicht einordnen.

Otto sah ihr plötzlich in die Augen. »Weißt du, früher habe ich immer gedacht, dass wir beide einmal heiraten.«

Elsa schluckte. »Wirklich?«, fragte sie fast tonlos.

Otto nickte. »Ich wusste das einfach, habe gar nicht groß darüber nachgedacht. Du und ich, wir gehören zusammen, habe ich gedacht.«

»Ich auch.« Elsa holte tief Luft, dann lenkte sie Sam in Richtung Hof.

»Warte!«, rief Otto. »Warte doch!« Er holte sie ein.

»Wir sind Cousin und Cousine«, sagte Elsa streng. »Wir können nicht heiraten.«

»Du bist sechzehn, und ich werde fünfzehn, natürlich können wir noch nicht heiraten.« Otto lachte leise.

Elsa sah ihn an, senkte dann den Kopf. Das konnte er nicht ernst meinen. Sie hatten den Stall erreicht, und einer der Arbeiter nahm die Zügel. Otto schwang sich mit Leichtigkeit vom Pferd, Elsa dachte kurz darüber nach, sich einfach wie ein Stein fallen zu lassen. Ihre Beine zu bewegen schien ihr ein Ding der Unmöglichkeit zu sein.

»Lehn dich nach vorn über den Hals des Pferdes«, sagte Otto sanft. Er stand neben ihr und hatte die Hände gehoben. »Lehn dich vor, als wäre deine Hüfte steif und dein Rücken ein Stock.«

»Als ob … da muss ich erst gar nicht so tun«, murmelte Elsa, folgte aber seiner Anweisung.

»Jetzt heb dein rechtes Bein an, bis über die Kruppe …«

»Ich … kann … nicht«, stöhnte Elsa.

Doch dann war plötzlich jemand neben ihr, ein Aborigine oder ein Mulatte. Er nahm sacht ihr Bein und schob es über den Rücken des Tieres. »Geht Missus, ganz sacht, Missus«, murmelte er. »Du schaffst das.«

Elsa drehte den Kopf zu ihm und sah in sein breites, entwaffnendes Lächeln. Die weißen Zähne blitzten aus dem dunklen Gesicht.

»Ja, danke.« Mit seiner sanften Hilfe schaffte sie es und ließ sich dann in Ottos Arme gleiten. Er fing sie auf, hielt sie fest und drückte sie an sich.

»Und morgen machen wir das wieder. Dann wird es schon leichter sein«, sagte er und lachte leise. »In vier Tagen schwingst du dich auf Sam, als hättest du noch nie etwas anderes gemacht.«

»Ich glaube dir kein Wort.« Elsa wand sich aus seiner Umarmung, obwohl sie sich sicher war, keinen Schritt gehen zu können. Überraschenderweise fiel ihr es leichter als vor dem Ritt. Sie drehte sich zu ihm um und sah ihn erstaunt an.

»Ich kann stehen!«

Otto lachte. »Ja, du kannst auch gehen. Aber du solltest jetzt direkt ein heißes Bad mit den Kräutern von Kala nehmen und dich danach gut eincremen. Ich stell dir den Tiegel in dein Zimmer.« Er bot ihr galant seinen Arm an und führte sie zum Haus. Sie spürte die Wärme seines Körpers, roch den gesunden Geruch von Schweiß, Leder und Pferd und war auf einmal sehr glücklich.

Im heißen Wasser ließ sie sich aufweichen. Was für ein Tag dies bisher gewesen war, dachte sie verwirrt. Otto schien das Gleiche für sie zu empfinden wie sie für ihn. Doch es war nicht möglich. Sie waren verwandt, eng verwandt. Sie konnten sich lieben, durften aber diese Liebe niemals ausleben.

Aber warum nicht, dachte Elsa. Ihre Tanten lebten auch so, wie sie es für richtig hielten, und scherten sich nicht um Moral und das Gutdünken anderer. Aber war das wirklich so? Oder hatten ihre Tanten keine andere Wahl? Und wie war das mit ihr und Otto? Sie waren beide noch so jung, waren zusammen aufgewachsen wie Geschwister. Liebten sich … wie Geschwister oder doch anders? Es war alles so verwirrend, so kompliziert auf der einen Seite, auf der anderen Seite war es so einfach und klar – sie gehörten zueinander. Und weil das so war, würden sie sicher auch einen Weg finden.

Das Bad tat ihr gut, und anschließend massierte sie die Salbe, die Otto ihr gegeben hatte, in ihre Haut ein. Irgendetwas darin brachte ihr sofort Erleichterung, die Muskeln entspannten sich, der Schmerz ließ nach. Sie legte sich auf das Bett und schlief ein. Es dämmerte schon, als sie wieder aufwachte. Von unten drangen die Geräusche hektischer Betriebsamkeit zu ihr herauf. Geschirr klapperte, Stühle wurden verschoben, und man hörte leises Stimmengewirr. Außerdem vernahm sie Plätschern im Bad und die ihr inzwischen wieder vertraute Stimme von Otto. Er sang leise vor sich hin, *Waltzing Mathilde*, das Lied der Schafscherer.

Ottos Stimme war tief, wie die eines Mannes. Dennoch erkannte

Elsa den Klang des Jungen, mit dem sie aufgewachsen war, wieder. Sie lehnte sich zurück und hörte ihm zu. Dann aber fuhr sie hoch. Heute Abend würden sie Weihnachten feiern. Sie hatte ein Geschenk für Otto und auch welche für ihre Tanten. Und heute Abend wollte sie endlich ordentlich frisiert am Tisch erscheinen, sie würde ihr festliches Kleid anziehen, die Haare hochstecken und die Perlenohrringe tragen, die sie von ihrer Mutter geerbt hatte. Es würde ein schöner Abend werden, beschloss sie.

Als sie aufstand, spürte sie die Muskeln und Knochen, aber es war weitaus besser als am Morgen, dank Kalas Medizin.

Ein Tag in Cairns

Das Weihnachtsfest war friedlich und schön, besser, als Elsa es zwischendurch erwartet hatte. Das Essen war vorzüglich, wenn auch irisch, aber die deutsche Gans hatten sie ja am Heiligen Abend gehabt. Die beiden Tanten unterhielten sich nett, aber zum Glück auf unverfängliche Weise, mit McAllister. Und Otto freute sich sehr über das Buch, das Elsa ihm geschenkt hatte.

Nach dem Essen sangen sie Weihnachtslieder, zündeten die Kerzen am Baum an, später auch das Feuer im Kamin.

Es war anders als bei den Großeltern, aber dennoch heimelig. Elsa ging jedoch früh zu Bett. Eigentlich wollte sie nachdenken, doch dazu war sie zu müde.

Am nächsten Morgen weckte Otto sie. »Willst du mit auf die Koppel?«

Sie starrte einen Moment an die Decke und überlegte, ob sie dazu schon in der Lage war. Dann versuchte sie, ihr linkes Bein anzuheben. Es war schwer wie ein Backstein, aber es ließ sich bewegen.

»Wann hört es auf, weh zu tun?«, jammerte Elsa.

»Das gibt sich wirklich, je mehr du dich bewegst.« Otto sah sie verständnisvoll an. »Glaub mir, ich kenne das.«

»Nein, das glaube ich nicht. Und jetzt raus hier, ich will mich frisch machen und anziehen. Werden wir reiten?«

»Wir können auch laufen, wenn dir das lieber ist. Dann sollten wir aber ordentlich Wasser mitnehmen.« Otto grinste frech.

»Du Blödmann.« Elsa warf ihr Kissen nach ihm, doch er duckte sich weg und verschwand in den Flur. »Beeil dich«, rief er fröhlich.

Beeilen war gar nicht so leicht, stellte Elsa fest, wenn die Glieder aus Blei zu sein schienen, dennoch gelang es ihr, den Reitrock anzuziehen sowie die Bluse, die – wie durch ein Wunder – gestern Abend gewaschen und geplättet über ihrem Stuhl gehangen hatten. Auch ihre Wäsche lag sauber und ordentlich gefaltet auf der Kommode. Niemand hatte etwas dazu gesagt, dass die Sachen durchweicht und schlammdreckig gewesen waren. Ob Lily es gar nicht wusste? Elsa hoffte es, denn langen Diskussionen wollte sie im Moment lieber aus dem Weg gehen.

Der Tag mit Otto auf der Koppel verging wie im Flug. Sie lernte, wie man junge Widder vom Rest der Herde trennte, wie man Mutterschafe heraussuchte und wie man die Tiere auf Parasiten untersuchte. Gerade nach der Schur, bei der es immer wieder zu kleinen Verletzungen der Haut kam, setzten Fliegen gern ihre Eier in die Wunden. Die Eier wurden zu Maden, und die Larven machten die Tiere krank.

Befallene Schafe wurden in zwei Gruppen geteilt.

»Warum zwei Gruppen?«, fragte Elsa verwundert.

»Diese dort«, Otto zeigte zu einem Teil der ausgesonderten Tiere, »werden aufgestallt und behandelt, die anderen werden zusammen mit den jungen Widdern weggebracht.«

»Weg? Wohin?«

Otto seufzte leise. »Nach Kuranda. Die Schafe werden dort geschlachtet, zumindest die Schwächeren. Sie werden eingepökelt oder in der Konservenfabrik verarbeitet. Aus den Hufen und Knochen wird Seife gekocht. Die Stärkeren werden bis nach Cairns getrieben und von dort aus verschifft.«

»Sie müssen alle sterben?«, fragte Elsa schwach.

»Nun, nicht alle. Die guten Mutterschafe, die nur wenig Madenbefall haben, werden behandelt. Und einige der jungen Widder, die besonders kräftig und stark aussehen, werden wir kastrieren und auf den Weiden weiter mästen. Hammelfleisch bringt nicht viel Ertrag, aber einige behalten wir schon.«

Elsa musste sich abwenden, als die männlichen Lämmer unter lautem Schreien kastriert wurden, indem ihnen um die Hoden ein fester Zwirn gebunden wurde.

»Und jetzt?«, fragte Elsa. »Schneidet ihr das jetzt weg?«

»Das müssen wir nicht. Das Gewebe stirbt, und der Hoden fällt ab. Manchmal entzündet es sich, das ist aber selten. Die Hammel haben eh keine hohe Lebenserwartung. Ein, maximal zwei Jahre behalten wir sie, dann kommen sie in die Schlachtung.«

»Die süßen Lämmer?«

Otto verdrehte die Augen.

Auch an diesem Abend saßen sie festlich gekleidet bei gutem Essen und einem, das sagte zumindest McAllister, hervorragenden Wein zusammen. Elsa hatte wieder heiß gebadet und die Salbe verwendet. Ob es daran lag oder an der Bewegung, wusste sie nicht. Jedenfalls ließen die Schmerzen und die Schwere in ihren Gliedern jeden Tag ein wenig mehr nach.

Der 25. Dezember war ein Sonntag gewesen, Montag war der zweite Weihnachtstag, aber am Dienstag ließ Lily schon früh die Kutsche anspannen – sie würden nach Kuranda fahren und von dort aus mit dem Zug nach Cairns.

Nach den Goldfunden in den 1870ern war die Stadt an der Küste stetig gewachsen. Eine große chinesische Gemeinde war dort ebenso etabliert wie englische Händler und irische Arbeiter. Cairns war die größte Stadt im Umkreis, und dorthin ging man, um einzukaufen.

Etwas verschnupft trank Lily ihren Tee am Frühstückstisch. »Wir werden O'Kelly mitnehmen«, sagte sie und schnaubte leise. »Sie hat sich nicht überreden lassen und verlässt uns heute.«

»Wolltest du das nicht so?«, fragte Elsa erstaunt.

»Ach, weißt du, gutes Personal ist hier oben schwer zu bekommen. Wir hatten unsere Differenzen, O'Kelly und ich, aber ich habe nicht geglaubt, dass sie wirklich geht.«

»Und wenn du noch einmal mit ihr sprichst?«, fragte Elsa. »Und sie bittest, zu bleiben?«

»Grundgütiger«, mischte sich Molly ein. »Das geht nicht, Elsa. Lily ist höhergestellt als die Köchin, sie ist die Gutsverwalterin. Sie kann niemanden anflehen, dann verliert sie den Respekt bei den Leuten.«

»Natürlich.« Elsa senkte beschämt den Kopf. An diese Dinge hatte sie nicht gedacht.

»Heute Abend nehmen wir dann die Hoffmanns mit zurück. Und vielleicht auch unseren Verwalter. Wobei ich das erst glaube, wenn er im Zug sitzt.« Lily lachte leise. »Unsere Fahrt ist also ganz praktisch. Die Kutsche hätte ohnehin heute Morgen nach Kuranda fahren müssen und heute Abend retour. So lassen wir sie dort im Mietstall einstehen und sparen zwei Fahrten.« Sie nickte zufrieden.

»Was gibt es denn in Cairns?«, fragte Elsa ungeduldig.

»*Bolands* – das ist ein großes Kaufhaus, da bekommt man einfach alles«, schwärmte Lily. »Außerdem gehe ich gern zu *Mavericks* – da gibt es Bekleidung und sehr gute Schuhe und Stiefel – und zu *Armstrong* und *Leslies*. Die Vielfalt der Angebote steht Sydney in nichts nach, auch wenn Cairns deutlich kleiner ist. Es wird dir gefallen, Kind. Mittags werden wir im *Schmidts* essen. Das ist ein Deutscher, der dort eine Gaststätte betreibt. Falls ihr nicht irgendetwas anderes bevorzugt. Aber nun müssen wir uns sputen, sonst verpassen wir noch den Zug.«

»Wo ist denn Otto?«, wollte Elsa wissen.

»Otto? Der ist auf der Koppel. Hast du etwa gedacht, dass er mitkommt?« Lily lachte. »Gott bewahre. Er hasst es, einkaufen zu gehen.«

Elsa schluckte, sie war wie selbstverständlich davon ausgegangen, dass er mitkommen werde. Aber natürlich, Einkaufen und Bummelngehen war nichts für Jungs. Doch schnell legte sich ihre Enttäuschung wieder und wich einer aufgeregten Vorfreude – die Fahrt nach Cairns lag vor ihnen. Wieder bestiegen sie die Kutsche, nur saß diesmal O'Kelly neben Elsa und nicht Otto. Die Köchin war in ein altmodisches hochgeschlossenes, dunkles Kleid aus Wollstoff gekleidet, welches furchtbar unbequem und dazu auch noch viel zu warm sein musste. Bisher hatte Elsa die Köchin nur im Küchenhaus gesehen und noch kein Wort mit ihr gewechselt. Das schien sich jetzt nicht zu ändern. Sie nickte allen nur knapp zu und nahm dann wortlos Platz, ihre Teppichtasche fest umklammert. Ein Arbeiter stellte einen größeren Koffer aus Holz und einen kleinen aus Leder auf die Ladefläche und schloss dann die Klappe. Lily, die wieder zusammen mit Molly auf dem Bock saß, nahm die Zügel, löste die Bremse und schnalzte. Schon setzten sich die Pferde in Bewegung.

Es lag noch Tau auf den Pflanzen und Sträuchern am Wegesrand, und die frische Morgenbrise ließ nichts von der Hitze erahnen, die mittags aufziehen würde, das wusste Elsa inzwischen. Das Klima hier oben unterschied sich doch sehr von Sydney. Die Luft war natürlich viel klarer und reiner, da es nur die Kamine der zwei Häuser und den Küchenofen gab und nicht Tausende von Haushalten und dazu noch die Fabriken wie in Sydney.

Auch war es viel ruhiger hier draußen, hatte Elsa festgestellt und gewöhnte sich auch langsam daran, dass nicht ständig Karren oder Kutschen über Pflastersteine am Haus vorbeifuhren, Leute sich etwas zuriefen und Dampfmaschinen in der Nähe lärmten. Am Anfang war die Stille für sie fast beunruhigend gewesen. Die Rufe der Tiere, das Bellen der Hunde und selbst das Heulen der Dingos in der Ferne kamen ihr plötzlich unerwartet laut vor.

Sie saß neben der starren und schweigsamen Köchin und schaute in die Landschaft, die, je tiefer sie kamen, erst von sattem Grün zu kargem Grau und Rot wechselte und dann wieder, als sie in die Regenwaldzone eintraten, zu üppigen Farben und Bewuchs. Aber hier wurde die Luft nicht nur wärmer, sondern auch feuchter, und das Atmen fiel ihr schwer.

Schneller, als sie es in Erinnerung hatte, vielleicht, weil es am Morgen war und abwärtsging, erreichten sie Kuranda. Der Zug stand schon dampfend am Bahnsteig. Doch erst mussten die Pferde zum Stall gebracht, abgezäumt und versorgt werden.

O'Kelly saß schon in einem Abteil, Lily wählte ein anderes. Die Abteile waren nicht übermäßig gefüllt, aber auch nicht leer. Interessiert schaute Elsa sich um. Die meisten der anderen Mitreisenden schienen ebenfalls Farmer zu sein oder aus einfachen Verhältnissen zu stammen. Sie trugen ordentliche Kleidung ohne viel Tand und feste Schuhe. Die Männer sahen wichtig aus, so wie sie mit ernstem Gesicht in die Landschaft schauten, vielleicht wollten sie in Cairns Geschäfte machen, mutmaßte Elsa. Die Frauen hingegen hatten Körbe oder Taschen bei sich – sicherlich wollten sie einkaufen. Nur O'Kelly reiste mit größerem Gepäck.

Auch diesmal wurde Elsa die Fahrt nicht lang. Abwärts ging es über die vielen Brücken und durch die Tunnel. Wie ein Lindwurm wand sich der Zug nach unten zur Küste. Nach einer halben Stunde erreichten sie Freshwater, wo einige ausstiegen, aber noch viel mehr Passagiere zustiegen. Nun wurde es richtig voll. War in Kuranda die Stimmung noch schläfrig und ruhig gewesen, summte und brummte es jetzt in den Abteilen. Bekannte und Verwandte wurden begrüßt, Weihnachtsgrüße und Neuigkeiten ausgetauscht.

Dann ging es weiter in Richtung Cairns. Die Bebauung nahm zu, der Regenwald lichtete sich. Nach zwei Stunden erreichten sie die Stadt. Es war fast unerträglich heiß, stank nach Wollfett und anderen Dingen. Doch Tante Lily stieg aus dem Zug und schaute sich fröhlich um. Elsa war etwas zurückgeblieben und sah nun, wie sich O'Kelly mit ihrem Gepäck abmühte. Keiner schien es zu bemerken, und niemand half ihr. Schließlich ging Elsa zu ihr und nahm ihr die Tasche ab.

»Wohin müssen Sie?«, fragte sie.

»Vor dem Bahnhof stehen Droschken.« O'Kelly biss sich auf die Lippen. »Danke«, quetschte sie hervor.

»Aber natürlich! Ich verstehe nicht, warum niemand Ihnen hilft. Uns hat immer jemand mit dem Gepäck geholfen.«

»Ja, man sieht Ihnen ja auch an, dass Sie aus einer anderen Schicht stammen, Fräulein.«

Elsa schüttelte den Kopf. »Das stimmt ja nicht. Meine Tante ist Lehrerin – sie ist keine Herrschaftsfrau.«

»Sie ist Lehrerin – sie war auf der Schule und hat studiert. Ich schwöre, das sieht man«, brummte O'Kelly.

Sie hatten den Ausgang des Bahnhofs erreicht, und die Köchin wuchtete den Koffer in eine der Droschken, die dort warteten. »Danke«, sagte sie und nahm Elsa die Tasche ab. »Sie sind ein gutes Mädchen.«

Elsa nickte ihr zu, gern hätte sie noch etwas Freundliches gesagt, aber ihr fiel nichts ein. Dann schaute sie sich suchend um. Die beiden Tanten standen ein Stück weiter am Droschkenstand, und Elsa eilte zu ihnen.

Ein wunderbar aufregender Tag in Cairns begann. Zu Hause, in Sydney, ging Elsa ganz selten zum Bummeln in die Stadt. Erstens hatte sie keine Zeit für solchen Müßiggang, zweitens fehlte ihnen das Geld. Gekauft wurde, was nötig war. Kleidung wurde von den Älteren an die Jüngeren weitergereicht, Schuhe wechselten den Besitzer und sahen eher den Schuster, als dass sie aussortiert wurden. Möbel hatten sie, neue Sachen im Haus wurden vom Schreiner in der Nachbarschaft angefertigt – wenn es denn sein musste und Großvater es nicht selbst machen konnte. Außerdem ruhten Großmutters Hände nie. Sie strickte und stickte, häkelte, nähte und stopfte. Und sie hielt die Töchter und Enkelinnen an, es ihr gleichzutun. Die Jungs lernten zu sägen und zu zimmern, zu schleifen und zu drechseln.

Im Garten hinter dem Haus hielten sie Hühner und bauten Gemüse und Obst an. Es reichte nicht, um die Familie zu versorgen, aber es trug einen erheblichen Teil dazu bei.

Doch nun ging Elsa mit den beiden Tanten durch die Straßen von Cairns, sie schauten in dieses Geschäft, probierten im nächsten etwas an. Unterwäsche, Strümpfe, Schuhe, Hüte, Handschuhe aus feinstem Material, ungeeignet, um damit zu arbeiten. Sie hatten eine Menge Spaß nur beim Anprobieren. Und dann kaufte die Tante ihr Seidenstrümpfe und Baumwollstrümpfe, einen neumodischen Hüfthalter, eine Bluse und noch allerlei kleinen Tand. Elsa konnte es fast gar nicht glauben. Sie wusste nicht, was sie sagen sollte, nahm den Beutel mit ihren Errungenschaften und hielt ihn fest an sich gepresst. Anschließend gingen sie in einem Restaurant essen, nachdem sie sich an einer der vielen Garküchen in den Straßen schon einen Imbiss genehmigt hatten. Für Elsa war es so fremd, sich Essen aus der Karte aussuchen zu müssen, wo sie doch bei den Großeltern gelernt hatte, dass gegessen wurde, was auf den Tisch kam. Manchmal gab es mehrere Gänge, aber das war eher die Ausnahme und nur, wenn Besuch da war.

Hin und wieder nahm der Großvater eines oder zwei der Enkel mit in den Deutschen Club. Dort durften sie sich Kuchen aussuchen oder ein Sandwich. Richtig gegessen wurde aber zu Hause.

Elsa beeindruckte der Tag in Cairns sehr, aber auch die leichte Art, wie ihre Tanten von einem Geschäft zum anderen schlenderten, sich Sachen ansahen, anprobierten, aber nicht kauften. Es hatte für sie so einen weltoffenen Flair, den sie sehr imponierend fand.

So, dachte sie, möchte ich später auch einmal leben. Dabei war ihr schon bewusst, dass diese Art, einkaufen zu gehen, weder zu Lilys noch zu Mollys wöchentlichem Vergnügen zählte. Aber sie verhielten sich so natürlich, als würden sie nichts anderes tun. Und das wollte sie auch, irgendwann. Sie wollte eine erwachsene, mondäne Frau sein, die unabhängig war.

Beide Tanten waren nicht verheiratet. Gut, Lily war verwitwet, aber beide mussten sich vor niemandem rechtfertigen. War das das Geheimnis, um so leben zu können? Beide hatten, so wie Elsa es verstanden hatte, eine Affäre mit einem Mann. Liebten diese Männer die Tanten? All diese Fragen verwirrten Elsa, und sie hatte niemanden, mit dem sie darüber reden konnte.

Nach dem üppigen Menü ging es noch mal in die Stadt. Lily

kaufte Schuhe für Otto, Stoff in Ballen für die Station, orderte Lebensmittel und Hygieneartikel.

»Sollen wir das alles mitnehmen?«, fragte Elsa staunend.

Lily lachte. »Nein, das wird geliefert. Ich muss noch Samen und Setzlinge bestellen, Gewürze und andere Dinge für die Küche. Das wird noch dauern. Mögt ihr so lange zum Hafen gehen und dort einen Kaffee trinken? Wir können uns dann in einer Stunde am Bahnhof treffen.«

Molly nahm ihr Taschentuch hervor, betupfte ihren Nacken und ihre Stirn. »Das klingt nach einer guten Idee.« Sie schaute auf ihre Uhr, die an einer kleinen, goldenen Kette an ihrem Gürtel hing. »In einer Stunde also am Bahnhof? Dann treffen wir uns dort.«

Doch bevor sie noch den Hafen erreicht hatten, sah Molly ein kleines Café. »Lass uns dort einkehren und etwas trinken. Meine Füße tun weh, und ich kann nicht mehr.«

Zu gern folgte Elsa ihrer Tante, denn trotz der Bäder und Salben hatte sie das Gefühl, dass ihr ganzer Körper schmerzte. Die Hitze machte ihr zudem noch zu schaffen, und sie war unendlich müde.

Die Stunde ging allzu schnell vorbei, und schon mussten sie sich auf den Weg zum Bahnhof machen, wo Lily schon auf sie wartete. Neben ihr standen eine junge Frau und ein großer Mann. Das mussten die Hoffmanns sein, dachte Elsa, der zweite Vorarbeiter mit seiner Frau.

Die beiden begrüßten Molly und Elsa auf Deutsch. Frau Hoffmann, die ein freundliches Lachen hatte, was Elsa sofort sympathisch.

Der Zug war an diesem Spätnachmittag deutlich voller als bei der Hinfahrt, aber sie fanden noch Plätze. Das Glück hatten nicht alle, einige Mitreisende mussten in den Gängen stehen oder sich auf den Plattformen auf den Boden setzen.

Elsa war so müde, dass sie den ganzen Trubel um sich herum nicht richtig mitbekam. Lisa Hoffmann erzählte von dem Besuch bei ihrer Familie und wie sehr sie sich darauf freue, wieder in die Tablelands zu kommen, wo es nicht so schwül war.

Herr Hoffmann erkundigte sich nach der Station und ob während seiner Abwesenheit alles mit den Schafen geklappt habe. Auch Molly beteiligte sich interessiert an dem Gespräch, doch Elsa fielen immer wieder die Augen zu.

Auch während der anschließenden Kutschfahrt nickte Elsa immer wieder ein, und als sie endlich an der Station ankamen, wollte sie am liebsten direkt ins Bett gehen.

Otto wartete schon im Hof auf sie, half die Pferde auszuspannen und das Gepäck in die Häuser zu bringen. Elsa hatte er nur kurz begrüßt und sofort ein Gespräch mit Hoffmann angefangen.

Für einen Moment blieb Elsa stehen und lauschte. Otto warf mit Fachbegriffen nur so um sich. Elsa bewunderte ihn für seine Kenntnisse, er schien völlig in der Arbeit auf der Station aufzugehen.

In Gedanken versunken machte sie sich frisch und zog sich um. Es tat gut, aus den verschwitzten Kleidern zu kommen. Dann wurde schon zum Essen geläutet. Wer wohl gekocht hat?, fragte Elsa sich.

Nun hatten auch die Hoffmanns zusammen mit McAllister am Tisch Platz genommen, dessen Platte verlängert worden war. Lebhaft und lustig ging es zu. Es gab Lammeintopf und Kartoffeln, dazu Damper und frischen Schafskäse. Ein einfaches, aber sättigendes und leckeres Essen.

»Da hat uns O'Kelly wirklich verlassen«, sagte Lisa Hoffmann, klang aber gar nicht betrübt.

»Wir werden sehen, wie das in der nächsten Zeit wird«, meinte Lily. »Chan kann kochen, allerdings nur einfache Gerichte. Ich fürchte, an einem Menü wird er scheitern.«

»Machen Sie sich keine Sorgen, Mrs Evers«, sagte Lisa Hoffmann. »Ich werde mich um die Küche kümmern. Wenn ein größeres Essen ansteht, werde ich das organisieren.«

»Ja, ein größeres Essen«, sagte McAllister und grinste. »Wie ist es eigentlich mit Silvester? Ich hatte eigentlich überlegt, ob ich nicht um ein paar freie Tage bitte, doch da wir ja so reizende Gesellschaft haben, denke ich, es wäre ganz schön, hier auf der Station zu feiern.«

Tante Molly lächelte ihn an. »Oh, das ist aber nett. Sie feiern hier Silvester?«

»Oh ja«, sagte Lisa Hoffmann eifrig. »Wir haben doch einige chinesische Arbeiter, die haben zwar einen eigenen Kalender, aber sie feiern auch unser Silvester gern.«

»Sie feiern alles gern«, fügte Hoffmann lachend hinzu. »Die nehmen jeden Anlass mit. Und es ist jedes Mal ein riesiges Spektakel.«

»Auch die anderen Arbeiter der Station feiern natürlich. Meistens wird sehr ausgelassen in der Scheune getanzt und musiziert«, erklärte Lily.

»Spektakel?«, fragte Elsa neugierig nach.

»Du wirst es erleben.« Otto grinste. »Und nie wieder vergessen.«

»Jetzt machst du mich aber neugierig.«

»Wir könnten im Haupthaus den Abend zusammen verbringen und anschließend zum Jahreswechsel in die Scheune gehen«, meinte Lily nachdenklich.

»Oh Mutter, wie langweilig. In der Scheune ist es immer viel lustiger.« Otto schüttelte den Kopf.

Lily sah Molly an. »Ich weiß nicht. Die Arbeiter sind manchmal doch sehr vulgär. Vor allem, wenn sie getrunken haben.«

»Wir passen schon auf Sie auf, my ladies«, sagte McAllister.

»Also, ich hätte nichts dagegen, mit allen zu feiern, wenn das hier so üblich ist.« Molly nickte McAllister zu. »Vor allem, wenn wir so sicheres Geleit haben.«

Elsa verdrehte die Augen. Wie peinlich ihre Tante war. Andererseits war sie nun auch neugierig, wie so eine Feier denn ablaufen würde.

»Ich werde mit Chan sprechen. Er macht immer einen Eintopf, aber vielleicht können wir ja ein Büfett zusammenstellen. Meine Mutter hat immer am zweiten Feiertag Kanapees gemacht – verschieden belegte Schnittchen.«

»Schnittchen?« McAllister seufzte. »Das ist keine Grundlage, und satt wird man davon auch nicht. Eintopf und Damper sind doch wundervoll.« Er nahm sich eine weitere Portion.

»Wir finden sicherlich eine Lösung, die uns allen gefällt«, sagte Lily. Plötzlich schien auch sie ganz begeistert zu sein.

Es war also beschlossene Sache, sie würden Silvester mit der Belegschaft der Station in der Scheune feiern.

Nach dem Essen gingen die Erwachsenen in das Wohnzimmer, während Elsa und Otto sich auf die Veranda setzten.

»Was ist denn so toll an den Feiern mit den Chinesen?«, wollte Elsa wissen.

»Es gibt doch sicherlich auch Chinesen in Sydney. Du musst doch wissen, wie ausgelassen sie feiern können.«

»Aber doch nicht in unserer Nachbarschaft, Otto. Und ich dachte immer, die Iren feiern wild.«

»Von denen haben wir ja auch einige.« Otto grinste. Dann nahm er zaghaft ihre Hand, schaute schweigend in den Sternenhimmel.

Elsa wurde es ganz warm ums Herz, und dennoch wusste sie nicht so recht, wie sie sich verhalten sollte.

»Es ist perfekt, dass du in diesem Jahr an Silvester hier bist«, murmelte Otto. »Wirklich perfekt. So wird 1905 großartig beginnen. Alles kann ab jetzt nur noch besser werden.«

Das hoffe ich, dachte Elsa und schloss die Augen, das hoffe ich sehr.

Silvester

Schon am nächsten Tag saßen Lisa Hoffmann und Lily zusammen und planten eifrig die Feier. Der Betrieb auf der Station nahm seinen, wie Otto Elsa erklärte, normalen Verlauf. Jetzt, da beide Vorarbeiter da waren und sich gemeinsam um die Arbeiten kümmern konnten, musste Otto nicht mehr so viel helfen. Einen Tag später kehrte auch Wilson, der Verwalter der Station, aus Cairns zurück und nahm den Betrieb wieder in die Hand. Er war ein etwas feister Mann mit einer dicken Nase, die von roten Äderchen durchzogen war. Aber bei Tisch konnte er durchaus Manieren vorweisen und zeigte sich erstaunlich belesen.

Otto bestand darauf, jeden Tag einige Zeit mit Elsa auszureiten und gemeinsam das Gelände zu erkunden. Von Tag zu Tag fiel es Elsa leichter, auf dem Pferd zu sitzen.

Außerdem ging sie auch gern in den Stall, wo die Zuchtschafe mit ihren Lämmern waren, die Ziegen und die beiden Milchkühe mit ihren Kälbern. Daneben befanden sich die Gehege für die Hühner und die Kaninchen. Kaninchen und Hühner hatten sie auch in Glebe, auch einen Gemüsegarten, aber hier auf der Station wurde wesentlich mehr Obst und Gemüse angebaut. Das war natürlich auch notwendig, denn man konnte ja nicht schnell in ein Geschäft gehen und Dinge kaufen.

Einmal in der Woche belieferte der Gemischtwarenhändler aus Kuranda die Station, brachte auch Bestellungen aus Cairns mit. Alle paar Tage wurde die Post gebracht, oder jemand brachte sie aus Kundera mit. Insgesamt schien die Zeit auf der Station ruhiger und gemächlicher zu vergehen. Elsa gefiel das.

Sie und Otto gingen oft in dem Teich schwimmen, nachdem Lily Elsa Badekleidung gegeben hatte. Die Tage vergingen und Silvester rückte näher. Jeden Tag, so erschien es Elsa, änderten Lily und Lisa die angedachten Speisen, und auch Molly beteiligte sich an den Vorbereitungen.

Die Scheune wurde ausgeräumt und gefegt, Tische und Bänke aufgestellt.

»Es wird getanzt werden«, sagte Otto begeistert. »Es gibt zwei Fiedler, ein Schifferklavier und Maultrommeln. Das klingt meistens reichlich schief, aber das macht ja nichts.«

Die Begeisterung hatte Elsa angesteckt, und sie konnte den Tag kaum erwarten. Im Quartier der chinesischen Arbeiter herrschte große Betriebsamkeit, aber niemand wollte ihr verraten, was sie vorbereiteten.

Am 31. 12. stand dann auch endlich die Speisefolge fest. Schon in den Tagen zuvor waren Hühner geschlachtet, Eier sauer eingelegt und Aspik vorbereitet worden. Aus Cairns wurde eine große noch lebende Meeresschildkröte gebracht. Man hatte sie in Tücher gepackt und diese immer wieder mit Wasser übergossen, so dass sie die Fahrt überlebte, nur um dann auf der Station getötet zu werden. Den Anblick konnte Elsa nicht ertragen, deshalb ging sie in den Gemüsegarten. Doch bald zog der Duft köstlicher Schildkrötensuppe aus dem Kochhaus über den Hof, und Elsa lief das Wasser im Mund zusammen. Auch Brot wurde gebacken – Sauerteigbrot genauso wie Damper. Natürlich würde es auch einen Hammeleintopf geben, der schon in einem riesigen gusseisernen Topf über dem Feuer im Hof köchelte. Lisa Hoffmann hatte Pudding gekocht, und Molly würde Kartoffelsalat nach Großmutters Rezept zubereiten.

Alle Damen hatten beschlossen, sich mittags hinzulegen, damit sie für den Abend ausgeruht waren. Kleider und Anzüge waren gewaschen, geplättet oder ausgebürstet worden. Man wollte sich schick machen. Elsa begriff, dass dieses Fest ein wirkliches Ereignis im eintönigen Alltag der Station werden würde. Auch sie legte sich mittags hin. Die Vorhänge hatte sie zugezogen, die Fenster jedoch geöffnet. Eine leichte Brise, die von den Bergen kam, brachte erfrischende Luft. Elsa konnte nicht schlafen, sondern döste nur.

Der Betrieb der Station ging auch heute weiter, die Tiere mussten versorgt, der Hof gefegt werden. Eine gespannte Erwartung hing in der Luft.

Plötzlich hörte sie das schnelle Trappeln von Hufen auf der Zufahrt zur Station.

Nanu, dachte Elsa, wer mag das sein? Sie ging zum Fenster, schob den Vorhang zur Seite und spähte in den Hof.

»Oh, Mister Miller!«, rief einer der Stalljungen. »Was für eine Überraschung.« Er nahm die Zügel des Pferdes, von dem ein großer Mann absprang.

Miller, dachte Elsa und fühlte eine seltsame Beklommenheit – das war doch der Besitzer der Station. Sie hatte nur die Schuhe ausgezogen und die Knöpfe ihres Kleides geöffnet, als sie sich hingelegt hatte. So war sie schnell wieder angezogen und schlich sich die Hintertreppe hinunter in die Diele.

»George?« Lily klang fassungslos, als sie aus ihrem Zimmer trat. »George? Du hier? Ich habe gar nicht mit dir gerechnet.«

Elsa spähte um das Treppengeländer herum. Das Haar ihrer Tante war nicht hochgesteckt, sie trug nur ihre Unterkleider und darüber einen Morgenmantel.

Elsa hielt entsetzt die Luft an. Noch nicht einmal Pantoffeln hatte Lily angezogen, geschweige denn Schuhe. Barfuß lief sie auf den Mann zu, der nun seinen Hut abnahm und ihn auf das Tischchen am Eingang legte. Er lächelte ihr unter seinem imposanten Schnurrbart entgegen, breitete die Arme aus und fing Lily auf.

»Ich hatte so Sehnsucht nach dir«, sagte er und schwang sie herum. »Ich wollte unbedingt den Jahreswechsel mit dir erleben.«

»Und deine Frau?« Lily stemmte sich mit beiden Händen gegen seine Brust, zwang ihn, sie loszulassen. »Was ist mit deiner Frau?«

»Süße, das ist doch egal. Sie war nicht amüsiert, aber ich bin trotzdem gekommen, reicht das nicht?« Er seufzte.

»Was hast du ihr gesagt?«

Elsa konnte Lilys Worte kaum hören.

»Dass es Probleme auf einer der Stationen gebe und ich mich kümmern müsse. Sie hat es akzeptiert und nicht weiter nachgefragt. Aber wenn du mich nicht hierhaben willst, kann ich auch wieder gehen.«

»Nein! Nein, du bleibst.« Lily fiel ihm um den Hals und küsste ihn.

Elsa hörte Schritte auf der hinteren Veranda, jemand öffnete die Tür. Sie drehte sich um und sah in Ottos grinsendes Gesicht.

»Was machst du denn hier?«, fragte er sie, sah dann über ihre Schulter hinweg nach vorn. Schlagartig verfinsterte sich seine Miene.

»Was zum Teufel hat er hier verloren?« Otto ballte die Fäuste.

»Pst.« Elsa zog ihn zur Treppe. »Sei leise«, zischte sie.

»Warum?« Otto schnaubte.

»Es ist sein Haus, oder nicht?«

»Es ist meine Mutter.« Otto drehte sich um, das Gesicht wutverzerrt, und stürmte wieder nach draußen auf die Veranda. Die Tür schlug laut krachend hinter ihm zu. Schnell und so leise sie konnte, eilte Elsa nach oben.

»Was war das?«, hörte sie Miller verärgert sagen.

»Vermutlich nur der Wind.« Lily lachte. »Du bist hier, ich kann es noch gar nicht fassen. Du bist hier und wirst Silvester mit uns feiern. Das ist so wunderbar.«

»Ich muss mich erst einmal frisch machen.«

»Hast du Gepäck dabei?«

»Nur eine Tasche. Willo sattelt das Pferd ab, dann bringt er sie mir. Ich brauche ein Bad und frische Sachen und muss mich rasieren.«

Die beiden gingen zu Lilys Zimmer.

»Hast du Hunger?«, hörte Elsa Lily fragen, bevor sich die Tür hinter ihnen schloss.

Das ist er also, dachte Elsa, der Mann, den Lily liebt. Sie holte tief Luft. Otto schien sehr verletzt zu sein oder böse oder sogar beides.

Sie lief wieder hinunter und durch die Hintertür hinaus, doch von Otto war nichts mehr zu sehen.

Unschlüssig schaute sie sich um. Wo mochte er hingelaufen sein? In den Schuppen? Doch dort war jede Menge Betriebsamkeit, und so wie sie Otto kannte, war ihm das jetzt zu viel. Ob er das Pferd genommen und weggeritten war? Sie konnte seinen Rappen auf der Weide sehen. Wohin konnte er geflüchtet sein? Vielleicht, dachte sie, ist er zum Teich gegangen. Dort hinten unter den Bäumen war ein großer Findling, da hatten sie oft gemeinsam gesessen.

Elsa lief zum Teich, und tatsächlich sah sie Wellenkreise, die sich konisch auf das Ufer zu bewegten. Sie ging weiter um den Teich herum und zur anderen Seite, dort, wo das Wäldchen anfing. Wie Elsa vermutet hatte, saß Otto mit angezogenen Beinen auf dem Findling und ließ Steinchen über das Wasser hüpfen.

Langsam näherte sie sich ihm, unsicher, ob sie wirklich zu ihm gehen sollte oder ob er in Ruhe gelassen werden wollte. Er schaute nicht auf, auch wenn er ihre Schritte schon längst hätte hören müssen.

Vorsichtig kletterte sie neben ihn auf den Felsbrocken, zog die Beine an und schlang die Arme um die Knie. Sie hielt es für besser, nichts zu sagen, und so saßen sie eine ganze Weile schweigend nebeneinander. Dann nahm Otto ein weiteres Steinchen von der Sammlung, die er neben sich angehäuft hatte, und gab ihn Elsa.

»Ich kann das nicht«, sagte sie verlegen. »Die hüpfen bei mir nicht.«

»Du musst sie flach werfen, mit einer leichten Drehung aus dem Handgelenk. So.« Er machte es ihr vor.

Siebenmal berührte der Stein die Wasseroberfläche, bevor er versank. Elsa versuchte, es ihm gleichzutun, aber ihr Stein hüpfte nicht einmal, sondern ging sofort unter.

»Flach, habe ich gesagt. Nicht schmeißen, sondern werfen.«

Sie versuchte es ohne Erfolg ein weiteres Mal, bevor sie sich kichernd auf den Rücken fallen ließ und in die Karribäume starrte. Irgendwo lachte ein Kookaburra, und einige Wellensittiche, die in den Grasbäumen saßen, keckerten.

Otto legte sich neben sie und schnaufte. Dann nahm er sehr sanft und vorsichtig, so, als würde er sich gar nicht trauen, ihre Hand.

»Danke, dass du gekommen bist«, sagte er fast tonlos.

»Du bist … ganz schön sauer, oder?« Elsa drehte den Kopf und schaute ihn an.

»Sauer? Ja, nein, ich weiß nicht. Eher entsetzt.«

»Entsetzt?«

»Ich habe nicht damit gerechnet, dass er kommt.«

Elsa schwieg für einen Moment. »Aber es ist seine Station, was hast du erwartet?«

»Du verstehst das nicht.« Otto zog seine Hand zurück.

»Vielleicht verstehe ich es doch.«

»Nein, das tust du nicht. Ich habe ja nicht gedacht, dass er nie wieder hierherkommt. Mir war schon klar, dass Onkel George wieder auftauchen würde. Aber …« Er schluckte.

»Aber was?«

»Aber ich habe nicht damit gerechnet, dass er jetzt kommen würde. Jetzt. Zu Silvester. Ich habe mich so auf heute Abend gefreut. Auf den Tanz, die Feier, auf das Spektakel der Chinesen …«

»Von dem du mir immer noch nicht sagen willst, was es ist.«

Für einen kurzen Augenblick lächelte Otto, doch dann verfinsterte sich sein Gesicht wieder.

»Ich habe mich so gefreut, und nun kommt er und macht alles kaputt.«

»Wieso?«

»Verstehst du das denn nicht?« Otto setzte sich halb auf, stützte sich auf seinen Ellenbogen und sah sie an. »Verstehst du denn nicht, dass er meine Mutter diskreditiert?«

Auch Elsa setzte sich auf. Sie holte tief Luft, dann neigte sie sich zu Otto und küsste ihn sanft auf die Lippen.

»Lily ist eine erwachsene Frau. Sie muss selbst wissen, was sie tut«, sagte sie leise. »Du musst sie nicht beschützen. Sie liebt ihn.«

Otto schaute Elsa überrascht an.

»Aber er benutzt sie. Weißt du, dass seine Frau ein Baby bekommt? Er wird sich nicht von ihr trennen und zu meiner Mutter stehen.«

»Das wird er wohl nicht. Aber Lily weiß das.«

»Woher weißt du es?«, flüsterte er rau.

»Ich habe ein Gespräch mit angehört. Zwischen ihr und Molly.« Elsa wandte sich ab.

»Und? Du findest das okay?« Seine Stimme wurde lauter.

»Ich weiß es nicht, Otto. Nein.«

Dann drehte sie sich wieder zu ihm, sah ihm in die Augen, legte ihre Arme um seinen Hals und zog ihn zu sich. Sie konnte seinen warmen Atem auf ihrem Gesicht spüren. Nur kurz zögerte sie, dann küssten sie sich. Dieses Mal wurde es ein langer, intensiver Kuss. Sie konnte die weiche Haut seiner Lippen spüren, fühlte seine vorsichtig tastende Zunge an ihren Lippen, ihren Zähnen. Etwas schien in ihr zu explodieren, so wunderbar zärtlich fühlte es sich an. Doch dann stemmte sie sich gegen Otto, gegen seine drängende Umarmung. Er keuchte.

»Ich liebe dich, Elsa, ich werde dich immer lieben.«

Auch Elsa musste nach Luft schnappen. »Ich liebe dich auch, Otto.«

Er streichelte über ihren Arm, rückte noch näher, seine Berührungen wurden intensiver, fordernder. Er streichelte ihren Rücken, ihre Arme, dann die Seite, tastete sich vor zu ihrer Brust.

»Nicht, Otto.« Elsa war erschrocken über die Gefühle, die seine Berührungen in ihr auslösten. Sie schien zu brennen, und ganze Termitenstämme schienen über ihre Haut zu wandern und verursachten ein kribbelndes Chaos in ihrem Bauch.

»Ich liebe dich!«, wiederholte Otto, drückte sie an sich, küsste sie abermals. Diesmal war sein Kuss noch hungriger.

Elsa genoss das köstliche Gefühl, gleichzeitig stieg Panik in ihr auf. Das durften sie nicht, es war nicht richtig, was sie machten.

»Otto, bitte, bitte nicht.«

»Du liebst mich doch auch …«

»Das tue ich, aber … aber …«, stotterte sie verwirrt. Natürlich liebte sie ihn. Doch sie konnten jetzt nicht einfach diesen Weg gehen, diese Grenze überschreiten. Elsa wusste sehr wohl, wohin das führte. Die Hühner taten es, die Schafe, die Schweine und die Rinder. Sie war damit aufgewachsen. Auch mit den Geräuschen aus dem Schlafzimmer ihrer Großeltern oder ihrer verheirateten Tanten. Sie wusste, was es bedeutete, sehnte sich ebenso sehr danach, wie sie Angst davor hatte. Aber die Angst überwog.

»Das ist nicht richtig, was wir tun.«

»Du liebst mich doch, Elsa«, flehte Otto.

»Ja, ich liebe dich.« Sie küsste ihn sacht und zärtlich. »Ich liebe dich sehr. Aber ich möchte dich nicht auf einem Felsen lieben, das erste Mal. Und ich möchte, dass wir beide darüber nachdenken, wie es gehen könnte mit uns.«

»Was?«, fragte er ungläubig. »Das kannst du nicht machen.« Er schaute an sich herab, die Wölbung in seiner Hose war nicht zu übersehen.

Elsa lachte auf. »Doch, das kann ich.« Dann gab sie ihm einen festen Stoß, so dass er über die Kante des Findlings ins Wasser rutschte.

»Hey!«, schrie er auf, tauchte ab, kam prustend und strampelnd wieder an die Oberfläche. »Du hättest mir Zeit lassen sollen, wenigstens die Schuhe auszuziehen!« Er lachte jedoch. »Komm ins Wasser, es ist herrlich.«

»Ich habe doch keine Badesachen dabei.«

»Elsa! Elsa, meine Elsa – die brauchst du doch nicht, Komm ins Wasser. Nun komm schon.«

Die Mittagshitze lag wie eine Glocke über der Station. Warum denn nicht, dachte Elsa, schälte sich aus Kleid, Unterrock, Schuhen und Strümpfen. Nicht allzu sorgsam ließ sie die Sachen fallen, stand nur in Unterhose und Unterhemd auf dem Felsen, holte tief Luft und sprang dann zu Otto in den See.

Sie planschten und schwammen, arbeiteten ihre Energie und Gefühle in dem kalten Wasser ab. Spritzten sich gegenseitig nass, spielten Fangen und tauchten durch das klare Wasser. Schließlich kletterte Elsa wieder ans Ufer und legte sich auf den von der Hitze erwärmten Felsen. Die Sonne war gewandert und beschien nun auch diesen Teil des Ufers. Der Felsen schien zu glühen, aber es war eine angenehme Wärme. Sie legte sich wieder platt auf den Rücken und ließ die Wärme durch ihren Körper strömen, spürte, wie sie – Stück für Stück – trocknete. Irgendwann zog sich auch Otto auf den Findling, legte sich wortlos neben sie. Sie lagen dort eine lange Zeit schweigend.

Irgendwo raschelte es im Gebüsch, und dann plätscherte es im seichten Wasser.

Elsa setzte sich erschrocken auf, schaute umher. »Trauen sich Dingos so nah an die Station?« Sie hatte grässliche Gerüchte über Dingos gehört.

»Das war kein Dingo«, murmelte Otto schläfrig, »das war irgendein Wasservogel. Oder ein Schnabeltier. Dahinten lebt eine Familie der Schnabeltiere, sie sind aber sehr scheu. Man hört sie nur, sieht sie kaum.«

»Ein Schnabeltier? Ein Mallagongan?« Elsa hielt die Luft an, stieß sie dann seufzend aus. »Das ist das Totem von meinen Geschwistern und mir.«

»Totem? Du glaubst doch nicht an den Scheiß der Eingeborenen, oder?«

»Nur manchmal.« Elsa legte sich wieder hin, doch nun hörte sie auch ein leichtes Paddeln im Wasser oder glaubte es zu hören. Es könnte auch einer der Karpfen sein, dachte sie, die hier ausgesetzt wurden. Oder eine Ente. Dann schloss sie die Augen, aber kam nicht zu Ruhe. Ich liebe Otto, und er liebt mich, aber wir sollten uns nicht lieben. Nicht über das familiäre Maß hinaus.

»Wir sind Cousin und Cousine ersten Grades, Otto«, sagte sie irgendwann in die flirrende Luft, die über ihnen stand.

»Ich liebe dich trotzdem. Ich werde dich immer lieben.« Otto atmete flach, aber hektisch.

Elsa stand auf, beugte sich über ihn und küsste ihn. Diesmal hatte sie mehr Vertrauen in sich, in ihre Lippen, in ihren Körper. Sie wollte die Süße spüren, ihn trösten, ihm ihre Zuneigung zeigen, aber sich nicht aufgeben. »Unsere Liebe ist für immer. Aber noch sind wir beide zu jung, um so eine Entscheidung zu treffen.«

Otto drehte sich weg von ihr.

Einen Moment hockte Elsa schweigend an seiner Seite, dann stand sie auf, wartete immer noch auf eine Reaktion von ihm. Doch die kam nicht.

Schließlich nahm sie ihre Sachen, trottete zum Haus, schlich sich durch die Hintertür nach oben und schloss sich im Badezimmer ein.

Wie sollte es weitergehen? Sie spürte, dass sich jede Faser ihres Körpers nach ihm sehnte, nach seinen Berührungen und Küssen, und dennoch wusste sie, dass es zu früh war. Sie waren zwar keine Kinder mehr, aber auch noch nicht erwachsen. Weder sie noch Otto hatte die Schule beendet und einen Beruf ergriffen. Eine Zukunft als Arbeiterfrau auf einer Station war etwas, was Elsa nie in Betracht gezogen hatte. Sie liebte Otto, aber sie wollte etwas aus ihrem Leben machen. Auch für Otto wünschte sie sich eine andere Zukunft. Eine gemeinsame Zukunft mit ihr. Ich wollte ihn immer heiraten, dachte sie. Schon als Kind. Aber ist es jetzt nicht nur die körperliche Begierde, die ihn zu mir zieht? Vielleicht auch, weil er so unglücklich mit der Situation seiner Mutter ist und Trost bei mir sucht.

Die Zeit wird zeigen, ob unsere Liebe Bestand hat, dachte Elsa und freute sich plötzlich wieder auf diesen Abend, diese Nacht. Die Feier und das neue Jahr, das sicherlich auch spannend werden würde. Otto würde in wenigen Tagen 15 werden. In zwei, drei Jahren war er erwachsen und würde im Leben stehen, hoffte sie. Das halten wir noch aus, da war sie sich sicher.

Ein neues Jahr

Elsa zog wieder ihr bestes Kleid an, die Perlenohrringe ihrer Mutter und verbrachte bestimmt eine Stunde damit, ihre Haare zu richten. Allein war es schwierig, die Frisur so hinzubekommen, wie sie es wollte. Bisher hatte ihr immer Mina geholfen.

Für einen Moment lehnte Elsa sich zurück und dachte an ihre Schwester, die jetzt bei Till in den Blue Mountains war. Wie mochte es ihr dort ergehen?

Und Tutt, die in Deutschland den Jahreswechsel erst Stunden nach ihnen feiern würde, wie ging es ihr? Obwohl sie sich so gut wie nicht kannten, hatte Elsa dennoch das Gefühl, ihr nah zu sein. Tutt war nun einundzwanzig Jahre alt – eine junge Frau. Sie hatte Elsa von einem entfernten Cousin berichtet, einem Werner, den sie offensichtlich nett fand. Ob sie ihn auch so liebt wie ich Otto?, fragte Elsa sich. Und was ist mit Mina? Bisher hatte Mina kein großes Interesse an Männern gezeigt. Vielleicht würde sich das ja in den Blue Mountains bei Till ändern, wenn Mina nicht mehr unter der strengen Beobachtung von Großvater und den Tanten stand.

Noch einmal steckte Elsa einige Strähnen fest, betrachtete sich im Spiegel und befand, dass sie sich für ihr Aussehen nicht schämen musste. Sie hatte immer wieder in den Flur gelauscht, aber nichts von Otto gehört.

Draußen ging es schon lebhaft zu. Ein Feuer war im Hof entzündet worden, darüber wurden nun zwei frisch geschlachtete Lämmer geröstet und ein paar Hühner. Daneben hing ein großer gusseiserner Kessel mit dem Hammelragout. Es duftete köstlich, und Elsa, die an diesem Tag nicht viel gegessen hatte, lief das Wasser im Munde zusammen. In der Scheune wurden die Fiedeln gestimmt, jemand spielte schon ein paar Akkorde auf dem Schifferklavier. Sie eilte die Treppe hinunter und wäre im Flur fast mit einem großgewachsenen Mann zusammengestoßen, der aus Lilys Zimmer kam.

»Nanu«, sagte er lachend. »Wen haben wir denn hier?«

Lily trat hinter ihm aus dem Zimmer, lächelte. »Das ist meine bezaubernde Nichte Elsa. Elsa, das ist George Miller.«

»George, nenn mich George. Du bist tatsächlich bezaubernd.« Er drehte sich zu Lily um. »Das hast du mir nicht verraten.«

»Es sollte ja auch noch ein paar Überraschungen geben. Aber nun lasst uns hinausgehen, ich meine, die Feier hat schon begonnen.« Lily nahm seinen Arm und ging mit ihm zur Tür, Elsa folgte ihnen mit einem beklommenen Gefühl im Hals.

Sie wusste, dass die beiden ein Liebespaar waren. Aber wussten es alle anderen der Station auch? Lebten sie hier wirklich offen zusammen? Auch vor dem Verwalter und den Vorarbeitern? Machte es Lily nichts aus, nur die zweite Frau in Millers Leben zu sein? Erwachsen sein ist so verwirrend, dachte Elsa und seufzte.

Noch schien die Sonne heiß auf das Hochplateau, doch wenn sie unterging, würde es kühl werden. Aber jetzt stand die Hitze im Hof, in dem auch noch das große Feuer loderte. Molly stand geschäftig an einem der Tische, die an der Seite aufgestellt waren, und rührte in der riesigen Schüssel Kartoffelsalat. Sie strahlte Elsa entgegen.

»Magst du kosten? Schmeckt fast wie der von Mutter. Ganz kriege ich es nicht hin. Wahrscheinlich verwendet sie eine geheimnisvolle Zutat.«

Elsa probierte und nickte. »Für mich schmeckt das wie bei Großmutter. Es ist köstlich.« Dann warf sie einen Blick über ihre Schulter, schaute zu Lily und Miller, die die Arbeiter begrüßten und die verschiedenen Speisen, die auf den Tischen aufgebaut waren, begutachteten.

»Hast du schon gesehen?«, flüsterte Elsa Molly zu.

»George? Ja. Ein wirklich charmanter Mann. So nett und so gutaussehend. Wir haben vorhin zusammen Tee getrunken. Du hast wohl den ganzen Nachmittag verschlafen?«

Elsa senkte den Kopf. Natürlich würde sie der Tante nichts von ihrem Nachmittag mit Otto erzählen.

»Hast du Otto gesehen?«

»Ich glaube, vorhin war er in der Scheune und hat dort geholfen, Bänke aufzustellen. Es ist so zauberhaft, so natürlich hier, fast schon ursprünglich.« Molly lachte wieder. »Sie haben mal eben so eine Bühne für die Musiker und einen Tanzboden gezimmert. Und dann noch das große Spektakel der Chinesen.« Molly kicherte. »Das wird ein großartiger Abend.«

»Weißt du, was es ist? Das Spektakel der Chinesen? Keiner will es mir verraten.«

Molly lachte. »Es sind nur noch wenige Stunden, dann wirst du es sehen.«

Elsa zog einen Flunsch, dann ging sie in die Scheune, um Otto zu suchen.

Er stand mit McAllister an der Seite, wo sie auch Bänke aufgebaut hatten, und schien sich blendend zu unterhalten. Erleichtert ging Elsa auf ihn zu. Vielleicht hatte er ja auch ein Fazit aus dem Nachmittag gezogen – sie brauchten einfach noch Zeit. Sie mussten älter werden, einen Beruf ergreifen, dann würde es für sie auch eine Zukunft geben.

Otto winkte ihr zu, sprang über die Bänke und nahm ihre Hand. Stolz blickte er sich um. »Was sagst du?«

»Es sieht phantastisch aus. Wie ihr das nur so schnell hinbekommen habt. Gestern war es noch eine staubige Scheune, heute sieht es aus wie ein Festsaal.«

Sie übertrieb nicht. An der einen Wand standen Bänke, auf der anderen Seite Tische und Stühle. Hinten war ein Podest errichtet worden, wo die Musiker schon Platz genommen hatten und die erste Melodie spielten. Die Mitte des Raumes war mit Planken und

Bohlen belegt, Blumengirlanden waren aufgehängt und große Töpfe mit Farnen vor den hässlichen Stellen platziert worden.

Otto nahm ihre Hände, schaute ihr in die Augen. »Vergiss den Nachmittag. Wir haben alle Zeit der Welt, du und ich. Wir lieben uns, und nur das zählt.«

Plötzlich musste Elsa ein paar Tränen unterdrücken, so glücklich fühlte sie sich.

»Willst du tanzen? Oder etwas essen? Die Lämmer brauchen noch, aber es gibt Unmengen an Essen, und alles ist irgendwie lecker. Hast du etwas zu trinken? Da vorn gibt es Bowle. Ich hole dir ein Glas«, sprudelte es fröhlich aus ihm heraus. Er wartete gar nicht auf eine Antwort, sondern lief los und holte ihr etwas zu trinken.

»Danke«, sagte Elsa und nahm ihm den Becher aus der Hand. Die Bowle roch fruchtig süß, aber auch nach Alkohol, sie nippte nur daran.

»Was möchtest du nun machen?« Otto wippte auf den Zehenspitzen, inzwischen legten die Musiker ordentlich los. »Ich will mit dir tanzen.«

Elsa lachte. »Erst muss ich etwas essen. Ich bin halb verhungert.«

»Du hast noch nichts gegessen? Großer Fehler.« Wieder lachte er fröhlich. »Ich habe die ganze Zeit schon mal hier, mal da probiert. Komm.« Er zog sie mit sich nach draußen. Außer den Musikern waren nur wenige der Angestellten in der Scheune. Die meisten drängten sich um die Tische, die sich unter den Speisen bogen. Chan, der chinesische Koch, nahm die Brathähnchen vom Feuer, schnitt sie mit einem scharfen Messer klein und legte Stücke auf die angereichten Teller.

Auch Elsa nahm sich einen Teller, probierte hiervon und davon. Manche Speisen hatten die Arbeiter gemacht und hingestellt, einiges davon kannte sie nicht. Die Chinesen brieten vieles mariniert oder paniert in viel Fett aus. So etwas gab es zu Hause bei Großmutter nicht, dabei schmeckte alles köstlich.

Plötzlich blieb Otto wie erstarrt stehen. Elsa folgte seinem Blick –

er schaute zu Lily und George, die sich auch zu essen holten und dann gemeinsam in die Scheune gingen, vermutlich, um sich dort an einen der Tische zu setzen.

Elsa stieß Otto in die Seite. »Nun mach nicht so ein Gesicht«, sagte sie leise zu ihm. »Du wusstest doch, dass er hier ist.«

»Willst du zum Essen auch reingehen?«, presste er hervor.

Unschlüssig sah Elsa sich um. »Wir können auch auf die Veranda gehen«, schlug sie dann vor.

Otto nickte nur, nahm sich eine Flasche Bier, die in einem Kübel mit Eis stand.

Sie aßen, Otto trank sein Bier, holte sich ein zweites. Elsa trank lieber gekühlte Limonade. Das Essen war köstlich, doch inzwischen wurde die Musik lauter, und in der Scheune schien es heiß her zu gehen. Elsa wollte dorthin, sie wollte mit feiern, tanzen, lachen. Sie wollte an diesem Abend Leute um sich haben.

»Komm«, sagte sie und nahm seine Hand. »Du kannst ihm ja nicht immer aus dem Weg gehen.«

Otto brummte nur, aber folgte ihr.

»Hast du ihn schon begrüßt?«

»Ja, vorhin. Ganz kurz.«

»Aber du bist doch früher mit ihm ausgekommen. Was ist passiert?«

»Das ist eine der dümmsten Fragen, die ich jemals von dir gehört habe, Elsa.« Otto blieb stehen, seine Augen funkelten zornig. »Früher habe ich nicht verstanden, was zwischen Mutter und ihm ist. Onkel George, der nette Mann, der ihr eine Stellung gibt, uns aufnimmt, der sich bemüht und freundlich ist.«

»Aber das ist doch immer noch so.«

»Aber jetzt ist es klar, jetzt, da seine Frau wieder ein Kind bekommt, er wird sich nicht für Mutter entscheiden.«

»Das weißt du doch gar nicht, er ist heute hier, zusammen mit ihr, mit Lily. Und nicht mit seiner Frau. Vielleicht hat er eine Entscheidung getroffen.«

Otto sah sie an. »Meinst du?«

»Das könnte doch sein, oder?«

Etwas wie Hoffnung blitzte in seinen Augen auf. »Das wäre schön.«

»Und jetzt lass uns feiern.« Elsa zog ihn in die Scheune auf die Tanzfläche.

Voll war es dort, laut und hitzig. Die Stimmung war gut, es wurde gelacht und Squaredance getanzt. Sie reihten sich ein und tanzten mit. Der Tanz endete, ein anderer begann. Was für ein Spaß es war. Alle waren fröhlich und ausgelassen. Auch Lily und Molly machten mit, ließen sich auffordern und schienen viel Spaß zu haben. Es gab natürlich weniger Frauen als Männer auf der Station, deshalb war auch Elsa als Tanzpartnerin heiß begehrt.

Doch dann zog sie Otto aus dem Getümmel nach draußen. Inzwischen war es dunkel geworden, die letzte Stunde des Jahres war angebrochen. Das Feuer im Hof glimmte nur noch, das Büffet war abgeräumt, nur der Hammeleintopf, den es als Mitternachtssuppe geben würde, stand noch auf der Feuerstelle.

Hinter den Häusern, auf der Wiese, waren zwei Chinesen emsig damit beschäftigt, etwas aufzubauen.

»Was machen sie dort?«, wollte Elsa wissen.

»Sie bereiten das Spektakel vor.« Otto grinste. »Magst du einen kleinen Spaziergang machen? Gleich endet dieses Jahr, und ich bin glücklich, dass ich es mit dir beenden und das neue mit dir beginnen kann.«

Er nahm ihre Hand, drückte sie.

»Ja, Otto«, sagte sie leise, »das finde ich auch schön. Sollen wir um den Teich gehen?«

»Gute Idee, wenn wir zurückkommen, wird es fast Mitternacht sein.«

Doch als sie in Richtung Teich gingen, hörten sie plötzlich leise Stimmen. Otto blieb stehen. »Hast du das gehört? Da ist jemand«, flüsterte er.

»Ja, da vorn, hinter dem Gebüsch«, wisperte Elsa zurück. »Sollen wir umkehren?«

Otto ließ ihre Hand los und schlich zu den Sträuchern. Elsa seufzte leise, folgte ihm aber dann. Irgendetwas an dieser Situation machte ihr Bauchgrummeln.

»Verdammt«, zischte Otto. »Es sind Onkel George und meine Mutter. Wusste ich doch, dass ich sie hier finde.«

So ist das also, dachte Elsa, und die Enttäuschung bohrte sich wie ein Messer in ihren Magen. Er wollte nicht mit mir allein sein, sondern Lily suchen.

»Lass uns gehen«, wisperte sie. Doch Otto kroch nur noch näher zum Gebüsch.

Was soll ich jetzt machen, dachte Elsa erschrocken und kroch hinter ihm her. Otto hielt inne, hockte sich auf den Boden, lauschte. Elsa lauschte gezwungenermaßen mit.

»Und jetzt?« Lily klang aufgelöst. »Wie soll es jetzt weitergehen?«

»Ach, Liebchen, warum soll sich denn etwas ändern?«

»Deine Frau …«

»Meine Frau ist meine Frau.« Millers Tonfall veränderte sich, wurde härter, kälter. »Sie hat damit nichts zu tun.«

»Du hast gesagt, du überlegst es dir.«

»Da gibt es nichts zu überlegen. Das wusstest du. Das wusstest du von Anfang an. Ja, ich hätte eine Möglichkeit gesehen, am Anfang, vielleicht, wenn du ein Kind empfangen hättest. Mir fehlt ein Stammhalter. Und so wie es schien, war meine Frau unfruchtbar. Du hast schon einen Sohn. Aber Otto ist nicht mein Sohn, nicht von meinem Blut.«

»Du wolltest ihn adoptieren.«

»Ach, Lily, Geschwätz von früher. Jetzt bekommt meine Frau ein Baby. Mein Kind. Damit ist das doch hinfällig. Das hast du doch immer gewusst.« Er seufzte auf. »Auch wenn ich es mir anders gewünscht hätte, du weißt doch, wie sehr ich dich liebe.«

Elsa konnte hören, wie Otto vor Wut mit den Zähnen knirschte.

»Nun«, sagte Lily und klang wieder beruhigter. »Du hast ja recht. In meinem Alter werde ich ganz sicher kein Kind mehr bekommen. Was auch eine Erleichterung ist.«

»Siehst du, Liebchen, ich wusste, dass du mich verstehst.«

Elsa hörte ein leises Schmatzen, und ihr wurde klar, dass sich die beiden küssten. Schon bisher waren Ottos und ihre geheime Anwesenheit etwas, was sie moralisch nicht vertreten konnte. Zum zweiten Mal hatte sie ein intimes Gespräch mit angehört, aber dieses Mal bewusst und mit voller Absicht. Jedenfalls war es Ottos Vorsatz gewesen. Doch nun hatte sie genug gehört. Was auch immer Lily und George machen würden, es war ihre private Angelegenheit und ging sie beide, auch Otto, nichts an.

»Los«, zischte sie und zog an seinem Ärmel. »Lass uns gehen.«

Er schüttelte den Kopf, schnaufte wütend.

»Doch, du kommst jetzt mit, jetzt sofort, oder ich fange an zu schreien.« Wut kroch in ihr hoch, Wut auf Otto, der so halsstarrig war und irgendwie auch arglistig. Er hatte es darauf angelegt, die beiden zu belauschen. Aber sie ärgerte sich auch über Lily, die ihren Sohn dieser Situation aussetzte. »Komm schon!«

Und tatsächlich folgte Otto ihr. Sie gingen zum Haupthaus und setzten sich auf die Stufen der Veranda. Otto hatte die Fäuste geballt, Tränen standen in seinen Augen.

»Er macht sie zur Hure.«

»So darfst du das nicht sehen«, versuchte Elsa ihn zu beschwichtigen.

»Nicht?« Wütend funkelte er sie an.

»Sie ist erwachsen. Sie weiß, was sie tut. Vielleicht findet sie es ja so gar nicht mal so schlecht.«

»Wie könnte eine Frau denken, dass die Position als Geliebte gar nicht mal so schlecht ist?«, fuhr er Elsa an.

Sie zuckte zusammen und dachte an das, was Molly gesagt hatte. Aber würde Otto so etwas verstehen?

»Weißt du, George und Lily teilen sich die Sonnenstunden. Die

Zeit, die er hier verbringt, haben die beiden für sich. Ohne Sorgen und ohne lästigen Alltag.«

»Was weißt du denn schon von unserem Leben hier draußen? Nichts weißt du. Gar nichts. Mama hat kein sorgenfreies Leben, auch wenn dir das vielleicht in den letzten Tagen so erschienen ist. Sie muss arbeiten, hart arbeiten, jeden Tag. Für diesen Mann.« Die letzten Worte spuckte er voller Hass aus. »Für diesen elenden Wüstling!«

»Sie muss arbeiten, aber das müssen andere doch auch. Sie hat eine sichere Stellung. Und sie mag ihre Arbeit, das sieht und spürt man, Otto. Und dann hat sie noch diese Tage des Glücks mit ihm.« Die letzten Worte sagte sie leise.

»Tage des Glücks?« Otto war aufgestanden, ging unruhig hin und her. »Tage des Glücks?«, wiederholte er aufgebracht. »Wie kannst du so etwas sagen?«, schrie er und stürmte ins Haus.

Verdattert sah ihm Elsa hinterher, wusste nicht, ob sie ihm folgen sollte oder nicht. Aber bevor sie sich entschieden hatte, kehrte er zurück und hatte eine Flasche Brandy in der Hand, aus der er einen tiefen Schluck trank.

»Sie macht sich zur Hure dieses Mannes«, schrie er. »Sie gibt sich ihm hin.«

Elsa biss sich auf die Lippen. »Und?«, fragte sie dann trotzig und streckte das Kinn vor. »Du wolltest auch, dass ich mich dir hingebe. Heute, am Teich. Sag nicht, dass es nicht stimmt.«

Otto schnaufte, lief von der einen Ecke des Hauses zur anderen, blieb vor Elsa stehen.

»Das ist etwas ganz anderes. Wir lieben uns.«

»Die beiden lieben sich auch, das haben sie sich gegenseitig versichert. Wir haben es gehört.«

»Er meint es nicht so. Er ist nicht mit Mutter verheiratet.«

»Wir sind es auch nicht.«

»Verdammt, Elsa! Wir sind natürlich nicht verheiratet, weil wir es nicht sein können. Noch nicht. Aber wir lieben uns doch.«

Elsa nickte. »Sie lieben sich auch und können auch aus bestimmten Gründen nicht verheiratet sein.«

»Wir werden es aber sein. Sobald ich volljährig bin, werde ich dich heiraten«, schrie er. »Hast du das verstanden? Ich werde das tun.«

»Gut.« Elsa stand auf und klopfte sich den Staub vom Kleid. »Bis dahin warten wir. Das ist unsere Entscheidung.« Sie ging auf ihn zu und küsste ihn sacht. Erst sträubte er sich trotzig, doch dann erwiderte er den Kuss, wurde hungriger, saugte an ihren Lippen, bohrte seine Zunge suchend in ihren Mund.

Er schmeckte nach scharfem Alkohol und zu wenig Schlaf. Außerdem wurde sein Griff um ihre Hüften erst heftiger, dann fast schmerzhaft. Seine rechte Hand legte sich auf ihren Po, drückte fest, die linke suchte ihre Brust. Elsa versuchte, sich aus seiner Umarmung zu winden.

»Nicht, Otto, nicht!«

Doch Otto ließ nicht los, er tastete weiter, küsste sie wieder. Das hatte nichts mehr mit den zärtlichen Annäherungsversuchen am Teich zu tun, mit den ersten Berührungen, dem zärtlichen Tasten und Fühlen. Dies war widerlich und brutal.

In diesem Moment klangen laute Stimmen aus der Scheune. Dort wurde heruntergezählt.

»Zehn, neun, acht, sieben …«

»Silvester, Otto, es ist Silvester.« Endlich gelang es Elsa, sich zu befreien. Otto stand keuchend vor ihr, starrte sie an.

»Drei, zwei, eins! Frohes neues Jahr!«, riefen alle.

»Frohes neues Jahr.« Elsa beugte sich zu Otto, küsste ihn vorsichtig und schnell auf die Lippen. »Auf 1905!«

»Frohes neues Jahr, Elsa.« Otto senkte den Kopf. »Es … es tut mir … leid …«, stammelte er.

»Komm, lass uns zu den anderen gehen.«

Die Kapelle begann »Die Wacht am Rhein« zu spielen, wohl den deutschen Gästen zuliebe, doch nur die erste Strophe wurde von einigen Stimmen fast kläglich angestimmt. Nach der ersten Strophe brachen sie ab. Und dann ging es los. Es knatterte und knallte auf der Wiese, Feuerwerk fuhr auf und brach sich hundertfach im Himmel.

»Die Chinesen«, sagte Otto und lächelte endlich wieder. »Die Chinesen und ihr Spektakel.«

Staunend schaute Elsa in den Himmel, konnte kaum fassen, was sie dort sah. Der Himmel über den Tablelands war klarer und dunkler als der über Sydney. Hier gab es keine Tausende von Kaminen und Lampen, die die Luft erhellten und verschmutzten. Die Sterne verblassten gegen die leuchtenden Farben der Leuchtkörper, das Knallen der Böller war unglaublich laut und schier endlos. Elsa hielt sich erschrocken die Ohren zu, doch Otto lachte.

»Das machen sie so«, schrie er gegen die Knallerei an. »Damit wollen sie böse Geister vertreiben.«

Davon gibt es hier genug, dachte Elsa. Endlich hörte der Krach auf, und auch die letzte Feuerfontäne verglühte am Himmel.

Für einen Moment war es ruhig, fast schon auf eine unheimliche Art still. Dann plötzlich fing eine Frauenstimme, zuerst noch unsicher, an zu singen.

»*Should auld acquaintance be forgot*
And never brought to mind?
Should auld acquaintance be forgot,
and days of auld lang syne?«

Andere Stimmen setzten ein, die Musiker nahmen die Melodie auf.

»*For auld lang syne, my dear*
For auld lang syne«,

sang nun auch Elsa und ging vom Haupthaus über den Hof zum Schuppen. Otto zögerte erst, dann folgte er ihr und sang mit.

»*We'll take a cup o'kindness yet*
For auld lang syne.«

Und so standen sie alle beieinander und sangen. Am Ende gingen die Musiker zu einer Polka über, und dann wurden wieder die Tanzbeine geschwungen. Chan hatte noch mal das Feuer unter dem Kessel im Hof angefacht und verteilte die Mitternachtssuppe aus Lammfleisch.

Auch Elsa und Otto tanzten, doch sie hielt körperliche Distanz zu ihm. Sein zu überschwängliches Verhalten vorhin hatte ihr Angst gemacht.

»Frohes neues Jahr«, wünschte Molly ihnen und küsste beide herzlich, sah sich suchend um. »Wo ist denn Lily?«

»Ich habe sie gerade noch im Hof gesehen«, log Elsa, und als Otto abwehrend die Stirn runzelte und den Mund öffnete, um ihr zu widersprechen, trat Elsa ihm heftig gegen das Schienbein und funkelte ihn wütend an. Dann lächelte sie wieder Molly zu. »Dort vorn.« Sie zeigte vage nach draußen.

Molly war etwas angeheitert und hatte Ottos stillen Protest zum Glück nicht wahrgenommen. »Dann gehe ich sie mal suchen.«

»Lass es«, zischte Elsa Otto zu und zog ihn kräftig am Ärmel. »Wir wollen das neue Jahr nicht direkt mit einem Streit und Unannehmlichkeiten beginnen.«

Otto verzog das Gesicht, sagte aber nichts. Ein neuer Tanz begann, und Elsa zog ihn wieder auf die Bohlen der Tanzfläche. Jemand von den Arbeitern klatschte sie ab, dann ein weiterer.

»Frohes neues«, klang es wieder und wieder, alles drehte sich im Kreis zum Takt der Musik, alles verwischte und verschwamm, ein Strudel aus Gesichtern, Händen, Lachen und Musik. Irgendwann blieb Elsa stehen und schaute sich um. Wo war Otto? Es war stickig und heiß und laut in der Scheune, doch die Stimmung hatte sich verändert. Noch wurde laut gelacht, gefeiert und getanzt, aber ein Teil schien nach draußen zu lauschen, einige waren von den Bänken aufgestanden. Etwas Furchtbares, das spürte Elsa, passierte dort. Sie raffte ihr Kleid und lief in den Hof, drängte sich durch die heißen, verschwitzten Körper, die ihr den Weg versperrten.

Auf dem Hof, neben dem großen Suppenkessel, standen Lily und

George eng beieinander. Es sah so aus, als hätten sie sich gerade noch an den Händen gehalten oder wären Arm in Arm gegangen. Doch nun wirkten sie wie erstarrt. Otto stand vor ihnen, den Oberkörper leicht gebeugt, die Füße auseinandergestellt, den Kopf erhoben.

»Sie ist meine Mutter«, sagte er mit leiser, aber drohender Stimme.

»Nur die Ruhe, Junge.« George lachte, aber es klang nervös.

»Bitte, Otto«, flehte Lily.

Was war nur passiert, fragte sich Elsa erschrocken. »Otto«, rief sie leise, so, als wollte man ein verschrecktes Jungtier anlocken. »Otto.«

Er drehte den Kopf zu ihr. »Halt dich da raus. Das geht dich nichts an.«

»Da bist du ja!«, rief Molly plötzlich überlaut und trat in die Runde. »Hab dich überall schon gesucht«, sagte sie fröhlich, ging, ohne auf andere zu achten, zu Lily, umarmte und küsste sie. »Ein frohes neues Jahr. Auf dass 1905 phantastisch und phänomenal für uns werden wird.« Dann drehte sie sich zu George um. »Frohes neues Jahr auch dir, George. Du sorgst schon dafür, dass es für meine Schwester ein gutes wird.«

Auch ihn nahm sie in den Arm und küsste ihn.

»Ein gutes Jahr?«, schrie Otto, und plötzlich kiekste seine Stimme, als wäre er wieder am Anfang des Stimmbruchs. »Das kann nicht dein Ernst sein, Tante Molly. Schau sie dir doch an, was ist sie denn?«

»Otto, bitte!« Elsa trat neben ihn, berührte ihn am Arm, doch er schüttelte sie ab.

»Sie ist seine Hure, seine Geliebte, seine Gespielin«, spie Otto nun heraus. »Es ist unanständig, was er tut.«

»Junge«, sagte George entrüstet, »was erlaubst du dir?«

»Otto, nun wirklich«, hauchte Lily entsetzt, mehr als sie es aussprach.

»Ist doch wahr. Deine Frau bekommt ein Kind von dir, und du turtelst hier mit meiner Mutter herum. Das ist nicht anständig.«

»Otto!«, rief Lily. »Bitte nicht.«

George schüttelte den Kopf. »Was ist denn in den Jungen gefahren? So kenne ich ihn ja gar nicht.«

»Dann wird es Zeit, dass du mich kennenlernst.« Otto wollte sich auf ihn stürzen, doch Elsa ahnte es und stellte ihm ein Bein, als er loslief. Er fiel in den Staub des Hofes. Alle hielten für einen Moment den Atem an, dann kicherte eine der Chinesinnen nervös, andere fielen ein, Gelächter erscholl, auch wenn die meisten den Sturz gar nicht gesehen hatten.

Otto raffte sich auf, schaute sich um und biss sich die Lippe blutig. Dann sah er seine Mutter an. »Ich versteh es nicht, wie kannst du dich so erniedrigen?« Er sprang hoch und lief zu den Ställen. Elsa wollte ihm nacheilen, doch Molly, die plötzlich wieder ganz nüchtern schien, hielt sie zurück. »Lass ihn. Er muss allein mit seinen Dämonen kämpfen.«

»Frohes neues Jahr«, murmelte Lily und nahm Elsa in den Arm und drückte sie an sich. »Ich weiß, du bist Otto sehr verbunden. Er muss jetzt sein Mütchen kühlen, aber vielleicht kannst du morgen mit ihm reden.«

Kaum jemand hatte wirklich mitbekommen, worum es ging, und schon bald ging die Feier lustig weiter. Doch für Elsa war der Abend gelaufen. Sie ging zurück zum Haupthaus, schaute zu den Stallungen und überlegte, ob Otto nun dort oben in der Kammer hockte und trank. Sie konnte ihm heute nicht helfen, hatte auch Angst vor seiner impulsiven Art. Deshalb ging sie zu Bett. Die Melodien von Walzertänzen begleiteten sie in ihre Träume.

Am nächsten Morgen erwachte sie von lauten Stimmen und Gelächter im Hof. Die Bänke wurden weggeräumt, die Spuren der Feier beseitigt. Obwohl bis in die frühen Morgenstunden gelacht, getanzt, getrunken und gegessen worden war, musste doch das normale Leben auf der Station weitergehen. Die Kühe, Schafe und Ziegen mussten gemolken, alle Tiere gefüttert werden. Die Gelege der Hühner wurden überprüft und die frischen Eier in die Küche gebracht.

Der Duft von gebratenem Speck und frisch gebrühtem Kaffee

zog nach oben zu Elsa. Sie reckte und streckte sich wohlig. Dann erst fielen ihr der Streit der Nacht und Otto ein. Wann er wohl zu Bett gegangen war? Und ob er sich jetzt beruhigt hatte? Er trank viel Alkohol, war ihr aufgefallen. Und er wurde schneller wütend, wenn er getrunken hatte.

Sie machte die Anspannung, unter der er stand, dafür verantwortlich. Aber das würde doch eher schlimmer werden als besser, außer wenn er sich mit der Situation abfand, was sie sich allerdings nicht vorstellen konnte. Doch auch Otto würde erwachsener werden, zwangsläufig.

Er hing an seiner Mutter, vergötterte sie geradezu. Elsa konnte das verstehen, wenn auch nicht nachvollziehen. Sie war ja gerade erst zwei gewesen, als ihre Mutter starb. Sehnsucht nach ihrer Mutter hatte sie immer wieder. In den Erzählungen und auf den wenigen Fotos blieb sie ein wenig lebendig für die Kinder, aber wirkliche Erinnerungen hatte Elsa nicht. Und sie wusste auch nicht, wie sie reagieren würde, wenn sie in Ottos Situation wäre. In allen Erzählungen der Großeltern, Tanten und selbst die wenigen Male, wenn ihr Vater über ihre Mutter sprach, war Minnie Lessing-te Kloot immer ein sanfter Engel ohne Fehler gewesen. Das stimmte sicherlich nicht. Aber es gab nichts, was Elsa ihrer Mutter vorwerfen konnte, außer dass sie so früh verstorben war – und das hatte Minnie ja nicht absichtlich gemacht.

Elsa schüttelte den Kopf; das waren zu viele und zu schwere Gedanken für diesen ersten Morgen des neuen Jahres. Sie zog sich an und ging hinunter zum Esszimmer. Vor der Tür blieb sie stehen. Laute Stimmen konnte sie hören – George schien aufgebracht zu sein.

»Das geht doch nicht, Lily. So geht das nicht weiter mit Otto.«

»Ich muss ihm zustimmen«, sagte Molly leise, so dass es Elsa kaum hören konnte.

»Er ist aufgebracht, ja. Aber er wird sich schon daran gewöhnen, an die Situation, Liebster.«

»Das kann ich mir nicht vorstellen. Nicht nach dem Theater

letzte Nacht. Was erlaubt er sich eigentlich?«, entrüstete George sich.

Elsa schluckte. Sie konnte Otto sehr wohl verstehen, seine Pein und seine Scham. Sahen das die anderen wirklich nicht? Oder wollten sie es nicht sehen, weil sie dann sich und ihr Verhalten hinterfragen mussten?

»Die Frage ist«, wandte Molly ein, »wie geht es jetzt weiter mit dem Jungen?«

»Er wird sich sicher beruhigen«, sagte Lily, klang aber nicht so, als ob sie daran glaubte.

»Lily, es hat doch keinen Sinn. Er ist wütend auf mich und enttäuscht von dir«, meinte nun George ruhiger. »Wir müssen überlegen, was das Beste für ihn ist.«

»Ich finde, ihr solltet ihn in ein Internat geben«, sagte Molly. »Ich könnte ihn in Saint Ignatius in Riverview unterbringen. Das ist auf der anderen Seite des Flusses von Hunters Hill, wo ich unterrichte. Von Riverview könnte er auch oft nach Glebe, zu den Eltern.«

»Das klingt doch großartig. Meinst du nicht, Lily?«, fragte George sanft.

Wo war Otto? Elsa konnte nicht fassen, dass sie so über seine Zukunft entscheiden wollten, ohne ihn zu fragen.

»Aber er könnte auch nach Wentworth Falls, in das Internat von Joseph, Tills Mann«, meinte Molly nachdenklich. »Die Umgebung ist ähnlich den Tablelands. Vielleicht würde er sich dort wohler fühlen?«

»Ach«, seufzte Lily. »Ich glaube, er sehnt sich immer noch nach Sydney und Mutter und Vater zurück. Dort wäre ja auch Elsa, sie scheint einen guten Einfluss auf ihn zu haben.«

»Dann also Ignatius. Es ist eine gute Schule, eine katholische zwar, aber dennoch mit ausgezeichnetem Ruf«, sagte Molly.

»Zucht, Ordnung und ein geregelter Ablauf werden ihm nur guttun«, stimmte George ihr zu.

In diesem Augenblick stampfte Wilson die Treppenstufen zur

Veranda hoch und betrat das Haus. Elsa drückte sich gegen die Wand hinter den Stuhl, der dort stand, aber Wilson stürmte in das Esszimmer, ohne auf sie zu achten.

»Guten Morgen, Madams, Boss.« Er schnaufte. »Tom ist weg.«

»Tom?«, fragte George Miller verblüfft. »Einer unserer Arbeiter?«

»Seit wann?« Lily klang entsetzt.

»Der Rappe, den Otto reitet, heißt Tom, Boss«, erklärte Wilson. »Ich weiß es nicht, Ma'am. Willo hat es mir vorhin gesagt. Zaumzeug und Sattel fehlen auch.«

Lily kam in den Flur, ihr Gesicht war weiß wie eine Wand. Auch sie schien Elsa gar nicht zu bemerken. Sie stürmte die Treppe nach oben. »Otto?«, rief sie. »Otto.« Doch er antwortete nicht.

Zurück nach Sydney

Den ganzen Tag wurde Otto gesucht. Gegen Abend fand man ihn an einem der Bäche auf den Anhöhen der Tablelands und brachte ihn zurück. Nicht nur Lily war im Laufe der Stunden immer verzweifelter geworden, auch Elsa machte sich schier verrückt vor Sorge. Wie erleichtert sie waren, als McAllister ihn schließlich ins Haus brachte. Lily fiel ihrem Sohn in Tränen aufgelöst um den Hals.

»Mein Gott, ich habe mir solche Sorgen um dich gemacht. Wo warst du nur? Mach das nie wieder.« Sie küsste ihn, drückte ihn dann wieder an sich.

»Dazu wird er keine Chance mehr haben«, meinte George düster. »Deine Mutter ist vor Angst um dich fast gestorben.«

»Tut mir leid«, murmelte Otto. Dann wand er sich aus Lilys Armen, warf George einen hasserfüllten Blick zu und verließ das Wohnzimmer. Sie hörten seine schweren Schritte auf der Treppe.

Elsa stand auf, wollte ihm folgen, doch Lily schüttelte den Kopf. »Ich rede mit ihm«, sagte sie leise.

George ging auf die Veranda, zündete sich seine Pfeife an. Wilson saß ebenfalls dort und rauchte.

»Was ist mit dem Pferd?«, wollte George wissen. »Es hat doch hoffentlich keinen Schaden genommen?«

»Er war nur drei Stunden Ritt entfernt, hat dann dort an einer Feuerstelle gerastet. Das Pferd konnte grasen und hatte Wasser. Es steht jetzt mit einer guten Portion Hafer im Stall. Ihm geht es gut.«

»Hat der Junge sich gewehrt?«

»Nein. Er schien verwirrt zu sein. Durcheinander einfach.«

»Höchste Zeit, dass er die Station verlässt. Manche können das Leben hier draußen nicht ertragen.«

»Er geht?«, fragte Wilson erstaunt. »Das hätte ich nicht für möglich gehalten. Schließlich sieht man, wie sehr er an seiner Mutter hängt. Außerdem hat er sich gut gemacht, hat ein gutes Händchen für die Schafe.«

»Er hängt ein wenig zu sehr an seiner Mutter. Er braucht Knaben in seinem Alter und die Möglichkeit, sich die Hörner abzustoßen.« George lachte rau.

Elsa sah Molly entsetzt an. »Das kann er doch nicht so meinen.«

»Was? Dass Otto die Station verlassen muss?« Sie seufzte. »Ich fürchte, doch. Es ist für alle das Beste. Nur uns kostet es einige Ferientage.«

»Wieso denn das?«

»Wir werden morgen Mittag schon aufbrechen, Liebes, bevor es hier noch mehr Turbulenzen gibt oder Otto noch einmal wegläuft.«

»Das … das kann sie ihm nicht antun«, stotterte Elsa verwirrt. »Das wird sein Herz brechen.«

»Für den ersten Moment«, sagte Molly beruhigend. »Doch letztendlich wird er einsehen, dass es so für ihn das Beste ist. Und für Lily auch. Er kann ihr nicht ihr Leben vorschreiben.«

Elsa spürte die Hitze der Scham in ihren Wangen und senkte den Kopf. »Er schreibt es ihr nicht vor«, murmelte sie. »Er schämt sich nur für sie.«

»Sie tut nichts, wofür er sich schämen müsste«, meinte Molly resolut, stand auf, nahm ihr Zigarettendöschen vom Tisch und ging zu den Herren auf der Veranda.

»Nur weil du dich nicht schämst, mag es aber für Otto anders sein«, sagte Elsa so leise, dass ihre Tante es nicht hören konnte. Dann stand sie auf und ging nach oben. Vor der Tür zu Ottos Zimmer blieb sie lauschend stehen. Es war nur leises Stimmengemurmel zu hören, Lily sprach immer noch mit Otto.

Elsa ging in ihr Zimmer, begann ihre Sache zusammenzulegen

und einzupacken. Sie war erschöpft – körperlich, aber auch seelisch. Otto würde also mitkommen nach Sydney. Das sollte sie eigentlich freuen, doch sie wusste, was es für ihn bedeutete. Er würde es hassen, auch wenn er die Großeltern liebte und immer gern bei ihnen gewesen war. Das Saint-Ignatius-Internat war auf der anderen Seite der Stadt, er würde dort wohnen und nicht in Glebe, aber er würde sie besuchen kommen können. Jedenfalls wesentlich leichter als seine Mutter in den Tablelands.

Ob er überhaupt mitgeht, fragte sich Elsa. Ob er sich nicht weigert? Sich versteckt oder heute Nacht wieder wegläuft?

Sie konnte sich nicht vorstellen, dass er diese Entscheidung einfach so hinnehmen würde.

Es dauerte lange, bis sie endlich Lilys Schritte im Flur und dann die Treppe hinuntergehen hörte. Elsa schlich sich hinaus und klopfte leise an die Tür zu Ottos Zimmer, doch er antwortete nicht. Sie klopfte noch mal, drehte dann den Türknauf. Die Tür war abgeschlossen.

Er wird sich nicht einsperren lassen, dachte sie. Das wird er nicht. Lange lag sie wach, das Fenster geöffnet, auch wenn die kühle Nachtluft in ihr Zimmer drang. Sie lauschte auf Geräusche, darauf, ob er aus dem Fenster klettern würde, doch sie hörte nur das Heulen der Dingos in der Ferne, das Blöken einzelner Schafe und die Rufe der Nachtvögel. Irgendwann fielen ihr die Augen zu.

Der nächste Morgen kam schnell. Elsa war so müde, dass sie am liebsten weitergeschlafen hätte, doch Lily klopfte und öffnete die Tür. »Zeit, aufzustehen, Prinzessin. Darf ich hereinkommen?«

»Ja«, murmelte Elsa und rieb sich die Augen.

Lily setzte sich auf die Bettkante. Ihre Augen waren geschwollen, gerötet und mit dunklen Ringen gezeichnet. Sie hatte die Haare nur flüchtig aufgesteckt und wirkte fast krank.

»Ihr müsst leider schon heute abfahren.« Lilys Stimme war leise und traurig. »Eine Woche früher als geplant.«

»Ich weiß, Molly hat es mir gestern Abend schon gesagt.« Elsa setzte sich auf und umarmte ihre Tante. »Ist es denn wirklich nötig? Es wird schrecklich für Otto sein.«

Lily schluckte. »Es ist das Beste für ihn, glaub mir. Ich habe mir diese Entscheidung nicht leicht gemacht.«

Es ist doch gar nicht deine Entscheidung, dachte Elsa und spürte die Wut in ihrem Bauch. Es ist Georges Entschluss, er will ihn nicht mehr hier haben.

»Otto muss in eine richtige Schule gehen. Mit gleichaltrigen Mitschülern. Er sollte lernen und einen ordentlichen Abschluss machen und dann einen Beruf ergreifen. Er kann doch nicht ewig hier auf der Station bleiben, das hat doch keine Zukunft für ihn.«

»Das ist doch gar nicht der Grund, weshalb er hier wegmuss.«

»Nein, Elsa, du hast recht.« Lily seufzte, dann stand sie auf. »Aber es ist trotzdem das Beste für ihn. Brauchst du Hilfe beim Packen?«

Elsa schüttelte den Kopf.

»Ich habe dir Sachen zusammengesucht, die mir nicht mehr so recht passen. Magst du sie durchschauen und gucken, ob du etwas mitnehmen willst?«

»Danke, Lily, gern. Aber ich habe doch schon so viel bekommen.«

»Eigentlich nicht. Eigentlich müssten wir uns viel mehr um euch kümmern.« Sie nickte Elsa zu, wischte sich eine Träne aus dem Augenwinkel und verließ das Zimmer.

Aus dem Nebenraum kamen endlich auch Geräusche. Schubladen und Schranktüren wurden geöffnet und geschlossen. Otto war also nicht weggelaufen. Er wurde stattdessen weggeschickt.

Elsa hoffte, dass sie ihm irgendwie würde Trost spenden können.

Das Frühstück war üppig wie immer, einige gebrauchte Teller stapelten sich auf der Anrichte. Die Vorarbeiter und der Verwalter hatten schon längst ihr Tagwerk begonnen.

»Guten Morgen«, sagte Elsa und nahm sich süßen Tee.

»Einen wunderschönen guten Morgen. Hast du gut geschlafen, mein Kind?« Mollys fröhlicher Ton wirkte aufgesetzt.

Elsa schüttelte nur den Kopf. Sie schaute sehnsüchtig nach draußen zum Teich. Wie gern würde sie dort noch einmal ein paar unbeschwerte Stunden mit Otto verbringen.

»Wenn wir zügig nach Kuranda kommen und den Zug am Mittag erreichen, können wir heute Abend noch auf ein Schiff gehen. Ansonsten müssen wir uns ein Hotelzimmer suchen.« Molly schaute auf ihre kleine, goldene Uhr. »Hast du schon gepackt?«

»Ja, gestern. Nur noch ein paar Kleinigkeiten fehlen.«

Lily kam mit einem ganzen Arm voller Kleider, Blusen und Wäsche. Sie legte die Sachen auf einen Stuhl.

»Wie sollen wir das denn alles mitnehmen?«

»Mach dir keine Gedanken, wir können es schicken. Otto kann ja auch nicht alles sofort mitnehmen, zumal einige gute Sachen noch in der Wäsche sind.« Sie zog ein Taschentuch hervor und schnaubte sich die Nase. »Schau mal durch«, sagte sie und wies auf den Stuhl. »Ich habe noch mehr.«

Lustlos sah sich Elsa die Sachen an. Es waren wirklich schöne Stücke dabei. Sie legte das eine oder andere zur Seite. Dann schaute sie auf und sah sich um. »Wo ist denn George?«

»Weg. Er ist zu den Weiden der Wollschafe geritten. Kommt erst in zwei Tagen zurück«, erklärte Molly.

Dann können wir uns gar nicht verabschieden, dachte Elsa, fand den Gedanken aber nicht wirklich schlimm.

Plötzlich ging alles ganz schnell. Sie suchte ihre restlichen Sachen zusammen und packte sie eilig ein. Einer der Arbeiter brachte die Taschen und Koffer zur Kutsche. McAllister würde sie nach Kuranda bringen, nicht Lily. Das verstand Elsa, denn auch ihrer Tante schien der Abschied das Herz zu brechen.

Otto kam schließlich auch herunter. Sein Gesicht war wie eine starre Maske. Er schaute weder Elsa noch Lily an und lud schweigend seine Tasche auf den Karren.

»Willst du nicht schnell noch etwas frühstücken?«, fragte Lily verzweifelt.

Er schüttelte nur den Kopf.

»Wir müssen los«, drängte McAllister.

»Lisa hat euch Brote, Eier und kaltes Fleisch eingepackt«, sagte Lily und klang immer verzweifelter. Sie versuchte, Otto in den Arm zu nehmen, doch er schüttelte sie ab und stieg auf den Kutschbock. Molly und Elsa kletterten hinten auf den Wagen. Bevor Molly sich setzte, stieß sie Otto energisch in den Rücken. »Sag ihr wenigstens auf Wiedersehen, Junge. Du siehst doch, wie sehr sie leidet.«

»Auf Wiedersehen«, sagte Otto mit brüchiger Stimme, dann wandte er den Kopf ab und schaute zum Teich.

McAllister löste die Bremse, schnalzte, und die beiden Pferde setzten sich in Bewegung.

»Auf Wiedersehen, mein Junge. Auf Wiedersehen, Otto«, rief Lily. »Ich habe dich lieb.« Sie lief noch ein Stück neben der Kutsche her, aber er sah nicht zu ihr.

Elsa schmerzte der Anblick – der von Lily und auch Ottos steifer Rücken, der sowohl Zorn, als auch Verzweiflung ausdrückte.

Erst vor etwas mehr als einer Woche war Elsa zum ersten Mal diese Straßen entlanggefahren. Damals war sie voller Fragen gewesen, unsicher, wie Otto zu ihr stand. Jetzt spürte sie, dass sie nie wieder zur Miller's Station zurückkehren würde. Auch Molly war nachdenklich und in sich gekehrt. Zu gern hätte Elsa mit ihr über alles gesprochen, doch dies war nicht der richtige Zeitpunkt dafür.

So schön auch einige Dinge auf der Station gewesen waren – das eigene Zimmer, das schöne Bad, die klare Luft und die Ruhe – so sehr sehnte sie sich jetzt nach dem Haus der Großeltern in Glebe zurück. Dort fühlte sie sich sicher und geborgen, trotz der Zankereien und Streitereien, des Lärms der Stadt und der Enge.

Die letzten Nächte waren unruhig gewesen, sie hatte nur wenig Schlaf bekommen. Jetzt schloss sie die Augen und döste vor sich hin. Auf halbem Weg machten sie eine kurze Rast, aßen ein wenig und löschten ihren Durst. Auch Otto langte zu, doch er sah sie immer noch nicht an und schwieg beharrlich.

In Kuranda angekommen, erreichten sie gerade noch den Zug, McAllister half ihnen, das Gepäck zu verstauen, dann klopfte er Otto freundlich auf die Schulter. »Mach es gut, Junge. Reg dich nicht auf, das lohnt sich nicht. Du bist ein feiner Kerl. Und deine Mutter ist eine tolle Frau. Der Boss ist der Boss, dazu sag ich nichts, aber ich glaube, du wirst deine Mutter bald wiedersehen.«

Seine Worte schienen etwas bei Otto auszulösen, so, als hätte jemand eine Tür geöffnet. Er sah McAllister an, seine Augen schimmerten. »Meinen Sie wirklich?«

»Aber na klar doch!« Noch einmal gab er Otto einen kräftigen Schlag, dann nickte McAllister Molly und Elsa zu, tippte sich an den Hutrand. »Gute Reise, Ma'ams.«

Sie suchten sich einen Platz, Otto putzte sich mehrfach geräuschvoll die Nase, dann endlich wandte er sich an Molly.

»Glaubst du das auch? Das, was McAllister gesagt hat? Glaubst du, er hat recht?«

Molly sah ihn nachdenklich an, sie seufzte. »Ja, mein Junge, ja, das glaube ich auch. Lily wird nicht mehr allzu lange hier oben bleiben. Aber das muss und wird sie entscheiden, du kannst sie nicht zwingen. Und jetzt schauen wir erst einmal, dass wir dich in der Schule unterbringen. Zum Glück sind noch Ferien, und das Schuljahr fängt erst Ende Januar an. Wir haben eine Menge zu erledigen.«

»Was denn?«, fragte er und sah plötzlich wieder wie ein kleiner verschüchterter Junge aus. »Das ist eine große Schule, oder? Und ich werde da wohnen?«

»Ja, es ist eine große Schule, ein Internat. Dort sind Jungen aus ganz Australien. Du wirst viel lernen müssen, aber das schaffst du schon.«

Otto biss sich unsicher auf die Lippen.

»Ich denke, du kannst erst bei Mutter und Vater wohnen oder, wenn das nicht geht, bei mir. Ich habe ein Gästezimmer.«

Elsa merkte, dass es Molly jedoch nicht wirklich recht wäre, ihren

Neffen aufzunehmen. Sie konnte es verstehen, denn Otto würde ihre Liebschaft mit dem Professor verabscheuen.

»Außerdem müssen wir dir die Schuluniform besorgen, Schulsachen und sicher noch einiges mehr. Aber das wird schon.«

»Lieber würde ich bei den Großeltern bleiben.« Otto sah Elsa an. »Zusammen mit dir.«

»Das meinst du nicht ernst.« Elsa lachte leise. »Du willst nicht mehr unter Großvaters strengem Blick leben wollen und dich von Großmutter betüddeln lassen. Und im Internat, mit vielen anderen Jungen, da ist es sicher lustiger als bei uns.«

Otto runzelte nachdenklich die Stirn, nickte dann. »Vermutlich.« Dennoch wirkte er verunsichert.

Sie alle waren müde und erschöpft. Zwei Stunden lang schaukelten sie im Zug über die vielen Brücken und durch die Tunnel hinunter nach Cairns.

Dort wurde es noch mal hektisch. Sie mussten mitsamt ihrem Gepäck zum Anleger, um das Linienschiff nach Sydney zu erreichen. Doch Molly zeigte nun ihre Lehrerinnenqualitäten. Mit strenger Stimme und einem ebensolchen Blick organisierte sie einen Gepäckträger, eine Droschke und bugsierte Elsa, Otto und ihre Sachen zum Hafen.

Es war sogar noch genügend Zeit, nachdem sie die Fahrkarten gekauft und die Kabinen reserviert hatten, um schnell ein Kabel nach Sydney zu schicken und die Großeltern vorzuwarnen. Molly schickte noch ein zweites Kabel los, aber bevor sie es aufgab, schickte sie die beiden nach draußen.

»Wem schreibt sie denn?«, fragte Otto verwirrt.

Elsa ahnte, dass es der Professor war, aber sie tat den Teufel, es Otto zu erzählen. Das wäre Öl in sein Feuer gewesen, und schließlich musste er ja auch nicht alles wissen, dachte sie sich.

Dann endlich waren sie an Bord. Molly hatte zwei Kabinen gebucht – eine Doppelkabine für Elsa und sie und eine Einzelkabine für Otto. Sie hatten Glück, die erste Klasse war fast leer, so bekamen sie die Unterkünfte nebeneinander. In der zweiten und dritten Klasse jedoch schienen sich die Reisenden zu stapeln. Vor allem auf dem Unterdeck war es so voll, dass die Passagiere wie Sardinen in der Dose wirkten.

Routiniert ging Elsa in ihr Zimmerchen, packte die wenigen wichtigen Sachen aus, die sie brauchen würde, schob dann den Koffer mit einem gezielten Fußtritt unter das Bett. Sie war ausgelaugt. Zu gern hätte sie sich jetzt in die heiße Badewanne gelegt, die Kräuter der Aborigine in das Badewasser gestreut und einfach nur die Augen geschlossen. Doch an Bord gab es keine Badewanne. Die Kräutermischung, genau wie die Salbe, hatte sie jedoch eingesteckt und mitgenommen. Sie hatte nicht gefragt, sondern es einfach getan. Ein wenig meldete sich nun ihr schlechtes Gewissen, wenn sie daran dachte, aber andererseits waren ihre Ferien um eine Woche verkürzt worden, dachte sie trotzig.

Sie war müde, staubig, schlechtgelaunt, und vor allem war sie hungrig. Natürlich war das auch ihre Schuld – sie hätte sich am Morgen den Magen vollschlagen können, hatte es aber nicht getan. Sie hätte mehr von dem Lunchpaket essen können, aber auch zu dem Zeitpunkt hatte ihr der Anblick des schweigenden Otto den Bauch eingeschnürt. Danach war keine Zeit mehr gewesen, etwas zu essen. Aber nun, nun war es Zeit, in den Salon zu gehen. Fast jedenfalls. Schnell machte sie sich frisch, während Molly ihre Sachen seufzend auspackte.

»Oje«, jammerte die Tante. »Alles ist voller Staub, und ordentlich kann man es auch nicht nennen. Ich habe so hektisch packen müssen, es ist eine Qual, dieses Chaos anzusehen.«

»Wer hat eigentlich beschlossen, dass wir heute schon abreisen müssen?«, fragte Elsa leise.

Molly schnaubte.

»War es wirklich Lily?« Elsa lehnte sich vor.

»Es war George, was glaubst du denn?« Molly spie die Worte heraus. »Lily hätte Otto nie gehen lassen. Nie.«

»Sie hat es.« Elsa schüttelte den Kopf.

»Aber zu Ottos Bestem. Er hätte sich ansonsten mit George angelegt. Noch mehr als gestern, Kind. Jungs in dem Alter sind unberechenbar.«

»Aber Lily ist seine Mutter.« Plötzlich stiegen Elsa die Tränen in die Augen. »Eine Mutter lässt ihr Kind nicht im Stich. Nicht so.« Und dann brachen ihre Wut und ihre Verzweiflung hervor, sie weinte und weinte. Um ihn, um sich, um ihre Mutter Minnie, die gestorben war und die Kinder zurücklassen musste. Um Carola, die von ihrem Vater weggeschickt worden war, so wie Otto von Lily. Und Großmutter war auch von ihren Eltern an die Tante und den Onkel gegeben worden. Das schien etwas zu sein, was sich in der Familie wiederholte.

Ich will nie, niemals Kinder haben, beschloss Elsa in diesem Moment. Ich will nie Kinder haben, um nie in einen solchen Konflikt zu geraten. Ich will niemals meine Kinder zurücklassen müssen. Wie auch immer. Da ist es besser, keine zu haben. Ich werde niemals Kinder haben, dann kann ich sie auch nicht verletzen, enttäuschen, verlassen oder wegschicken.

Molly sah sie erschrocken an, stand dann auf und nahm sie in den Arm.

»Meine Süße, meine Prinzessin, nun, nun, schschsch.« Sie drückte Elsa an sich. »Oje, was ist mit dir?« Dann holte sie tief Luft und schob Elsa von sich, hob mit der einen Hand ihr Kinn an. »Ich weiß, was du denkst und fühlst. Du fragst dich immer, ob sich deine Mutter, wenn sie noch leben würde, auch so verhalten hätte, nicht wahr?«

Elsa nickte unter Tränen.

»Ach, du liebes Kind. Nun mach dir doch nicht solche Gedanken.«

»Aber … aber … sie sind da, diese Gedanken.«

»Ja, sie sind da. Das verstehe ich.« Molly zog Elsa neben sich auf die harte und schmale Bettstatt. »Deine Mutter hat euch geliebt.

Mehr als alles auf der Welt hat sie euch geliebt. Sie wusste, dass sie sterben würde, und hatte große Angst um euch. Sie wusste auch, dass dein Vater nicht zuverlässig ist. Aber auch ihn hat sie sehr geliebt, mit all seinen Fehlern.«

Elsa nickte. »Ich glaube nicht, dass Vater uns liebt.«

»Oh doch, mein Kind, das tut er. Nur zeigen kann er es nicht. Und glaube, der Tod deiner Mutter hat irgendetwas in ihm zerbrochen. Minnie hat ihn immer hoch gehalten. Dein Großvater war von Anfang an gegen diese Verbindung, aber Minnie hat sich durchgesetzt. Sie liebte Rudolph, sie liebte es, mit ihm zusammen die Farm zu bewirtschaften. Sie glaubte an ihn. Und ihr Glaube hat ihm geholfen, immer weiterzumachen, auch wenn es schwer war.«

»Er kümmert sich so gut wie nie um uns.«

»Das stimmt. Nachdem deine Mutter gestorben ist, war er verzweifelt. Er hat den Glauben an sich verloren. Dennoch wollte er es sich, deinem Großvater und vielleicht auch deiner Mutter beweisen, dass er es schafft, dass er etwas erreicht im Leben. Doch er hat sich immer zu viel vorgenommen und ist jedes Mal gescheitert.« Sie sah Elsa an. »Ich glaube, er schämt sich deshalb. Er konnte weder deiner Mutter, noch euch das Leben bieten, so, wie er es gern gewollt hätte.«

»Das versteh ich nicht. Was wollte er uns denn bieten?«

»Ach, weißt du, meine Eltern mussten sich sehr durchs Leben schlagen, und es war nicht immer einfach. Vater konnte sich die Brigg nur leisten, weil sein Bruder ihm Geld geliehen hat. In manchen Jahren lief es gut, in anderen schlechter. Die Fracht verdarb, die Winde waren widrig, und sie konnten die Order nicht rechtzeitig anliefern. Immer wieder hatten sie Geldsorgen. Dabei kommt meine Mutter aus einer wohlhabenden Familie, doch die hatte sich von ihr losgesagt. Vater wollte Mutter unbedingt ein schönes, angenehmes Leben bieten. Dafür hat er gekämpft und es nicht erreicht, jedenfalls nicht so, wie er es sich vorgestellt hatte. Und deshalb wollte er auf jeden Fall, dass wir, seine Kinder, es besserhaben. Dass wir abgesichert wären.« Nun runzelte sie die Stirn und senkte den Kopf. »Niemand konnte es ihm wirklich recht machen. Alle Bewerber wurden sehr kritisch begutachtet und dann abgelehnt. Lily, Minnie und Hannah haben sich letztendlich durchgesetzt, gegen Papas Willen.«

»So ist er immer noch«, sagte Elsa leise. »Vielleicht sogar noch schlimmer.«

»Ich weiß, Prinzessin. Aber er meint es nicht böse, er meint es nur gut. Er macht sich Sorgen – um uns, um euch. Rudolph, dein Vater, wollte den Ansprüchen genügen, wollte zeigen, dass er es kann. Und daran ist er letztendlich gescheitert. Er schämt sich, deshalb hat er nicht viel Kontakt zu euch – aus Scham und nicht, weil er euch nicht liebt.«

»Das ist doch komisch – ich weiß, dass die Großeltern nicht so viel Geld haben wie andere Leute. Hannah und Harry haben Geld. Sie können sich viele Dinge leisten. Lily hat es auf der Station sehr schön – die großen Zimmer, die Bäder, einen Koch, auch wenn es nur ein Chinese ist. Aber Lily ist nicht glücklich. Hannah ist glücklich, glaube ich. Ich bin glücklich, auch wenn es bei den Großeltern eng ist, das Haus alt, die Kleidung nicht wirklich modisch ist.« Jetzt musste sie grinsen. »Sicher, manchmal ärgere ich mich oder hadere damit. Aber schau – Carola lebt in einer reichen Familie. Dennoch spüre ich ihre Sehnsucht nach uns in ihren Briefen. Es wäre so schön, wenn sie nach Australien kommen könnte. Ich würde sie so gern treffen.«

»Vielleicht wird das ja irgendwann passieren. Aber nun müssen wir uns erst einmal um Otto kümmern.« Molly stand auf. »Hast du Hunger?«

»Und wie!«

Wieder zu Hause

Während der Schiffsreise zurück nach Sydney war Otto meist in sich gekehrt und nachdenklich, manchmal traurig. Aber er schien sich mit seinem Schicksal abgefunden zu haben. Das Schiff war viel voller als bei der Hinreise, es war unruhig an Bord. In jedem Hafen strömten die Reisenden ans Ufer, und ebenso viele kamen aufs Schiff. Dennoch konnte Elsa die Fahrt genießen. Der Druck, der in den letzten Tagen über der Miller's Station gehangen hatte, war nicht mehr zu spüren. Sie freute sich auf Sydney, auf ihre Großeltern.

Endlich war die lange Reise zu Ende. Großvater holte sie mit einer Droschke am Hafen ab und brachte sie nach Glebe. Er begrüßte Otto herzlich und ohne weiteren Kommentar, fast so, als wäre sein Kommen schon lange geplant gewesen.

Auch Großmutter schloss ihn herzlich in die Arme, konnte sich aber ein »Bist du aber groß geworden, mein Junge« nicht verkneifen. Darüber mussten sie alle lachen.

Bis zum Ende der Ferien würde Otto in Glebe wohnen, danach in das Internat in Riverside ziehen. Die Großeltern hatten schon alle Hebel in Bewegung gesetzt, und durch Mollys Beziehungen war ihm ein Platz zum Schuljahresbeginn so gut wie sicher.

Molly, so schien es Elsa, war erleichtert, als sie am Abend die Droschke besteigen und zu ihrer Wohnung in Hunters Hill fahren konnte. Dennoch drückte die Tante das Mädchen herzlich und fest an sich.

»Du weißt, dass du immer zu mir kommen kannst?«, sagte Molly.

»Auch mit trüben oder gar schwarzen Gedanken, mit Zweifeln und mit Wut.«

»Ja, das weiß ich. Danke, Molly. Danke, dass du so für mich da bist.« Tränen brannten in Elsas Augen.

»Ich glaube, es ist nicht genug, und gern würde ich noch mehr für dich tun. Also fühl dich frei, zu mir zu kommen, wann immer du willst.«

Noch lagen zwei Wochen Ferien vor ihnen. Schnell passte sich Otto an das Leben im Haus der Großeltern an. Er teilte das Zimmer mit Arthur und Billy, doch Billy war noch bei Hannah. Arthur, Otto und Großvater gingen angeln und zum Hafen, um Schiffe anzusehen, die an- oder ablegten.

Sie fuhren zum Strand und betrachteten nachts die Sterne durch das Fernrohr, das Großvater im hinteren Teil des Gartens stehen hatte.

Elsa hätte mit ihnen gehen können, doch sie wollte nicht. Zu viele Fragen geisterten ihr durch den Kopf. Großmutter merkte das, schien aber nicht in sie dringen zu wollen. Vielleicht wusste sie mehr über das, was sich auf der Miller's Station ereignet hatte, als sie zugeben wollte.

»Vermisst du Mina?«, fragte sie, nachdem Großvater mit den Jungs zum Angeln aufgebrochen war, während Elsa immer noch am Frühstückstisch saß und gedankenverloren in ihrem Rührei herumstocherte.

»Ja, ich glaube schon.« Elsa lächelte. »Ich habe mich so danach gesehnt, das Zimmer für mich allein zu haben, aber nun ist es ungewohnt.«

Großmutter nahm sich noch eine Tasse Kaffee und setzte sich zu ihr an den Tisch. »Das glaube ich.« Sie lachte leise. »Jahrelang habe ich mit deinem Großvater, deiner Mutter, Lily, Molly und Fred auf der Brigg gelebt. Es war so beengt, manchmal war es wirklich schlimm, weil man nicht wusste, wohin man seine Füße setzen sollte. Ich träumte von unserem Haus, einem Garten. Ich sehnte mich nach Platz, Regalen, Schränken, Tischen, auf denen man etwas abstellen könnte, ohne Angst zu haben, dass es bei der nächsten Welle herunterfällt.«

»Aber es war doch eine schöne Zeit?«

»Richtig. Manchmal wünscht man sich Dinge, und wenn sie eintreten, merkt man, dass es ganz anders ist, als man es sich vorgestellt hat. So ging es mir jedenfalls. Nachdem Till geboren wurde, bin ich mit den Kindern hierher gezogen. Und wie herrlich es in der ersten Zeit war. Ich hatte ein Haus für mich und die Kinder. Ich musste keine Angst haben, dass der nächste Sturm, eine Böe oder auch nur eine Welle, die über die Verschanzung ging, sie von Bord spülen würde. Ich hatte Platz, sehr viel mehr Platz als in der Kajüte auf der Brigg. Aber Großvater war nicht hier, denn er musste ja weiter zur See fahren. Und auf einmal fand ich das Leben an Bord gar nicht mehr schlimm, im Gegenteil, ich wünschte mich zurück auf die *Lessing*. Was natürlich nicht ging, denn die Kinder wurden größer und mussten zur Schule gehen.« Sie seufzte.

»Fühlst du dich hier nicht wohl?«, fragte Elsa überrascht.

»Doch, natürlich, Prinzessin.« Großmutter strich ihr über das Haar. »Jetzt ist es unser zu Hause. Schon lange ist es unser Zuhause, und ich möchte es nicht mehr missen.« Sie stand auf, nahm sich noch eine Tasse Kaffee aus der großen Kanne, die immer auf dem Herd stand. »Aber was ich eigentlich sagen wollte: Ich kann verstehen, dass du deine Schwester vermisst. Vor allem«, sie räusperte sich verlegen, »weil deine Ferien bei Lily nicht so abgelaufen sind, wie du es dir vorgestellt hast.«

»Es war schon … schön«, antwortete Elsa, die nicht wusste, was sie sonst sagen sollte. »Und Lily hat mir diese ganzen schönen Sachen geschenkt. Wirklich, es war beeindruckend.« Dann lächelte sie. »Und jetzt weiß ich alles über Schafe, und geritten bin ich auch. Das hat Spaß gemacht.«

»Möchtest du reiten? Es gibt sicherlich eine Möglichkeit, dass du das auch hier in Sydney machen kannst, ab und an. Schließlich gibt es hier genügend Pferdeställe.«

»Ich weiß nicht«, sagte Elsa nachdenklich. »Dort oben in den Tablelands musste man reiten, um zu den Herden zu kommen. Wir haben die Tram, Busse und Droschken. Mich hier auf ein Pferd zu setzen käme mir seltsam vor.«

»Das stimmt. Was ich dir aber eigentlich sagen wollte, ist etwas anderes. Du siehst, wir haben viel zu tun, müssen die Wäsche machen, die Betten beziehen, und der große Hausputz ist auch noch nicht beendet. Das wollte ich mit Allunga eigentlich fertig haben, bevor ihr wiederkommt, aber jetzt seid ihr ja schon da.«

»Ich helfe gern. Was soll ich tun?«

»Das weiß ich, Prinzessin«, sagte Großmutter und lächelte. »Du musst nichts tun, aber vielleicht magst du dein Zimmer ausräumen und neu ordnen. Großvater hat versprochen, dass du ein neues Bett bekommst und einen Schreibtisch. Aber vorher musst du Minas Bett beziehen und ihre Kommode auswischen. Sie kommt uns nämlich am Wochenende besuchen.«

»Wirklich?«, rief Elsa erfreut. »Mina kommt hierher? Kommt Till auch?«

Großmutter nickte, aber ihr Gesicht wurde plötzlich ernst, die Lachfältchen um ihre Augen verschwanden.

»Ist etwas mit Till?«, fragte Elsa besorgt. »Geht es ihr nicht gut?«

»Doch, doch«, wehrte Großmutter ab und stand seufzend auf. »Also, es wäre schön, wenn du euer Zimmer für Mina vorbereiten würdest.«

»Aber natürlich.« Elsa spürte, dass mehr hinter diesem Besuch steckte. Auch dort schien etwas im Busch zu sein. Lauter Geheimnisse und Mauscheleien, dachte sie plötzlich. Ob das in jeder Familie so ist? Aber erst einmal freute sie sich, Mina zu sehen. Sie hatte ihr zwar einen Brief geschrieben, aber das, was zwischen ihr und Otto vorgefallen war, hatte sie nicht niederschreiben können.

Elsa putzte, kehrte, wischte und wienerte das Zimmer wie nie zuvor. Sie bezog das Bett ihrer Schwester mit deren Lieblingsbettwäsche, auf die Großmutter kleine Röschen gestickt hatte. Sie besorgte sogar Blumen und stellte sie in eine Vase auf die Kommode. Sie ordnete die Bücher, die in einem kleinen Regal zwischen den Fenstern standen, mehrfach neu. Erst nach Erscheinungsjahr, dann nach Autor und schließlich nach der Größe.

Den Teppich brachte sie in den Hof, klopfte ihn aus. Aber das reichte ihr nicht, sie schrubbte ihn mit Lauge, spülte ihn aus und hängte ihn dann zum Trocknen in die Sonne.

Die Fenster putzte sie, polierte sie mit etwas Spiritus und Zeitungspapier.

»Man könnte meinen, dein Herzallerliebster käme«, spottete Otto, als er sie im Garten überraschte, wo sie die Kissen und Decken zum Auslüften aufhängte.

Elsa sah ihn an und grinste. »Aber der ist doch schon hier.« Schnell sah sie zum Küchenfenster, zog Otto dann hinter den Schuppen und küsste ihn. Es war ihr erster Kuss seit der Silvesternacht. Zögernd und nur ganz sanft berührten sich ihre Lippen zuerst, doch dann drängte sich Elsa an ihn, wollte ihn spüren und schmecken. Otto erwiderte den Kuss. Seine Hände glitten über ihren Rücken, zu ihrem Po, zögerten, dann wanderten sie wieder nach oben. Der Kuss war zärtlicher, nicht so fordernd und hungrig wie ihr letzter. So gefiel es Elsa besser. Sie genoss das Gefühl seiner Lippen auf ihren, den Geschmack seiner Zunge und das Gefühl der streichelnden, forschenden Hände auf ihrem Körper.

Das Quietschen der Küchentür ließ sie voneinander wegschrecken. Otto strahlte sie an. »Ich hatte schon Angst, dass ich alles kaputtgemacht hätte. Dass du mich nicht mehr lieben würdest. Ein scheußliches Gefühl.«

»Ich werde dich immer lieben, Otto. Immer. Das verspreche ich dir«, wisperte Elsa und drückte sich an ihm vorbei zurück in den Garten. Allunga war gekommen, um Tomaten und Bohnen zu ernten. Sie warf Elsa einen wissenden Blick zu, sagte aber nichts und grinste nur.

Auch Otto hatte ihren Blick gesehen. »Hat sie uns gesehen?«, fragte er erschrocken.

»Das glaube ich nicht. Und ich glaube auch nicht, dass sie irgendetwas sehen muss. Sie weiß manche Dinge einfach.«

»Ach.« Otto machte eine wegwerfende Handbewegung. »Du glaubst doch etwa nicht an diesen Traumpfade-Blödsinn?«

»Manchmal.«

Und dann endlich war der Freitag gekommen. Großvater holte Till und Mina vom Bahnhof ab. Elsa durfte ihn begleiten. Sie fuhren mit der Tram zum Bahnhof.

Nie hätte Elsa gedacht, dass sie sich so über den Besuch ihrer Schwester freuen würde.

»Du bist ja ganz aufgeregt, Prinzessin«, spottete Großvater liebevoll. »Dabei ist Mina doch erst seit ein paar Wochen weg.«

»Ja, und jetzt freu ich mich auf ein Wiedersehen. Weißt du, Großvater«, sagte sie, stellte sich auf die Zehenspitzen und küsste ihn auf die Wange, »es ist ja so – wenn man etwas immer hat, dann vermisst man es nicht. Aber wenn es dann weg ist, fällt einem auf, wie wichtig es doch ist.«

»Du bist ein kluges Mädchen.« Großvater lächelte.

Endlich fuhr der Zug unter lautem Zischen und mit vielen Dampfschwaden in den Bahnhof ein. Elsa schaute nach links und nach rechts, dann erspähte sie ihre Tante und ihre Schwester und lief jubelnd auf sie zu.

»Mina! Endlich! Mina!« Sie fiel ihrer verdutzten Schwester um den Hals.

»Du liebes bisschen.« Mina lachte. »Was ist denn los, Prinzessin? Hast du mich etwa vermisst?«

Elsa konnte nur nicken. Sie umarmte auch Till, die jedoch einen sehr niedergeschlagenen Eindruck machte und wortkarg blieb.

Großvater umarmte Till und drückte sie an sich, länger und zärtlicher, als er für gewöhnlich eine seiner Töchter begrüßte.

Nanu, dachte Elsa, da ist doch etwas im Busch. Aber was? Etwas musste passiert sein, wovon sie noch nichts mitbekommen hatte. Fragend sah sie Mina an, die nickte nur und formte »Später« mit den Lippen.

Während sie zur Tram-Haltestelle gingen, füllte Großvater die knisternde Stille um Till mit freundlichem Geplauder. Er erzählte von einem Krokodil, das sie neulich beim Angeln gesehen hatten. Von befreundeten Kapitänen und ihren Schiffen, von dem Essen, das Großmutter für sie vorbereitet hatte. Till antwortete nur einsilbig.

Den Rückweg empfand Elsa als quälend lang, und sie war froh, als endlich das Haus der Familie in Sicht kam.

»Otto ist mit euch gekommen?«, fragte Mina. »Wieso?«

Diesmal legte Elsa den Finger an die Lippen.

Großmutter begrüßte Mina freudig, Till nahm sie nur schweigend in den Arm und drückte sie. Das Essen stand schon auf dem Tisch, und obwohl die Großeltern alles versuchten, damit Otto und Arthur die gedrückte Stimmung gar nicht mitbekamen, und fröhlich plauderten, wollte kein richtiges Gespräch aufkommen.

Nach dem Essen bat Till darum, sich zurückziehen zu dürfen. Mina und Elsa halfen der Großmutter noch, den Tisch abzuräumen und das Geschirr zu spülen. Doch kaum war der letzte Teller abgetrocknet und weggeräumt, schickte die Großmutter sie weg.

»Ihr beiden habt euch bestimmt eine Menge zu erzählen«, sagte sie und zwinkerte ihnen zu. »Vielleicht geht ihr noch eine Runde durch den Park? Da könnt ihr in Ruhe reden. Ich werde mich jetzt um Till kümmern.«

Dieser Aufforderung folgten die beiden Schwestern nur zu gern. Hand in Hand liefen sie zum nahe gelegenen Park. Dort gab es einen Findling, der schon früher einer ihrer Lieblingsplätze gewesen war.

»Und?«, fragte Elsa aufgeregt, kaum hatten sie das Haus verlassen. »Was ist passiert?«

»Erzähl du erst. Warum ist Otto hier, und warum seid ihr schon so viel früher zurückgekehrt?«

Elsa wusste erst nicht, wo sie anfangen sollte, doch dann sprudelte es aus ihr heraus. Sie erzählte von Lilys Affäre mit George Miller, darüber, wie sehr Otto sich aufgeregt hatte, sie erzählte auch von Ottos und ihren Gefühlen füreinander.

»Wir sind aber doch Cousin und Cousine«, sagte sie schließlich leise.

»Ich glaube, das ist rechtlich kein Hindernis, falls ihr euch wirklich liebt. Ich weiß, dass du immer schon sehr an Otto gehangen hast, aber … Liebe?«

»Es ist so. Ich wollte ihn schon immer heiraten.«

»Ja, das hast du immer gesagt, früher, als du klein warst. Ich hätte nicht gedacht, dass du es wirklich so meinst.«

»Ich hätte nie gedacht, dass er meine Gefühle erwidert«, gab Elsa zu. »Aber noch sind wir viel zu jung. Wir müssen beide die Schule beenden und eine Ausbildung machen.«

»Wer weiß, was bis dahin alles noch passiert.« Mina grinste. »Die Liebe kann flüchtig sein wie ein Vögelchen.«

»Nein, nicht bei uns«, sagte Elsa überzeugt. »Ich weiß es.«

»Woher?« Mina lachte.

»Warst du schon mal wirklich, wirklich verliebt?« Elsa sah sie fragend an.

Nachdenklich schüttelte Mina den Kopf. »Es gab mal hier oder da jemanden, den ich nett fand. Aber Großvaters kritischer Blick schreckt ja fast jeden ab. Und nein – so wirklich verliebt habe ich mich wohl noch nicht.«

»Wenn es dir passiert, wenn du dich verliebst, dann wirst du es wissen.« Elsa nickte ernsthaft. »Dann ist es auch egal, was Großvater sagt. Otto und ich werden noch einige Jahre warten müssen, bis wir unsere Liebe leben können. Doch ich werde warten.«

»Diese Worte aus dem Mund meiner kleinen Schwester«, sagte Mina amüsiert. »Sie klingen so weise und erwachsen. Ich werde dich daran erinnern, wenn du einem anderen verfällst. Oder«, ihre Stimme wurde plötzlich ernst und traurig, »wenn sich Otto für eine andere interessiert.«

Sie waren bei dem Findling angekommen und setzten sich nebeneinander. Von hier aus hatten sie einen wunderbaren Blick über den Hafen.

»Was ist mit Till?«, fragte Elsa nun.

»Till ist unglücklich, das konnte man ja wohl sehen.« Mina seufzte. »Sie kann keine Kinder bekommen. Mehrfach hatte sie einen Abgang, der letzte hätte sie fast das Leben gekostet. Der Arzt rät ihr, nicht mehr schwanger zu werden, zumal sie ja auch schon einundvierzig Jahre alt ist.«

»Das ist traurig.«

Mina nickte. »Aber das ist nicht alles – Joseph, ihr Mann, sie liebt ihn. Sie liebt ihn wirklich.«

»Ja und?«

»Ich glaube nicht, dass er sie liebt.«

»Was? Will er sie verlassen? Weil sie keine Kinder bekommen kann?«

Mina zuckte mit den Schultern. »Ich weiß nicht, ob er sie verlassen will. Jedenfalls ist es so«, sie räusperte sich, senkte dann ihre Stimme, »es gab diese Haushälterin, diese Köchin. Smith.«

»Ich weiß. Ich mochte sie nie. Aber Joseph hat sie doch entlassen.«

»Entlassen.« Mina lachte, es klang nicht belustigt. »Wie man es nimmt. Sie wohnt immer noch auf dem Anwesen. Dort hat sie ein kleines Häuschen und bekommt eine finanzielle Zuwendung von Joseph.«

»Wieso das?«

»Weil sie ein Kind von ihm bekommt.«

»Oh nein!« Elsa schüttelte entsetzt den Kopf. »Arme Till.«

»Ja. Arme Till.«

»Sie wird ihn verlassen müssen.« Elsa biss sich auf die Lippe.

»Sie liebt ihn. Und da kannst du sehen, Liebe macht ganz komische Dinge, nicht wahr? Lily liebt diesen George und hat deswegen Otto weggeschickt.«

»Weißt du, Lily war immer meine Lieblingstante. Außer vielleicht Lina, aber Lina ist ja nicht wirklich eine Tante. Sie ist ja nur ein paar Jahre älter als wir. Aber nun ist Lily in meinem Ansehen wirklich gesunken.«

Mina nickte. »Ich weiß, was du meinst. Eine Mutter lässt ihr Kind nicht im Stich. So sehe ich das auch.«

Für einen Moment saßen die beiden schweigend nebeneinander, hielten sich an den Händen.

»Mama hätte das sicher nie gemacht«, sagte Elsa dann leise.

»Nein. Mama hätte auch nie Carola weggeschickt.«

»Meinst du, wir werden Carola irgendwann wiedersehen?«

»Daran glaube ich ganz fest«, sagte Mina. »Allerdings glaube ich nicht, dass sie jemals wieder in Australien leben wird.«

»Wieso nicht? Wir sind doch alle hier, hier ist sie geboren, es ist ihre Heimat.«

»Ihre Heimat, Prinzessin, ist jetzt in Deutschland. Sie lebt schon länger dort, als sie jemals hier gelebt hat. Sie spricht Deutsch viel besser als wir, denke ich, und wird ihr Englisch fast vergessen haben.«

Elsa schaute Mina erstaunt an. »Meinst du? Aber sicher, du hast recht. Carola hat mit acht Jahren Australien verlassen, jetzt ist sie fast zweiundzwanzig. Sie wird sicher irgendwann bald heiraten.« Elsa kicherte. »Meinst du, es wird dieser Werner werden, von dem sie immer schreibt?«

»Ich glaube nicht, dass sie so schnell heiraten wird«, meinte Mina nachdenklich. »Ich würde es nicht tun.«

»Wieso?«

»Ich würde Angst davor haben, dass mein Mann irgendwann so

wird wie Papa. Oder wie Joseph. Oder so einer wie George – der betrügt seine Frau genauso wie Joseph. Nur dass da die Ehefrau schwanger ist und nicht Lily, seine Geliebte.«

»Aber nicht alle Männer sind so. Großvater ist es nicht. Harry ist nicht so. Onkel Fred ist nicht so.«

»Weißt du das sicher?« Mina seufzte.

»Wirst du wieder mit zurückgehen in die Blue Mountains?«, fragte Elsa.

Mina runzelte die Stirn. »Mit Till ganz sicher, ohne sie nicht.«

»Aber Till wird zurückgehen, da bin ich mir sicher«, meinte Elsa leise.

Mina

1905/1906

Der Laienprediger

Großmutter kümmerte sich liebevoll um Till. Gleichzeitig aber war sie aufgelöst, der Pastor ihrer Gemeinde war gestorben, und es gab auf die Schnelle keinen Nachfolger. Nach all den Jahren, die sie und Großvater auf dem Meer ohne kirchlichen Beistand verbracht hatten, war ihr der sonntägliche Kirchgang in Sydney wie eine Wohltat vorgekommen. Sie waren Protestanten, es gab etliche Gemeinden in der Nähe, und sie hatten die Wahl.

Nun löste sich aber die alte deutsche Gemeinde auf. Die Mitglieder verstarben, ihre Kinder verließen Sydney. Es würde keinen neuen Pastor geben, fürchtete Großmutter.

Viele Einwanderer in Sydney waren entweder römisch-katholisch oder anglikanisch. Zwar gab es auch einige evangelische Kirchen, aber die waren rar gesät. Ihnen blieb nichts anderes übrig, als in die baptistische Kirche in Glebe zu gehen.

Am Sonntag machte sich die ganze Familie fertig für den Kirchgang. Sie zogen die guten Kleider, die nur am Sonntag und an Feiertagen getragen wurden, an und trugen Schuhe, die auf Hochglanz poliert waren. Schon am Abend vorher hatte Großmutter das Sonntagsmahl vorbereitet. Das Fleisch schmorte hinten im Ofen bei geringer Hitze, das Gemüse war geputzt und musste nur noch gekocht werden.

Auch Till erschien für den Gang zum Gottesdienst. Sie wirkte hager, ihr Gesicht war eingefallen, und tiefe Ringe zeichneten sich unter ihren Augen ab.

»Schaffst du das?«, fragte Großmutter sie leise und liebevoll. »Du kannst auch im Bett bleiben, wenn du möchtest.«

»Vielleicht erfahre ich Trost durch das Wort Gottes.« Till biss sich auf die blutleeren Lippen. »Ich möchte mit.«

»Warst du schon mal da?«, fragte Mina Elsa auf dem Weg zur Kirche.

»Einmal bisher, bevor wir in die Tablelands gefahren sind. Sie haben mehrere Laienprediger und einen Pastor. Der Gottesdienst unterscheidet sich nicht viel von unserem, nur dass alles in Englisch abgehalten wird.«

»*Dear Lord, hear my prayer*«, witzelte Mina. »Ich spreche sowieso inzwischen lieber Englisch als Deutsch. Außer mit den Großeltern. Wobei sie ja auch kräftig mischen.«

»Ja, das geht mir ähnlich. Aber wenn es um meine Gefühle und Gedanken geht, dann ist es immer Deutsch, unsere Muttersprache.«

»Damit kann es zusammenhängen«, sagte Mina nachdenklich. »Weil Mutter mit uns Deutsch gesprochen hat.«

»An was erinnerst du dich?«

Mina schüttelte den Kopf. »An nichts. Ich war vier, als sie starb. Manchmal denke ich, dass mich irgendetwas an sie erinnert – ein Geruch, ein Wort, eine Melodie. Aber wahrscheinlich bilde ich mir das nur ein.«

»Ob Tutt sich an sie erinnert? Also mehr als wir? Ob sie uns etwas über Mama und Vater erzählen könnte? Andere Dinge, als wir sie von den Tanten hören?«

»Ich weiß es nicht. Arthur war sechs, auch er hat kaum noch Erinnerungen.«

»Arthur mag aber auch nicht über solche Dinge reden«, sagte Elsa und klang verbittert.

»Er ist ein Junge.« Mina lachte ihr glockenklares Lachen. »Die mögen nie reden.«

»Otto schon.«

»Du und dein Otto.« Mina schaute über ihre Schulter zurück. Ein paar Schritte hinter ihnen gingen Großvater, Arthur und Otto. Anscheinend waren sie in ein Gespräch vertieft und achteten nicht auf sie. Vor ihnen ging Großmutter, die sich bei Till eingehakt hatte. Auch die beiden sprachen, die Köpfe zueinandergeneigt, miteinander.

Ein vertrauliches Gespräch zwischen Mutter und Tochter, dachte Mina und spürte so etwas wie den Stachel des Neids. Solche Gespräche würde sie nie mit ihrer Mutter führen können. Till war mehr als nur eine Tante für Mina – sie war Freundin und sicherlich auch ein Stück weit Muttersatz. Seit ihrem ersten Besuch vor einigen Jahren in den Blue Mountains hatten sie ein inniges und vertrauensvolles Verhältnis. Dennoch war Till ihre Tante und nicht ihre Mutter.

Großmutter, das wusste Mina, war immer für sie da. Doch Großmutter war schon alt. Konnte sie wirklich die Sorgen und Nöte der Enkel verstehen? Sie bemühte sich, doch sie war in einer ganz anderen Welt aufgewachsen.

Wie ist das wohl für Carola, fragte sich Mina. Ihre Stiefmutter war nur wenig jünger als Großmutter. Hatten die beiden ein vertrauensvolles Verhältnis? War Tante Mathilde eine Mutter für Carola? Immerhin hatten sie und ihr Mann Carola an Kindes statt aufgenommen und großgezogen. Als einziges Kind.

Ein müßiger Gedanke, fand Mina, denn schließlich lebt sie in einer ganz anderen Welt, die unserer kaum ähnelt.

Sie hatten die Kirche, ein schlichtes Haus mit einem hölzernen Kreuz auf dem Dach, endlich erreicht. An der Tür stand ein junger Mann, er mochte Mitte zwanzig sein, mit dunklem Haar und strahlenden Augen. Er nahm Gesangbücher von einem Stapel auf einem Tischchen hinter ihm und reichte jedem eines.

Bei Großmutter Emilia, die allen voran die Stufen des Hauses emporging, stockte er kurz.

»Ich habe Sie in den letzten Wochen schon gesehen«, sagte er und lächelte. »Dennoch sind Sie neu in unserer Gemeinde.«

»Das ist richtig«, sagte Großmutter. »Wir waren in der lutheranischen Kirche …«

»Ach ja, es ist wirklich schade, dass dort kein Pfarrer mehr gefunden wurde und die Kirche schließen musste. Es sind noch andere Ihrer Gemeindemitglieder bei uns …«

»Ja«, unterbrach Großmutter ihn rigoros. »Wir hoffen, dass wir hier eine Heimat und einen Hafen des Glaubens finden werden.« Sie nickte ihm zu, nahm dann Tills Arm und ging hocherhobenen Hauptes in die Kirche.

Der junge Mann sah ihr verblüfft hinterher. »Amen«, sagte er leise, aber nicht leise genug, denn Mina hörte es und kicherte.

Er sah sie an, schenkte ihr sein gewinnendes Lächeln. »Puhh!«, meinte er und wischte sich imaginären Schweiß von der Stirn. »Was für eine Fregatte.« Dann nahm er zwei weitere Gesangbücher vom Tisch, reichte sie Mina und Elsa.

»Großmutter ist gar nicht so«, sagte Mina und lächelte auch. »Sie ist unsicher, das ist alles.«

»Es ist Ihre Großmutter … oh … das wusste ich nicht«, stotterte er verlegen. »Ich bitte um Verzeihung. Ich wollte nicht despektierlich sein. Sie hat … mich nur … verwirrt.«

»Das ist ihre Spezialität«, sagte Elsa und nahm das Gesangbuch aus seiner Hand. »Liegt in der Familie.«

Der arme Kerl wurde puterrot, blickte zu Boden. »Ich habe das nicht so …«

Mina lachte auf. »Keine Sorge, wir haben das schon richtig verstanden. Schließlich kennen wir die Fregatte unser Leben lang. Und die Bezeichnung trifft es auch – sie ist eine Kapitänsfrau.« Mina beugte sich zu ihm und flüsterte: »Aber Vorsicht. Der Mann hinter uns ist unser Großvater. Er ist keine Korvette, sondern eher ein Zerstörer.« Sie zwinkerte ihm zu.

Der junge Mann holte hörbar Luft. »Ich wollte Ihre Familie wirklich nicht …«

»Schon gut«, sagte Elsa und zog Mina mit sich in die Kühle des Gotteshauses. Die beiden Schwestern sahen sich an und grinsten.

»Du hast ihn ganz schön durcheinandergebracht«, meinte Elsa.

»Wirklich?« Mina schaute sich um. Diesmal schien er die Gesangbücher schweigend zu überreichen, nickte Großvater nur ehrfürchtig zu. »Ich finde ihn nett.«

»Nett? Du hast genau zwei Sätze mit ihm getauscht. Komm, da vorn sitzen Großmutter und Till. Und schau, auch die Familie von der Graff ist da, die Heberhäuser und auch die Meiers.«

»Ja, sie sind alle in diese Gemeinde gewechselt, hat Großmutter erzählt.«

Die beiden jungen Frauen senkten den Kopf und sprachen ein stilles Gebet, bevor sie sich neben Tante und Großmutter setzten. Der Großvater und seine Enkel folgten ihnen.

Der Gottesdienst wurde in englischer Sprache abgehalten, doch der Wortlaut und auch die Abfolge glichen dem, was sie kannten, so war es nicht schwer für sie, sich einzufinden.

Mina spähte jedoch immer wieder zur vorderen Reihe, wo der junge Mann saß, der die Gesangbücher ausgegeben hatte. Wer mochte er sein? Er spielte eine Rolle in der Gemeinde, schien es ihr. Aber welche? War er der Sohn des Pastors? Ihr hatte sein Lächeln gefallen, seine Stimme und diese wunderschönen, sanften Augen.

Von der Predigt bekam sie so gut wie nichts mit. Am Ende des Gottesdienstes, als das letzte Lied gesungen wurde und der Pfarrer zur Tür ging, um dort seine Schäflein mit Händedruck zu verabschieden, sah sie ihn dem Pfarrer folgen. Er würde also wahrscheinlich auch an der Tür stehen. Vielleicht könnte sie noch ein Wort mit ihm wechseln? Aber was sollte sie sagen? Er hatte alle Kirchgänger begrüßt, mit den meisten ein paar Worte gewechselt, an sie würde er sich wahrscheinlich noch nicht einmal erinnern, zumal sie ja das erste Mal hier gewesen war.

»Träumst du?«, fragte Elsa sie unwirsch und stieß sie in die Seite. »Nun komm schon. Ich verhungere. Großmutter hat Sauerbraten gemacht, Tills Lieblingsessen. Klöße wird es auch geben und Erbsen und Möhren. Allein wenn ich es ausspreche, läuft mir das Wasser im Mund zusammen.«

»Fang bloß nicht an zu sabbern«, neckte Mina ihre Schwester. »Ich habe die letzten Wochen hauptsächlich Damper und Bohnen bekommen. Die Köchin ist ja …«, sie räusperte sich und verdrehte die Augen, »verbannt, und Till hat heulend in ihrem Zimmer gelegen. Also hat Olga, das Mädchen, gekocht. Aber kochen konnte man das wirklich nicht nennen.«

»Und Weihnachten? Was gab es Weihnachten?«

»Gebackenen Schinken und am zweiten Tag sogar Gans – aber das hatte Onkel Joseph im Inn bestellt. Sie haben es fertig geliefert. Es war, nachdem Olga es aufgewärmt hat, trocken und schmeckte nach Kautschuk. Ich habe mich so nach Hause gesehnt, und wäre es nur für Großmutters Gans gewesen.«

Elsa lachte. »Da hatte ich es besser.« Sie erzählte von dem guten Essen, dass O'Kelly zubereitet hatte, doch Mina hörte nur mit halbem Ohr zu. Nach und nach rückte die Reihe der Gottesdienstbesucher zum Ausgang vor. Inzwischen konnte Mina sehen, dass der junge Mann die Gesangbücher wieder in Empfang nahm. Neben ihm stand der Pfarrer und schüttelte jedem die Hand, gab ihnen den Segen mit auf den Weg.

Minas Hände wurden schweißnass, sie wischte sie verstohlen an ihrem Kleid ab.

Hoffentlich sitzt meine Frisur ordentlich, dachte sie. Ich hätte mir ein ganz klein wenig von dem Lippenstift, den Tante Molly mir geschenkt hat, auftragen sollen. Und hätte ich doch nur das blaue Kleid angezogen, das steht mir viel besser.

Je näher sie der Tür kamen, umso nervöser wurde Mina. Selbst ihre Schwester schien das zu bemerken.

»Was ist denn mit dir?«, fragte sie verblüfft. »Geht es dir nicht gut?«

»Nichts ist«, wiegelte Mina ab. Dann hatten sie die Tür erreicht. Elsa reichte dem jungen Mann ihr Gesangbuch, er legte es auf den Tisch hinter sich, nickte ihr zu. Der Pastor hatte Großmutters Hand genommen und sprach mit ihr.

»Ich freue mich, dass Sie zu unserer Gemeinde gestoßen sind, auch wenn es bedauerlich ist, dass Ihre Gemeinde sich aufgelöst hat. Ich hoffe, Sie fühlen sich hier wohl. Gern würde ich Sie besuchen kommen. Mir ist es wichtig, meine Schäflein zu kennen.«

Mina gab dem jungen Mann währenddessen das Gesangbuch.

»Danke«, sagte er und strahlte sie an. »Werde ich Sie nächsten Sonntag wiedersehen?«

»Möglich. Ich wohne bei meiner Tante in den Blue Mountains, aber im Moment sind wir bei der Familie zu Besuch. Wie lange wir bleiben, weiß ich noch nicht.«

»Mein Name ist Willie Black«, sagte er.

»Mina te Kloot.«

»Es wäre schön, wenn wir uns wiedersehen würden.«

Für einen Moment sahen sie sich an, die Blicke tauchten ineinander. Dann zerstörte Elsa den Zauber des Augenblicks.

»Komm, Mina. Du hältst hier ja alles auf.«

Artig gaben beide dem Pastor die Hand, folgten dann Großmutter und Till.

»Was war das denn?«, wollte Elsa wissen.

»Ich weiß nicht, was du meinst.« Mina räusperte sich.

»Ich meine Willie Black.«

»Den habe ich heute zum ersten Mal gesehen«, murmelte Mina.

»Aber sicher nicht zum letzten Mal. Der hat dich ja kaum aus den Augen gelassen.« Elsa kicherte. »Bahnt sich da eine kleine Romanze an?«

»Sei nicht albern.« Mina legte einen Schritt zu. Aber Willie Black ging ihr nicht mehr aus dem Kopf.

Schon zwei Tage später kündigte Pastor John Simmers seinen Besuch bei den Lessings an.

Großmutter ließ Ellin, das Mädchen, das Wohnzimmer ausfegen und wischen.

»Wenn sie mich jetzt auch noch die Teppiche ausklopfen lässt, obwohl wir das erst letzte Woche gemacht haben, gehe ich«, murrte Ellin, die erst vor ein paar Wochen von der Mission zu den Lessings gekommen war.

Großmutter hatte Kuchen gebacken, und Allunga musste das gute Porzellan sorgfältig spülen.

»Es ist nur ein Pastor«, brummte Großvater, dem das Hantieren und Umräumen zu unruhig war. »Nicht der Kaiser. Und zudem ist es auch noch ein englischer Pastor.«

»Er bringt einen seiner Laienprediger mit«, erzählte Großmutter und zeigte auf das Billett, das Simmers geschickt hatte.

»Du liebe Güte.« Großvater schüttelte verdrießlich den Kopf. »Arthur, mein Junge, sollen wir angeln gehen?«

»Ich muss leider noch lernen, Großvater.« Arthur sah ihn bedauernd an. Der Zweiundzwanzigjährige studierte an der Technischen Hochschule. Immer noch wohnte er bei den Großeltern, und es sah auch nicht so aus, als würde sich das bald ändern. Er war fleißig und strebsam, immer freundlich und hilfsbereit.

»Ich komme mit«, sagte Otto. »Hier sind wir ja sowieso nur im Weg.«

»Aber bleibt nicht zu lange«, ermahnte Großmutter sie. »Was soll denn sonst der Pastor denken? Carl, auf dem Rückweg kannst du noch eine Kanne frische Sahne mitbringen.«

Till lag, wie die ganzen Tage schon, mit Migräne in ihrem abgedunkelten Zimmer. Zu den Mahlzeiten kam sie manchmal nach unten, meist aber brachte Großmutter ihr ein Tablett mit Schonkost. Doch nun war auch Till gefragt.

»Das Gespräch mit dem Pastor wird dir guttun.« Großmutter klang energisch. Mina und Elsa, die an der Treppe standen und lauschten, sahen sich erstaunt an. »Ich lasse Allunga die Wanne fertig machen. Ein Bad wird dich erfrischen, und du wirst dich viel besser fühlen. Dann ziehst du dir etwas Nettes an und trinkst Kaffee mit uns zusammen.«

»Ich möchte nicht, Mama.«

Großmutter schnaufte laut. Mina sah sie vor sich, die Hände in die Hüften gestemmt, die Stirn gerunzelt.

»Ich weiß, dass du das nicht möchtest. Ich weiß auch, dass es dir schlechtgeht. Ich weiß auch, weshalb, und du hast allen Grund, verletzt zu sein. Aber lass dir eines sagen: Das Leben hört nicht auf, nur weil es gerade nicht so läuft, wie man es sich vorstellt oder wünscht. Im Grunde genommen läuft es selten so, wie man es sich wünscht. Man darf auch ein paar Tage geknickt sein und jammern. Man darf sich zurückziehen und seine Wunden lecken. Aber dann, irgendwann, muss man die Ärmel hochkrempeln und sich wieder dem Leben stellen.«

»Aber Mama …«

»Nichts, aber Mama. Mathilde Clara Lessing – du bist unsere Tochter. Du hast die Wahl – du kannst zu deinem Mann zurückgehen, oder du lässt es. Egal, wie du dich entscheidest, wir sind für dich da und unterstützen dich. Aber entscheiden musst du dich irgendwann. Wenn du Joseph verlässt, kannst du hier wohnen. Doch du wirst dich nicht für den Rest deiner Tage mit zugezogenen Vorhängen in deinem Zimmer verkriechen, das lass ich nicht zu.« Großmutter Emilia drehte sich um und ging mit forschen Schritten zum Treppenabsatz. »Ich lasse jetzt das Bad vorbereiten.«

Mina und Elsa, die immer noch unten an der Treppe standen, eilten ins Wohnzimmer, nahmen die Staubtücher, die sie dort abgelegt hatten, und wischten geschäftig über die Bücherregale.

»Allunga, mach die Wanne für Till fertig. Ellin, hol Wasser vom Brunnen und befeuere den Badeofen.«

Großmutter warf einen Blick in das Wohnzimmer. »Wenn ihr wollt, dürft ihr auch gleich baden.« Sie zwinkerte den beiden zu. »Lauschen ziemt sich nicht.«

»Woher weiß sie das nur immer?«, murmelte Mina. Dann wandte sie sich ihrer Schwester zu. »Was ziehst du nachher an?«

Elsa zuckte mit den Schultern. »Keine Ahnung. Wahrscheinlich eines der Kleider von Tante Lily. Das ist doch auch nicht wichtig, oder?« Sie sah Mina an, lachte dann. »Aber Mina! Der Pastor will einen der Laienprediger der Gemeinde mitbringen. Dein Willie ist doch noch ganz grün hinter den Ohren, er kann es nicht sein.«

»Es ist nicht mein Willie«, fauchte Mina beleidigt und stapfte die Treppe nach oben.

Sie hatte ihre Sachen mit nach Wentworth Falls genommen und nur wenig eingepackt, als sie hierherkamen. All ihre wirklich guten und schönen Kleider waren noch in den Blue Mountains.

Mina setzte sich auf das Bett, stemmte die Ellenbogen auf die Knie und stützte ihr Kinn mit den Händen.

Wenn Till nun nicht zurückging, was sollte sie, Mina, dann machen? Die Schule hatte sie beendet. Studieren wollte sie nicht. Es gab auch keinen Beruf, für den sie sich begeisterte. Zumindest im Moment nicht. Sie hatte so gehofft, wenigstens ein Jahr bei Till wohnen, ihr helfen und sich in der Zeit darüber klarwerden können, was sie im Leben anfangen wollte. Aber wenn Till hierblieb, müsste sie bald eine Entscheidung treffen.

Hier bei den Großeltern weiterhin wohnen, das wollte sie nicht. Aber für ein Zimmer oder gar eine kleine Wohnung fehlte ihr das Geld. Und womit sollte sie Geld verdienen? Sie wusste es einfach nicht.

Natürlich hatte Elsa recht, für einen alten Laienprediger musste sie sich nun wirklich nicht auftakeln, aber sie kam sich so vor, als würde sie nur noch auf der Stelle treten. Elsa wusste, was sie vom Leben wollte – sie würde den Schulabschluss machen und dann auf das College gehen. Außerdem hatte Elsa Otto. Die Blicke, die die beiden sich zuwarfen, waren unmissverständlich, und selbst Großmutter schien das schon bemerkt zu haben.

»Es wird Zeit«, hatte sie erst gestern zu Großvater gesagt, »dass Otto auf das Internat in Riverview geht.«

Sie hörte, wie Till nebenan seufzend aufstand, Schranktüren und Schubladen öffnete und dann schließlich nach unten ging. Sie hatte sich also aufgerafft, würde baden und am Besuch teilnehmen. Das war vielleicht nur ein erster, zaghafter Schritt, aber sicherlich ein Schritt in die richtige Richtung.

Und was mache ich?, fragte sich Mina. Ich werde auch baden und mich danach nett anziehen. So nett es geht zumindest. Ich mache es für mich, einfach, um mir zu zeigen, dass ich noch nicht mumifiziert bin.

Ein paar Stunden später roch es im Wohnzimmer sauber nach Kernseife, in der Küche dampfte der Kuchen aus, im Anbau, wo die Zinkwanne stand, duftete es nach Lavendel und Rosen.

Mina und Elsa kleideten sich kichernd an, als es an ihrer Zimmertür klopfte.

»Hallo«, sagte Till und lächelte zaghaft. Nach dem Bad sah sie tatsächlich viel frischer aus als in den Tagen zuvor. Sie trug ein Kleid aus hellem Musselinstoff mit Rosenblüten im Dekolleté und Volants ab dem Knie. »Ich brauche eure Hilfe.«

»Natürlich.« Mina sah sie bewundernd an. Nach all den Wochen, in denen Till sich hatte gehenlassen, wirkte sie nun wieder lebhaft, wenn auch nicht wirklich fröhlich.

»Mein Korsett kann ich nicht allein schließen.« Till schüttelte bedauernd den Kopf. »Und ohne ist dieses Kleid nicht zu tragen.«

»Es ist wunderschön, Till«, sagte Elsa schwärmend. »Diese Stoffrosen, so zauberhaft.«

»Findest du?«, fragte Till erstaunt. »Es hat die Schneiderin genäht, nach einer Vorlage aus einem Magazin. Bisher hatte ich noch keine Gelegenheit, es zu tragen. Ist es nicht ein wenig … nun, zu viel?«

»Zu viel?«, fragte Mina. »Wofür?«

»Zu viel für ein dummes Treffen mit dem Pastor«, murmelte Elsa bissig und nahm die Schnüre des Korsetts, zog sie fest und machte einen Knoten. Dann schloss sie die Haken und Ösen des Kleides. »Perfekt.«

»Danke.« Till lächelte und betrachtete sich in dem Spiegel, der auf der Kommode stand. »Ja, zu viel für den Besuch eines Pastors.« Dann schaute sie Mina an. »Aber du siehst auch aus, als wolltest du auf einen Tanztee gehen. Zauberhaft. Das Kleid kenne ich gar nicht.«

»Es ist auch nicht meines«, sagte Mina und fühlte sich plötzlich missmutig. »Elsa hat es mir geliehen. Meine guten Kleider sind ja alle … in Wentworth Falls.«

»Du siehst wundervoll aus.« Till nickte. »Nur deine Haare müssen wir noch aufstecken. Eine Rolle im Nacken, das ist so altmodisch. Dabei ist dein Haar so schön. Elsa, das bekommen wir doch sicher besser hin.« Sie sah ihre Nichte an.

Und bevor Mina noch etwas sagen konnte, saß sie schon auf dem Stuhl vor dem Frisiertisch. Tante und Schwester kämmten ihr Haar, steckten es danach hoch aufgetürmt auf ihrem Kopf fest. Zum Schluss zog Till noch ein paar Locken hervor, die sich spielerisch in Minas Nacken und Stirn kringelten.

»Und nun«, sagte Till und rieb sich die Hände, »wollen wir Gottes Wort hören. Kommt, meine Damen.« Sie nahm beide an den Händen und lachte.

Gerade, als sie nach unten gingen, klopfte es an der Haustür.

»Da ist er schon«, zischte Elsa und streckte die Brust nach vorn. »Großvater und Otto sind noch nicht zurück, das wird ein Donnerwetter geben.«

Großmutter öffnete die Tür. »Mein lieber Pastor Simmers. Herzlich willkommen bei uns. Bitte legen Sie ab.«

Mina eilte die letzten Stufen hinunter, nahm den Hut des Pastors. Er trat zur Seite.

»Ich hoffe, es ist Ihnen recht, Mrs Lessing, dass ich Will Black, einen meiner besten Laienprediger mitgebracht habe. Er ist erfüllt vom Wort Gottes.«

»Aber natürlich. Kommen Sie herein.«

Wie angewurzelt stand Mina da. Willie Black war Laienprediger der neuen Gemeinde? Das hatte sie nicht erwartet.

Black lächelte sie an. »Ich bin hocherfreut, Sie so schnell wiederzusehen«, sagte er mit leiser Stimme.

Mina hoffte auf das Loch im Erdboden, das sich auftun und sie verschlucken würde, doch das tat es nicht.

William Cleugh Black

»Was … Sie … Oh«, stotterte Mina verwirrt.

»Ach, der junge Black, Sie haben doch die Gesangbücher ausgeteilt«, sagte Elsa forsch und schob sich an Mina vorbei. »Kommen Sie doch herein.« Sie nahm ihm den Hut ab, den er unschlüssig in den Händen drehte und bugsierte ihn in Richtung Wohnzimmer. Mina bekam von ihr einen Schubs in die Küche. Dort konnte sich ihre Schwester einen Moment sammeln.

Will Black war also Laienprediger der Baptistengemeinde. Er schien seinen Weg im Leben gefunden zu haben.

»Nimmst du den Kaffee?«, fragte Allunga und lächelte, die weißen Zähne blitzten in ihrem schwarzen Gesicht auf. »Oder wolltest du hier Wurzeln schlagen?«

»Den Kaffee? Ach, natürlich.« Mina versuchte, sich zu fangen. Aber diese Augen, dieses Lächeln, dieser junge Mann – er verwirrte sie. Sie nahm die gute Porzellankanne, die sonst immer nur in der Vitrine stand, und trug sie vorsichtig ins Wohnzimmer. Dort hatte Großmutter den Tisch gedeckt. Eine frisch geplättete Damastdecke war aufgelegt worden, darauf das alte Porzellan, das Großmutter aus Deutschland mitgebracht hatte, und an dem sie sehr hing.

Großmutter nahm Mina die Kanne ab und schenkte allen Kaffee ein, sie lächelte freundlich, und nur die Tochter und die Enkel merkten, wie wütend sie war. Großvater und Otto waren noch nicht von ihrem Angelausflug zurückgekommen. Für die beiden war auch gedeckt worden, und nun waren ihre Plätze leer.

»Mein Mann und mein Enkel müssen jeden Moment kommen«, sagte Großmutter freundlich zu Pastor Simmers.

»Oh, ich freue mich, dass Sie mich überhaupt so schnell empfangen. Ich wollte nicht aufdringlich wirken oder gar stören. Nur ist es mir ein Anliegen, meine Gemeindemitglieder zu kennen. Und ich hoffe doch, dass ich Sie von nun an unserer Gemeinde zugehörig zählen darf?«

Großmutter nickte. Simmers erzählte von sich, davon, dass er ein College in England besucht hatte und dort zum Pastor ausgebildet worden war. Er berichtete von der langen Fahrt um das Kap der Guten Hoffnung auf einer Brigg. Und damit hatte er das Eis gebrochen.

Gerade als Großmutter ihre Abenteuer in der Chinesischen See beschrieb, wurde die Hintertür zur Küche so leise wie möglich geöffnet. Da aber die Angeln der Tür immer quietschten – Großvater weigerte sich, sie zu ölen, weil er meinte, dass er dadurch die Kinder und Enkel davon abhalten konnte, sich nächtens davonzuschleichen –, wussten sie, dass jemand gekommen war.

»Mina, geh nachschauen«, sagte Großmutter und fuhr dann in ihrer Beschreibung fort, als sei nichts gewesen.

Mina, die die ganze Zeit versuchte, sich so natürlich wie möglich zu verhalten, dabei aber vermied, Black anzusehen, trotzdem aber immer wieder verstohlen zu ihm schauen musste, war erleichtert, dass sie aufstehen konnte. Den köstlichen Kuchen hatte sie kaum angerührt, sondern ihn gedankenverloren mit ihrer Gabel auf dem Teller zerkrümelt, stellte sie überrascht fest. Wie peinlich!

Sie ging in die Küche und blieb entgeistert stehen. Großvater und Otto waren wiedergekommen, doch sie waren beide von oben bis unten verdreckt. Um ihre Füße bildeten sich Pfützen aus Schlamm.

Mina schlug die Hand vor den Mund, dann schloss sie schnell die Tür zur Diele.

»Grundgütiger, was habt ihr denn gemacht?«

»Ich hatte einen Karpfen an der Angel«, sagte Otto und breitete die Arme aus. »Der war mindestens so groß.«

»Beweg dich nicht«, rief Mina. »Du spritzt ja alles mit Schlamm voll.« Sie lief an ihnen vorbei in den Anbau, das Wasser in der

Wanne war noch nicht abgelassen worden, und auch der große Kessel stand noch auf dem Badeofen. Schnell warf sie weitere Holzscheite in den Ofen. »Ellin, hol noch Wasser vom Brunnen. Und ihr«, sagte sie zu Großvater und Otto, »zieht euch im Hof aus. Die dreckigen Sachen könnt ihr dort liegenlassen, ich hole euch frische Kleidung. Wieso seid ihr beide so nass und dreckig? Nur weil Otto einen Karpfen an der Angel hatte? Wo ist der Fisch? Im Hof, damit die Krähen ihn zerstückeln und die Katzen sich satt fressen?«

»Es war so«, fing Otto an, doch Großvater unterbrach ihn.

»Der Karpfen hat Otto zum Straucheln gebracht, und er ist ins Wasser gefallen. Ich bin hinterher, um Otto rauszuholen«, brummte er. »Und der Karpfen ist davongeschwommen. Deine Großmutter wird uns umbringen.«

Mina lachte los. Der Anblick der beiden, wie sie so verdreckt und bedröppelt in der Küche standen, war aber auch zu herrlich.

»Ihr habt Glück, noch ist der Pastor da.«

»Den habe ich ganz vergessen«, stöhnte Großvater auf. »Noch ein Grund mehr für deine Großmutter, uns zu köpfen oder Schlimmeres.«

Hinter ihr öffnete sich die Küchentür, und Till schaute herein. »Was zum Kuckuck«, sagte auch sie verblüfft. Dann kam sie in die Küche, schloss schnell die Tür hinter sich und prustete los. »Hattet ihr die Angeln vergessen und wolltet die Fische mit der Hand fangen?«

Großvater murrte leise einen Fluch, doch dann sah er seine Tochter an. »Immerhin hat unser Anblick dich zum Lachen gebracht. Das war es wert.«

Ellin hatte Wasser geholt, füllte den großen Kessel. Auch sie grinste breit.

Großvater und Otto schlurften auf ihren nassen Socken in den Hof, die Schuhe hatten sie zum Glück schon draußen ausgezogen.

»Wo ist denn der alte Holzzuber?«, fragte Till. »Früher hatten wir doch immer noch diese Holzwanne.«

»Im Schuppen«, sagte die Aborigine. »Soll ich ihn holen?«

»Natürlich«, meinte Mina. »Otto kann in den Holzzuber und Großvater in die Wanne. Sie brauchen frische Sachen. Wenn ich nur wüsste, was Großvater ...«

»Ich mach das schon.« Allunga stand plötzlich hinter ihnen. »Ich weiß, was dein Großvater anzieht. Und es wäre ihm sicher nicht recht, wenn du in seinen Sachen wühlst.«

»Sicher nicht.« Mina nickte.

»Geht ihr beiden lieber wieder ins Wohnzimmer zu Großmutter. Wir machen das hier schon«, sagte Allunga und schob Till und Mina zur Tür.

»Sollen wir nicht helfen? Ich könnte schnell aufwischen ...«

»Nein, Mina«, sagte Allunga entschieden. »Nein, du solltest nebenan sein. Hier, du kannst frischen Kaffee mitnehmen. Ich habe gerade neuen aufgebrüht.«

Großmutter schaute sie fragend an, Mina senkte den Kopf, aber Till nicht.

»Großvater und Otto sind zurück. Sie hatten ein kleines Malheur beim Angeln.«

»Ist etwas passiert?« Großmutter erhob sich erschrocken.

»Bis auf die Tatsache, dass sie nass und dreckig sind und keinen Fisch gefangen haben, nicht«, sagte Till grinsend. »Möchten Sie noch Kaffee, Pastor Simmers?«

Till nahm Mina die Kanne aus der Hand, schenkte ein. Dann setzte sie sich auf Minas Platz, so dass diese nun neben Willie Black sitzen musste.

»Ich freue mich wirklich, Sie wiederzusehen«, sagte er und lächelte.

Dieses Lächeln, dachte Mina verwirrt, macht mich ganz nervös.

»Nur weil ich eben in der Küche war?«

Er lachte. »Sie haben am Sonntag Eindruck auf mich gemacht.«

»Ich?«

Oh Gott, dachte Mina, bitte lass mich nicht einfältig wirken.

»Nun, vielleicht liegt es daran, dass ich Sie noch nie zuvor gesehen habe. Vielleicht aber auch an Ihrer erfrischenden Art. Sie wohnen bei Ihrer Tante?«

»Im Moment wohne ich wieder hier.« Sie schaute zu Tante Till, die aber inzwischen in ein intensives Gespräch mit dem Pastor und Großmutter vertieft war. Arthur, der sonst meist schweigend zuhörte und sich nur selten an Gesprächen beteiligte, versuchte gerade, Elsa irgendetwas zu erklären. Niemand achtete auf sie und Willie Black. »Ich weiß nicht, ob meine Tante in die Blue Mountains zurückkehrt.« Sie wies mit dem Kopf zu Till.

»Das ist Ihre Tante?«

»Das ist eine meiner Tanten. Ich habe sechs und einen Onkel.« Nun grinste Mina.

»Und Ihre Eltern?«

»Meine Mutter ist vor Jahren verstorben, und meine Großeltern haben mich und meine drei Geschwister großgezogen. Aber«, sagte sie und schaffte es endlich, ihm ein offenes Lächeln zu schenken, »jetzt haben wir genug über mich geredet. Sie sind Laienprediger der Gemeinde?«

»Ja.« Er strahlte. »Gott hat mich gerufen, und ich werde seinem Ruf folgen. Es gibt nichts Schöneres auf der Welt als Gottes Liebe zu uns.« Er hob die Hände. »Das klingt sehr pathetisch, aber so ist es nun mal. Ich bin zweiundzwanzig Jahre alt, Sohn eines britischen Kaufmanns. Meine Eltern kamen nach Australien, als ich vier war. Daran kann ich mich kaum erinnern. Sie sind Protestanten, aber ich habe im baptistischen Glauben meine Heimat gefunden.«

»Der Glaube zu Gott spielt also eine große Rolle in Ihrem Leben?«

»Die größte.« Er sah sie an und fügte dann leise hinzu: »Bisher.« Und plötzlich wurde er rot. Das Blut schien sich über seine Wangen zu ergießen wie ein Topf Farbe.

Mina verkniff sich ein Kichern, sie wollte ihn nicht noch verlegener machen. »Aber man kann nicht davon leben, Laienprediger zu sein.«

»Meine Eltern haben einen kleinen Gebrauchtwarenladen. Dort helfe ich im Moment natürlich. Aber ich habe mich für einen Studienplatz am Pastors College beworben und hoffe, dort nächstes Jahr mein Studium aufnehmen zu können.«

»Pastors College? Das kenne ich gar nicht. Ist das hier in Sydney?«

»Nein.« Black schüttelte den Kopf. »Nein, es ist in London, in England.«

»Sie wollen nach England gehen?« Mina riss erstaunt die Augen auf.

»Nur für mein Studium. Dann möchte ich nach Australien zurückkehren und hier das Wort Gottes verkünden. Ja, das ist mein großer Traum. Und ich bin sehr froh, das Pastor Simmers mich so sehr unterstützt.«

»Nach England. Das ist ziemlich weit weg.« Mina wurde nachdenklich.

»Ja, das stimmt. Aber ich werde wiederkommen. Es wäre für mich eine große Chance. Und auch nur«, er räusperte sich verlegen, »wenn ich den Studienplatz bekomme. Meine Eltern könnten das nicht zahlen, ich brauche ein Stipendium und die Unterstützung der Gemeinde.«

»Das verstehe ich.«

»Und Sie? Was machen Sie beruflich bei Ihrer Tante in den Blue Mountains?«

»Ihr Mann leitet das Internat in Wentworth Falls.«

»Davon habe ich gehört, es hat einen exzellenten Ruf. Sie sind also Lehrerin?«

»Ich?« Mina winkte ab. »Nun wirklich nicht. Ich habe gerade erst die Schule beendet.«

»Sie wollen aber Lehrerin werden?«

»Nein«, sagte sie nachdenklich. »Meine Tante Molly ist Lehrerin in Hunters Hill. Aber für mich wäre das nichts. Wissen Sie«, sie beugte sich vertrauensvoll zu ihm, »ich fand die Schule immer schrecklich und habe meinen Abschluss nur mit Ach und Krach geschafft.«

»Das ist keine Schande, immerhin haben Sie die Schule besucht. Aber was machen Sie bei Ihrer Tante?«

»Ich helfe ihr im Haushalt.«

»Mit den Kindern?«

Mina biss sich auf die Lippe. Willie konnte ja nicht wissen, dass er damit den wunden Punkt getroffen hatte. Mina sah verstohlen zu Till, doch die war zum Glück immer noch ins Gespräch vertieft und hatte zum Glück nichts von ihrer Unterhaltung mitbekommen. Was aber sollte sie ihm antworten? Till war auch für die Haushaltung des Internats zuständig, und dabei hatte Mina ihr helfen sollen. Es gab Unmengen an Bettwäsche und Handtüchern, Seifen, Zahnpasta, Lappen und anderen Dingen zu verwalten. Die Essen mussten geplant, die Hilfen zum Putzen eingeteilt werden. Im Internat waren auch Kinder. Deshalb war es keine Lüge, wenn sie jetzt nickte.

»Ja«, sagte sie.

»Das ist eine wichtige und verantwortungsvolle Aufgabe.«

Bevor sie sich eine gute Antwort dazu überlegen musste, hörten sie Schritte in der Diele, und endlich kam Großvater. Seine Haare waren nass und lagen ordentlich gekämmt am Kopf, auch sein Bart war noch nass, so dass sich auf Hemd und Weste leichte Flecken zeigten. Doch er ging forsch auf den Pastor zu und begrüßte ihn mit einem kräftigen Handschlag.

»Es tut mir leid, dass ich Sie jetzt erst begrüßen kann«, sagte er. »Aber, wie ich sehe, hat meine Frau Sie schon ordentlich bewirtet. Möchten Sie einen Whisky? Ich kann jetzt einen brauchen.«

»Carl …«, seufzte Großmutter.

»Gern.« Pastor Simmers lächelte freundlich. »Aber was hat Sie denn so aufgebracht? Nach dem, was Ihre Frau mir erzählt hat, haben Sie schon so manches Abenteuer auf allen Ozeanen der Welt erlebt, und es sollte Sie so schnell nichts mehr aus der Bahn werfen.«

Großvater war zur Anrichte gegangen, hatte sich und dem Pastor ein Glas eingeschenkt. Nun sah er zum Tisch, erblickte Willie Black und zog die Augenbrauen zusammen.

»Das ist unser Laienprediger William Black«, erklärte Simmers eilig. »Ich habe mir erlaubt, ihn mitzubringen, da ich ihn sehr schätze.«

Großvaters grimmiges Gesicht hellte sich auf. »Dann bin ich ja beruhigt. Ich dachte schon, das sei einer der nutzlosen Verehrer meiner Enkelinnen.«

Black hustete verlegen, stand dann auf und streckte Großvater die Hand entgegen. »William Cleugh Black«, murmelte er.

Verdutzt schaute Großvater erst ihn, dann die Flasche an, die er in der Hand hielt. »Ich fürchte, das ist nur ein ganz einfacher Single Malt. Spezielle Sorten habe ich nicht. Und einen sowieso Cleugh Black schon gar nicht. Ist das ein Whisky oder ein Bourbon? Na, versuchen Sie mal den.« Er drückte Willie das Glas in die Hand, nahm ein neues, füllte es und reichte es Simmers. Dann kniff er die Augenbrauen zusammen, seufzte, füllte ein weiteres Glas und gab es Arthur. »Wir wollen mal nicht so sein, Junge. Du darfst auch.« Er schaute zu Großmutter, die mit zusammengekniffenem Mund am Tisch saß. »Das ist doch in Ordnung, meine liebste Emma, oder nicht? Ihr wart doch fertig mit dem Kaffee?«

»Carl«, sagte sie nur und schüttelte entrüstet den Kopf. »Was soll denn der Pastor nun von uns denken?«

»Dass wir ganz vernünftige, normale Menschen sind«, brummte Großvater.

»Mutter, wie wäre es mit einem Sherry?« Till stand auf und ging ebenfalls zur Anrichte. »Ich finde, wir beide könnten jetzt einen Sherry trinken.«

»Also wirklich …«, murmelte Großmutter. »Lieber Pastor …«

»Liebe Mrs Lessing«, sagte er freundlich und sanft, »ich bin nicht zum ersten Mal zu Gast bei einer Familie meiner Gemeinde. Alle möchten, dass ich glaube, sie hätten gar keinen Aufwand betrieben, aber seien wir mal ehrlich – wie oft benutzen Sie dieses wunderschöne Porzellan? Wie oft trinken Sie Kaffee und servieren Kuchen hier in der Stube? Ist es nicht doch so, dass es etwas Besonderes ist, wenn ich komme? Und der Tag ist fortgeschritten. Ihr Mann scheint heute etwas erlebt zu haben, was auch nicht gewöhnlich ist. Da ist es sein gutes Recht, sich einen Drink einzuschenken. Und besonders schön ist, dass ich auch einen Drink bekomme.« Er lächelte. »Was ich damit sagen will: Ich freue mich immer, herzlich aufgenommen zu werden. Ich sehe es als Auszeichnung an, wenn etwas Aufhebens gemacht wird. Aber dennoch hätte ich auch mit Ihnen in der Küche sitzen mögen, denn ich vermute, dass sie dort einen großen Tisch stehen haben, wo alle Tage die Mahlzeiten dieser großen Familie serviert werden. Auch das wäre mir eine Ehre. Gott schaut nicht darauf, ob das Porzellan fein, das Essen gut und die Räume sauber sind, Gott schaut in Ihr Herz.« Er sah von einem zum anderen. »Er fragt nicht nach schönen Kleidern und vorzüglichen Speisen, er fragt danach, wie viel Liebe ihr für ihn empfindet. Nur das ist wichtig. Und Gott liebt euch. Egal wie ihr seid, was ihr anhabt, wie ihr wohnt. Aber ich«, und nun grinste er, »als Gottes Vertreter bin ehrlich gesagt froh, wenn ich nicht nur Kaffee und Kuchen, sondern auch einen hervorragenden Whisky angeboten bekomme.« Er hob sein Glas. »Cheers.«

»Siehst du, Frau.« Großvater grinste, zog sich dann einen Stuhl neben den Pastor. »Sie gefallen mir. Ich war ja skeptisch, als meine Frau vorschlug, von nun an Ihre Gemeinde zu besuchen, aber Ihre Predigten sind auch nicht schlechter als die unseres alten Pfarrers. Und menschlich scheinen Sie in Ordnung zu sein.«

»Danke«, sagte Simmers. »Und was ist Ihnen heute widerfahren?«

Nun kam auch Otto in das Wohnzimmer. Er begrüßte den Pastor und Black, setzte sich dann neben Arthur.

»Mein Enkel, jener dort«, sagte Großvater und zeigte auf Otto, »und ich waren angeln. Und plötzlich hatte er einen Karpfen am Haken, der war so groß.« Er streckte die Arme aus. »Und dann …«

Es war ein launiger Besuch, dachte Mina, als sie später im Bett lag. Verwirrend, aber auch interessant. Mit Till war heute etwas geschehen. Wie eine Raupe, die sich aus ihrem engen Kokon befreit hatte, schien sie heute wieder zum Leben erwacht zu sein. Ob das an den deutlichen Worten von Großmutter gelegen hatte oder an dem Besuch des Pastors, vermochte Mina nicht zu sagen. Jedenfalls wirkte sie fröhlicher und lebhafter als in den Wochen zuvor. Mina hoffte, dass dies nicht nur vorübergehend war.

William Cleugh Black – der Gedanke an ihn ließ sie nicht los. Seine sanfte und freundliche Art hatte sie beeindruckt. Auch sein Glaube und die Festigkeit, mit der er dafür eintrat. Er wollte für mehrere Jahre weit fort, um diesen Glauben zu studieren und ihn anschließend hier ausüben zu können. Zweiundzwanzig war er, nur knapp zwei Jahre älter als sie. Und doch wusste er genau, was er wollte.

Großmutter hatte sie alle immer jeden Sonntag mit in die Kirche genommen. Sie beteten vor dem Essen und vor dem Zubettgehen. Aber hatte sie, Mina, wirklich einen tiefen Glauben? War es nicht einfach Ritual und Gewohnheit? Darüber würde sie nachdenken müssen. Und auch über William Cleugh Black mit diesem entzückenden Lächeln und seiner sanften, tiefen Stimme. Er hatte gefragt, ob er sie wieder besuchen dürfte, und Großmutter hatte zugestimmt. Würde er es machen? Würde er wiederkommen, dieser Willie Black? Ihm galt ihr letzter Gedanke, bevor sie einschlief.

Wege des Schicksals

»Er will was?«, fragte Großvater Mina.

»Er möchte mit mir am Sonntag nach dem Gottesdienst noch spazieren gehen.« Mina lächelte. »Wir wollen uns unterhalten.«

»Worüber?«

Nun seufzte Mina. »Über dies und das. Worüber hast du dich mit Großmutter unterhalten, als du sie kennengelernt hast?«

»Über Schiffe. Hat er Ahnung von Schiffen?«

»Großvater!« Mina schnaufte wütend. »Nein, ich denke, er hat keine Ahnung von Schiffen.«

Till schenkte Großvater Kaffee nach. »Nun lass sie doch. Sie wollen doch nur reden, sich kennenlernen. Der junge Black ist nett und freundlich.«

»Er ist ein Gemischtwarenhändler«, brummte Großvater.

»Willie will Pfarrer werden.« Mina reckte das Kinn nach vorn, so wie es Elsa immer tat. »Er will in den klerikalen Dienst gehen.«

»Eine brotlose Zukunft, immer abhängig von der Gemeinde.« Großvater schüttelte den Kopf.

»So wie du von deinen Orders abhängig warst, von Fracht und Winden. Auch eine ziemlich vage Geschichte.« Mina blieb trotzig.

»Fräulein, werde nicht frech«, sagte Großvater und klang auf einmal bedrohlich. »Gerade weil unser Leben und die Finanzen immer von diesen Dingen abhingen, wünsche ich mir für meine Kinder und Kindeskinder ein besseres Leben. Und kann das ein Pastor bieten? Ich fürchte nicht.«

»Was für euch gut war, ist es für uns nicht?«

»Mein liebes Kind, wir haben bittere und schmerzvolle Erfahrungen machen müssen. Du kannst gern deine Großmutter befragen, sie erzählt dir davon.«

»Hat sie schon«, sagte Mina unwirsch und ging nach draußen. Sie brauchte dringend frische Luft.

Till folgte ihr. »Nun sei nicht so, er meint es nicht böse.«

»Ach ja?« Mina zog die Augenbrauen hoch.

»Doch, wirklich.« Till nahm ihre Nichte in den Arm, drückte sie an sich. »Er ist ein alter Brummbär, aber er meint es doch nur gut.«

»Das mag sein, aber du hast auch über dein Leben entschieden und nicht er.«

Till senkte den Kopf, rückte von Mina ab. »Ja. Aber Vater hatte von Anfang an Zweifel und Bedenken. Wenn es nach ihm gegangen wäre, hätte ich Joseph nie geheiratet.«

Mina hielt die Luft an. »Ich wollte nicht … so habe ich das nicht …«, stotterte sie verlegen.

»Schon gut.« Till lächelte. »Ich schreibe Joseph«, sagte sie dann leise.

Mina sah sie an, wusste wieder nicht, was sie sagen sollte. »Briefe?«, fragte sie dann.

Till schaute auf, ihre Augen glitzerten, aber dennoch musste sie lachen. »Ja, Briefe. Was sonst? Bücher?«

»Ihr schreibt euch?« Immer noch war Mina verblüfft.

»Ja. Er bittet mich, zurückzukommen.«

Mina schüttelte den Kopf. »Wirst du es tun?«

»Ich weiß es noch nicht. Was denkst du? Sollte ich?« Till wirkte auf einmal ungewohnt unsicher.

Oh, dachte Mina, sie will einen Rat von mir, aber was soll ich ihr sagen? Ich habe keine Ahnung von diesen Dingen. Ich glaube, ich bin das erste Mal in meinem Leben wirklich verliebt, aber ich weiß nicht, wie ich mich verhalten würde, wenn ich an ihrer Stelle wäre.

Mina schluckte den Kloß, der in ihrem Hals saß, hinunter. »Liebst du Joseph?«

Till seufzte. »Ja.«

»Wirklich?«, fragte Mina erstaunt.

»Ja, ich liebe ihn tatsächlich, und ich glaube, dass er mich auch liebt. Auf seine Art und Weise.«

Mina wusste nichts zu antworten.

»Das verstehst du sicher nicht«, seufzte Till.

»Stimmt. Das verstehe ich nicht. Magst du es mir erklären?«

Till stand auf, ging eine Runde im Hof. »Ich weiß nicht, ob ich es dir erklären kann. Du hast dich gerade in diesen Laienprediger verliebt, nicht wahr?«

Mina nickte. »Ich denke schon.«

»Und du denkst, er ist nett, er ist freundlich, er mag dich, vielleicht gibt es ja eine Zukunft für euch.«

Mina dachte nach. »Ich kenne ihn kaum. Aber was er sagt, imponiert mir. Er ist so ernsthaft, weiß, was er will, er hat eine feste Vorstellung vom Leben und einen tiefen Glauben an Gott. Ob wir eine gemeinsame Zukunft haben? Das weiß ich nicht, ich kenne ihn ja kaum. Es kribbelt in meinem Bauch, wenn ich ihn sehe, seine Stimme höre. Dabei haben wir uns erst zweimal getroffen. Das ist vermutlich lächerlich. Aber ich würde ihn gern kennenlernen, um es herauszufinden. Doch Großvater ist ja dagegen.«

»Ach, Vater. Er wird sich schon damit abfinden. Jedoch hat er in einigen Punkten recht – dein Willie wird ins Ausland gehen für einige Zeit. Er will Pastor werden und wird somit nur ein unsicheres Einkommen haben. Er ist noch sehr jung, wer weiß, was er im Ausland erlebt …« Den letzten Satz sagte sie kaum hörbar.

»Mein Güte«, ereiferte sich Mina. »Er hat mir noch keinen Heiratsantrag gemacht, und wenn es so weitergeht, wird er auch niemals die Chance dazu haben. Hattest du es gut, du hast Joseph fernab von der Familie kennengelernt. Ihr konntet euch näherkommen, ohne dass alle euch ständig begutachteten.«

»Vielleicht wäre es aber andersherum besser gewesen.« Till sah Mina an. »Ich weiß es nicht. Papa hat Joseph von Anfang an abgelehnt. Aber er hat auch Rudolph, deinen Vater, bemängelt, Lilys Frederick, und sogar anfangs Hannahs Harry. Ihm kann es keiner recht machen. Aber vielleicht liegt er ja auch richtig mit seinen Einschätzungen.«

»Du sagst, du liebst deinen Mann …«, fragte Mina nach.

»Ja, ich liebe ihn. Wir führen eine glückliche Ehe. Eigentlich. Wir können keine gemeinsamen Kinder bekommen. Ich habe drei Kinder empfangen, aber sie nicht austragen können.« Till wischte sich eine Träne von der Wange. »Das ist so schrecklich, weil ich mir nichts mehr wünschen würde als ein eigenes Kind.«

Mina stand auf, ging zu ihr und nahm sie tröstend in den Arm. »Liebe, liebe Till, ach bitte, wein doch nicht«, flüsterte sie.

Till erwiderte die Umarmung, dann drückte sie Mina zur Seite, ging ein paar Schritte. »Du weißt nicht, wie das ist, das Leben als Mann und Frau. Weißt du, wie Kinder empfangen werden?« Sie sah Mina an. »Weißt du es?«

Mina senkte errötend den Kopf. »Ja. Das ist wie bei den Katzen. Oder Hunden. Oder Schafen. So ähnlich jedenfalls. Der Bock besteigt das Weibchen …« Sie kniff die Augen zusammen.

»Sex. Man nennt es Sex. Oder Liebe machen. Weißt du, es kann sehr schön sein. Wirklich sehr, sehr schön.« Plötzlich bekam ihre Stimme einen weicheren Klang. »Und das macht auch einen Teil einer Ehe aus. Daraus sollten Kinder folgen, aber bei Joseph und mir wird das nie so sein.« Wieder stiegen ihr die Tränen in die Augen. »Nie, sagt der Arzt, werde ich ein eigenes Kind austragen können.«

Sie drehte sich um. Mina stand hilflos hinter ihr, dann ging sie zu Till und nahm sie in den Arm.

»Liebt dich Joseph deshalb nicht mehr?«, fragte sie leise.

Till sah auf. »Doch, er sagt, er liebt mich noch, und unsere Ehe ist ja auch so viel mehr, als einfach nur Kinder zu zeugen. Wir sind Partner, gute Partner, was die Führung des Internats angeht. Er betreut den pädagogischen Bereich, und ich habe die anderen Dinge unter mir, den Haushalt und die Organisation. Und du bist uns eine große Hilfe.«

»Aber … aber er hat dich … betrogen«, flüsterte Mina.

»Ja.« Till nickte. »Das hat er.« Sie hob den Kopf. »Das lag auch an mir. Ich habe ein Kind nach dem nächsten verloren und konnte nicht mehr das Bett mit ihm teilen.« Sie schluckte. »Was ich wirklich meine, ist: Ich konnte keinen Sex mehr mit ihm haben. Nicht, während ich die wenigen Wochen schwanger war, und auch nicht nach den Fehlgeburten, während ich blutete. In der Zeit konnte ich nicht mit ihm … ähm … verkehren.«

»Ja und?«, fragte Mina.

»Nun, hast du den Kater beobachtet? Wie er sich gibt in der Zeit der Rolligkeit?«, wisperte Till.

»Das ist ein Kater, Till!« Mina schüttelte entsetzt den Kopf. »Ein Tier.«

»Männer sind so. Sie brauchen das. Sie wollen das. Ich konnte Joseph weder ständig zur Verfügung stehen noch ihm ein Kind schenken.« Sie nahm das Taschentuch aus dem Ärmel und schnäuzte sich die Nase.

Mina lachte freudlos auf. »Das kannst du so nicht meinen.«

»Was?«, fragte Till und sah sie erstaunt an.

»Dass er das tun durfte – mit der Köchin ins Bett gehen und ihr ein Kind anhängen. Das kannst du doch nicht so meinen.«

»Du verstehst das nicht, Mina.«

»Genau, ich verstehe es wirklich nicht. Erkläre es mir. Hast du Joseph verziehen?«

Till ging durch den Hof bis zur Mauer, die zur Straße grenzte, dann wieder zurück. Sie sah Mina nicht an. Dann blieb sie stehen, wandte sich um. »Ja, ich verstehe ihn. Ich verstehe seinen Drang und auch, dass er dieses Kind, das Kind aus seinem Schoß, liebt. Jetzt schon, bevor es geboren ist. Genauso hätte er unser Kind geliebt, vielleicht sogar mehr. Ein Mann wünscht sich, dass sein Samen weitergetragen wird, die nächste Generation der Familie leben wird.

Wir – Joseph und ich – werden keine gemeinsamen Kinder haben, sagte der Arzt, aber Joseph hat mir einen Vorschlag gemacht, über den ich nachdenke.«

»Welchen?«

»Nun, ich nehme das noch ungeborene Kind auf, nehme es auf an Kindes statt, mit allen Rechten und Pflichten. Werde es aufziehen, als wäre es mein Fleisch und Blut. Seines ist es. Näher werden wir beide einem gemeinsamen Kind nicht kommen.«

Mina hielt für einen Moment die Luft an, sie konnte nicht fassen, was sie gerade von ihrer Tante vernommen hatte. »Du willst das Kind aufnehmen? Und was ist mit der Mutter?«

Till zuckte mit den Schultern. »Ich denke, Joseph wird ihr Geld geben.«

»Dann hast du ein Kind gekauft.«

»Nein, Mina, nein, das siehst du zu streng. Ich ermögliche einem Kind, das Fleisch und Blut meines Mannes ist, ein gutes Leben in geordneten Verhältnissen. Dieses Kind wird auch rechtlich kein Bastard sein, sondern unser Kind.« Sie atmete laut aus, es klang erleichtert, so, als hätte sie gerade erst diesen Entschluss gefasst. »Und du? Kommst du mit mir zurück? Ich werde deine Hilfe brauchen können.«

»Wann willst du zurück nach Wentworth Falls?«, fragte Mina leise.

»Übermorgen. Und ich wünsche mir, dass du mitkommst.«

»Übermorgen?« Mina schluckte. »Dann kann ich mich nicht …«

»Er darf uns gern in Wentworth Falls besuchen kommen.«

»Aber das sind drei Stunden Zugfahrt, Till. Das kann er nicht mal eben so. Er arbeitet im Laden seines Vaters, und seine Freizeit opfert er der Gemeinde.«

Till nickte. »Wenn er es ernst meint mit dir, wird er Zeit finden.« Sie wischte sich die letzten Tränen von den Wangen, straffte die Schultern und ging wieder ins Haus.

Mina war nicht danach, die gesamte Familie zu ertragen. Sie schlich sich in ihr Zimmer, legte sich auf ihr Bett. William Cleugh Black, immerzu musste sie an ihn denken. War das Liebe? Und war das, was Till gesagt hatte, die Essenz der Ehe? Sex? Körperliche Vereinigung? Natürlich hatte sie einiges darüber gehört und gelesen. Aus Sex entstanden Kinder, wie sie wohl wusste. Aber war Kinder zu bekommen das einzige Ziel und der einzige Zweck der Ehe? Und blieben die Männer nur wegen Sex bei den Frauen?

Großvater und Großmutter waren fast fünfzig Jahre verheiratet, neun Kinder hatte Großmutter geboren. Das letzte Kind, Lina, war nun fast dreißig. Aber Großvater war immer noch mit Großmutter zusammen. Die beiden, das war offensichtlich, verband eine innige Liebe. Sie hatten acht Kinder aufgezogen, hatten nun noch einen Teil der Enkel im Haus. Das mochte sie ebenfalls verbinden. Billy, der Jüngste, war aber auch schon fünfzehn Jahre alt. Und eigentlich waren die Enkel eher eine Belastung für die beiden alten Herrschaften. Eine geliebte, aber dennoch anstrengende Aufgabe, die sie erfüllten, weil es keine Alternative gab. Das war halt so, das musste man machen. Stoisch lebten sie so, nahmen Otto wieder auf, Till, und vermutlich würde Lily demnächst auch wieder ins Elternhaus zurückkommen, wenn man dem glauben durfte, was Elsa erzählt hatte. Familie – das hielt die Großeltern zusammen. Nicht Sex oder körperliche Leidenschaften. Aber das hatte zur Familie geführt. Waren also Ehen und Verbindungen ohne Kinder zukunftslos? Lily war verwitwet. Ihre Liebschaft zu dem Schafbaron drohte nun zu scheitern, weil er mit seiner Frau ein Kind bekam und Lily zu alt für weitere Kinder war. Molly hatte nie Kinder gehabt und würde auch keine mehr bekommen. Sie hatte eine Affäre, aber der Mann dachte nicht daran, sich von seiner Frau zu trennen. Hannah war glücklich verheiratet, soweit Mina das beurteilen konnte. Die Ehe war aber kinderreich. Waren Kinder und Familie wirklich der Schlüssel zum Glück? Und Frauen, so wie Till, die keine Kinder bekommen konnten, oder Molly, die einfach nie den richtigen Mann getroffen hatte, der mit ihr eine Familie gründete – waren das unglückliche Frauen, die auf eine lange Partnerschaft verzichten mussten?

Wenn ich, dachte Mina bedrückt, aus irgendeinem Grund keine Kinder bekommen kann, ist mir dann auch eine liebevolle Partnerschaft, eine glückliche Ehe verwehrt? Gehen Männer dann immer fremd?

Ein schrecklicher Gedanke, den sie nicht zu Ende denken wollte.

Sie musste eine Entscheidung treffen. Sollte sie Till zurück nach Wentworth Falls begleiten? Oder lag ihre Zukunft hier in Sydney?

Elsa klopfte an der Tür und trat dann ein. »Was ist mit dir?«, fragte sie leise.

»Ich muss nachdenken.«

»Wegen Till?«

»Hat sie es schon gesagt?«

»Ja, sie hat Großmutter und Großvater gerade eröffnet, dass sie übermorgen wieder zurückfahren will. Großvater ist keineswegs erfreut, wie du dir denken kannst.«

»Sie wollen das Kind bei sich aufnehmen.« Mina setzte sich auf und sah ihre Schwester an. »Kannst du das glauben?«

Elsa nickte. »Ja, das passt doch wunderbar zu Joseph. Er bekommt seinen Willen.«

»Aber wie kann die Kindsmutter das machen? Ihr Baby einfach so abgeben?«

»Ich glaube nicht, dass sie es einfach so macht, Mina. Ich denke, Onkel Joseph setzt sie sehr unter Druck – emotional und auch finanziell. So schätze ich ihn zumindest ein. Sie wird meinen, dass sie keine andere Wahl hat.«

Mina vergrub das Gesicht in ihren Händen. »Ich könnte das nicht. Ich könnte das niemals, niemals würde ich mein Kind weggeben.«

»Ich auch nicht«, sagte Elsa kaum hörbar. »Deshalb will ich auch keine Kinder. Ich möchte nicht, dass ihnen so etwas zustößt.«

»Aber du hast es doch in der Hand – du kannst darüber entscheiden.«

»Mama hatte es nicht in der Hand. Glaubst du, sie hätte es gutgeheißen, dass Tutt nach Deutschland geschickt wurde?«

»Nein.«

»Siehst du.« Elsa wirkte traurig. »Und du? Wirst du Till begleiten?«

Mina seufzte auf. »Ich weiß es nicht. Es ist halt so – ich habe es ihr versprochen. Ich habe ihr versprochen, dass ich ihr helfe. Schon vor der Geschichte mit dem Baby. Deshalb bin ich dorthin gezogen. Und ich denke, es ist wirklich eine Aufgabe für mich. Auch wenn ich bisher nur kurze Zeit dort war, hat es mir Spaß gemacht, die Haushaltsführung des Internats zu organisieren. Und es gefällt mir in Wentworth Falls.«

»Vergiss nicht Till, ich glaube, sie braucht dich an ihrer Seite. Auch wenn sie jetzt so tut, als wäre alles fein, so nehme ich ihr das nicht ab. Sie ist unglücklich.«

»Ich wäre auch unglücklich, wenn ich mit einem Mann wie Joseph verheiratet wäre. Aber offensichtlich liebt sie ihn.«

»Ach, wer weiß. Was ist schon Liebe.« Nun schaute Elsa düster drein.

»Hast du dich mit Otto gestritten?«

»Er ist ein Kindskopf. Frag mich noch mal, ob ich ihn liebe, wenn er erwachsen ist.«

Elsa grinste. »Und was ist mit deinem Willie?«

Mina spürte, dass sie rot wurde. »Es ist nicht mein Willie. Ich kenne ihn ja kaum.«

»Aber du empfindest etwas für ihn.«

Nun verzog Mina das Gesicht. »Ich weiß es nicht. Ja, er berührt mich irgendwie, beeindruckt mich. Aber ich habe keine Chance ihn wirklich kennenzulernen, wenn ich nun wieder nach Wentworth Falls gehe.«

Jemand räusperte sich, und die beiden Mädchen fuhren erschrocken zusammen. Großmutter stand im Türrahmen und schaute sie lächelnd an. »Darf ich hereinkommen?«, fragte sie.

»Großmutter …« Mina biss sich auf die Lippe.

»Ich muss gestehen«, sagte Großmutter und setzte sich neben Mina auf das Bett, »dass ich einen Teil eures Gesprächs mit angehört habe.« Sie legte ihren Arm um Minas Schultern. »Mein liebes Kind, ich finde es großartig, dass du dir Gedanken machst. Gedanken, die in alle Richtungen gehen. Dass du abwägst und überlegst. Manch einer in dieser Familie«, nun schaute sie Elsa an, »macht das nicht, sondern handelt spontan und unüberlegt.«

Elsa schnaufte, aber Großmutter lachte nur leise.

»Beides hat Vor- und Nachteile. Du, Mina, lebst besser damit, Entscheidungen zu treffen, indem du darüber nachdenkst. Das macht sie nicht richtiger oder falscher. Und du, Elsa, entscheidest aus dem Bauch heraus, spontan, ohne groß zu überlegen. Du könntest es gar nicht anders, weil du bist, wie du bist. Ich liebe euch so, wie ihr nun einmal seid.«

»Ich finde es nicht einfach, eine Entscheidung zu treffen«, meinte Mina. »Was würdest du an meiner Stelle tun, Elsa?«

»Du hast doch schon längst beschlossen, dass du mitfährst.« Elsa nickte. »Du weißt doch, dass Till dich braucht, dass du dorthin musst. Es ist dein Weg, du musst ihn nur gehen.«

»Aber Willie …«

»Als Großvater und ich uns kennengelernt haben, stand er kurz davor, wieder auf große Fahrt zu gehen. Eine der längsten und gefährlichsten Fahrten damals. Es gab noch keine Dampfschiffe, und man musste um das Kap Hoorn segeln. Das war aufregend und waghalsig zugleich. So eine große Fahrt konnte schon einmal zwei Jahre dauern, von Hamburg bis Chile und zurück. Wir kannten uns gerade erst, und es war klar, dass wir keine Möglichkeit haben würden, uns in den nächsten Monaten, ja sogar Jahren zu sehen.« Großmutter hielt kurz inne.

»War das nicht schrecklich?«, wollte Mina wissen. Natürlich kannte sie diese Geschichte, Großmutter hatte schon früher oft davon erzählt, aber nun, da Minas Herz das erste Mal wirklich für jemanden schlug, interessierte sie es auf eine andere Art.

»Schrecklich? Ich weiß nicht. Nein. Oder doch. Aber Zeit hat damals eine andere Rolle gespielt. Warten gehörte zum Leben dazu. Heute ist alles viel schneller und eiliger. Manches ist heute viel besser, aber so ungeduldig waren wir nicht. Ich wusste, er wird wahrscheinlich wiederkommen. Etwas, worauf ich mich freuen konnte. Wir haben uns geschrieben, viele Briefe haben wir geschrieben. Und durch die Briefe haben wir uns kennengelernt, nach und nach, Stück für Stück. Mein Onkel und meine Tante wollten nicht, dass wir uns schreiben, also musste ich sie hintergehen. Zuerst hatte ich ein schlechtes Gewissen, aber dann nicht mehr.«

»Ihr habt euch über die Briefe richtig kennengelernt«, sagte Mina nachdenklich. »Ja, das kann ich gut verstehen. Man kann sich schriftlich auch ganz anders ausdrücken.«

»Man kann auch einiges vorspielen«, sagte Elsa nun. »In Briefen. Ich wette, Joseph schreibt unglaublich einfühlsam an Till.« Sie knirschte mit den Zähnen.

»Ja, auch das ist eine Möglichkeit, mein Kind, da hast du recht. Aber jetzt geht es um Mina.« Großmutter wandte sich wieder an ihre Enkelin. »Du überlegst, ob du Till begleitest oder nicht. Natürlich spielt dieser junge Laienprediger eine Rolle bei deinen Gedanken.«

Mina senkte den Kopf. »Ja.«

»Aber du solltest dir genau überlegen, was wichtig für dich ist. Wenn er es ist, dann schafft ihr es auch, den Kontakt zu halten, wenn du in Wentworth Falls bist. Vielleicht wäre das eine gute Möglichkeit, es herauszufinden. Und ganz aus der Welt bist du nicht. Du könntest an den Wochenenden hierherkommen und mit uns zur Kirche gehen, wenn du das willst. Du bist hier immer herzlich willkommen.« Sie drückte Mina an sich, stand dann auf und strich sich den Rock glatt. »Wenn ihr euer Gespräch beendet habt, könnt ihr herunterkommen und mir helfen, das Abendbrot vorzubereiten. Und Mina – falls du mit Till zurückfährst, such mir deine Wäsche zusammen, damit ich sie vorher waschen kann.«

»Danke Großmutter, aber waschen können wir auch dort.«

Erst nachdem Mina diese Worte ausgesprochen hatte, wurde ihr klar, dass sie tatsächlich schon eine Entscheidung gefällt hatte.

Ein neuer Anfang

»Lieber William Cleugh Black,

leider kann ich unsere Verabredung am Sonntag nicht einhalten. Zu gern wäre ich mit Ihnen spazieren gegangen, doch am Sonntag werde ich zusammen mit meiner Tante wieder in Wentworth Falls sein und dort meine Arbeit aufnehmen.

Vielleicht können wir schriftlich in Kontakt bleiben?

Mit herzlichen Grüßen
Ihre Hermine te Kloot«

Mindestens dreimal hatte sie das Billett geschrieben, verworfen, umformuliert. Dann endlich steckte sie es in den Briefumschlag und warf es in den Postkasten. Gerade rechtzeitig, bevor sie Till auf den Bahnsteig folgte. Arthur und Otto begleiteten sie und trugen das Gepäck.

»Pass auf dich auf, Schwesterchen«, sagte Arthur und nahm sie zärtlich in die Arme.

»Wir schreiben, ja?« Mina sah ihrem Bruder in die Augen. Arthur war niemand, der große Worte machte, er hielt sich lieber im Hintergrund, beobachtete und kommentierte nur wenig. Aber er blieb mit seiner Familie in Kontakt. Er schickte seit Jahren einmal im Monat einen Brief nach Deutschland zu Carola und alle zwei Wochen eine kurze Nachricht an den Vater. Es waren keine herzlichen oder emotionalen Briefe, sondern eher Meldungen über das Wetter und das Essen, aber immerhin ließ er sich davon nicht abhalten. Rudolph, ihr Vater, antwortete selten, Carola immer. Ihre Briefe an ihn waren auch eher sachlich, doch man spürte, wie sehr sie sich über diesen regelmäßigen Austausch freute – das Band zwischen den Kontinenten war zwar dünn, aber noch nicht gerissen.

»Schreiben wir uns auch?«, fragte Mina Otto. Sie hatte keine so enge Beziehung zu ihm wie Elsa, aber dennoch mochte sie ihn, er war fast wie ein Bruder.

»Ach, schreiben ist nicht so meins«, sagte er und drehte verlegen seinen Hut in den Händen. »Du wirst uns doch sicher besuchen kommen? Wentworth ist nicht so weit weg wie die Atherton Tablelands.« Er senkte den Kopf.

Mina hatte mitbekommen, dass es immer noch große Verstimmungen zwischen ihm und Lily gab. Auch er hatte nun seine wenigen Sachen gepackt, die Kisten, die ihm Lily nachgeschickt hatte, waren direkt nach Riverview gegangen. Morgen würde Otto das Haus der Großeltern verlassen und ins Internat ziehen.

»Natürlich werde ich das eine oder andere Wochenende nach Sydney kommen.« Sie beugte sich vor und küsste ihn sacht auf die Wange.

Der Bahnhof war mit Dampf gefüllt, es roch nach verbranntem Öl und Kohlen. Die Pfeife der Lok pfiff schrill, Stimmengewirr bildete den Hintergrund. An der Ecke bot jemand Würste feil, die er auf einem kleinen Ofen briet, ein anderer pries die frischen Mangos, Ananas und Kiwis an, die er in einem Bauchladen trug. Es schien noch hektischer als an einem Samstagmorgen auf dem Markt zu sein. Schnell stieg Mina in das Abteil, Till hatte schon Platz genommen und zählte noch einmal die Koffer und Taschen.

»Irgendwie haben wir immer mehr, wenn wir nach Hause fahren, als vorher«, seufzte sie.

»Weil Großmutter uns so viel mitgibt.« Mina grinste.

»Sie meint es gut.« Till rückte ihren Hut gerade und lehnte sich dann zurück. Um ihren Mund hatten sich in den letzten Wochen Furchen eingegraben, die Mundwinkel zeigten nach unten, und ihre Augen strahlten nicht mehr so wie früher.

Vielleicht bilde ich mir das aber auch nur ein, dachte Mina, weil ich weiß, was sie durchmacht.

Der Zug setzte sich langsam und schnaufend in Bewegung. Sie spürten das Stampfen der Dampfmaschine, das Auf und Ab der Kolben. Es dauerte, bis sie durch die äußeren Bezirke von Sydney und dann die Vororte gefahren waren. Doch dann veränderte sich die Landschaft um sie herum. Die Bewaldung nahm zu, sanft wölbten sich die ersten Hügelketten.

Till packte den Imbiss aus, den ihnen Großmutter mitgegeben hatte: Hühnerschlegel, Käsebrote und frisches Obst.

»Magst du?«, fragte sie Mina.

Mina nahm sich ein Brot, biss ein wenig von der Rinde ab und kaute sorgfältig. Eigentlich hatte sie keinen Appetit, zu viel ging ihr im Kopf herum.

Till und Joseph hatten sich mit einem wütenden Streit getrennt, es war sogar Porzellan geflogen. Wie würden sie sich nun gegenübertreten? Wie würde das Leben dort weitergehen?

»Wann … ich meine … das Baby … wann?«, stotterte Mina.

»Das Kind wird in zwei oder drei Monaten geboren«, sagte Till und kniff den Mund zusammen. Dann aber atmete sie tief ein und zwang sich zu lächeln. »Es gibt noch viel vorzubereiten bis dahin, und ich werde deine Hilfe brauchen. Nach und nach musst du die Buchführung des Internats übernehmen, die Bestellungen und die Rechnungsführung. Ich werde ja erst einmal keine Zeit haben, wenn das Baby da ist.«

Sie lehnte sich zurück und schob ihre Hüften nach vorn, strich sich über den Bauch.

Aber, dachte Mina, du bekommst das Kind doch gar nicht, dein Schoß ist leer, dort ist kein Baby. Wird sie jetzt verrückt oder bereitet sie sich einfach nur auf diese neue Rolle in ihrem Leben vor?

Am Bahnhof in Wentworth Falls wartete schon Jirra, der Kutscher.

»Schön, dass Sie wieder hier sind, Ma'am«, sagte er und lächelte freundlich. Er nahm ihr Gepäck, lud es auf den Wagen.

Mina hatte erwartet, dass Joseph Till am Bahnhof abholen würde, aber Joseph ließ sich auch nicht blicken, als sie das Haus betraten.

Till sah sich irritiert um, zuckte dann aber mit den Schultern und ging die Treppe hinauf zu den Schlafräumen. Oben auf dem Absatz drehte sie sich zu Mina um.

»Wenn du magst, kannst du zuerst das Bad benutzen und dich frisch machen. Olga kann dir beim Auspacken helfen. Ich nehme an, dass wir wie immer um sechs essen werden.« Dann verschwand sie in ihrem Schlafzimmer.

Olga kam aus der Küche und wischte sich die Hände an der Schürze ab.

»Willkommen zu Hause«, sagte sie, schaute dann nach oben. »Die Gnädigste ist schon in ihr Zimmer gegangen?«

»Ich glaube, die Fahrt hat sie ermüdet.«

Was genau so anstrengend bei der Fahrt gewesen sein sollte, konnte Mina jedoch nicht sagen. Es war, wie immer im Zug, heiß, stickig und voller Dampf gewesen, laut und unruhig, aber nicht beschwerlich.

Olga aber nickte. »Die Arme«, murmelte sie.

Bisher hatte Mina das Dienstmädchen nicht als besonders einfühlsam oder mitfühlend erlebt, doch vielleicht hatte sich ja etwas verändert in diesem Haus.

»Ich habe den Ofen schon angeheizt. Wenn Sie wollen, können Sie sofort ein Bad nehmen. In der Zwischenzeit kann ich mich um Ihre und die Sachen der Gnädigsten kümmern.«

»Danke, Olga, aber ich kann meine Sachen selbst auspacken. Es wäre jedoch schön, wenn Sie nach meiner Tante sehen würden. Vielleicht braucht sie ja etwas.«

»Gut.« Olga drehte sich um, um zurück in die Küche zu gehen. Über ihre Schulter hinweg sagte sie: »Essen gibt es natürlich wie immer um sechs.«

»Olga«, hielt Mina sie zurück. »Ist Onkel Joseph nicht da?«

»Er ist im Internat, wollte aber pünktlich zum Essen wieder da sein.«

So ist das also, dachte Mina. Joseph erschien ihr immer mehr wie ein herzloser Klotz. Was hielt Till bloß bei ihm? Das Baby, dachte sie, während sie langsam nach oben ging. Till hat sich nichts mehr gewünscht als ein Baby. Als der Arzt ihr die erschütternde Nachricht brachte, dass sie nie ein Kind würde austragen können, war Till zusammengebrochen. Und deshalb war es auch umso schrecklicher für sie, dass Joseph ein Kind mit einer anderen Frau erwartete. Doch nun hatte sich das Blatt gewendet, und Till würde ihr Baby bekommen. Sie würde es zwar nicht austragen, aber sie würde es großziehen, ihm Liebe schenken können. Vielleicht war das etwas, was ihrem Leben einen neuen Sinn gab. Und das würde sie nur können, wenn sie bei Joseph blieb.

Ich weiß nicht, dachte Mina zweifelnd, ob ich das könnte. Bei einem Mann bleiben, der mich so verletzt und gedemütigt hat. Aber was weiß ich schon von Liebe und Ehe? Vielleicht ist ja auch alles ganz anders, und Till liebt Joseph wirklich so sehr, dass sie ihm den Fehltritt verzeihen kann.

Das Bad erfrischte sie. Dann packte sie ihre Sachen aus, richtete ihr Zimmer wieder ein. Zu Weihnachten hatte sie neues Briefpapier und einen schönen Federhalter bekommen. Sie legte die Sachen auf ihren kleinen Schreibtisch, stellte das Tintenfass daneben und hoffte, in den nächsten Wochen und Monaten oft Gebrauch davon machen zu können.

Würde Willie ihr überhaupt antworten? Bei dem Gedanken verspürte sie ein unsicheres Kribbeln in der Magengrube, aber auch bei der Vorstellung, gleich mit einer bedrückten Tante und einem eisig schweigenden Onkel am Tisch zu sitzen. Es half jedoch nichts, die Glocke ertönte, das Essen wurde aufgetragen.

Auch Till hatte gebadet und sich umgezogen. Sie trug ein neues Kleid aus einem duftigen Stoff, das mit Rosen bestickt war. Ihre Haare hatte sie sorgfältig aufgesteckt. Sie wirkte sehr frisch und entspannt, stellte Mina überrascht fest.

Auch Onkel Joseph schien zu stutzen, als er das Esszimmer betrat. Für einen Moment blieb er an der Tür stehen und sah Till nur an. Dann ging er auf sie zu und küsste sie auf die Wange.

»Schön, dass du wieder da bist«, sagte er und räusperte sich. Er zeigte auf das Kleid. »Ist das neu? Ich kenne es gar nicht.«

»Ich habe es in Sydney gekauft«, sagte Till lächelnd.

»Sehr gut, sehr gut!« Joseph setzte sich und nahm die Serviette vom Teller und breitete sie auf seinem Schoß aus. Erst dann schien er Mina zu entdecken. »Du bist auch wieder da. Das ist famos.«

Famos – Mina konnte sich nicht daran erinnern, einen so positiven Ausdruck schon jemals von ihm gehört zu haben. Überhaupt verlief das Essen ruhig und angenehm. Till erzählte von der neuen Gemeinde, dem Pastor, von der Familie. Joseph berichtete, dass fast alle Vorbereitungen abgeschlossen seien, in der nächsten Woche begann das neue Schuljahr.

Auch in den nächsten Tagen blieb es bei dieser zurückhaltend freundlichen Stimmung. Till arbeitete Mina gewissenhaft in die Haushaltsführung des Internats ein.

Und dann endlich kam ein Brief für sie aus Sydney.

»Liebe Miss te Kloot,

zu meinem großen Bedauern habe ich Ihren Brief gelesen. Der Sonntag, obwohl das Wetter herrlich war, war für mich betrüblich, denn die Erinnerung an den vorhergegangenen Sonntag war für mich noch sehr präsent. Natürlich werde ich Ihnen gern schreiben. Ich hoffe aber doch sehr, dass wir uns in der Zukunft auch irgendwann einmal wiedersehen können.

Und so verbleibe ich mit herzlichen Grüßen, auch an Ihre Tante,

William Cleugh Black«

Wieder und wieder las sie die wenigen Zeilen. Er bedauerte, dass sie sich nicht hatten treffen können. Er dachte an sie – das sagten seine Worte doch aus? Sofort setzte sie sich an den kleinen Schreibtisch, um ihm zurückzuschreiben. Doch dann wollte ihr nichts einfallen. Was konnte sie ihm schon mitteilen? Was würde ihn interessieren? Worüber hätten sie bei dem Spaziergang gesprochen? Vermutlich über belanglose Dinge, wie das Wetter.

»Lieber William Cleugh Black,

sehr habe ich mich über Ihre Zeilen gefreut.«

Sie kaute am hölzernen Schaft des Federhalters. War das ein guter Anfang für einen Brief? Er hatte sein Bedauern ausgedrückt, hatte gesagt, dass der Sonntag für ihn eher betrüblich gewesen war. Freut man sich, wenn jemand sein Bedauern ausdrückt? Klang das nicht höhnisch?

Es klopfte leise an ihre Zimmertür.

»Mina?«, fragte Till. »Hast du einen Moment Zeit?«

»Natürlich.« Mina drehte sich um, als Till eintrat. Sie trug einen Korb mit sich.

»Würdest du mir helfen? Ich möchte das Kinderzimmer einrichten. Schau mal, ich habe hier einige Musterstoffe und weiß nicht, welchen ich für die Vorhänge auswählen soll.« Till breitete die Stoffe auf dem Bett aus. »Einen Teppich werden wir auch brauchen. Jirra und Hannes, der Bursche aus dem Internat, werden das Zimmer in den nächsten Tagen leer räumen.«

»Welches Zimmer bekommt es denn?«

»Das linke neben meinem, dachte ich. Das zweite Gästezimmer hinten rechts ist mir zu weit weg.«

Sie verbrachten zwei Stunden damit, zu überlegen und zu planen. Till blühte regelrecht auf.

»Wegen der Möbel muss ich noch mit Joseph sprechen. Mutter hat noch die alte Wiege, in der Lina und ihr gelegen habt. Hannah wollte sie nicht, also müsste sie noch auf dem Dachboden stehen. Natürlich müsste sie neu bezogen werden, aber ich fände es schön, wenn ich sie für mein Kind haben könnte.«

Mein Kind, Mina musste schlucken. Aber andererseits verstand sie Till. Till würde alles für dieses kleine Menschlein, das noch nicht geboren war, tun.

»Ich hatte überlegt, dass du und ich am Samstag nach Sydney fahren. In der Stadt kann ich auch noch das ein oder andere besorgen. Windeln und solche Sachen. Und wir könnten bis Sonntagabend bleiben. Der letzte Zug fährt um sechs.« Sie zwinkerte Mina zu. »Wir könnten also auch zum Kirchgang mitgehen.«

»Wirklich?« Mina strahlte. »Wirklich, wirklich, wirklich?«

»Der junge Mann hat es dir angetan, nicht wahr?«

»Ja. Nein. Ich weiß nicht. Ja, schon. Ich kenne ihn doch kaum. Aber irgendwie ist es mit ihm anders als mit anderen. Ich glaube, ich empfinde etwas für ihn. Er hat mir geschrieben, und ich wollte ihm gerade antworten, als du kamst.«

»Das tut mir leid.«

»Es ist gar nicht schlimm.« Mina kicherte. »Ich wusste nämlich nicht, was ich schreiben sollte.«

»Jetzt kannst du ihm schreiben, dass wir am Sonntag im Gottesdienst sein werden.«

»Großvater wird nicht wollen, dass ich mich anschließend mit ihm treffe.«

»Das lass mal meine Sorge sein«, sagte Till und tätschelte Minas Schulter.

Till hatte sich wirklich verändert, trat auch gegenüber Joseph ganz anders auf, stellte Mina fest. Viel selbstbewusster war sie ihm gegenüber. Und bei Dingen, bei denen Joseph früher polternd das Haus verlassen hätte, lenkte er nun ohne große Diskussionen ein.

»Mina und ich fahren am Freitagabend nach Sydney«, sagte Till beim Abendessen. »Ich möchte in der Stadt nach Sachen schauen und auch die Familienwiege möchte ich mir ansehen.«

»Wann kommt ihr wieder?«

»Mit dem letzten Zug am Sonntag.«

Joseph zog die Stirn kraus, nickte aber dann. »Was willst du denn in Sydney kaufen?«

»Wir brauchen doch noch einiges für das Baby.« Till hob den Kopf und streckte die Schultern nach hinten.

»Hier bekommst du das nicht?«

»Ich möchte eine größere Auswahl haben, Joseph. Ich habe zwar wahrscheinlich schon den passenden Vorhangstoff gefunden, aber vielleicht finde ich ja etwas, was noch besser passt und schöner ist. Jirra und Hannes werden das Zimmer ausräumen, Olga wird den Boden bohnern und wachsen. Eine Kommode brauchen wir noch.«

»Welches Zimmer?«

»Nun, ich dachte, das Baby bekommt das Gästezimmer links von meinem Schlafzimmer.«

»Nein.« Joseph verschränkte die Arme vor der Brust. »Das ist unser gutes Gästezimmer. Das brauchen wir noch.«

»Dann kann es nur den Flur hinunter das letzte Zimmer haben. Aber dann höre ich es ja nicht, wenn es nachts weint. Außerdem ist der Raum klein und dunkel.«

Joseph sah zu Mina und wieder zurück zu Till. »Das Baby bekommt Minas Zimmer.«

»Und Mina?«, fragte Till überrascht.

»Sie nimmt dann das zweite Gästezimmer, das brauchen wir eh nicht.«

Mina schluckt. Sie liebte das Zimmer, das sie immer bekommen hatte, seit sie Till das erste Mal in Wentworth Falls besuchte. Es war ihr Zimmer, und sie hatte nun, da sie länger blieb, einige Dinge umgestellt und Sachen aus Sydney mitgebracht. Das Hinterzimmer war tatsächlich kleiner und dunkler, es war auch ungünstig geschnitten.

Till sah Mina an, zuckte dann mit den Schultern. »Darüber reden wir noch«, sagte sie leise.

Doch als sie am Freitag in den Zug stiegen, schien es schon festzustehen. Die beiden Burschen hatten das Hinterzimmer ausgeräumt, Olga würde es gründlich saubermachen und die Böden bohnern.

Dann sollten Minas Möbel, soweit sie dort Platz hatten, eingeräumt werden.

Es ist unfair, dachte Mina. Es ist nicht gerecht. Aber andererseits überwog die Freude, nach Sydney zu fahren und Willie wiederzusehen, ihren Kummer.

Doch Großmutter schien ihre Gedanken lesen zu können. Als Mina in der Küche stand und Salat für das Abendessen wusch, trat Großmutter zu ihr und legte ihr den Arm um die Schultern.

»Was bedrückt dich, mein Spatz? Ist es das Leben in Wentworth Falls? Ist es schwierig dort? Ich find es schön, dass du Till zur Seite stehst, aber du musst dort nicht bleiben, wenn es dir nicht zusagt.«

Mina seufzte. »Eigentlich ist es schön dort. Till und Joseph streiten nicht.« Sie sah die Großmutter an. »Till hat sich verändert.«

Großmutter nickte und zog die Stirn in Falten. »Ich freue mich für sie und hoffe, dass ihre Zukunft so wird, wie sie es sich wünscht. Aber was ist mit dir?«

»Ach, es ist nur, dass ich mein Zimmer räumen muss. Das Baby bekommt es.«

»Und du?«

»Ich werde ins Hinterzimmer ziehen«, sagte Mina traurig.

Großmutter seufzte, schenkte sich eine Tasse Kaffee ein. »Setz dich zu mir, Spatz.« Sie rückte zwei Stühle vom Esstisch ab, nahm Platz. »Ich muss dir etwas erzählen.«

Mina seufzte auf. Die Geschichten ihrer Großeltern hatte sie schon oft gehört. Vermutlich würde Großmutter ihr nun von den beengten Verhältnissen auf der *Lessing* erzählen und wie es damals war.

»Weißt du«, sagte Großmutter aber nun nachdenklich, schüttete Zucker in ihre Tasse und rührte um, »als ich klein war, hatte ich in Othmarschen in meinem Elternhaus ein wunderschönes Zimmer. Doch dann brannte Hamburg. Das ist nun schon so lange her, fast ein ganzes Leben.«

Mina setzte sich. Großmutter hatte zwar immer viel von ihren Reisen erzählt, aber bisher wenig über ihre Kindheit in Deutschland.

»Euer Haus brannte nieder?«, fragte sie.

»Nein, es brannte in Hamburg, in der Stadt. Wir wohnten ja auf dem Land, in Othmarschen.« Großmutters Gesichtszüge wurden weich, als sie über früher sprach. »Aber wir mussten meine Tante und meinen Onkel bei uns aufnehmen, denn ihr Haus war niedergebrannt.« Sie nippte an der Kaffeetasse. »Ich musste mein Zimmer an meine Tante abgeben und zog in die Mansarde, dorthin wo die Dienstboten wohnten. Plötzlich hatte ich nur noch ein Zimmerchen. Und ich war wütend.«

»Das kann ich verstehen.«

»Aber immerhin hatte ich ein Zimmer für mich, das hattet weder ihr noch meine Töchter. Unser Haus war nie groß genug, dass jeder ein eigenes Zimmer haben konnte.«

»Wir kannten es nicht anders, und eigentlich, auch wenn wir immer darüber geschimpft haben, war es gar nicht so schlimm.«

Großmutter sah sie an und lachte. »Das klang aber oft ganz anders. Vor allem, wenn May mal wieder an euren Sachen war oder Lina sich eingeschlossen hatte, wenn Elsa einen Tobsuchtsanfall hatte oder Billy heimlich Schokolade in deinem Bett gegessen hat.«

Mina lachte auch. Im Nachhinein erschien ihr das gar nicht mehr so schlimm. »Du hast recht. Ich sollte froh sein, dass ich überhaupt ein eigenes Zimmer bei Till und Joseph habe. Das Haus ist groß, es gibt viele Orte, um sich zurückzuziehen. Es ist wirklich schön dort oben.«

»Das mag ja sein, aber es geht mir darum, dass ich deine Gefühle und Enttäuschung verstehe.«

»Irgendwann ist doch deine Tante ausgezogen, nicht wahr?«

»Richtig. Sie hatten ein neues Haus in Hamburg gebaut, und ich zog mit ihnen dorthin. Ich bekam ein schönes, großes, helles Zimmer. Das hat mich für einige Zeit dafür entschädigt, dass ich oben in der Mansarde wohnen musste, wo es keinen Ofen gab. Weißt du, Deutschland ist viel kälter als Australien.«

»Für einige Zeit?«, fragte Mina nach.

»Dann wurden mein Cousin und meine Cousine geboren, und ich musste wieder unter das Dach ziehen.« Großmutter lachte leise auf. »Die Geschichte hatte sich also wiederholt. Später war mir das alles nicht mehr so wichtig. Auf der *Lessing* hatten wir sowieso nur wenig Platz.« Sie schaute Mina an. »Aber das weißt du wohl schon.«

Mina nickte. »Also ist es dir auch passiert – du wurdest zweimal aus deinem Zimmer vertrieben.«

»Ich würde es nicht vertreiben nennen, denn es gab ja Gründe dafür. Nur waren sie mir zu dem Zeitpunkt egal. Du tauschst dein Zimmer für einen Säugling ein, ein Baby, das nach der Geburt der Mutter weggenommen werden wird. Dieses Kind wird alle Liebe brauchen, die es bekommen kann. Ich zweifele jedoch nicht daran, dass Till diesem Kind alle Liebe schenken wird, die sie in ihrem Herzen hat.«

»Kannst du das verstehen?«, fragte Mina leise. »Wie jemand sein Baby abgibt?«

»Ich könnte es nicht, aber viele Frauen müssen es. Diese Frau, diese Köchin, hat fast keine Wahl. Einen Bastard wird sie nicht aufziehen können. Entweder sie gibt ihn zu ihrer Familie oder in ein Heim. Mehr Möglichkeiten haben diese Frauen selten.«

»Ich würde alles daransetzen, mein Kind zu behalten. Alles.«

Großmutter warf ihr einen scharfen Blick zu. »Ich will nicht hoffen, dass du jemals in so eine Situation kommst.«

»Natürlich nicht, Großmutter.« Mina senkte peinlich berührt den Kopf.

»Gut. Vergiss das nicht, wenn du den jungen Prediger triffst.« Sie lachte leise. »Denn ich weiß, er hat es dir angetan.«

Tatsächlich fieberte Mina dem Treffen mit Willie entgegen. Sie hatte ihm sofort geschrieben, und auch er hatte schon geantwortet und sich gefreut, sie in der Kirche sehen zu können. Von einem gemeinsamen Spaziergang war in seinem zweiten Brief jedoch keine Rede mehr, und das verunsicherte Mina.

Sie hatte sich extra ein schönes Kleid mitgebracht und frisierte sich am Sonntag noch sorgfältiger als sonst. Ihr Herz klopfte wie ein kleiner Specht, als sie zur Kirche gingen. Elsa war sehr schweigsam, denn Otto war inzwischen nach Riverview gezogen und würde vorläufig nicht an den Wochenenden nach Glebe kommen. Das Internat hielt es für besser, wenn er sich dort erst einmal einlebte, außerdem konnte er Molly besuchen, die nur einen Katzensprung entfernt auf der anderen Flussseite wohnte. Elsa schien ihn sehr zu vermissen.

»Immerhin«, versuchte Mina sie aufzubauen, »ist Riverview viel näher als Atherton Tablelands.«

»Das stimmt wohl, aber ich habe mich in den letzten Wochen so sehr daran gewöhnt, ihn wieder bei mir zu haben«, seufzte Elsa. Dann stupste sie ihre Schwester an. »Ganz schön schick hast du dich gemacht.«

Mina kicherte. »Meinst du, es fällt ihm auf?«

»Nein.« Elsa schüttelte den Kopf und schaute ernst drein. »Nein, vermutlich nicht.« Doch dann lachte sie los. »Natürlich. Du siehst phantastisch aus, wie das blühende Leben. Alle werden sich nach dir umgucken.«

Das machte Mina nur noch verlegener. Je näher sie der Kirche kamen, umso unsicherer fühlte sie sich.

Doch dann sah sie Willie. Er schien schon Ausschau nach ihr gehalten zu haben und strahlte sie an.

»Einen wunderschönen guten Morgen und Gottes Segen wünsche ich Ihnen, Miss te Kloot. Es ist so wunderbar, Sie wiederzusehen. Werden Sie Zeit haben, um nach dem Gottesdienst noch ein wenig spazieren zu gehen?«

»Wir essen nach dem Gottesdienst«, brummte Großvater, der hinter Mina stand.

»Oh ja, natürlich. Vielleicht kann ich Ihre Enkelin zu Ihnen nach Hause begleiten?«

»Das dürfen Sie gern«, sagte Großmutter und drängte Großvater sacht zur Seite. »Und wenn Sie mögen, dürfen Sie auch mitessen.«

Erwartungen

Mina hatte den Spaziergang mit Willie sehr genossen. Obwohl Großmutter ihn dazubat, lehnte er es ab, mit ihnen zu essen. Er wolle sich keinesfalls aufdrängen.

Danach schrieben Mina und Willie sich. Minas erste Unsicherheit ließ nach, je öfter Briefe von ihm kamen. Inzwischen fiel es ihr leicht, die Seiten zu füllen. Es gab immer etwas, worüber sie berichten konnte, und sei es tatsächlich nur das Wetter. Das kam allerdings nur selten vor, wie zum Beispiel, als ein Sturm über die Blue Mountains hinwegfegte.

Ansonsten schrieben sie sich über den Alltag, ihre Gedanken dazu, über Bücher, die sie lasen, über Pläne für die Zukunft.

Bald schon konnte sich Mina ihr Leben ohne Willies Briefe nicht mehr vorstellen. Nach ein paar Wochen, Ende März, fuhr Till wieder mit ihr nach Sydney, denn Lily war nach Hause gekommen. Mina freute sich, Lily wiederzusehen, aber noch mehr freute sie sich auf die Begegnung mit Willie. Diesmal, so hatten sie es vorher verabredet, würde er zum Kaffee kommen. Großmutter hatte ihr Einverständnis gegeben, nur Großvater sah dem Treffen mürrisch entgegen.

»Dieser junge Mann will für mehrere Jahre ins Ausland, um zu studieren, mein Kind«, erklärte er ihr. »Er will Pastor bei einer Baptistengemeinde werde. Was willst du mit so einem Mann?«

»Auch Baptistenpastöre sind verheiratet und haben Familie, Großvater.«

»Aber sie haben kein Geld, oder nur das, was ihnen die Gemeinde zahlt. Willst du ein Leben in Armut? Das kann ich mir nicht vorstellen.«

»Ich will ein glückliches Leben voller Liebe. Und in Demut, ein Leben, das wir Gott widmen. Dafür brauche ich keine Reichtümer.«

»Wir?«, polterte Großvater. »Hat er dir etwa schon einen Antrag gemacht?«

Mina senkte den Kopf. »Nein, Großvater. Wir wollen uns doch erst einmal kennenlernen. Aber ich mag ihn sehr.«

»Ich mag ihn sehr«, äffte Großvater sie nach. »Das reicht nicht für eine Ehe. Und er will jahrelang nach England gehen, hast du das schon vergessen, oder hat er seine Pläne geändert?«

»Er will in England studieren, das ist richtig.«

»Ein Mann, der für Jahre weggeht, meinst du, er wird sich an dich erinnern, falls er wiederkommt?«

»Du bist damals die Salpeterroute gefahren, bis nach Chile und wieder zurück. Du warst auch lange weg. Und der Postweg war früher viel unsicherer, als er es heute ist. Heute gehen Postdampffrachter jeden zweiten Tag nach Europa.«

»Damals war alles anders, glaub mir. Ich möchte nicht, dass du dir Chancen vertust, nur weil du glaubst, du müsstest dich aus einem flüchtigen Gefühl heraus an diesen jungen Kerl binden.«

»Er will zum Kaffee kommen, Großvater«, seufzte Mina. »Nur zum Kaffee. Er will nicht um meine Hand anhalten. Wir wollen uns doch nur kennenlernen.«

»Wen willst du kennenlernen?« Lily kam in das Wohnzimmer und lächelte Mina zu.

Lily hatte sich verändert, fand Mina. Aber das hatte ihr ja auch schon Elsa erzählt. Sie war braungebrannt, wirkte agil und lebhaft. Nur wenn man genauer hinsah oder vielleicht auch nur, weil Mina ihre Tante so gut kannte, merkte man die latente Traurigkeit, die wie ein Tuch über ihren Schultern zu liegen schien. Es war eine ganz andere Art der Trauer als bei Till. Till hatte gelitten, sie war schwermütig und voller Trübsal gewesen, Lily jedoch schien nur etwas niedergeschlagen zu sein.

»Wen willst du also kennenlernen?«, fragte sie wieder.

»Musst du dich so kleiden, Lily?« Großvater schüttelte griesgrämig den Kopf. »Wir sind hier in der Stadt und nicht im Outback.«

Lily schaute an sich herunter. Sie trug eine weiße Bluse mit hohem Kragen, am Kragenansatz steckte eine Kameebrosche. Dazu hatte sie einen dunklen, ausgestellten, knöchellangen Rock an.

»Was ist daran verkehrt?«, fragte sie überrascht.

»Eine Bluse trägt man nicht. Das ist Kleidung für Arbeiterinnen. Nichts für ordentliche Frauen. Kannst du dir kein Kleid mehr leisten?« Großvater paffte an seiner Pfeife.

Lily lachte laut auf. »Aber Papa, das war im letzten Jahrhundert. Wir haben 1905, dies ist der neueste Schick. So trägt man das jetzt.«

»Unglaublich. Ich finde, es sieht billig aus.«

»Papa, das darfst du auch.« Sie ging zu ihm, küsste ihn auf die Wange. Dann drehte sie sich zu Mina um und musterte sie. »Du siehst erwachsen aus, Fräulein. Das gefällt mir. Magst du ein paar Schritte mit mir gehen? Mutter hat mich gebeten, noch Sahne und Milch aus der Molkerei zu holen.«

Erfreut stand Mina auf. Bis auf die kurze Begrüßung, als sie vorhin vom Bahnhof gekommen war, hatte sie noch nicht mit ihrer Tante gesprochen. Gemeinsam gingen sie aus dem Haus, schweigend, da keine von beiden zu wissen schien, wie sie ein Gespräch anfangen sollte.

»Wie geht es dir?«, fragte Mina schließlich.

Lily seufzte auf. »Ich bin zwiegespalten. Einerseits ist es richtig und gut, dass ich die Station verlassen habe, allein schon wegen Otto.« Sie sah Mina an. »Ich nehme an, dass Elsa dir von den unerfreulichen Dingen, die vorgefallen sind, berichtet hat?«

Mina nickte und spürte, wie ihr das Blut die Wangen färbte. Zu ihrer Überraschung lachte Lily auf.

»Das muss dir doch nicht peinlich sein. Mir sollte es peinlich sein«, sagte sie dann nachdenklich, »aber das ist es nicht.«

»Nein.« Lily biss sich auf die Lippen. »Seltsam, oder? Die Eltern haben uns gut erzogen. Wir haben alle einen Schulabschluss, können Regeln beachten und wissen, was Moral ist. Wir wissen, wie man sich benimmt, und manchmal tun wir es nicht.« Sie zuckte mit den Schultern. »Ich war einunddreißig, als ich Fred geheiratet habe. Ich habe ihn sehr geliebt, aber wir hatten nicht viel gemeinsame Zeit. Anders als Mutter bin ich nicht mit ihm auf große Fahrt gegangen. Er war Kapitän, und auch wenn er nicht die langen Routen segelte, war er doch selten zu Hause. Er starb, kurz nachdem Otto geboren war. Und dann war ich wieder allein.«

»Du hast bei uns gewohnt, erst, das weiß ich noch. Du und Otto, ihr habt hier gewohnt.«

»Stimmt. Aber irgendwann konnte ich die Enge meines Elternhauses nicht mehr ertragen und habe mir eine kleine Wohnung genommen. Ich habe einige Arbeitsstellen gehabt, mal hier, mal da. Mutter konnte auf Otto aufpassen, aber so wirklich wohl habe ich mich nicht gefühlt. Und dann kam George Miller.« Ihre Stimme klang plötzlich sanft und verklärt.

»Der Schafzüchter.«

»Richtig. Aber für mich war er mehr. Ich war gerade vierzig geworden, und mir ist das passiert, an das ich nie mehr geglaubt hatte – ich habe mich verliebt. Und zwar so richtig. Nach Fred hatte es keinen Mann mehr in meinem Leben gegeben, und damit hatte ich mich schon fast abgefunden, aber dann kam George.« Sie holte tief Luft. »Und ich bin dankbar dafür, dass ich das noch einmal erlebt habe. Dass ich noch einmal lieben durfte und geliebt wurde.«

Mina sah sie überrascht an, so hatte sie das noch nicht gesehen. »Und jetzt? Wie ist es jetzt?«

»Unsere Wege haben sich wieder getrennt. Das ist manchmal so im Leben, schätze ich. Wäre er nicht verheiratet und wäre seine Frau nicht schwanger geworden, dann hätte es vielleicht noch länger gehalten. Das weiß ich nicht. Aber sicherlich hat seine Liebe für mich nicht bis an das Lebensende reichen können.«

»Oh.«

»Oh?« Lily lachte. »Überrascht dich das?«

»Ja. Ich dachte, wenn man sich liebt … dann liebt man sich. So wie Großmutter und Großvater. Es heißt doch auch: bis dass der Tod euch scheidet.«

»Das glaubst du wirklich? Ich meine, du glaubst wirklich, dass Liebe ewig hält?« Lily drückte sie an sich. »Ach, das ist so schön, jemanden zu treffen, der noch so rein und unverdorben ist.«

Mina befreite sich aus der Umarmung. »Das klingt so, als würdest du mich für sehr naiv halten.«

»Nein, meine Süße, so habe ich das nicht gemeint. Und bitte, bitte bewahre dir diese Gedanken, diesen Glauben an die Liebe. Das ist so wunderschön.«

»Aber es ist nicht die Realität?«

Lily sah sie nachdenklich an. »Das weiß ich nicht. In meinem Leben jedenfalls nicht. George hat mich nie so geliebt, dass es bis an sein Lebensende gereicht hätte. Wie das mit Fred gewesen wäre, weiß ich gar nicht. Deine Mutter, ja, die hat deinen Vater unendlich geliebt. Er war für sie das Größte.«

»Ja, aber sie ist gestorben, da war sie gerade dreißig Jahre alt. Ob sie ihn heute noch lieben würde, weiß niemand.«

»Doch, ich glaube, das würde sie. Manchmal spürt man das. Manchmal spürt man so eine besondere Liebe. Mama und Papa haben sie. Papa grummelt oft, Mama seufzt und klagt über ihn, aber im Grunde lieben sie sich. Sie lieben sich sehr und nehmen alles auf sich, was ihnen das Schicksal präsentiert.«

»Wie ist das mit den anderen?«, wollte Mina wissen. »Wie ist das mit Hannah?«

»Hannah ist wie deine Mutter, sie liebt ihren Harry.«

»Und Harry? Liebt er sie genauso?«

Lily sah sie an. »Du bist ganz schön clever, Mina. Wirklich. Du scheinst dich gut in Menschen hineinzudenken. Aber was glaubst du? Liebt Harry Hannah?«

»Ja, das schon. Doch nicht bis an sein Lebensende. Nicht unbedingt.« Mina biss sich nachdenklich auf die Lippe. »Ich weiß nicht, ob er so etwas tun würde wie dein George oder Tills Joseph – das glaube ich eigentlich nicht. Aber … aber … mein Gefühl sagt mir, dass er sie nicht bedingungslos liebt, so wie sie ihn.«

»Warum?«

»Hast du mal gesehen, wie er May anschaut? Wie er mit ihr spricht? Was er ihr alles schenkt? Hast du das gesehen?«

»Natürlich. Wir alle haben das. Doch ich glaube, das ist anders. Er mag May, er mag sie sehr gern, und er mag sie wahrscheinlich auch mehr als jeden anderen von uns. Das heißt aber nicht, dass er Hannah mit ihr betrügt, das glaube ich nämlich nicht. Im Gegensatz zu Joseph und George, die beide ihre Frauen hintergehen, ist Harry ehrlich. Männer sind schlicht gestrickt, glaub mir. Hätte er etwas mit May, würde sie nicht bei ihnen wohnen und er würde seine Zuneigung nicht offen zeigen. Er wäre fies zu ihr, ablehnend.«

»Woher weißt du das?«

»Ich weiß es halt. Zweimal habe ich Georges Frau getroffen. Jedes Mal hat er mich kaum beachtet, nicht mit mir gesprochen, dafür aber seine Freu hofiert. Er meinte, so würde keiner merken, dass er etwas mit mir hat. Wie albern.« Sie lachte höhnisch auf.

»Vermisst du ihn?«, fragte Mina fast tonlos.

»Nein. Unsere Beziehung war wie eine Uhr, die abgelaufen war und sich nicht wieder aufziehen ließ. Es war schön, aber nun ist es vorbei. Es tut mir nicht leid, nur um Otto, der in den letzten Monaten gelitten hat. Ich hoffe, er kommt darüber hinweg.«

»Meinst du, es wird … noch jemanden … ich meine … würdest du?«, stotterte Mina verlegen.

Lily schüttelte den Kopf. »Nein, das glaube ich nicht. Um ehrlich zu sein, möchte ich es auch gar nicht mehr. Eine Beziehung zu führen ist gar nicht so einfach. Und ich habe keine Lust mehr auf Kompromisse.«

»Und was wirst du jetzt machen?«

»Das weiß ich noch nicht.« Lily wirkte wieder nachdenklich. »Ich habe eine kleine Rente, und George hat mir sehr großzügig einen

Teil der Station überschrieben. Das ist genug Geld, damit ich bescheiden davon leben kann. Aber ich werde mir eine Aufgabe suchen müssen, denn ich hatte in den letzten Jahren Verantwortung für die Station, die Arbeiter und das Geschäft. Und das fehlt mir jetzt. Nur zu stricken und Strümpfe zu stopfen füllt mich nicht aus. Es wird sich etwas finden, da bin ich mir sicher. Und nun erzählst du von deinem Liebsten.«

Mina kicherte. »Mein Liebster? Er ist nicht mein Liebster. Wir kennen uns erst seit Anfang des Jahres. Er ist Laienprediger bei unserer neuen Gemeinde.« Und dann erzählte sie von Willie, konnte kaum aufhören. Sie kamen an der Molkerei an, ließen die Emaillekannen mit Milch und Sahne füllen und machten sich dann auf den Rückweg.

»Er liebt seine Familie, seine Eltern und seine Schwestern. Er ist so voller Vertrauen und Zuversicht in die Zukunft und ist sich sicher, dass er den Studienplatz in England bekommt«, erzählte Mina begeistert.

»In England will er studieren?«

»Ja, am Pastors College von Charles Spurgeon in London.«

»Und wie lange dauert das Studium?«

»Vier Jahre.«

»Vier Jahre? Vier Jahre in England?« Lily blieb stehen, stellte die Kanne ab und lachte. Dann nahm sie Mina in die Arme. »Genieß es, solange er hier ist. Genieß eure Freundschaft, den Gedankenaustausch, die Herzlichkeit und Wärme, die ich schon aus deinen Worten allein hören kann, die zwischen euch ist. Doch sollte er wirklich nach England gehen, für vier Jahre nach England gehen, dann vergiss ihn. Das ist eine lange Zeit, zu lange für einen jungen Mann. Du unterschätzt ihren Trieb, mein Mädchen. Du magst die Jahre auf ihn warten, aber er wird nichts anbrennen lassen, da sei dir sicher.«

»Du kennst ihn noch nicht einmal«, sagte Mina empört und stapfte wütend weiter den Hügel hinauf. »Wie kannst du so etwas sagen?«

»Ich kenne die Männer, Süße, ich kenne die Männer«, rief Lily ihr hinterher.

Aber nicht alle, dachte Mina für sich und freute sich trotzdem auf das nächste Treffen mit Willie.

Nach der Kirche gingen sie nach Hause, Willie würde nachmittags zum Kaffee kommen, und Mina konnte es kaum erwarten. Sie schlang das Essen hinunter, half beim Abräumen und Spülen. Endlich klopfte es, und sie konnte ihn hereinbitten. Doch Lily und Till ließen sie nicht aus den Augen. Der Kaffee war getrunken, der Kuchen gegessen, der Tisch abgeräumt, doch weder die Tanten noch Großvater hatten Erbarmen und ließen das junge Paar nicht allein.

Nur mühsam fanden sie Gesprächsthemen, denn die strenge Beobachtung machte beide nervös. Zudem tuschelten Till und Lily miteinander auf Deutsch, was Willie zusätzlich verunsicherte. Schon bald verabschiedete er sich, versprach Mina jedoch, ihr weiterhin zu schreiben.

»Sie werden sich schon an dich gewöhnen«, flüsterte Mina ihm an der Tür zu. »Ganz sicher werden sie das.«

Von dem Verhalten ihrer Familie enttäuscht, ging sie nach oben, um ihre Sachen zu packen. Sie und Till würden noch an diesem Abend zurück nach Wentworth Falls fahren.

Lily versprach, sie bald dort zu besuchen. Auch Großmutter kündigte ihren Besuch an, denn das Baby sollte bald geboren werden. Das Kinderzimmer hatte Till inzwischen eingerichtet. Die alte Familienwiege war aus Sydney hergebracht und gründlich gesäubert worden. Hannes hatte sie neu lackiert, und Till hatte Deckchen, Kissen und den Himmel genäht. Das Zimmer war freundlich und hell eingerichtet, die Schubladen der Kommode reichlich mit Windeln, Wollhöschen, Leibchen und Kleidchen gefüllt. Ein mit vielen Kissen gemütlich gepolsterter Schaukelstuhl stand zwischen den Fenstern, dort, wo früher Minas Sekretär gestanden hatte.

Flaschen waren besorgt, Sauger aus Kautschuk angefertigt worden. Das Kind würde verdünnte Kuh- und Ziegenmilch erhalten.

Eine Kuh mit ihrem Kalb stand im Stall, die Ziegen wurden auf der Weide hinter dem Garten gehalten.

Jeden Tag ging Till an das hintere Ende des Grundstücks, wo die ehemalige Köchin Smith so lange wohnen durfte, bis sie das Kind geboren hatte. Till hatte sogar vor, bei der Geburt dabei zu sein.

»Das erlaubt Smith?« Mina sah ihre Tante entsetzt an. »Überhaupt, dass du sie besuchst, ich verstehe es nicht.«

»Nun, sie trägt mein Kind aus. Ich will sehen, ob sie alles hat, ob sie sich vernünftig verhält. Schließlich trage ich auch die Verantwortung, und ich will dem Kind den besten Start ins Leben geben. Nach der Geburt werde ich es sofort mit nach Hause nehmen.«

»Macht es dir nichts aus? Ich meine, sie … schließlich …«, stotterte Mina.

Till kniff die Augen zusammen, dann atmete sie laut aus, lächelte. »Am Anfang schon. Oh ja, ich habe sie gehasst, ich hätte ihr die Augen auskratzen können. Ihren Anblick mit dem gewölbten Bauch konnte ich kaum ertragen. Aber dann, nun, dann wurde mir klar, dass es mein Baby sein wird. Sie ist nur eine Hülle. Das Kind, was sie trägt, wird meines sein. Und somit wurde es leichter für mich.«

»Und für sie? Ist der Gedanke für sie nicht schrecklich, dass sie das Baby, das sie unter dem Herzen trägt, abgeben muss?«

Till zuckte mit den Schultern. »Ich finde es nur gerecht. Sie hat mit meinem Mann Unzucht getrieben und ist schwanger geworden. Sie kann froh sein, dass ich sie nicht in Schimpf und Schande vertrieben habe und sie bis zur Geburt alles hat, was sie braucht. Das Schicksal unverheirateter Mütter ist gewöhnlich ein anderes. Sie geraten in Armut, und die Kinder, wenn sie überhaupt überleben, kommen in eine Mission oder ein Heim. Dieses Kind wird Vater und Mutter haben, es wird behütet aufwachsen können. Dafür wird Smith wohl dankbar sein müssen.«

Zur Unzucht, dachte Mina, gehören immer noch zwei. Doch seit dem großen Streit zu Beginn des Jahres hatte sich Joseph verändert. Er war Till gegenüber freundlicher, hofierte sie fast schon, und manchmal gab er sich sogar unterwürfig. Ob er seinen Fehltritt wohl so sehr bereut?, fragte sich Mina. Vielleicht liebt er Till ja doch sehr und ist froh, dass er sie nicht verliert. Sie würde es Till wünschen. Aber obwohl sie früher nie gut mit der Köchin ausgekommen war, bedauerte sie die arme Frau doch. Es muss, dachte Mina, ganz schrecklich sein, ein Kind unter Schmerzen zu gebären und es dann sofort abgeben zu müssen. Aber vielleicht war sie auch froh darüber.

»Was wird sie danach machen?«, fragte Mina Till. »Wenn das Kind da ist?«

»Joseph hat ihr schon eine Stellung besorgt. Sie wird nächsten Monat anfangen können. In Blackheath.«

»Wird sie ihr Kind sehen dürfen?«

»Bist du des Teufels, Mina?« Till lachte lautlos. »Es wird nicht mehr ihr Kind sein, es ist jetzt schon nicht ihr Kind. Es ist ein großer Fehltritt, den sie begangen hat. Und wir nehmen ihn ihr ab.«

Mina schluckte. Es klang großherzig von ihrer Tante, das war es auch auf die eine Art. Dennoch profitierte vor allem Till davon – sie bekam das Kind, das sie immer haben wollte, und sie behielt ihren Mann.

Erfüllungen

In der folgenden Woche, alle im Haus waren inzwischen nervös und warteten gespannt, wurde es nachts plötzlich unruhig im Flur. Mina wachte auf, sah zum Fenster, aber draußen war es noch dunkel. Sie entzündete die Lampe auf ihrem Nachtisch und schaute auf die Uhr – es war zwei Uhr in der Früh. Im Flur konnte sie unterdrücktes Stimmengemurmel hören, Fußgetrappel. Etwas schien passiert zu sein. Mina stand eilig auf, griff sich ihren Morgenrock und spähte in die Diele.

Till stand vor der Tür ihres Zimmers, flüsterte mit Olga.

»Brennt es?«, fragte Mina verwirrt und rieb sich die Augen.

»Nein«, sagte Till, ihre Stimme klang angespannt. »Das Baby kommt. Ich gehe jetzt rüber.« Sie sah Mina an, schien zu überlegen. »Willst du mitkommen?«

»Ich?«

»Ja, würdest du mitkommen?« Till kaute auf ihrer Lippe. »Du musst nicht, aber …«

Mit einem Mal wurde Mina klar, wie aufgeregt und nervös ihre Tante war. Sie hatte die ganze Zeit nur so getan, als würden alle Bedenken von ihr abprallen. In den nächsten Stunden würde sie vermutlich, wenn alles gutging, Mutter werden. Zwar nicht körperlich, aber dann mit all der Verantwortung, die zu einem Säugling dazugehörte. Sie hatte dieses Kind erst verteufelt und gehasst, es dann in ihr Herz geschlossen und sich darauf gefreut. Aber ein Kinderzimmer einzurichten, Fläschchen bereitzustellen und was sonst noch dazugehörte, war etwas anderes als das, was nun kommen würde. Vielleicht würde Till in ein paar Stunden ein Neugeborenes in dieses Haus tragen.

»Kommst du mit?«, flehte Till nun und griff nach Minas Hand. Tills Finger waren eiskalt, stellte Mina erschrocken fest.

»Ich muss mich noch anziehen.« Sie ging zurück in ihr Zimmer, schlüpfte in ein Kleid und nahm ihr Umschlagtuch. Nachts wurde es empfindlich kühl.

Till war inzwischen nach unten gegangen, Olga rumorte in der Küche, als Mina die Treppe hinunterlief.

»Wir können los«, sagte sie aufgeregt zur Tante. Einerseits wollte sie Till zur Seite stehen, andererseits wusste sie nicht so recht, was sie erwartete. Natürlich hatte sie schon Geburten in der Nachbarschaft mitbekommen, die Schreie der Frauen in den Wehen gehört, die blutigen Laken gesehen und die Aufregung, die immer mit einem solchen Ereignis einherging, gespürt, aber dabei gewesen war sie noch nie. Und sie wusste auch nicht, ob sie das wirklich wollte.

Wieder nahm Till ihre Hand, und gemeinsam gingen sie durch den Garten, dann an den Weiden entlang bis zur hinteren Grenze des Grundstückes. Dort begann der Wald.

Nachtvögel riefen, es raschelte im Gebüsch, und Mina zog die Schultern hoch.

»Die Hebamme ist unterwegs. Wir werden auch den Arzt aus Katoomba rufen, wenn es wirklich so weit ist«, sagte Till. »Oje, jetzt ist es wirklich so weit.« Ihre Stimme klang dünn.

»Hast du Angst?«

Till nickte. »Ich habe und werde kein Kind gebären. Dreimal war ich schwanger, und jedes Mal habe ich das Kind verloren. Dennoch waren die Schmerzen fast unerträglich, immer. Das muss ich nun nicht durchmachen, aber ich muss danach für das Kind da sein. Ich hoffe, ich schaffe es.«

»Du hast dich gut vorbereitet.« Mina dachte an den Stapel von Büchern, der im Wohnzimmer lag. Till hatte alles über Säuglingspflege gelesen, was sie bekommen konnte. Sie hatte mit Arzt und Hebamme gesprochen, hatte alles für die Flaschennahrung bereit. Till wusste mehr über Säuglinge und Kleinkinder als manche Mutter. Auch mit Großmutter hatte sie immer wieder lange gesprochen. Minas Bruder Billy war mit der Flasche aufgezogen worden, da ihre Mutter zwei Tage nach der Geburt verstorben war. Eine Zeitlang hatten sie eine Amme gehabt, aber darauf hoffte Till verzichten zu können. Falls aber das Kind die Flaschennahrung nicht vertrug, hatte Till schon Kontakt zu der Mission in Katoomba aufgenommen. Dort gab es drei Wöchnerinnen, die ihr eventuell zur Seite stehen könnten. Doch es waren Aborigine-Wöchnerinnen, und Mina wusste, dass Joseph die Eingeborenen ablehnte. Er würde es nicht gutheißen, dass eine farbige Frau sein Kind stillte.

Erst einmal aber musste das Kind auf die Welt kommen. Schon von weitem hörten sie die Schreie der Köchin.

»Etwas geht schief«, sagte Till besorgt und beschleunigte ihren Gang.

Sie lief fast zu der kleinen Hütte, in der die Köchin wohnte.

Nur einmal war Mina bisher hier gewesen, damals hatte sie etwas abgegeben, war aber nicht in das Haus gegangen, sondern hatte den Korb nur auf die Veranda gestellt. Nun trat sie mit Till ein. Von der Diele aus ging es links in die Wohnküche. Rechts war das Schlafzimmer, die Tür stand auf. Ein farbiges Mädchen beugte sich über das Bett und wusch Smith das Gesicht ab.

Eine Aborigine, dachte Mina verwirrt. Smith hatte die Ureinwohner immer genauso abgelehnt, wie Joseph es tat.

»Wie geht es ihr, Oola?«, fragte Till und legte ihren Mantel ab.

»Es geht voran, Ma'am. Kommt die Hebamme?«

»Ja, Jirra holt sie gerade. Olga kocht eine stärkende Brühe, sie hat dafür zwei Hühnern den Hals umgedreht. Nun, Ava«, sagte sie und trat zur Bettstatt, »wie geht es denn?«

»Ich will das nicht!«, schrie die Köchin. »Ich will sterben.«

»Aber nicht doch«, versuchte Till sie zu beschwichtigen.

Mina sah sich unsicher um. Was sollte sie tun? Wo sollte sie hin? Sie ging in die Küche, legte ihr Umschlagtuch auf die Bank. Das Feuer musste geschürt, Holz nachgelegt werden. Das konnte sie. Bei

Till, hier oben in Wentworth Falls, erledigten diese Arbeiten Angestellte, aber die Großeltern hatten nie genügend Geld gehabt, um eine Dienerschaft zu beschäftigen. Deshalb wussten alle Kinder und auch die Enkel, wie man gewisse Dinge im Haushalt machte. Das Feuer zu unterhalten gehörte selbstverständlich dazu. Die Petroleumleuchte auf dem Tisch war fast heruntergebrannt, Mina drehte den Docht höher und sah sich dann um.

Die Küche war einfach eingerichtet – allerdings gab es einen gusseisernen Ofen und keine gemauerte Herdstelle. Polierte Kupfertöpfc und Pfannen hingen an einem Gestell über dem Herd. Es gab ein Regal mit Geschirr, einen kleinen Schrank, einen Holztisch und mehrere Stühle. Unter dem Fenster stand ein kleines, gemütliches Sofa. Der Korb mit dem Feuerholz war gefüllt. Es sah keineswegs so ärmlich aus, wie Mina es erwartet hatte. Auf dem Fußboden lagen sogar gewebte Flickenteppiche. Die Küche sieht fast besser aus als die der Großmutter, dachte Mina kurz. Dann aber hörte sie einen weiteren Schrei aus dem Schlafzimmer. Ava Smith schrie auf, hell und gellend, dann wurde der Schrei zu einem Wimmern.

Wasser, dachte Mina, nachdem sie den Herd geschürt hatte, alle setzen immer Wasser bei Geburten auf. Davon werden Unmengen gebraucht, wofür auch immer. Der Kessel, der auf dem Herd stand, war leer. Sie ging in den Hof, das erste Tageslicht zeigte sich schon und tauchte die Umgebung in ein rosiges Licht, das fast wie eine Verheißung wirkte. Wenn die Schreie aus dem Haus nicht gewesen wären, hätte es ein perfekter Tagesanfang sein können. So aber krochen die kalten Finger des Grauens über Minas Rücken. Sie fand den Brunnen im Hof, pumpte Wasser in den Kessel, schleppte ihn zurück in die Küche und stellte ihn auf den Herd. Als sie draußen gewesen war, hatte sie das Scharren von Hühnern und ein zögerndes Krähen eines Hahns gehört. Neben dem Herd stand eine Schale mit Küchenabfällen und Resten von Damper, die bestimmt für das Hühnervolk bestimmt waren. Sie suchte hinter dem Haus nach dem Gehege, ließ die Hühner aus ihrem Haus, streute das Futter aus und sammelte die noch warmen Eier ein. Gackernd machte sich das Federvieh über die Küchenabfälle her.

Mina hob den Kopf, sie konnte das Trappeln von Hufen auf dem trockenen Boden hören. Das musste Jirra mit der Hebamme sein. Auf der Veranda erwartete sie die Ankunft der beiden, denn das Stöhnen, Wimmern und Jammern im Haus nahm zu, und das machte ihr Angst.

»Wie weit ist sie?«, fragte die Hebamme, als der Wagen vor dem Haus hielt.

»Ich weiß es nicht«, antwortete Mina unsicher. »Sie leidet sehr.«

»Das tun sie alle«, sagte die Hebamme und stieg aus dem Wagen aus, nahm ihre Tasche und stapfte an Mina vorbei hinein in das Haus. »Koch Kaffee, den kann ich jetzt brauchen«, rief sie ihr über die Schulter hinweg zu.

Darauf war Mina noch nicht gekommen. Froh, eine Aufgabe zu haben, ging sie zurück in die Küche. Das Wasser im Kessel kochte inzwischen, sie schob es an den Rand des Herdes, schöpfte etwas ab in einen kleineren Topf und füllte Kaffeebohnen in die Mühle, drehte eifrig die Kurbel, schüttete dann das Pulver aus dem Kasten in die Kanne und goss das kochende Wasser auf. Sofort füllte der aromatische Geruch den Raum. Unschlüssig darüber, was sie jetzt tun sollte, verharrte sie in der Küche. Doch die Schreie, das Wimmern und Jammern waren weniger geworden, seit die Hebamme da war. Schließlich goss Mina den Kaffee in zwei der Emailletassen, tat Zucker dazu und trug sie hinüber. An der Tür blieb sie stehen.

Immer noch lag Ava Smith im Bett und stöhnte, aber die Hebamme hatte ihre Hand auf den Bauch der Schwangeren gelegt und sprach beruhigend auf sie ein. »Atmen. Du musst zu meiner Hand hin atmen. Tief und gleichmäßig.«

Ob es der Duft des Kaffees war oder ob Mina ein Geräusch von sich gegeben hatte, wusste sie nicht, jedenfalls drehte sich die Hebamme um und winkte sie herbei.

»Das ist lebensrettend«, sagte sie und schenkte Mina ein Lächeln. Die zweite Tasse nahm Till gern an und nickte Mina zu.

»Ich habe Wasser gekocht«, wisperte Mina.

Die Hebamme sah sie belustigt an. »Wer sind Sie denn?«

»Das ist meine Nichte.« Till war die Nervosität anzuhören.

»Ach, ich verstehe. Wasser kochen ist immer gut. Wenn wir es brauchen, sage ich Bescheid. Wichtiger wären aber saubere, ausgekochte Handtücher und Leinenbinden.«

Till zeigte auf den Korb, den sie mitgebracht hatte. »Ich habe alles vorbereitet, selbst eine abgekochte Schere für die Nabelschnur habe ich dabei.«

»So weit sind wir noch lange nicht.« Die Hebamme trank ihren Kaffee und gab die Tasse dann Mina zurück. »Vor Mittag wird das Kind nicht kommen.«

Ava Smith schrie auf, als hätte ihr jemand ein Messer in den Bauch gerammt, und so schnell es ging, verließ Mina den Raum.

Die nächsten zwei Stunden kochte Mina Wasser, Kaffee und Tee, briet Spiegeleier und schmierte Brote. Olga kam und brachte Hühnersuppe und kalten Braten. Sie trug die Sachen in die Küche und flüchtete sofort wieder.

Die Hebamme kam und nahm sich von den Spiegeleiern und den Broten. Mina traute sich kaum zu fragen, tat es dann aber dennoch.

»Wie sieht es aus?«

Die Hebamme schüttelte den Kopf. »Das Kind muss in der nächsten Stunde kommen, sonst endet es schlecht für alle. Aber die Mutter verkrampft sich immer. Sie will nicht loslassen.«

»Das kann ich verstehen«, sagte Mina leise. »Ich würde es auch nicht können.«

»Wieso?«

Mina seufzte. »Sie weiß, dass sie ihr Kind sofort abgeben muss.«

»Du hast recht, Mädchen.« Die Hebamme dachte nach. »Vielleicht wäre es gut, wenn du deine Tante aus dem Haus bringst.«

»Das will sie nicht. Sie will dabei sein, wenn das Kind geboren wird.«

»Das weiß ich. Aber wenn sie weiterhin da hockt wie der Geier, der auf das Aas wartet, dann wird diese Geburt schrecklich enden. Finde einen Weg, sie aus dem Zimmer zu locken. Irgendwie. Wenn es dann so weit ist, kann sie ja zurückkommen.« Die Hebamme nickte Mina zu und ging wieder ins Schlafzimmer, wo die Gebärende keuchte und stöhnte.

Wie soll ich das machen?, fragte Mina sich. Till will dort bleiben, sie will die Geburt überwachen, sie ist bisher ja nicht einmal auf den Abort gegangen.

Dann fasste sich Mina ein Herz und stand auf, ging in das Schlafzimmer. Sie berührte Till am Arm.

»Komm mit mir, bitte.«

»Jetzt? Auf keinen Fall.« Till war angespannt. »Ich gehe nirgendwohin.«

»Du musst«, sagte Mina so dringlich, wie sie es konnte. »Bitte. Jetzt. Es ist wichtig. Wirklich.«

Murrend folgte ihr die Tante auf die Veranda. »Was kann jetzt so wichtig sein?«

»Die Hebamme hat mit mir gesprochen. Ava verkrampft sich, weil du da bist«, sagte Mina leise.

»Was für ein Blödsinn.«

»Till, bitte denke darüber nach. Sie bekommt das Kind, das sie neun Monate in ihrem Leib getragen hat. Wahrscheinlich liebt sie es. Hast du deine Kinder geliebt? Als du wusstest, dass du empfangen hattest, hast du etwas für die Ungeborenen empfunden?«

Till schnappte nach Luft. »Wie kannst du mich mit ihr vergleichen?«

»Hast du etwas empfunden, Till?«

»Natürlich.«

»Ava weiß, in dem Moment, in dem ihr Kind geboren ist, gehört es dir. Sie will es nicht loslassen, weil sie es sofort dir geben muss. Sie kann es nicht loslassen. Aber dann sterben beide. Solange du im Raum bist, wird sie sich mit aller Macht dagegen wehren, und stirbt sie, dann stirbt auch das Kind, das du dir so sehnlichst wünschst.«

Till sah Mina an. Ihr Gesichtsausdruck war erst wütend und ablehnend, aber dann schien sie zu begreifen.

»Schau, Till«, fuhr Mina leise fort, »Gott verwehrt dir eigene Kinder, warum auch immer. Aber Gott gibt dir auch die Möglichkeit, eine Mutter für dieses Kind zu sein. Für dieses uneheliche, ungewollte Kind. Du kannst seine Mutter sein. Aber lass der leiblichen Mutter diesen Augenblick, diesen Moment, um es zu gebären, es loszulassen, um es dann in deine Hände zu geben.«

Till schaute in die Ferne, in den blaugrauen Wald der Eukalyptusbäume. Sie schaute nur und rührte sich nicht. Dann endlich drehte sie sich zu Mina um, umarmte ihre Nichte.

»Ich weiß nicht, woher du diese weisen Worte, diese Erkenntnisse hast, aber vermutlich hast du recht. Ich gehe nach Hause, schaue nach dem Frühstück und komme dann zurück. Aber du, du bleibst hier und passt auf, ja?«

»Worauf soll ich aufpassen?«, fragte Mina verblüfft.

»Darauf, ob dieses Kind lebend geboren wird. Und darauf, dass es nur dieses eine Kind in diesem Haus gibt und kein anderes von außen gebracht wird. Ich will dieses eine, dieses Kind, das mein Mann gezeugt hat, und keinen anderen Bastard. Verstehst du das?«

Mina nickte, fühlte jedoch, wie sich ihr der Hals zuschnürte.

»Gut, dann gehe ich jetzt. Du kannst das der Hebamme sagen. Ich gehe zum Haupthaus, aber in zwei Stunden spätestens bin ich wieder da und hole mein Kind.« Till streckte das Kinn vor und stapfte los.

Sie hat Angst, wurde Mina klar. Sie vergeht fast vor Angst, dass sich ihr Traum nicht erfüllt, ihr alles kurz vor dem Ziel wieder genommen wird. Langsam ging sie zurück ins Haus.

»Meine Tante ist gegangen«, sagte sie leise. »Für ein paar Stunden. Später wird sie wiederkommen, aber jetzt ist sie erst einmal weg.«

Ava sah sie an, ihr Gesicht war verquollen und schweißbedeckt. »Sie ist weg?«

Mina nickte. Ava schloss die Augen, legte die Hände auf ihren riesigen Bauch. Sie murmelte etwas, aber Mina war klar, dass Ava nicht mit ihr, sondern mit dem Kind sprach. Vielleicht nahm sie Abschied von dem kleinen Wesen, das sie neun Monate in sich getragen hatte.

»Gut gemacht«, sagte die Hebamme leise zu Mina.

Die nächste Stunde verbrachte Mina nervös in der Küche. Sie hörte das Schreien der Gebärenden, die ruhige, aber bestimmende Stimme der Hebamme. Und dann veränderte sich etwas in der Stimmung. Die Anspannung schien zuzunehmen, das Stöhnen klang anders als zuvor, und auch die Schreie waren nicht mehr so spitz und schrill, eher ein sehr lautes Seufzen.

»Pressen, du musst pressen. Press!«, sagte die Hebamme eindringlich. »Einatmen, den Kopf auf die Brust und alle Luft nach unten pressen.«

»Ich kann nicht«, keuchte Ava.

»Mädchen«, rief die Hebamme. »Mädchen in der Küche, komm her. Wir brauchen dich.«

Erst wollte Mina so tun, als hätte sie nichts gehört, aber dann ging sie doch in das Schlafzimmer. Ein süßlicher Duft lag in der Luft, vermischt mit dem Schweiß der Anstrengung. Oola stand auf der einen Seite des Bettes, die Hebamme am Fußende.

»Stell dich ans Kopfende«, befahl die Hebamme Mina. »Leg eine Hand in ihren Nacken, und wenn ich es sage, drückst du ihren Kopf auf die Brust.«

Mina tat, wie ihr gesagt wurde. Ava sah sie mit großen Augen an, Angst stand in dem Blick. Die Äderchen in den Augen und in den Wangen waren geplatzt und ließen die junge Frau merkwürdig und wie im Fieberwahn erscheinen. Sie keuchte hektisch und flach.

»Die nächste Wehe kommt«, sagte die Hebamme. »Hol tief Luft, Ava, so tief du kannst. Oola, fass ihr Bein in der Kniekehle und drück es zum Bauch, ich werde das andere Bein nehmen.«

Oola packte beherzt zu. Mina schob ihre Hand in den schweißnassen Nacken der Frau, schaute zur Hebamme. Diese nickte ihr zu. Nun drückte Mina Avas Kopf nach vorn, gegen ihren Widerstand. Ava wollte den Kopf nach hinten werfen, schrie auf, keuchte.

»Luft holen, Luft anhalten, Kopf nach vorn, pressen«, befahl die Hebamme erneut.

Und diesmal klappte es. »Pressen!«, rief sie. »Feste, feste, feste!«

Mina drückte Avas Kopf nach vorn, wusste nicht, wohin sie schauen sollte, und kniff deshalb die Augen zusammen. Plötzlich roch es nach Rost und irgendwie salzig. Mina schaute zu Ava, doch die keuchte nur.

»Es kommt«, sagte die Hebamme. »Noch einmal. Los.«

Es war der Geruch von Blut, der plötzlich das Zimmer füllte. Erschrocken schaute Mina zwischen die weit geöffneten Beine der Gebärenden, Blut lief auf die Tücher, die die Hebamme dort ausgebreitet hatte. Der saure Geschmack ihres Magens stieg Mina in den Mund, und sie schluckte heftig, um nicht zu würgen. Und dann sah sie plötzlich den Kopf, runzelig, von Blut und Schleim bedeckt, mit wenigen langen, dunklen Haaren.

Wieder gab die Hebamme das Kommando, wieder atmete Ava tief ein, drückte Mina ihr den Kopf nach vorn, und dann glitt das Neugeborene heraus und in die Hände der Hebamme. Schnell wischte diese mit einem sauberen, feuchten Tuch über das Gesicht des Kindes, pustete es vorsichtig an, und dann quäkte es leise, fast wie eine Katze.

»Es ist ein Mädchen«, sagte die Hebamme, schaute sich den Mund, die Hände und Füße des Neugeborenen an, strich über den Rücken und über den Kopf des Kindes. »Alles dran.« Sie nahm Bindfaden, band die Nabelschnur ab und schnitt sie durch, dann wickelte sie das quäkende Mädchen in ein Tuch, nickte Mina zu. »Bring es in die Küche.«

»Mein Kind. Meine Tochter«, weinte Ava und streckte die Hände aus. »Gib mir meine Tochter.«

»Es ist besser, wenn du sie weder siehst noch in den Arm nimmst. Glaub mir«, sagte die Hebamme und seufzte.

»Ich will meine Tochter«, weinte Ava lauter. »Gib sie mir. Bitte, gib sie mir.«

Die Hebamme drückte der überraschten Mina das Kind in die Arme, schob sie in den Flur und schloss die Tür hinter ihr.

»Mein Baby. Ich will mein Baby«, schrie Ava.

Schnell ging Mina in die Küche, wiegte das winzige, zerknautschte Wesen in ihren Armen. Mit der Schulter drückte sie die Tür zu, dennoch waren das Weinen und Schreien der Mutter zu hören.

Was mache ich jetzt?, fragte sich Mina. Was mache ich mit dem Baby? Vorsichtig strich sie der Kleinen über das Gesicht. Die Lippen des Babys öffneten sich, suchend schoben sie sich zu Minas Fingern, saugten daran.

Sie hat Hunger, stellte Mina fest. Aber hier gab es keine frische Milch. Suchend schaute sich Mina um, sah die Kissen auf der Küchenbank. Dort legte sie das Kind ab. Dann füllte sie Wasser aus dem Kessel in eine Schüssel, nahm saubere Tücher aus dem Korb, den Olga gebracht hatte, breitete eines davon auf dem Tisch aus, legte ein anderes daneben. Dann holte sie das Baby. Sanft legte sie es auf das ausgebreitete Tuch, tauchte den Lappen in das warme Wasser und wusch das kleine Mädchen sorgfältig, wickelte es danach in das saubere Tuch und nahm es wieder auf den Arm. Der Säugling schmatzte ein paarmal leise, gähnte dann und schlief erschöpft ein.

Mina drückte ihn an sich, roch schnuppernd an dem weichen Kopf, der sich an ihre Halsbeuge kuschelte. So etwas Süßes hatte sie noch nie gerochen, es war ein ganz eigener Geruch.

Oola kam aus dem Schlafzimmer, sie trug einen Blecheimer. »Das ist die Nachgeburt«, sagte sie. »Wir nehmen einen Teil und kochen ihn, um der Mutter die Kraft zurückzugeben. Den vergraben wir.«

»Kochen?«, fragte Mina entsetzt.

»Keine Sorge, ich werde alles vergraben.« Oola grinste.

Bald kam die Hebamme in die Küche und warf die dreckigen und blutigen Laken in die Ecke. »Wo ist die Schwarze?«

»Im Garten und vergräbt dort die Nachgeburt«, antwortete Mina. Zumindest hoffe ich das, dachte sie mit einem leichten Schaudern.

Mina lauschte, aus dem Schlafzimmer kam nur noch ein leises Jammern und Weinen. Ava tat ihr so leid. Doch die Hebamme, die offenbar Minas Gedanken erraten hatte, schüttelte nur den Kopf.

»Sie kommt darüber hinweg, glaub mir. Nach ein paar Tagen wird sie froh sein, dass das Kind nicht mehr da ist. Ich kenne diese Frauen. Sie sind hart im Nehmen und realistisch. Sie weiß, mit Kind hätte sie keine Chance mehr.« Sie trat zu Mina. »Du hast es schon gewaschen?«

Mina biss sich auf die Lippe. »Ja. Tut mir leid.«

»Ich bin froh, wenn man mir meine Arbeit abnimmt. Ich weiß, deine Tante hat Windeln und ein Leibchen mitgebracht. Willst du die Kleine anziehen?«

»Ich weiß nicht …«, sagte Mina unsicher. Natürlich hatte sie schon Kinder gewickelt, die ihrer Tanten und auch Nachbarskinder. Aber noch nie hatte sie ein Neugeborenes im Arm gehalten.

»Nun gut. Ich werde ihr die Nabelbinde anlegen und sie wickeln. Hoffentlich kommt deine Tante bald und nimmt sie mit. Je schneller sie weg ist, umso besser. Wenn sie aufwacht und weint, wird die Milch bei Ava einschießen, obwohl ich ihre Brüste schon abgebunden habe. Das wollen wir ihr ersparen.«

Vorsichtig nahm sie Mina das Baby ab, legte es auf das Tuch auf dem Küchentisch. Langsam wickelte sie es aus der Decke, schaute es noch mal sorgfältig an. Dann nahm sie die Nabelbinde, band sie um den Bauch, legte zwei Stoffwindeln zu einem Dreieck und windelte das Baby, zog ihm schließlich ein Leibchen an und schlang die Decke wieder um das Kind, stopfte die Ecken fest, so dass es wie in einem Kokon war. »Jetzt kannst du es wieder nehmen«, sagte sie zu Mina.

In diesem Moment sahen sie Till, die sich dem Haus näherte.

»Geh«, wisperte die Hebamme. »Nimm das Kind und geh. Ava muss das nicht mitbekommen. Mach schnell, Mädchen, beeil dich.«

Mina nahm die Kleine, drückte sie an sich, verließ dann die Küche. Sie drehte sich noch einmal um. »Dort ist kräftige Hühnerbrühe für Ava. Ich werde auch dafür sorgen, dass sie in den nächsten Tagen etwas zu essen hat.«

»Du bist ein gutes Mädchen.«

Till war stehen geblieben, als sie Mina mit dem Bündel aus dem Haus treten sah. Ihr Gesicht war plötzlich weiß wie ein Laken.

»Und?«, flüsterte sie. »Und?«

»Es ist ein Mädchen.« Mina reichte ihr vorsichtig das Baby. »Sie ist gesund.«

»Oh.« Till nahm den Säugling, schaute ihn an, drückte ihn an sich. »Mein Baby. Ein Mädchen? Wirklich? Ich habe mir so sehr ein Mädchen gewünscht.« Ihre Stimme war kaum zu verstehen. Sie drehte sich um und ging langsam zurück.

Mina folgte ihr. Doch dann blieb Till stehen, sah Mina an. »Und Ava?«, fragte sie leise.

»Ava lebt auch. Sie hat es gut überstanden.«

Till seufzte auf. »Gott sei Dank. Ich werde dafür sorgen, dass es ihr an nichts mangelt. Dies ist ein wunderbarer Augenblick für mich, aber entsetzlich für sie. Und sie tut mir so leid.«

Mina ging das Herz auf, endlich zeigte Till, dass sie doch nicht so gefühllos war, wie sie in den letzten Wochen gewirkt hatte.

Carola

1909

Die Botin

»Liebe Mina,

anbei wieder ein Brief Deines Willie. Seit nunmehr drei Jahren schickt er mir seine Briefe an Dich, und ich schicke sie weiter zu Dir nach Australien. Eine absurde Situation. Zumal mir Onkel Robert Lessing erzählt hat, dass Großmutter und Großvater sich auch heimlich geschrieben haben, gegen den Willen von Großmutters Familie. Ich verstehe nicht, warum sie Dir etwas aufzwingen, was sie selbst ertragen mussten.

Ich hatte gedacht, dass sie im Laufe der Zeit doch milder und gnädiger gestimmt sein würden. Aber offensichtlich habe ich mich da sehr getäuscht.

Onkel Robert habe ich Anfang des Jahres in Berlin besucht. Dort ist er inzwischen jedoch nur noch selten. Mit seinen zweiundachtzig Jahren behagt ihm das ruhigere Leben auf Schloss Meseberg mehr als die Hektik und Unruhe in Berlin. Dennoch hat er es sich nicht nehmen lassen und ein Automobil gekauft. Er selbst kann es natürlich nicht fahren, aber dafür hat er einen Chauffeur eingestellt. Immer mehr von diesen knatternden und stinkenden Fahrzeugen verstopfen die Straßen. Es ist eine Plage – die Pferde scheuen, und die Straßenbahnen müssen warten, weil so ein Automobil stehen geblieben ist und nicht wieder anspringt. Doch ich fürchte, dies gehört zu dem Fortschritt, der uns mehr und mehr überrollt.

Tante Thilde und ich wohnen immer noch am Besenbinderhof in Hamburg, aber schon lange überlegen wir, wegzuziehen. Früher war dies eine nette Gegend, mit Alleen und den Kanälen. Doch nun wird hier gebaut und gebaut und gebaut. Ihr könnt Euch das nicht vorstel-

len. Es lärmt und staubt. Die Lastkutschen fahren Erde ab und bringen Sand und Steine. Die Arbeiter fluchen, grölen und singen von morgens bis abends. Es ist wirklich schier unerträglich. Wir suchen nach einer neuen Bleibe, sind aber noch nicht fündig geworden.

Tantchen wird die nächsten Monate in Krefeld bei der Verwandtschaft verbringen. Ich werde mich vorerst noch um die Angelegenheiten des Spitals kümmern, dann aber Ostern zusammen mit ihr an die Ostsee fahren. Die frische Luft wird uns beiden guttun. Die Sommerfrische werde ich wahrscheinlich in Schloss Meseberg verbringen dürfen, das wäre wunderbar.

Es ist immer seltsam, Euch darüber zu schreiben, denn wir haben nun Winter mit Frost und Schnee, während bei Euch Hochsommer ist. Und wenn wir in die Sommerfrische fahren, ist bei Euch Winter. Manchmal glaube ich, mich an den Duft der Eukalyptusbäume in den Blue Mountains erinnern zu können, aber wahrscheinlich bilde ich mir das nur ein.

Ich schließe nun diesen Brief, damit er schnell in die Post kommt und Du, liebste Mina, die Zeilen Deines lieben Willie lesen kannst. Werner holt mich gleich ab, um mit mir ins Theater zu gehen, da kann ich die Briefe mitnehmen und aufgeben.

Bitte, liebste Mina, grüß mir die Großeltern, Tanten und Brüder, und küss die süße, kleine Elsa von mir.

Eure euch liebende

Tutt«

Schnell schloss sie den Brief, legte ihn zu zwei weiteren, die sie am Nachmittag geschrieben hatte. Dann stand sie auf und ging zu ihrem Kleiderschrank. Sie würde eine Oper hören, aber sie hatte vergessen, welche. Seitdem Werner und Susanne sie in Krefeld besucht hatten, war sie mit beiden in Kontakt geblieben. Susanne hatte sie zu literarischen Zirkeln, Lesungen und anderen kulturellen Veranstaltungen mitgenommen. Hin und wieder traf Carola auch Werner. Seit zwei Jahren lud er sie regelmäßig zum Essen oder in die Oper ein. Zuerst etwa zweimal im Monat, doch dann immer öfter. Ihre

Beziehung wurde herzlicher und inniger, allerdings war sich Carola nicht sicher, was seine wirklichen Intentionen waren. Silvester hatte er sie um Mitternacht geküsst und den Kaiserwalzer mit ihr getanzt, aber Silvester küsste jeder jede. Carola war unsicher, sie hatte sich in Werner verliebt, doch er blieb mit seiner jovialen Art unverbindlich, wenn auch herzlich. Sah er nur die arme, angeheiratete Verwandte, mit der er zwar angeregte Gespräche führen, das gesellschaftliche Leben teilen konnte, aber die er nicht für eine dauerhafte Beziehung in Betracht zog? Manchmal erschien es ihr so. Auf Gesellschaften hatte er sie gern an seiner Seite, vielleicht auch, weil er sich sicher sein konnte, dass sie sich benahm. Eventuell auch nur deshalb. So manches Mal hatte er sich über Freunde von ihm lustig gemacht, deren Begleitung etwas zu sehr dem Champagner zugesprochen hatte. Peinliches Benehmen war ihm ein Gräuel, wobei er selbst gern mal über die Stränge schlug und sich dandyhaft gab.

Er hatte einige Zeit in London verbracht, und manchmal schockierte er Carola mit seinen zum Teil blasierten Ansichten. Dabei war sie sich aber nicht sicher, wie viel davon geschauspielert und was echt war.

Mit Tante Thilde konnte sie nicht über Herzensdinge reden. Die Tante trauerte auf eine stille Art immer noch um ihren verstorbenen Mann und lehnte es weitestgehend ab, am gesellschaftlichen Leben teilzunehmen. Nur das Spital für die Armen, das ihr Mann gegründet hatte, lag ihr am Herzen. Hin und wieder ließ sie sich dazu herab, Wohltätigkeitsveranstaltungen zu besuchen oder gar selbst auszurichten, doch auch das immer seltener. Über das Spital, über die Armen und Kranken und Bedürftigen, redete sie gern. Auch legte sie viel Wert auf ordentliche Kleidung und dekorierte mit großer Freude das Haus mit frischen Blumen und Pflanzen.

Doch über Männer oder gar Liebe konnte Carola nicht mit ihr sprechen.

Oft lag Carola nachts wach in ihrem Bett und starrte aus dem Fenster. Mina und Elsa hatten sich gegenseitig in Australien, sie konnten miteinander reden. Auch gab es da die Tanten und Großmutter. Wobei sich Carola nicht sicher war, ob ihre Schwestern wirklich mit Großmutter über diese Dinge reden konnten. Dass Rudolph, ihr Vater, Mina verboten hatte, mit Willie zu schreiben, hatte Carola nicht überrascht. In Rudolphs Augen war Willie ein armer Schlucker und würde es immer bleiben. Einen Mann der Kirche, noch dazu einer Täufergemeinschaft, wie es die Baptisten waren, nahm er nicht ernst. Und als Schwiegersohn würde er ihn erst recht nicht akzeptieren. Seit einigen Jahren schrieb Rudolph ihr immer wieder Briefe, in denen er sie darum bat, Tante Thilde dazu zu bringen, sein Erbe vorzeitig auszuzahlen. Geld, Geld und immer wieder Geld, darum ging es ihm. Persönliche Worte hatte sie kaum von ihm gelesen, nach ihrem Befinden erkundigte er sich nur floskelhaft.

Lange hatte Carola gehofft, dass er sie wieder zurückholen werde, zurück zur Familie, zu ihren Schwestern und Brüdern, zu den Tanten und den Großeltern. Doch er hatte es wohl nie in Betracht gezogen. Auch von ihr erwartete Rudolph, dass sie in eine reiche Familie einheiratete. Werner würde ihm als Schwiegersohn sicherlich gut gefallen, schließlich war er ein waschechter Ansing und kam aus einer der Pfeffersäcke-Familien.

Aber auch die Großeltern hatten Mina den Kontakt zu Willie untersagt, die Tanten gegen ihn gewettert. Voller Bestürzung hatte Carola die Briefe ihrer Schwester gelesen, in denen sie ihr Leid klagte und bei denen ihre Tränen die Tinte hatten verlaufen lassen. Entsetzt war sie gewesen über die Härte der Familie. Was konnte es schaden, wenn die beiden sich schrieben? Wenn Willie in der Zeit in England für andere Frauen Interesse entwickelte, würde er sicher den Kontakt zu Mina abbrechen. Und auch Mina, die ja nun keineswegs an Willie versprochen und gebunden war, könnte sich immer noch umorientieren, falls jemand auftauchte, der ihr Herz eroberte.

Dennoch war die gesamte Familie von vornherein gegen die Freundschaft der beiden gewesen.

Elsa war es, die die geniale Idee hatte, dass Willie seine Briefe an Carola schicken, sie diese, zusammen mit einem eigenen Brief, an Mina oder Elsa schicken könne. Dadurch hatten die Schwestern in den letzten Jahren viel öfter und regelmäßiger miteinander kommuniziert, als in den Jahren zuvor. Ein- bis zweimal pro Woche schickte Willie zuverlässig und mit fast schon peinlicher Genauigkeit einen Brief an Mina. Immer legte er ein paar herzliche Zeilen an Carola bei. Sie hatten sich noch nie getroffen, noch nie miteinander gesprochen, aber inzwischen schätzte Carola den höflichen jungen Mann, der seiner Bestimmung voller Zuversicht nachging und zudem ihre Schwester innig zu lieben schien. Manchmal schrieb sie ihm zurück, einfach weil sie dadurch das Gefühl hatte, doch noch Teil ihrer australischen Familie zu sein.

Elsa und Mina schrieben Carola nun auch öfter, wenn auch nicht mehrfach pro Woche. Nicht immer verstand Carola die Andeutungen, die sie machten. Einiges in der Familie schien im Argen zu liegen. Tante Hannah ging es nicht gut, sie war oft krank. Tante May war oft in Geelong bei Hannah und Harry, aber das stieß aus irgendwelchen Gründen, die Carola nicht verstand, auf die Ablehnung der Familie. Großvater war alt und kränklich geworden, die Familie sorgte sich sehr um ihn.

Tante Till zog ihre Tochter Joan mit Hingabe und viel Liebe groß, aber irgendein Geheimnis umgab das Kind. Lily lebte nun in Wentworth Falls und arbeitete dort im Spital.

Molly unterrichtete immer noch in Hunters Hill und schien sich mit ihrem Leben als Spinster abgefunden zu haben. Aber ein Geheimnis umgab auch sie.

Andeutungen, es waren immer nur Andeutungen, die Carola nicht verstehen konnte. Sie alle waren älter geworden, ihre Geschwister, die Tanten und auch sie, Carola, selbst. Sie hatten unterschiedliche Erfahrungen gemacht, Lebenswege beschritten. Aber manchmal erschien Carola das Leben ihrer Familie in Australien so weit weg zu sein wie der Mond. Die Jahreszeiten liefen gegensätzlich, ihre

Leben und Lebensweisen waren nicht nur durch Meere, sondern auch durch andere Dinge getrennt.

Großmutter hatte nie eine Mamsell gehabt, und auch keine der Tanten hatte Personal, so wie sie es in Hamburg gewohnt waren. Aber ein Leben ohne Mamsell und Dienstmägde konnte sich Carola nicht vorstellen. Wie sollte das gehen? Ja, ihre Familie in Australien hatte immer wieder Hilfe, Mädchen oder junge Männer, oft Aborigines oder Mulatten. Aber diese hatten nicht die Funktion einer Mamsell, die quasi den Haushalt führte und die Dienerschaft anleitete. Es waren wirklich nur Hilfskräfte.

Tante Thilde konnte, im Gegensatz zu Großmutter, kein Menü kochen. Und auch Carola brachte gerade einmal Spiegeleier zustande. Elsa und Mina konnten Brot backen, Fleisch schmoren und braten, Soßen zaubern und vieles andere mehr. Sie konnten ganze Mahlzeiten zubereiten und fanden das noch nicht einmal seltsam. Es gehörte zu ihrem Alltag dazu.

Carola schob die Kleider in ihrem Schrank von der einen Seite zur anderen. Sie hatte klassisch geschnittene Abendkleider, die prachtvoll waren. Zu prachtvoll für diese Saison. Man setzte plötzlich in Hamburg auf die französische Schlichtheit. Sie hatte leichte Kleider der neuesten Mode mit hoch angesetzter Taille und einer Schleppe, die allerdings bei dem Schmuddelwetter Anfang März schnell dreckig werden würde. Glockenförmige Röcke mit breiten Trägern und einer Bluse trug man nachmittags, aber nicht abends.

Carola seufzte auf. Ihr Kleiderschrank war voll, aber sie hatte nichts anzuziehen. Eigentlich hatte sie auch gar keine Lust auf die Oper, sie wollte entweder allein nachdenken oder reden. Aber das war mit Werner tatsächlich meist kein Problem. Sie konnte ihm das sagen, und fast immer würde er ihren Vorschlägen folgen, egal, was die Theaterkarten gekostet haben mochten.

Ihr Großcousin Gotthold, der Sohn ihres Großonkels Robert Lessing, hatte ihr aus Paris zu Weihnachten ein fast schon skandalöses Abendkleid mitgebracht. Tante Thilde hatte entsetzt gekeucht, als

Carola es aus dem Seidenpapier auspackte. Es war zitronengelb, im Empirestil gehalten mit einem sehr tiefen Ausschnitt, der das Unterkleid darunter zeigte. Aber auch das Unterkleid aus hochwertiger Spitze war wunderschön. Zarter Tüll über Seide … Carola hatte das Kleid bisher nie getragen, denn es würde ganz sicher Ohnmachtsanfälle ihrer Tante nach sich ziehen. Doch heute war der Abend gekommen, beschloss sie tapfer. Darüber würde sie die wunderbare Tunika tragen, die ihr Werners Mutter geschenkt hatte. Geschenkt – nun ja, sie hatte sie quasi abgelegt, würde sie nach einer Saison nicht mehr tragen.

Nur gut für mich, dachte Carola entschieden.

Nele, das Dienstmädchen, das sie aus Krefeld bis nach Hamburg begleitet hatte und immer noch zum Hausstand gehörte, kam, um ihr beim Ankleiden zu helfen und das Mieder zu schnüren. Obwohl das Kleid keine enge Taille hatte, sondern in weichen Falten unterhalb der Brust bis auf den Boden fiel, war es doch unerlässlich, ein Mieder zu tragen.

»Sie sehen wunderschön aus«, sagte Nele und steckte ihr die Haare im Nacken zusammen. »Welchen Hut nehmen Sie?«

Unschlüssig sah sich Carola um. »Einen der kleinen aus Samt. Den da vorn, er passt von der Farbe her wunderbar zu der Tunika.« Sie seufzte. »Es ist kalt. Ich werde noch einen Mantel anziehen müssen. Das verdirbt alles.«

Nele zog die Stirn kraus, dann erhellte sich ihr Gesicht. »Nehmen Sie doch den Pelzumhang und den Muff der Tante. Den aus Silberfuchs. Das wäre farblich passend. Und auch sonst wird es Ihr Aussehen unterstreichen.«

»Dann muss ich Tantchen fragen.« Carola war unschlüssig. Eigentlich wollte sie sich nicht mehr der Tante präsentieren, denn diese würde sie so ganz sicher nicht gehen lassen. Zumindest nicht ohne Diskussion.

Nele lachte leise. »Der Umhang und der Muff hängen im Schrank in der Diele. Ihre Tante hat beides mindestens zwei Jahre nicht mehr getragen. Heute Abend kommen zwei Damen der Wohlfahrt und wollen mit Eurer Tante reden. Sie hat bei der Mamsell ein leichtes Abendessen mit Nachtisch, Obst und noch Keksen zum anschließenden Kaffee bestellt. Heute Abend wird sie ganz sicher nicht mehr ausgehen.« Nele zwinkerte ihr zu.

Carola lachte leise auf. »Das heißt, sie wird weder merken, dass ich ihren Pelzumhang genommen habe, noch Zeit haben, sich über meine Garderobe zu beschweren.«

»So ist es, Gnädigste.« Nele grinste.

»Dann versuch ich es. Los, Nele!« Sie gab dem Mädchen einen Stups in die Seite. Nele huschte in den Flur und kam bald darauf mit dem warmen Pelzumhang zurück.

»Das ist phänomenal«, sagte sie. »Passt wie angegossen zu dem Kleid und der Tunika. Gnädiges Fräulein, wenn ich das so sagen darf, Sie sind eine Wucht.«

Carola lachte. »Ich hoffe, Werner sieht das ähnlich.«

Sie hatte sich gerade die Lippen nachgezogen und die Tunika übergestreift, als es auch schon schellte. Werner.

»Mein lieber Schwan«, sagte er anerkennend. »Wir wollen aber nur in die Oper, oder hast du vor, jemanden aus dem Kaiserhaus zu treffen?«

Carola kicherte. »Nein. Lass uns gehen.« Sie nahm die Briefe von ihrem Sekretär. »Die muss ich noch schnell zur Post bringen.«

»Schon wieder? Mir kommt es bald so vor, als hättest du eine heimliche Liebschaft. Lass mal sehen.« Er nahm ihr die Briefe aus der Hand. »An deine Schwester Mina«, er wog den Brief in der Hand. »Gewichtig. Schreibst du ihr einen Roman? Die Briefe an sie sind immer so schwer.«

Carola wurde rot. »Ich erkläre es dir. Gleich. Komm, lass uns gehen.«

Werner zog die Augenbrauen hoch. »Ein Geheimnis? Ich bin ganz Ohr. Sag, was ist es?«

»Gleich, gleich.« Carola drängte ihn in den Flur.

Werner lachte. »Ich muss wenigstens dem Tantchen die Hand reichen, ihr einen guten Abend wünschen und ihr versichern, dass ich dich heil nach Hause bringe.«

»Dann mach das«, seufzte Carola auf.

Werner gab ihr einen leichten Stoß. »Hey, du wirst doch nicht vor deiner Tante kneifen?«

»Sie mag das Kleid nicht.« Carola drehte sich im Kreis vor ihm, so dass der Rock schwang.

»Dabei siehst du zauberhaft aus«, sagte er, und seine Stimme klang plötzlich rau. Er packte sie am Arm und zog sie in die Diele. »Komm, wir machen einen schnellen Abgang.« Er klopfte an der Tür der guten Stube, wo Tante Thilde am Kamin saß und die Berichte der Stiftung studierte.

»Guten Abend, liebe Tante Mathilde«, sagte Werner mit butterweicher Stimme. Carola drängte er hinter sich zurück in den Flur, ließ sie nicht neben sich treten. »Ich entführ dir jetzt Carola ins Theater, was du sicher wusstest. Ich wollte nur kurz nach dir sehen. Geht es dir gut?«

»Wie bitte?«, fragte Mathilde irritiert. »Ach ja, ja. Ihr geht in die Oper, das hatte Carola mir gesagt.«

»Geht es dir gut, Tantchen?«, fragte Werner noch mal. Eigentlich hasste Tante Mathilde es, von jemand anderem als Carola Tantchen genannt zu werden, aber von Werner ließ sie es sich nun gefallen.

»Ich prüfe gerade die Bücher der Stiftung und treffe mich gleich mit zwei Damen von der Wohlfahrt. Wir müssen unbedingt …«

»Lauter wichtige Themen«, unterbrach sie Werner und schüttelte den Kopf. »Dass du dich aber auch damit immer beschäftigen musst. Eine Schande. Zu gern würden wir dich mitnehmen …«

Carola stampfte empört mit dem Fuß auf. Was, wenn die Tante wirklich mitkommen wollte? Zum Glück hörte Mathilde sie nicht.

»Ich und Theater? Nein. Dieser Art der Vergnügungen entsage ich. Ich entsage ihnen gern, denn meine Aufgabe ist es, für die Bedürftigen da zu sein. Carola wird meinen Weg gehen, das weiß ich.

Aber noch kann, darf und soll sie sich dieser Art Vergnügungen hingeben.« Mathilde klang pathetisch. Dann nahm sie das Sherryglas, das auf dem Beistelltisch stand, und nippte daran. »Ich wünsche euch einen schönen Abend, Kinder.«

»Danke, Tantchen«, sagte Werner und zog die Tür wieder zu.

»Danke, Tante Thilde«, rief Carola über seine Schulter hinweg.

»Wie war ich?«, fragte Werner und grinste Carola an. »Sollen wir jetzt in die Oper gehen? Aber dafür ist es noch zu früh. Hast du Hunger? Ich habe einen Bärenhunger.«

»Ich muss die Briefe noch aufgeben.«

»Natürlich. Und mir eine Erklärung abliefern.« Er zog die Stirn in Falten. »Gut, ich weiß ein nettes Lokal an der Alster, wohin wir gehen können.« Er lachte wieder auf. »Dabei müssen wir gar nicht gehen. Schau.« Er öffnete die Haustür und zeigt auf ein Automobil. »Das ist meines. Seit letzter Woche.«

»Wann hast du fahren gelernt?«, fragte Carola erstaunt und stieg in den Wagen, nachdem er ihr die Tür geöffnet hatte.

»Nun, letzte Woche, nachdem ich den Wagen bekommen hatte. Es ist ganz einfach, eigentlich«, sagte Werner lachend.

Nachdem sie die Briefe zur Post gebracht hatte, fuhr sie Werner zu einem kleinen Lokal.

»Eine Kleinigkeit können wir essen, etwas trinken, dann müssen wir wieder los, zum Theater«, sagte er und half Carola aus dem Pelzumhang.

»Mir … ist gar nicht nach Theater oder Oper«, sagte Carola leise. »Können wir nicht einfach reden?«

Werner fing ihren Blick auf, nickte verstehend. »Entweder bedrückt dich etwas«, sagte er und verzog das Gesicht, »oder du musst mir etwas gestehen, was ich vermutlich nicht wirklich hören will.« Er holte tief Luft, während ihn Carola verwirrt ansah. »Also spuck es aus, Mädchen.«

»Ausspucken? Was meinst du?« Carola schüttelte den Kopf. Sie hatten einander gegenüber an einem Tisch in einer Nische Platz genommen. Werner knetete nervös seine Hände auf dem Tisch, wich ihrem Blick aus.

»Ich weiß gar nicht, ob ich dieses Gespräch mit dir führen möchte«, ächzte er.

»Und ich weiß gar nicht, was du meinst, Werner.« Carola fasste verblüfft nach seinen kalten Händen, nahm sie in ihre. »Du hast Angst? Wovor?«

Werner lachte rau auf. »Das weißt du nicht? Was ist mit diesen Briefen, die du immerzu schreibst. Es werden mehr und mehr. Glaubst du, ich hätte das nicht bemerkt?«

»Ich schreibe meinen Schwestern.« Carola senkte den Kopf.

»Nein, nein«, sagte Werner, »das ist nicht alles, Ich weiß es, da steckt ein Mann dahinter. Sei aufrichtig zu mir, das bist du mir schuldig.«

Bisher hatte Carola ihm wenig über ihre Familie erzählt. Er hatte auch kaum nachgefragt. Werner wusste, dass sie zwei Schwestern in Australien hatte und zwei Brüder. Dass sie zu ihnen und den Tanten und Großeltern per Brief Kontakt hielt, aber die Welt dort, ihr Leben und alles, was dazugehörte, erschien Carola immer so fremd, dass sie es nicht erklären konnte. Und er hatte ja auch nie nachgefragt.

»Ja«, sagte sie nun, »da steckt ein Mann dahinter. Er heißt William Cleugh Black.«

Werner lehnte sich zurück, wollte auch seine Hände aus ihren ziehen, doch Carola ließ das nicht zu. Sie umklammerte seine Hände, bog sie auseinander, verschränkte ihre Finger in seine.

»William Cleugh Black ist ein Prediger, ein zukünftiger Pastor der Baptisten in Sydney. Er liebt meine Schwester Mina aufrichtig. Vor drei Jahren hat er Australien verlassen und ist zum Studium nach England gegangen. Er hat ein Stipendium bekommen, denn seine Eltern sind nur Gemischtwarenhändler und zu arm, um es zu bezahlen. Außerdem bezahlt die Gemeinde in Sydney jeden Monat einen kleinen Beitrag zu seinem Lebensunterhalt.«

»Verblüffend«, sagte Werner.

»Ja, das ist es für dich und auch für mich.«

»Und die Briefe?«

»Meine Schwester hat ihn vor fast fünf Jahren in Sydney kennengelernt, da hatte er den Platz am College noch nicht, aber bald darauf wurde er ihm gewährt. Aber mein Vater und meine Familie sind gegen diese Verbindung, und sie haben Willie und Mina untersagt, sich zu schreiben.« Carola lächelte. »Doch Elsa, meiner jüngsten Schwester, fiel ein Trick ein. Willie schickt seine Briefe an Mina zu mir, und ich schicke sie, natürlich ungelesen, aber mit einer kleinen Notiz und in einem Umschlag von mir, weiter nach Australien. So merken die Großeltern und Tanten es nicht. Sie freut es, dass wir so einen innigen Kontakt haben.«

»Und dieser William Cleugh Black? Wie ist er?«

»Ach, Werner, ich habe ihn doch noch nie gesehen«, lachte Carola auf. »Ich bin doch nur die Botin.«

Das große Glück

»Du kennst diesen Mann nicht?«, fragte Werner ungläubig nach. Er bestellte Wein, nahm sich direkt das Glas und trank. »Du kennst ihn wirklich nicht?«

»Ich habe ihn nie gesehen, getroffen, gesprochen, glaube mir. Manchmal schreibt er mir ein paar freundliche, nichtssagende Zeilen, hin und wieder schreibe ich ihm eine freundliche, nichtssagende Karte. Ich hoffe sehr, dass er mein zukünftiger Schwager sein wird, der meine Schwester glücklich macht. Das würde ich mir wünschen.«

»Du … du … ich weiß gar nicht, wie ich das sagen soll«, stotterte Werner. »Du hängst zwischen zwei Welten, zwischen hier und Australien, nicht wahr?«

»Ich bin eine Mallagongan«, sagte Carola leise, fast unhörbar. »Ich bin ein Schnabeltier.«

»Was?« Werner schüttelte den Kopf. »Was bist du?«

Carola winkte ab. »Das ist eine der Legenden aus der Traumzeit der Aborigines.«

»Traumzeit?«

Nun lachte Carola. »Vergiss es. Irgendwann, wenn wir beide einmal viel, viel Zeit haben, dann werde ich es dir erklären. Es ist eine Legende, die mir eine der Aborigines, die unserer Familie nahestand und mich nach Deutschland begleitet hat, erzählte. Die Legende der Mallagongan.«

Werner runzelte die Stirn. »Du bist so anders als alle anderen Frauen, die ich kenne, so facettenreich.«

»Ist das gut, oder ist das schlecht?« Carola griff wieder nach seiner Hand, drückte sie.

»Gut oder schlecht? Was für eine Frage. Du bist die spannendste, die interessanteste, die aufregendste und außerdem die schönste Frau, die ich kenne.« Werner holte tief Luft. Dann griff er in die kleine Tasche in seiner Weste und holte ein Kästchen hervor, legte es auf den Tisch und drehte es mit den Fingern seiner linken Hand, während Carola seine rechte hielt. »Du bist für mich wichtig geworden, mehr als das, aber ich fürchte, einen Teil, nämlich deinen australischen, verstehe ich nicht.«

Carola ließ seine Hand los, sah ihn verblüfft an.

»Was ich eigentlich sagen will«, sagte Werner und räusperte sich. »Du bist in jungen Jahren nach Deutschland gekommen. Aber möchtest du nicht irgendwann zurück nach Australien?«

»Ja, doch, das möchte ich«, antwortete Carola leise. »Sobald mein Vater es auch will.«

»Dein Vater?«

»Er ist der Bruder meiner Ziehmutter, meiner Tante Thilde. Er möchte ihr Erbe, jetzt, nachdem sie kinderlos und verwitwet ist, noch mehr als zuvor. Ich würde wollen, dass er mich zurückhaben möchte, nur meinetwegen, nicht wegen Geld. Aber das tut er nicht. Ich fürchte, das verstehst du nicht.«

»Stimmt.« Werner drehte weiterhin das Kästchen zwischen seinen Fingern. »Aber das tut nichts zur Sache. Du hast Jahre Zeit, es mir zu erklären, hoffe ich.« Er sah sie an. »Das ist nicht so, wie ich es mir vorgestellt und ausgemalt habe. Aber ich habe das Gefühl, es wird die richtige Situation nicht geben. Ich warte schon eine Weile darauf.« Er ließ das Kästchen aufschnappen. Darin war ein feiner Goldring mit zwei Perlen. Langsam schob er das Kästchen über den Tisch hin zu ihr. »Willst du mich heiraten, Carola te Kloot?«

Carola schnappte nach Luft. Ihr fehlten schlicht die Worte. Stumm sah sie ihn an.

Nach einer Weile räusperte sich Werner wieder. »Ein Ja oder ein Nein würde mir reichen.«

»Ist das dein Ernst?«

»Ich glaube, außer dem Kauf des Autos habe ich noch nie in meinem Leben etwas so ernst gemeint«, sagte er und lächelte verlegen. »Vergiss das mit dem Auto.«

»Ja.«

Werner sah sie an. »Ja? Ja, was? Du vergisst das mit dem Auto, oder Ja, du wirst meine Frau?«

»Beides!« Nun lachte Carola, lehnte sich über den Tisch und küsste ihn. »Ja!«

»Wirklich?«, fragte Werner und schob sie zurück. »Wirklich und ehrlich?«

»Ja!«

»JA!«, rief er und sprang auf. »Ja! Ja! Ja!« Er sah sich um. »Eine Runde für alle von mir. Meine Liebste hat JA gesagt. Und Champagner an den Tisch! Ja!«

Die Leute in dem Lokal sahen überrascht auf, klatschten dann begeistert.

Carola ging zu Werner, umarmte ihn. »Ich wusste nicht, ob du mich jemals fragen würdest«, flüsterte sie ihm zu. »Ich habe es aber immer gehofft.«

»Ich wusste es seit den Tagen in Krefeld, damals, erinnerst du dich?«

Carola nickte.

»Seit damals habe ich gedacht, dass du meine Frau werden musst. Aber eine ganze Weile habe ich nach einer Frau gesucht, die so ist wie du, jedoch nicht aus der Familie stammt, weil ich dachte, es sei nicht richtig, dass wir heiraten. Ich habe keine gefunden.«

»Ich bin nicht wirklich Familie, Liebster, wir sind nicht miteinander verwandt, nur angeheiratet.«

»Das stimmt.« Er küsste sie lang und leidenschaftlich.

Der Ober brachte den Champagner in einem Kühler, stellte ihn auf den Tisch. »Herzlichen Glückwunsch«, sagte er und ließ den Korken knallen, schenkte zwei Sektkelche ein.

»Du willst es wirklich?«, fragte Werner immer noch ungläubig und grinste wie ein kleiner Junge, der gerade eine Dampfmaschine unter dem Weihnachtsbaum ausgepackt hatte.

»Ja.« Carola küsste ihn. Es war ungewohnt, es war schrecklich aufregend, es prickelte in ihrem Bauch, mehr, als es der Champagner konnte. Sie fühlte seine Lippen an ihren, schmeckte den leicht sauren, aber nicht unangenehmen Geschmack seines Mundes, spürte seine Zunge an ihrer. Die beiden Zungen spielten miteinander, liebkosten sich, etwas, was Carola sich vorher nie hätte vorstellen können. Doch es war nicht ekelig, nicht abschreckend, es war überraschend innig und zärtlich.

Sie setzten sich, diesmal nebeneinander auf die Bank in dem Erker, hielten sich bei den Händen und sahen sich an, als hätten sie sich noch nie zuvor betrachtet.

»Liebste«, sagte Werner zögerlich, »ich habe lange darüber nachgedacht und weiß einfach nicht, wie du dazu stehst. Du erzählst wenig über deine Heimat. Denn Australien ist deine Heimat, auch wenn deine Eltern aus Deutschland stammen. Du bist dort geboren. Ich weiß fast nichts über diesen fernen Kontinent, aber ich würde gern mehr wissen.«

»Was denn? Ich kann dir wahrscheinlich nur wenig erzählen. Ich wurde zwar dort geboren, aber mit acht Jahren hat man mich nach Deutschland gebracht. Ich habe kaum noch Erinnerungen an das Land.«

»Siehst du. Du hast kaum noch Erinnerungen, aber dennoch beschäftigt es dich. Außerdem lebt dort deine Familie. Deine wirkliche Familie, nicht die Angeheirateten.« Er zog eine lustige Grimasse, und Carola lachte auf. »Ich weiß, du willst deine Geschwister wiedersehen, deine Großeltern. Ich weiß, dass du an ihnen hängst, dass euch aber Tausende von Kilometern und ganz viel Wasser trennen.«

Carola seufzte auf. »Meine Heimat ist jetzt Deutschland, Werner.«

»Das stimmt. Und wir beide werden hier unser gemeinsames Leben aufbauen, etwas, worauf ich mich sehr freue.« Er beugte sich zu ihr, küsste sie sanft, lehnte sich dann wieder zurück und sah sie an. »Was ich eigentlich sagen will: Ich würde gern mit dir unsere Hochzeitsreise nach Australien machen. Du und ich drei Wochen in Australien. Ich würde deine Großeltern, deine Geschwister, deine Tanten kennenlernen.« Er grinste. »Und sie könnten nicht hinter unserem Rücken tuscheln, da ich ja Deutsch und Englisch spreche.«

Carola lachte los, das Lachen perlte nur so aus ihr heraus. »Ist das dein Ernst?«, fragte sie dann und schüttelte den Kopf. »Wirklich und wahrlich?«

»Was? Dass ich Deutsch und Englisch spreche?« Werner sah sie fragend an. »Das weißt du doch.«

»Nein. Nein, dass du mit mir nach Australien fahren willst?« Plötzlich schwammen ihre Augen, der Gedanke daran, ihre Familie wiedersehen zu können, machte sie fassungslos. »Machst du das wirklich?«, presste sie hervor. »Echt?«

»Willst du nicht?«, fragte er verblüfft. »Ich dachte, es würde dich freuen.«

Carola wandte den Kopf ab, konnte Werner für einen Moment nicht anschauen.

»Was ist denn, Liebes?«, fragte er leise und berührte sie sacht an der Schulter. »Habe ich etwas Falsches gesagt?«

Carola schüttelte den Kopf. »Ich wünsche mir schon so lange, nach Australien zurückzukehren – für einen Besuch. Um meine Familie, meine Geschwister wiederzusehen. Aber ich hatte nie die Möglichkeit. Ich kann gerade nicht fassen, dass du mir diese Reise jetzt auf einem Silbertablett servierst. Es gibt nichts, keinen Ring, kein Schmuckstück, kein anderes Geschenk, was mich glücklicher machen würde.« Sie fiel ihm um den Hals.

»Dann kenne ich dich doch ein wenig und habe dich richtig eingeschätzt. Das macht mich froh«, murmelte Werner in ihre Halsbeuge und drückte Carola an sich.

Erst war Tante Mathilde ein wenig konsterniert, als ihr die beiden von ihrer Verlobung erzählten.

»Ach Kind«, sagte sie und wischte sich die Tränen aus den Augenwinkeln. »Du bist doch noch so jung und hättest noch so viel für die Stiftung deines Ziehvaters tun können. Muss das denn sein? Jetzt schon?«

»Ich bin sechsundzwanzig, wie alt soll ich werden, bis ich heirate? Und selbst wenn Werner und ich verheiratet sind, bin ich doch nicht aus der Welt und für die Stiftung verloren. Ich kann doch sicher noch weiterarbeiten«, empörte sich Carola. »Ich dachte, du freust dich für mich, für uns.«

»Doch, das tue ich«, sagte Tante Thilde und schluckte, zwang sich zu lächeln. »Ich hatte nur nicht damit gerechnet. Nicht so schnell.«

»Wir planen noch in diesem Jahr zu heiraten«, sagte Werner, der die ganze Zeit Carolas Hand hielt und sie immer wieder bekräftigend drückte, so als wolle er ihr damit sagen, dass sie beide auf dem richtigen Weg seien und Carola nicht zweifeln solle. »Vielleicht im September oder Oktober. Das gibt uns etwa ein halbes Jahr Zeit für die Vorbereitungen.«

»Ihr wollt in diesem Jahr noch heiraten?« Tante Thilde sah sie entsetzt an. »In diesem Jahr?«

Carola nickte. »Ja, das wollen wir.«

»Und anschließend möchten wir gern nach Australien reisen und dort vielleicht das Weihnachfest mit Carolas Familie feiern«, fügte Werner hinzu.

»Was?«, spie Tante Thilde hervor. »Was wollt ihr?«

»Wir … wir wollen unsere Hochzeitsreise in Australien verbringen«, sagte Carola leise und verblüfft.

»Warum?« Tante Thilde funkelte sie wütend an.

»Ich möchte Carolas Vater, ihre Großeltern und Geschwister kennenlernen«, sagte Werner ruhig. »Ich möchte den Kontinent sehen, in dem sie geboren wurde und wo sie ihre Wurzeln hat.«

»Ihre Wurzeln hat Carola in Krefeld. Und in Hamburg. In Krefeld wurde ihr Vater geboren, in Hamburg ihre Mutter. Was genau meinst du mit ihren Wurzeln, Werner?« Tante Thilde tötete ihn mit ihren Blicken, aber Werner sah es gar nicht oder wollte es nicht sehen.

»Carolas Vater, ihre Großeltern und ihre Geschwister leben in Australien. Sie möchte sie gern wiedersehen. Ich finde, die Hochzeitsreise ist der perfekte Zeitpunkt dafür. Außerdem habe ich mir überlegt, dass du vielleicht mitkommen willst. Das wäre möglich. Ich würde es gern bezahlen.«

Carola zuckte zusammen. Flitterwochen zusammen mit ihrer Ziehmutter? Das konnte nicht sein Ernst sein, aber er klang durchaus glaubwürdig und ernsthaft. Doch dann drückte er beruhigend ihre Hand, und Carola entspannte sich.

»Mein Bruder lebt noch in Australien, das ist richtig«, sagte Tante Thilde. »Mein anderer Bruder Jean, der dort lebte, ist schon lange tot. Ansonsten verbindet mich nichts mit diesem heißen und unfreundlichen Land. Mich zieht nichts dorthin, und ganz sicher werde ich nicht eure Flitterwochen mit meiner Anwesenheit stören.« Kopfschüttelnd wandte sie sich um und stieg seufzend die Treppe nach oben, zu ihrem Schlafzimmer.

»Habe ich deinen Segen, Muttchen? Bitte, gib uns deinen Segen«, flehte Carola hinter ihr her. »Bitte.«

Tante Thilde drehte sich um und sah sie traurig an. »Ja, ihr habt meinen Segen für eure Verbindung.« Dann ging sie weiter nach oben.

Werner seufzte auf. »Grundgütiger«, flüsterte er. »Das klang eher wie ein Fluch als wie ein Segen.« Er drückte Carola an sich. »Aber davon lassen wir uns nicht Bange machen, oder? Wir werden heiraten, und wir werden nach Australien fahren.«

»Ja, wir werden heiraten«, flüsterte Carola. »Und ich werde meiner Familie schreiben.«

»Liebste Tutt, liebste Schwester,

Du glaubst gar nicht, wie glücklich wir alle für Dich sind. Es ist so wunderbar, dass Du das Glück Deines Lebens gefunden hast. Dein

Cousin Werner ist also Dein Auserwählter. Ach, Carola, das bestärkt mich so«, schrieb Elsa ihr. *»Du weißt es noch nicht, aber nun sage ich es Dir: Ich liebe nämlich Otto.«*

Carola schaute von dem Brief ihrer Schwester Elsa auf und runzelte verwirrt die Stirn. Wer war nun noch mal Otto? Hatte Elsa schon früher von ihm geschrieben? Elsa besuchte seit kurzem das College in Sydney, strebte eine Laufbahn in der Wirtschaft an.

War dieser Otto ein Freund der Familie? Ein Kommilitone von Elsa am College? Jemand aus der Gemeinde? Carola konnte sich nicht erinnern, dass Elsa schon einmal von ihm geschrieben hatte. Der einzige Otto, den sie kannte, war ihr Cousin, der Sohn ihrer Tante Lily. Als Kleinkind war er damals zusammen mit ihr und seiner Mutter nach Europa gereist. Er durfte nach einigen Wochen die Rückreise nach Australien antreten, Carola hatte in Deutschland bleiben müssen.

Aber dieser Otto, ihr Cousin Otto, konnte nicht der Mann sein, den Elsa meinte. Lilys Sohn war gerade neunzehn Jahre alt, knapp zwei Jahre jünger als Elsa.

Carola nahm den Brief wieder auf und las weiter.

»Ich liebe ihn schon immer, aber erst seit drei Jahren weiß ich, dass er auch meine Liebe erwidert. Wir sind füreinander bestimmt. Außer dir wissen das nur Mina und Tante Molly, sonst keiner aus der Familie. Vater würde mich umbringen, er würde unsere Verbindung nicht akzeptieren. Aber nun, da Du auch einen Cousin heiratest, habe ich Hoffnung, dass die Familie auch unsere Liebe irgendwann billigen wird. Du glaubst gar nicht, wie glücklich Otto und mich Deine Verlobung macht. Wir sind nämlich die Heimlichtuerei leid.«

Carola schluckte. Elsa meinte tatsächlich den kleinen Otto. Das war doch nur ein schlechter Scherz ihrer jüngeren Schwester? Es konnte nur ein Scherz sein. Carola las weiter. Es war wohl kein Scherz, stellte sie fest.

»Vater hat Deinen Brief und Eure Verlobung voller Freude aufgenommen. Er verspricht sich einiges davon, sagte er. Was er damit meint, weiß

ich allerdings nicht. Großmutter ist in heller Aufregung und will alle Räume streichen lassen. Auch über neue Möbel denkt sie nach. Wir alle versuchen, sie zu beruhigen, denn Ihr wollt ja nicht hier einziehen, sondern uns nur besuchen.

Nur besuchen – das klingt so banal, aber für mich ist es das nicht. Ich war zwei Jahre alt, als Du nach Deutschland abgereist bist. Ich kann mich nicht an Dich erinnern, nicht an Deine Stimme, Deine Haarfarbe, Dein Wesen. Wir schreiben uns, ja, das tun wir, aber ich würde Dich so furchtbar gern sehen, in die Arme nehmen und mit Dir sprechen, liebste Tutt. Denn Du bist meine Schwester, die ich gar nicht wirklich kenne, aber dennoch liebe.«

Carola stiegen die Tränen in die Augen. Nur besuchen, tatsächlich, das klang banal. Aber diese Reise nach Australien war alles andere als einfach. Sie mussten Plätze auf Schiffen buchen, Einreiseerlaubnisse beantragen, Pässe ausstellen lassen.

Werner kümmerte sich mit der ihm eigenen stoischen Gelassenheit um all diese formellen Dinge. Auch dafür liebte sie ihn.

Die Großeltern schickten ihr Briefe, freuten sich sehr, ihre Tutt wiederzusehen. Auch Mina, Arthur und Billy schrieben ihr voller Freude. Es würde ein tränenreiches, aber auch glückliches Wiedersehen geben. Werner hätte ihr kein besseres Geschenk machen können.

Nach allem Hin und Her, nachdem sie alle bürokratischen Hürden beseitigt hatten, stand der Termin zur Trauung endlich fest.

Am neunzehnten November 1909 wurde Carola te Kloot Werner Ansings Frau. Sie hatten nur eine kleine Feier, nur im engsten Kreis, geplant. Natürlich war Tante Thilde dabei, Werners Geschwister und seine Mutter, die inzwischen wieder verheiratet war, zusammen mit ihrem Mann. Carola hatte Onkel Robert eingeladen, doch er war zu schwach, um nach Hamburg zu kommen. Dafür kamen aber sein Sohn und dessen Frau und nahmen an dem kalten und nebeligen Tag an der Trauung teil. Es war eine bewegende Zeremonie, und obwohl sich Carola wünschte, dass ihre Familie auch daran teilgenommen hätte, tröstete sie der Gedanke, dass sie und ihr frisch angetrauter Mann sich in zwei Monaten einschiffen und nach Australien zu ihrer Familie fahren würden.

»*Liebste Tutt*«, schrieb Mina. »*So gern wären wir bei Eurer Trauung gewesen, aber das war uns nicht möglich. Du glaubst nicht, wie sehr ich mich für Dich freue.*

Allerdings hoffe ich auch für mich, denn Willie wird nächstes Jahr nach Australien zurückkehren. Keiner der Familie, also weder die Großeltern noch Vater, weiß, dass wir uns schreiben. Gegen ihren Willen. Sie hatten gehofft, dass die lange Zeit und die Entfernung unsere Liebe vertrocknen lassen würden. Mit Deiner unschätzbar gnadenvollen Hilfe ist dies nicht geschehen. Immer und immer und immer werde ich daran denken, dass Du Willies Briefe heimlich an mich weitergeleitet hast. Ohne Dich hätte unsere Liebe keine Chance gehabt. Das werde ich Dir nie vergessen, meine süße, liebe Schwester.

Ich freue mich mehr, als es Worte ausdrücken können, dass ich Dich bald wahrhaftig in die Arme schließen kann. Wie lange habe ich darauf gewartet?

Und Du? Freust Du Dich, uns wiederzusehen? Ich hoffe es sehr. So sehr.

Tutt, liebste Tutt, nach vielen, langen Jahren werden wir uns wiedersehen. Ich kann es kaum erwarten.

Deine
Mina«

Carola legte den Brief zu den anderen der Familie. Sie war zu Tränen gerührt. Im Flur lagerten die Geschenke – Schokolade und Kleidung –, die sie ihrer Familie mitbringen wollte. Hinter ihr stand der Schrankkoffer, der schon zur Hälfte gefüllt war. In wenigen Tagen würden sie fahren, und schon jetzt konnte sie vor Aufregung kaum noch schlafen.

Enttäuschung und Hoffnung

In zwei Tagen würde das Schiff den Hamburger Hafen verlassen. Carola schaute sich in ihrem Schlafzimmer in dem Haus am Besenbinderhof um. Tante Thilde war vorübergehend zu ihrer Schwester nach Krefeld gezogen und hatte dem jungen Ehepaar das Haus überlassen.

Viele Jahre war dies ihre Heimat gewesen. Als sie Werner vor zwei Monaten geheiratet hatte, spendierte ihnen die Tante ein größeres Bett. Carola hatte all ihre Jungmädchensachen in Kisten gepackt und auf den Dachboden getragen. Sie hatte Platz im Kleiderschrank geschaffen, und Werner hatte zusätzlich eines der Gästezimmer für seine privaten Sachen bekommen. Dort standen nun seine Bücher in den Regalen, sein Sekretär unter dem Fenster. Es gab einen kleinen Schrank mit Alkoholika und schweren Kristallgläsern, eine Kiste mit Zigarren und einen gemütlichen Ohrensessel vor dem Kamin. Ein richtiges Herrenzimmer hatte Werner sich geschaffen.

Dennoch war beiden klar, dass dies nur eine Übergangslösung sein konnte. Sobald sie aus Australien zurück wären, würden sie sich ein anderes zu Hause suchen.

Langsam ging Carola die Treppe nach unten. Gleich würde Werner aus dem Kontor, wo er für die Handelsgesellschaft der Familie arbeitete, kommen. Aus der Küche duftete es schon. Die Mamsell und auch Nele waren bei ihnen in Hamburg geblieben und würden das Haus hüten, bis Tante Thilde in zwei Wochen aus Krefeld zurückkehrte. In zwei Tagen um diese Zeit wären Werner und sie schon auf See. Nur würde diesmal nicht Großvater am Steuer stehen, sondern ein anderer Kapitän.

Vor achtzehn Jahren, als sie an Bord der *Centennial* gestanden hatte und das Schiff den Hafen in Sydney verließ, dachte sie, dass dies der schrecklichste Tag ihres Lebens gewesen sei. Noch schlimmer als der Tag, an dem ihre Mutter gestorben war.

Sie lebte nun seit achtzehn Jahren in Deutschland, hatte sich integriert, liebte ihre Verwandtschaft, aber dennoch hatte sie das Gefühl, dass ein Teil von ihr amputiert worden war, damals, an dem Tag, als sie ihre Heimat verlassen musste.

Carola konnte es kaum glauben, dass sie nun zusammen mit ihrem Mann, den sie innig liebte, und mit dem sie sehr glücklich war, in ihre wahre Heimat zurückkehren würde, auch wenn es nur für kurz sein würde. Sie freute sich darauf, dass Werner ihre Großeltern und Geschwister kennenlernen und die Stadt sehen würde, in der sie aufgewachsen war, auch wenn sich Sydney vermutlich so sehr verändert hatte, dass sie es selbst nicht mehr kannte.

Aber es war ihr wichtig, dass er die Großeltern und ihre Schwestern und Brüder treffen, dass er sehen würde, wie anders sie lebten. Denn dort, in Sydney, lagen ihre Wurzeln.

Auch für sie war es wichtig, endlich ihre Familie wiederzusehen. Jahrelang hatte sie sich Dinge ausgemalt, hatte eigene Vorstellungen von den Tanten und ihren Geschwistern entwickelt, die vielleicht ganz falsch waren.

Es gab so viele Dinge, die sie für sich klären wollte.

Ein klein wenig haderte Carola mit sich. Was ist, wenn ich dort bleiben will, dachte sie. Was ist, wenn dort meine wahre Heimat ist? Die Firma war zwar froh, dass Werner auf den fünften Kontinent reisen würde, und erhoffte sich den einen oder anderen neuen Kontakt, das eine oder andere Geschäft, das sie in Zukunft tätigen konnten. Großvater hatte viel Freunde und Bekannte in der Handelsbranche, kannte viele Gesellschaften und Kapitäne, die unter der eigenen Flagge fuhren. Die Geschäfte mit Australien wurden immer wichtiger für Europa. Auch deshalb fieberte Werner der Reise entgegen.

Aber dort bleiben, das würde er nicht wollen. Jedenfalls nicht im

Moment. Er wollte in der Firma noch aufsteigen, wollte eine gewisse Position einnehmen und mitmischen in den großen Geschäften. Zwar konnte man schon kabeln, auch wenn ein Telegramm über Afrika gehen musste, da es eine direkte Verbindung von Australien nach Europa noch nicht gab. Dennoch galt Down-under als ab vom Schuss, als zu weit weg und zu unflexibel, wenn es um schnelle Verträge und Beschlüsse ging.

Mittlerweile hatte sie sogar mit dem Entschluss ihres Vaters, sie nach Deutschland zu schicken, ihren Frieden gemacht. Ansonsten hätte sie Werner nie kennengelernt und lieben können und ihr Leben wäre ganz anders verlaufen. Sie hätte nach der Schule eine Ausbildung machen, einen Beruf ergreifen müssen. Annehmlichkeiten wie eine Schneiderin, die Mamsell oder auch nur ein Dienstmädchen wie Nele hätte sie nie gehabt. Ihre Schwestern zumindest hatten das nicht.

Dieses Leben, so wie sie und Werner es führten, mochte sie gar nicht aufgeben, es behagte ihr. Doch ein kleiner Zweifel nagte dennoch in ihr. Australien – sie hatte das Land und ihren Vater verdammt und gleichzeitig auf einen Thron gehoben. Auf dem anderen Kontinent könnte sie vielleicht wirklich zufrieden werden, weil dort ihre Heimat war, sie da geboren worden war.

Immerzu hatte sie das Gefühl, nicht wirklich angekommen zu sein. Sie stand zwischen zwei Welten und war nirgendwo wirklich heimisch. Was eigentlich paradox war, denn sie fühlte sich ja in Deutschland, vor allem mit Werner an ihrer Seite, sehr wohl. Ja, sie war glücklich hier. Aber etwas zog sie immer noch zurück.

Das wird sich ändern, sagte sie sich, wenn ich dort war. Wenn ich gesehen habe, wie es wirklich ist, und die Realität meine romantischen Vorstellungen ablöst. Und auch deshalb ist es gut, dass wir fahren.

Sie ging in das kleine, aber gemütliche Wohnzimmer und drehte den Docht der Lampe hoch. Im Kamin glühten die Kohlen, es war heimelig und warm.

In Sydney ist jetzt Sommer, es ist heiß, manchmal auch sehr schwül, dachte Carola belustigt. Wenn wir dort ankommen, ist Spätsommer oder früher Herbst. Aber es wird trotzdem viel wärmer sein als hier.

Aus den Briefen ihrer Geschwister wusste sie recht gut über den Alltag in Sydney Beschied. Arthur schrieb ihr einmal im Monat, es war immer ein rührender Brief, der eher eine Art Bericht über Wetter und Gesundheit der Familie war, manchmal listete er sogar die Speisen auf, die sie gegessen hatten. Aber er bemühte sich immer, eine persönliche und herzliche Note beizufügen. Manchmal wusste Carola einfach nicht, was sie ihm antworten sollte.

Billy schrieb nur selten, aber wenn, dann seitenlang. Entweder waren seine Zeilen voller Melancholie, oder sie strotzen nur so von Plänen und Zuversicht. Billy suchte wohl noch seinen Weg ins Leben, dachte Carola.

Elsa schrieb regelmäßig alle zwei Wochen. Manchmal war es nur eine Karte, die sie schickte, manchmal aber auch lange Briefe. Sie schrieb in der letzten Zeit viel über Otto, den sie wohl sehr liebte. Die beiden planten, zu heiraten und zusammenzuziehen. Da Carolas letzte Erinnerungen an Otto die von einem krabbelnden Kleinkind waren, konnte sie sich das nicht so wirklich vorstellen. Außerdem war Elsa klar, dass sowohl ihr Vater als auch Großvater sich gegen die Beziehung stellen würden. Dennoch liebten sie sich, schrieb Elsa, gegen alle Widrigkeiten, vielleicht auch deshalb. Und Elsa war ein Dickkopf, dachte Carola und lächelte. Sie würde sich schon durchsetzen, das hatte sie immer.

Es war spannend, fand Carola und freute sich, die beiden zu treffen und zu sehen, wie ihre Liebe sich abzeichnete.

Gestern erst hatte sie wieder einen Brief von Willie Cleugh Black an Mina geschickt. Es würde der letzte Brief sein, den sie übermittelte. Nur kurze Zeit nach ihnen würde Willie Black England verlassen und endlich nach Australien zurückkehren. Nach fünf Jahren würden sich die beiden endlich wiedersehen und vielleicht auch in die Arme schließen können. So wie Mina schrieb, war ihre Liebe in der Zeit der Trennung nur gewachsen und hatte nicht nachgelassen, entgegen den Erwartungen der Familie. Carola hoffte es sehr für ihre Schwester. Mit ein wenig Glück würde sie den zukünftigen Mann ihrer Schwester noch kennenlernen.

Vor achtzehn Jahren, als sie Sydney verlassen musste, war das der schlimmste Tag ihres Lebens gewesen. Seitdem hatte sie ihren Vater dafür gehasst, was er ihr angetan hatte.

Er hatte in der Zeit nur wenige Briefe geschrieben, meist zu ihren Geburtstagen und zu Weihnachten. Selten hatte er zwischendurch Zeit gefunden oder die Muße gehabt, sich bei seiner ältesten Tochter zu melden. Und herzliche Worte hatte er nie gefunden. Vor ihrem Wiedersehen graute es Carola. Aber Werner war an ihrer Seite, er würde für sie da sein, sie auffangen.

Langsam ging sie durch den Raum, strich mit den Fingerspitzen über die Buchrücken, legte Holz im Kamin nach. Sie war unruhig, hatte nicht die Muße, sich hinzusetzen. Morgen würde das Gepäck schon auf das Schiff gebracht werden. Natürlich hatte sie Kabinen in der ersten Klasse gebucht, darunter wäre Werner nie gefahren. Es würde eine schöne, eine luxuriöse Reise werden, es waren ihre Flitterwochen, und die wollten sie genießen. Carola legte die Hand auf ihren flachen Bauch. Vielleicht würden sie sogar etwas aus den Flitterwochen mitbringen? Ein Kind, gezeugt auf hoher See, ja, das würde ihr gefallen, das hätte Tradition. Oder ein Kind, das in Australien entstehen würde, ein Kind, das dadurch auch ein Stück ihrer Wurzeln hätte.

Aber vielleicht kann ich keine Kinder bekommen, so wie Till, dachte sie plötzlich. Till, das wusste sie von Mina, liebte ihre kleine Ziehtochter Joan von Herzen. Alle, auch die Großeltern, taten so, als wäre es Tills leibliche Tochter. Woher das Kind nun wirklich war, wusste Carola nicht. Irgendwie war es ein Kind aus der Familie, aber von wem? Es war ihr ein Rätsel. Aber sie würde das Rätsel bestimmt lösen können, wenn sie erst einmal da war. Wie so viele andere Dinge auch.

Es war so aufregend und so beunruhigend, und so voller Vorfreude – alles auf einmal, ein Wechselbad der Gefühle.

Schritte an der Tür rissen sie aus ihren Gedanken. Das konnte noch nicht Werner sein, oder doch? Carola blieb stehen und lauschte. Jemand zog am Klingelzug, und Nele ging zur Haustür. Es war der Postbote.

Einen Moment später klopfte Nele an der Wohnzimmertür. »Gnädigste, die Post.«

Sie kam herein, legte die Abendzeitung auf den kleinen Tisch neben dem Kamin. Werner würde die Zeitung nach dem Essen lesen.

Dann reichte sie Carola einen Stapel Briefe, lächelte ihr zu.

»Bald geht es los«, sagte sie. »Die Aufregung steigt?«

Carola biss sich auf die Lippen, nickte und lächelte. »Es ist kaum noch auszuhalten.«

»Das wird schon. Und gleich gibt es Essen. Mamsell hat noch einmal die Lieblingsspeise des Gnädigsten gemacht – Sauerbraten und Rotkohl. Wer weiß, was Sie da unten so bekommen …« Sie lachte leise und ging.

»Danke, Nele«, sagte Carola und sah die Briefe durch. Ein Teil war für Werner. Viel Post kam für die Stiftung ihres verstorbenen Ziehvaters und das Spital. Aber ein Brief war aus Australien und an sie adressiert.

Sie legte die Post zur Seite, riss das Kuvert auf, entfaltete das Blatt.

»Meine liebe Tochter, liebe Carola,

ich hoffe, dieser Brief erreicht Dich noch vor Deiner Abreise. Schon bald werdet Ihr uns in Sydney besuchen, und niemand freut sich mehr darauf, als Dein alter, armer Vater.

Lange haben wir uns nicht gesehen, was wirklich bedauerlich ist, aber Du weißt ja, dass ich nach den Tod Deiner Mutter keine Wahl hatte. Ich wollte immer nur das Beste für uns. Da Deine Tante kinderlos war und sich angeboten hatte, Dich zu nehmen, empfand ich es nur als gute Lösung, Dich nach Deutschland zu schicken und so die Verbindung zu dieser Seite der Familie zu festigen. Meine Schwester, Deine Ziehtante, hatte allerdings einige monetäre Dinge versprochen, die mit Deiner Umsiedlung zusammenhingen, und hat diese Versprechen nie erfüllt.

Meine Tochter, bevor Du nun nach Australien abreist, sehe ich es als Deine Pflicht an, dass Du in meinem Namen diese Schuldscheine einlöst und mir mein Erbe zukommen lässt.

Ich habe mich erkundigt. Es gibt ganz einfache Wege, wie man Schuldscheine von einem Kontinent zum anderen einlösen kann. Dafür muss meine Schwester nur ihr Einverständnis geben und endlich den eisernen Griff, den sie um das Vermögen unserer Eltern hat, lösen und den mir zustehenden Anteil auszahlen. Eine Pfandschrift reicht, sie muss Dir kein Bargeld mitgeben. Doch ich bestehe auf meinem Geld. Nicht umsonst habe ich Dich vor achtzehn Jahren nach Deutschland geschickt. Du warst mein Pfand, und sei mir nicht böse – jetzt möchte ich es einlösen. Komm, und bring Pfandscheine oder Gutschriften mit. Das bist Du mir schuldig, denn schließlich habe ich Dir zu einem guten Leben verholfen. Du hattest es immer leichter als Deine Geschwister, und das verdankst Du mir. Und deshalb fordere ich jetzt von Dir auch ein Entgegenkommen und Engagement. Kümmere Dich um meine finanziellen Belange. Du hast ja nun auch in eine reiche Familie eingeheiratet, das kann nur zu unserem Besten sein. Ich wünsche mir von meinem Schwiegersohn Vorschläge, wie er meine finanzielle Situation verbessern kann. Und freue mich darauf, Euch zu sehen.

Das wirst Du ja für mich tun, nicht wahr, Tutt?

Dein Vater«

Carola schnappte nach Luft, dann schossen ihr die Tränen in die Augen, und sie weinte haltlos. Ware war sie für ihren Vater gewesen, verkauft und verraten. Jahrelang hatte sie sich nach ihrer Familie verzehrt, hatte sich zurückgesehnt und geträumt. Doch dort saß nur der gefräßige Hai mit dem offenen Maul. Er, ihr Vater, wollte nicht sie sehen und treffen, er wollte nur Geld. Er wollte Geld von ihr, Geld von Tante Thilde und auch von Werner.

Er hatte sie verschickt wie ein Bündel Wolle, aber nicht den Ertrag erzielt, auf den er gehofft hatte. Sie war nur ein Stück eines Erbscheins, der sich nicht ausgezahlt hatte.

Carola hörte nicht die Schritte ihres Mannes auf dem Trottoir vor dem Haus, hörte ihn nicht die Eingangsstufen hochkommen, bekam nicht mit, dass er die Haustür aufschloss, seinen Hut und Mantel ablegte. Sie merkte nicht, dass er das Wohnzimmer betrat und hilflos vor ihr zu stehen kam.

»Liebes«, sagte er entsetzt. »Was ist passiert? Was?« Werner hockte sich vor Carola, nahm ihre kalten Hände, rieb sie warm. »Was ist denn bloß passiert?«

»Ich werde nicht nach Australien fahren. Niemals. Ich werde nie wieder den australischen Boden mit meinen Füßen berühren. Nicht in diesem meinem Leben«, flüsterte Carola und gab ihm den Brief ihres Vaters.

Werner nahm das Blatt, ging zum Fenster, las den Brief, atmete laut aus. »Das ist eine Unverschämtheit«, sagte er und drehte sich zu Carola um, die wie ein Häufchen Elend im Sessel hockte. Das Kaminfeuer flackerte lustig vor sich hin, schien sie zu verhöhnen.

»Werner …«, Carola hob den Kopf. »Ich werde nicht nach Australien fahren. Nicht, solange dieser Mensch lebt. Niemals.«

»Und deine Großeltern? Deine Geschwister?«, fragte Werner leise.

»Ich wünsche mir nichts mehr, als sie wiederzusehen. Aber nicht so. Das schaffe ich nicht. Ich komme mir vor wie eine Sklavin, die verkauft wurde und nun das Ziel – eine reiche Heirat – erreicht hat. Jetzt darf ich zurückkehren, aber nur mit Geld in den Taschen.« Die Wut kochte hoch in Carola, sie stand auf und lief durch den Raum. »Ich werde mich nicht so weit herablassen.«

»Dein Vater ist unverschämt. Doch was ist mit deinen Geschwistern? Deinen Großeltern?«

»Sie können nichts dafür, das stimmt«, sagte Carola. »Aber ich kann es dennoch nicht. Ich kann nicht dorthin fahren und mich wie ein Stück Fleisch fühlen. Das bring ich nicht über mich, Werner. Niemals.« Sie sah ihn an, die Augen voller Tränen, drehte sich dann um und stürmte nach oben.

Werner folgte ihr, versuchte, sie zu trösten, aber für diesen Schmerz gab es keinen Trost.

An diesem Abend, der der schrecklichste in Carolas Leben war, wurde kein Sauerbraten gegessen, kein Rotkohl und keine Klöße. Das Essen verkochte, die Klöße fielen auseinander.

Ihr Vater, das wusste sie nun, hatte sie nie geliebt. Er hatte sie immer nur als Spielstein in den verzwickten familiären Gegebenheiten gesehen und eingesetzt. Vielleicht war das bei ihren Geschwistern ähnlich, Carola wusste es nicht. Aber über ihre Geschwister wachte Großmutter. Sie wachte über sie und sah danach, dass es ihnen gutging, mehr, als es jemals jemand in Carolas Leben getan hatte.

Telegramm von Hamburg nach Glebe, Sydney, Ende Februar 1910:

»Reise abgesagt. Wir können nicht kommen. Bedauern es sehr.
Werner und Carola Ansing«

Epilog

1910 war ein schweres Jahr für die Familie Lessing/te Kloot. Carola ließ sich nicht überreden, nach Australien zu reisen, um ihre Geschwister, ihre Familie zu treffen. Die Enttäuschung auf allen Seiten war groß. Am größten war sie für Rudolph te Kloot, der auf Geld aus Europa gehofft hatte. Er hatte kaum noch Kontakt zu seinen Kindern, und nun brach er endgültig alle Brücken hinter sich ab. Nur Arthur gab nicht auf und schrieb ihm weiterhin, auch wenn er nur selten eine Antwort bekam.

William Cleugh Black kehrte endlich nach Australien zurück und traf Mina wieder. Für beide war es schwierig und seltsam, sich plötzlich zu sehen und miteinander reden zu können. Doch schon bald überwanden sie ihre Scheu. Ihre Liebe war in den langen Jahren der Trennung noch gewachsen. Für sie beide stand fest, dass sie für immer zusammengehörten.

Doch dann starb Großvater Lessing. Er war einundachtzig Jahre geworden. Für Emilia, die Kinder und Enkel war es ein großer Verlust, auch wenn sie damit gerechnet hatten, da Großvater länger schon schwach und krank gewesen war.

Carola weinte bitterlich, als sie die Nachricht bekam. Sie hatte die letzte Chance vertan, ihn noch einmal zu sehen. Doch auch das änderte nichts an ihrem Entschluss, nie wieder nach Australien zurückzukehren. Wenige Wochen später stellte sie fest, dass sie ein Kind erwartete. »Einer geht, der andere kommt«, sagte sie sich.

Großmutter Emilia hatte nicht viel Zeit, zu trauern. Immer noch brauchten ihre Kinder und Enkel sie. Ihre Tochter Hannah hatte sich nach der Geburt ihres fünften Kindes 1908 nicht mehr richtig erholt. Oft fuhr Emilia nach Geelong, um ihr beizustehen. Doch im Dezember 1910 starb auch Hannah.

Es war ein trauriges Weihnachtsfest, das nur ein wenig durch die Nachricht gemildert wurde, dass Carola ein gesundes Mädchen, Emilias erstes Urenkelkind, bekommen hatte.

1911, so hofften alle, würde ein besseres Jahr werden.

Doch in der Ferne zogen schon die ersten dunklen Wolken auf, die ein paar Jahre später Tod und Schrecken über die Welt bringen würden.

Ende

Nachwort

Viele Leser dieses Buches haben vermutlich auch *Die Australierin* gelesen und wissen, wie ich an diese faszinierende und berührende Familiengeschichte gekommen bin. Für die »Neuen« (ich freue mich ja über jeden Leser) schreibe ich es aber gern noch einmal: 2012 bekam ich eine Mail aus Australien von Robyn Jessiman, einer Nachfahrin der Familie te Kloot. Über Google hatte sie mein Buch »Die Frau des Seidenwebers«, die Geschichte von Anna te Kloot, gefunden und wollte nun die Zusammenhänge wissen.

Seitdem maile ich dieser zauberhaften, inzwischen über 70-jährigen Dame aus Wagga-Wagga in New South Wales.

Wagga-Wagga ist ein Name aus der Sprache der Aborigines. Er bedeutet »viele Krähen«. Obwohl ich überhaupt nicht esoterisch veranlagt bin, an wenige Dinge glaube, hat mich diese Erkenntnis doch sehr berührt. Denn Wagga-Wagga ist das Pendant zu Krefeld – einem Feld mit vielen Krähen.

Nachdem ich *Die Australierin* geschrieben hatte, blieb noch so viel Geschichte über, die zu erzählen war. Wie ging es weiter mit Minnies Kindern? Was geschah mit der Familie Lessing? Sehr schnell habe ich mit dem wunderbaren Aufbau Verlag vereinbart, dass es diesen Folgeband geben sollte.

»Darf ich über Minnies Töchter schreiben?«, fragte ich Robyn.

»Unbedingt«, antwortete sie. »Denn wir wollen sie nicht vergessen.«

Und dann flogen wieder die Mails von einem Kontinent zum anderen. Päckchen per »Snail mail« folgten. Pakete mit Bildern, Briefen, Ausschnitten aus Zeitungen.

Ich kann gar nicht sagen, wie dankbar ich Robyn Jessiman bin.

Dennoch ist dies ein Roman, eine Fiktion. Eine Fiktion, die sich, wie in all meinen historischen Romanen, an wahren und echten Ereignissen entlanghangelt. Es gab all die »Tanten«, wie sie immer noch von Robyn genannt werden. Ich habe sie am Anfang des Romans aufgelistet, um die Übersicht einfacher zu machen. Ja, ich weiß, viele Namen, die auch ähnlich klingen, verwirren. Aber ich konnte eine Familie dieser Größe, die es ja nun mal gab, nicht auf fünf Personen dezimieren.

Die Verbindungen der Tanten entsprechen alle der Wahrheit, sie haben diese Männer geheiratet, diese Kinder bekommen. Eine Ausnahme gibt es. Aber erst mal die Fakten:

Fakt ist

– **Carola te Kloot** wurde mit acht Jahren von ihrem Vater von Sydney aus nach Deutschland geschickt.
– Ihre Tante **Lily**, die gerade verwitwet war, und deren Sohn **Otto**, haben sie begleitet.

Es fuhr auch ein Kindermädchen mit, aber Allunga als Person habe ich erfunden, genau wie ihre Halbschwester Alinga. Überhaupt habe ich Personal erfunden, erfinden müssen. Es gab Personal, namentlich erwähnt wird es aber selten.

Fakt ist

– **Mina** hat ihre Tante **Till** in den Blue Mountains besucht.
– **Till** hat **Joseph Finney** geheiratet, die Ehe blieb kinderlos, sie hat die Tochter von **Joseph** und der Köchin nach der Geburt angenommen und das Kind, **Joan**, wie ihr eigenes großgezogen.

Darri habe ich schon im letzten Buch erfunden und hier wieder auftauchen lassen. Ich fand das stimmig. Erst bei meinen Recherchen bin ich auf die »Three Sisters«, dieses steinerne Monument, und die dazugehörige Legende gestoßen. Das war wieder einer dieser Wow!-Momente, wo ich doch gar nicht esoterisch oder so bin,

aber diese Geschichte hat etwas, sie hat Geschichte und Verknüpfungen, die mich hinreißen und faszinieren.
Mina HÄTTE Darri treffen können. So oder so hat sie von der Legende der »Three Sisters« erfahren und darüber mit ihren Schwestern geschrieben.

Fakt ist

- **Carola** wurde von ihrer Tante **Mathilde** und **Johann Amsinck** adoptiert.

Was vielleicht einige Leser des vorherigen Buches irritiert, ist der Name Ansing, den ich bei den *Schwestern* verwendet habe. Nun ist es so, diese Familie gibt es und ebenso immer noch viele, viele ihrer Nachkommen. Ich hatte überlegt, mir die Erlaubnis von allen einzuholen, bin aber an der Menge der Nachkommen gescheitert. Das ist viel zu kompliziert. Von der australischen Seite habe ich das Einverständnis, über die Familie zu schreiben, aber die deutsche Seite ist einfach zu groß. Also habe ich mich dazu entschlossen, den Namen einfach zu ändern. Der geneigte Leser möge es mir verzeihen.

- Der kinderlose Onkel **Johann** starb 1899. Tante oder Muttchen **Ansing** verweilte zeitweise in Krefeld zusammen mit **Carola**. Diese Art der Wohnungen gab es. Wo und wie genau sie in Krefeld gewohnt haben, habe ich nicht herausfinden können. Aber es ist eine realistische Annahme.
- Die Familie hatte das Haus am Besenbinderhof 16 in Hamburg. Etliche Briefe von Carola kommen von dieser Adresse. Das Haus gibt es heute leider nicht mehr.
- Der Besuch bei Onkel **Carl Robert Lessing** ist wahr. Er besaß ein 1866 von Martin Gropius erbautes Wohnhaus in der Berliner Dorotheenstädtischen Straße 15, welches Treffpunkt einflussreicher Politiker, Künstler und Kunstsammler der Gründerjahre war. Im Jahr 1885 kaufte er Gut und Schloss Meseberg für seinen einzigen überlebenden Sohn Gotthold Ephraim Les-

sing. Carola war dort mehrfach zu Besuch. Viele Briefe und Fotos belegen das.

Tante Lily – **Emilie Wilhelmine Evers, geb. Lessing** – war tatsächlich einige Jahre Haushälterin einer Farm in den Atherton Tablelands in Queensland. **George Miller** habe ich komplett erfunden. Auch seine unglückliche Affäre mit Lily. Aber es gibt so ein paar kleine Hinweise in Briefen, dass es so hätte sein können oder tatsächlich so war. Ein anderer Name, der nicht genannt wird, ihr Aufenthalt dort … weiß man es?

Fakt ist

- **Elsa** hat Tante Lily besucht.
- Fakt ist auch, dass **Elsa** sehr eng mit ihrem Cousin Otto befreundet war. Die beiden sind die ersten Lebensjahre zusammen aufgewachsen. Sie waren sich sehr, sehr verbunden.

Die Begegnung von **Mina** und **William Cleugh Black** ist erfunden. Aber in etwa so hat sie stattgefunden. Über die beiden habe ich recht viel Material. Indes – mir gingen die Seitenzahlen und die Zeit aus. Ein wenig schockiert hat mich, dass die Familie ihr den Kontakt zu ihm tatsächlich untersagt hat. Wirklich. Obwohl Großvater und Großmutter Lessing ja ein ähnliches Schicksal hinter sich hatten und es auch umgingen.

Ich kann es mir nur so erklären, dass sie so sehr enttäuscht von Rudolph te Kloot, dem Vater der Enkel, waren, dass sie nie wieder so etwas erleben wollten.

Fakt ist

- **Großvater Lessing** war kein reicher Mann. Er hatte eine große Familie. Er wollte ihnen ein angenehmes Leben und Bildung (die ihm sehr wichtig war) bieten, ihnen allen den Weg in ein angenehmeres Leben ebnen. Auch für seine Enkel, die bei ihm aufwuchsen, wünschte er sich dies.

- Er ermunterte seine Töchter und Enkelinnen, eine Ausbildung zu machen und einen Beruf zu ergreifen. Er lehnte per se erst einmal alle Schwiegersöhne ab.
- **Willie Cleugh Black** ging für vier Jahre nach England zum Studium. Die Großeltern Lessing und auch der Vater **Rudolph te Kloot** untersagten **Mina** den Kontakt zu ihm. Wahrscheinlich aus monetären Gründen und wegen der langen Zeit der Trennung.
- Fakt ist: **Mina** hat sich nicht daran gehalten. Sonst wäre sie auch nicht die Enkelin ihrer Großmutter.

Ich fand gerade diese Wiederkehr der familiären Geschichten so unglaublich spannend. Als müsste das wieder und wieder so sein. **Carola** wurde zu einer Tante geschickt, quasi verkauft, als sie acht Jahre alt war, genau wie **Großmutter Emilia. Mina** durfte keinen Kontakt zu ihrem Liebsten haben, genau wie Großmutter.

Carola te Kloot hat **Werner Amsinck** geheiratet, ihren entfernten, angeheirateten Cousin. Das ist Fakt. Und damit endet das Buch 1909. Damit endet aber nicht die Geschichte der Schwestern te Kloot.

Einige Leser werden sicher sagen: Das Ende kommt so abrupt. Da fehlt doch was. Warum hat die Autorin hier aufgehört?

Ich habe versucht, die Geschichte der drei Schwestern zu schildern – wie sie aufwuchsen, welche unterschiedlichen Erfahrungen sie gemacht haben. Viel ist Fiktion, anderes ist wahr. Alles hätte so sein können.

Fakt ist – ich habe eine bestimmte Seitenzahl, die ich mal wieder überschritten habe, die mir der Verlag vorgibt. Das Buch hätte auch gut 1000 Seiten haben können oder mehr. Dafür hätte ich aber zwei Jahre gebraucht. Es wäre zu dick geworden. Ich hätte noch seitenweise erzählen können. Denn die Geschichte der drei Schwestern geht ja weiter. Sie heiraten … oder auch nicht … sie verlieben sich, lieben, bekommen Kinder und … Ich habe hier noch so viele Dokumente liegen, und jedes erzählt eine Geschichte

Nun ja. Deshalb wird es noch einen weiteren Band über die drei Schwestern, die »Three Sisters«, über die Nachfahren der Mallagongan und über die Familien te Kloot und Lessing geben.

Wieder habe ich viel recherchiert, mich in viele Themen eingelesen, viele Fragen an Fachleute gestellt. Aber alles, was ich geschrieben habe, ist auf meinem Mist gewachsen. Auch die Fehler, die eventuell noch da sind. Man möge es mir verzeihen.

Danksagung

Wer im Gedächtnis
seiner Lieben lebt,
der ist nicht tot,
der ist nur fern;
tot ist nur,
wer vergessen wird.

IMMANUEL KANT

Ich glaube, dieser Gedanke ist Robyn Jessiman und ihrer Cousine Deirdre Schappi sehr wichtig, denn sie tun alles für mich, damit ich diese wunderbaren Bücher schreiben kann. Und durch diese Bücher geraten ihre Vorfahren, ihre Familie, nicht ins Vergessen. An den man denkt, über den man redet, über den man liest, der ist nicht tot.

Emilia, Minnie, Carola, Mina und Elsa sind schon lange gestorben, aber nicht vergessen.

Ich kann gar nicht ausdrücken, wie dankbar ich für diese Freundschaft bin, die mich inzwischen mit Robyn verbindet. Und ich würde mir sehr wünschen, dass wir uns irgendwann bald real begegnen würden. Bis dahin bleiben Mails oder Telefonate.

Ich danke dir, liebste Robyn, für alles, was du für mich tust. Gewidmet habe ich dieses Buch Robyns Mann Don, der um Ostern 2015 leider verstarb.

Wie immer kann man kein Buch schreiben, ohne Rückhalt zu haben. Robyn und Deirdre habe ich schon erwähnt, aber da sind noch zahlreiche andere Helfer, damit so ein Buch erscheinen kann.

Sabine (Max) Schröder hat mir wieder in Fragen des Schiffsverkehrs beigestanden. Oh, du bist genial. Danke dir.

Gerald Drews, mein Agent, mein Lieblingsagent, der inzwischen ein Freund geworden ist, ohne den ich nie dahin gekommen wäre, wo ich jetzt bin – ich bin so froh, dass es dich gibt, Gerald. Und ich schulde dir immer noch die Wurst auf der Buchmesse.

Conny Heindl – das Herz der Sparte Belletristik in der Agentur Drews. Wir sind Freundinnen, Seelenverwandte, und kein Telefonat unter einer Stunde ist drin. Ich liebe dich! Echt jetzt.

Die 42er Autoren gehören erwähnt. Der weltbeste Verein, bei dem man immer Hilfe, Support und Schulterschluss bekommt.

Dorrit Bartel, meine Kollegin, eine 42er Autorin und coming up soon, ist eine kritische, ehrliche und tolle Betaleserin. Aber … wolltest du mich nicht mitnehmen nach Afrika? Egal. Du hast mir mit deinem kritischen Blick sehr geholfen. Danke.

Joan Weng. Was soll ich sagen? Du bist die BESTE. Ever. Kollegin. Freundin. Betaleserin. Du erhellst mir den Tag mit deinen Mails. Du bist da. Deine Kommentare sind Gold wert, die Freundschaft mit dir ist unschätzbar wertvoll. Schwarzes Pony auf lila Wiese. Märchenprinz im Volvo. Du weißt, was ich meine. Deine Bücher sind der Hammer, und ich bin froh, dass ich dich kenne.

Und dann ist da noch die Familie, die mich erträgt, wenn ich abtauche in Welten so fern von uns. Dann bin ich beinahe weg und höre nur mit halben Ohr zu oder gar nicht. Ihr kennt das schon, ertragt das. Jedes Mal. Manchmal ein wenig beleidigt: »Hab ich doch gestern gesagt, Mama!«

Aber ihr wisst, dass ich nur selektiv höre, manchmal gar nicht, wenn ich schreibe.

Philipp, Lisa, Tim und Robin – meine Kinder, ich danke euch, dass ihr mich so hinnehmt und ertragt, wie ich bin.

PH – deine Vorschläge sind klasse. Manchmal muss man aus dem Manuskript auftauchen und woanders abtauchen. Dafür hast du immer Vorschläge. Danke.

Lisa – du und ich. Ich und du. Du weißt, was ich meine. Bin so froh darüber.

Tim – Verständnis zu zeigen und Vertrauen zu geben ist in deinem Alter nicht einfach. Tim, du bist in meinen Augen einfach »WOW«! Ich bin so stolz auf dich. Geh deinen Weg.

Robin – Robin. Robin. Hmm. Du bist du. Und du bist perfekt, so wie du bist. In Schubladen passt du nicht, noch nie, aber das macht nichts. Du gehst deinen Weg.

Und ihr alle vier seid da, bereichert mein Leben. Ich danke euch.

Dann sind da noch Familie und Freunde, die mich ertragen, tragen, da sind. Meine Eltern. Meine Schwiegereltern. Freunde, die mir zuhören und mich unterstützen. Danke Margarethe und Walther, Regina und Karl, Christian und Ela, Kirsten und Klaus, Claudia, Andrea und Christian, Bärbel und Michael, Susanne und Fred, Ina und Eppi und ihr anderen.

Und natürlich Claus. Den ich unendlich liebe. Mit dem ich endlich den Bund der Ehe eingegangen bin. Weil wir zusammengehören. Ever and ever. Okay? Okay!

Ich liebe dich.

Lass es mich mit Sting, Bryan Adams und Rod Stewart sagen und singen, weil es so ist und du immer und immer und immer für mich da warst und bist. Ich liebe dich so sehr. Danke.

Let's make it all for one and all for love
Let the one you hold be the one you want
The one you need
Cause when it's all for one, it's one for all
When there's someone that should know
Then just let your feelings show
And make it all for one and all for love

LESEPROBE

1842–1844

Emilia

1. Kapitel

Der Tag, an dem Julius zur Welt kam, hatte sich für immer in Emilias Gedächtnis eingebrannt. Schon in der Nacht auf den 5. Mai wanderte ihre Mutter unruhig durch die Stube des Hauses in Othmarschen. Der Vater sah ihr verängstigt zu und wies das Mädchen an, Emilia früh zu Bett zu bringen.

Die Luft war lau, von der Elbe wehte der salzige Wind das Kreischen der Möwen ans Ufer.

»Es ist viel zu früh«, beschwerte Emilia sich. »Warum muss ich schon zu Bett gehen?«

»Deiner Mutter geht es nicht gut«, sagte Inken, die Dienstmagd. »Also füg dich.«

»Ich habe noch Hunger«, quengelte die Sechsjährige.

»Dann bringe ich dir eine Schale mit Dickmilch. Aber danach huschst du ins Bett.«

Ihre Mutter, das wusste Emilia, würde ein Kind zur Welt bringen. Sie würde schreien und weinen, und ihr Vater würde durch das Haus laufen und die Hände ringen. Es war nicht das erste Mal, dass dies geschah. Auf dem Friedhof gab es eine Reihe kleiner Gräber, und jedes Mal, wenn ihre Mutter ein Kind gebar, kam ein weiteres Grab hinzu. Diesmal hatte die Mutter das Kind länger getragen als sonst, und alle hofften auf ein gutes Ende.

Inken brachte die Dickmilch und strich dem Kind über den Kopf. »Du musst heute und morgen ganz brav sein, Emma«, sagte sie leise.

»Das weiß ich doch.« Emilia biss sich auf die Lippe, sie versuchte immer, ganz brav zu sein. Manchmal lächelte ihre Mutter, doch die

Falten um ihren Mund wurden tiefer und ihre Augen blieben traurig, selbst wenn sie lachte.

Emilia öffnete das Fenster ihrer kleinen Kammer und schaute über die Bäume hinweg. Dort war die Elbe, und die floss ins Meer. Auf der anderen Seite des Meeres lagen fremde Länder. Über diese Länder sprachen ihr Vater und ihr Onkel, wenn die beiden zusammensaßen. Und das taten sie oft, auch wenn Onkel Hinrich in Hamburg wohnte.

Manchmal nahm der Vater Emilia mit an das sandige Ufer des großen Stroms und zeigte auf ein Segelschiff, das gerade den Hafen verließ.

»Das haben wir gebaut«, erklärte er stolz. »Unsere Familie baut Schiffe, die über die Weltmeere segeln.«

Es war noch hell, als Emilia sich ins Bett legte. Von unten waren leise Stimmen zu hören, aber noch keine Schreie und kein Weinen. Vielleicht würde es diesmal anders werden. Sie schloss die Augen und betete, so, wie ihre Mutter es ihr beigebracht hatte.

Es war immer noch hell, als sie wieder wach wurde. Lautes Jammern drang aus dem Erdgeschoss nach oben und Emilia kniff die Augen zusammen und presste die Hände auf die Ohren. Es roch seltsam, wunderte sie sich und öffnete die Augen. Rotes, flackerndes Licht fiel durch das Fenster in die Stube. Es roch wie im Herbst, dachte Emilia, wenn die Felder abgebrannt wurden. Vorsichtig nahm sie die Hände herunter und lauschte. Inken war es, die jammerte, nicht die Mutter. Was war nur passiert? War das Kind schon da und tot? Sie traute sich nicht, die Tür zu öffnen und nach unten zu gehen. Der Lichtschein war so seltsam, dass sie ans Fenster trat. Über der Elbe war der Himmel dunkel, doch in Richtung Stadt leuchtete es hell. Es brennt, dachte sie erschrocken. Es brennt in der Nachbarschaft. Dort wohnte der Lotse Jörgensen mit seiner Familie. Sie lief oft hinüber, um mit den Kindern zu spielen. In deren Haus war es immer laut und fröhlich, so ganz anders als bei ihnen.

Sie hörte Schreie von draußen und das Klappern von Hufen auf dem Kopfsteinpflaster der Straße. Und dann sah sie die Flammen, die wie Zungen über den Nachthimmel leckten.

Voller Angst öffnete sie die Tür, raffte ihr Nachthemd zusammen und stapfte die Treppe hinunter. Die Tür zur Stube war geschlossen, doch sie konnte Stimmengemurmel hören. Inkens Weinen kam aus der Küche.

»Inken, der Lichtschein da draußen …« Emilia blieb unsicher an der Tür stehen. Die Magd hatte das Gesicht mit den Händen bedeckt, sie schluchzte laut.

»Ich weiß, mein Mäuschen«, sagte sie und wischte sich mit dem Schürzensaum die Tränen ab. »Hamburg brennt.«

»Es brennt nicht bei Jörgensens?«

»Nein. Komm her.« Sie breitete die Arme aus. Emilia kletterte auf Inkens Schoß und drückte sich an die Magd. Inken roch immer nach frischem Brot und Lavendel. Ein tröstlicher Geruch.

»Hamburg ist weit weg.« Emilia nickte, kuschelte sich aber noch enger an Inken. »Warum bist du so traurig?«

»Ich habe Angst um meine Familie. Das Feuer ist gewaltig, man kann es bis hierher sehen«, flüsterte sie.

Onkel Hinrich und Tante Minna wohnten auch in Hamburg, dachte Emilia und steckte sich den Daumen in den Mund.

»Ole soll anspannen.« Ihr Vater kam atemlos in die Küche. Emilia machte sich ganz klein, doch er schien sie gar nicht zu bemerken. »Wir fahren in die Stadt.«

»Jetzt?« Inken riss erschrocken den Mund auf. Sie setzte Emilia auf die Küchenbank am Herd. »Und Eure Frau?«

»Sie ist in Gottes Händen. Ich habe Mats nach der Hebamme geschickt. Jörgensen und Olufson kommen mit in die Stadt. Sie werden dort jede Hand, die einen Eimer halten kann, brauchen.«

Inken lief in die Gesinderäume, sie musste den Knecht nicht wecken. Wohl kaum einer schlief in dieser Nacht. Die Sorge, die sich in das Gesicht der Magd eingrub, wurde immer deutlicher. Emilia rollte sich auf der Küchenbank zusammen. Manchmal fielen ihr die

Augen zu, doch dann kam jemand in die Küche und sie wurde wieder wach.

Inken kochte Suppe und Tee, sie buk Brot und holte einen Schinken aus dem Keller. »Wenn sie wiederkommen, brauchen sie etwas Kräftiges zu essen«, murmelte sie. Zwischendurch ging sie in die Stube. Durch den Türspalt konnte Emilia die Mutter sehen, die sich an die Lehne des Ohrensessels klammerte und stöhnte. Ihre Haare hingen ihr wirr und schwitzig ins Gesicht. Sie trug ein Nachtgewand und sah so fremd aus, dass es Emilia Angst machte. Dennoch konnte das Kind den Blick nicht abwenden, sobald sich die Tür öffnete.

»Was machst du hier?«, fragte die Hebamme verblüfft, als sie in die Küche kam.

Emilia hockte auf der Bank, hatte die Beine angezogen und den Saum des Nachthemdes unter die Füße gestopft.

Inken schaute sich um. »Sie ist heute Nacht wach geworden und hat dann auf der Bank geschlafen. Ich habe es nicht übers Herz gebracht, sie nach oben zu schicken.«

Die Hebamme, eine runzelige Alte, die nach Kampfer und anderen scharfen Kräutern roch, schüttelte den Kopf. »Sie sollte nicht hier unten sein. Heute ist Christi Himmelfahrt, sie sollte in die Kirche gehen und für uns alle beten.«

Inken schlug sich mit der Hand vor die Stirn. »Das habe ich ganz vergessen. Lauf, Emma, zieh deine guten Sachen an und kämm dir die Haare. Sicher nimmt Frau Jörgensen dich mit. Du musst dich sputen.«

Emilia stand zögernd auf.

»Nun geh schon, Kind«, sagte die Hebamme. »Und koch du mir einen Kaffee, Inken. Das wird sicher noch ein langer Tag werden.«

»Wie geht es ihr denn?«, fragte Inken. Emilia blieb hinter der Tür stehen und lauschte.

»Es geht. Sie verkrampft sich, das ist nicht gut. Ich werde ihr einen Aufguss machen.«

»Hat das Kind eine Chance?«

»Das weiß man doch nie. Aber mehr als die anderen vorher«, sagte die Hebamme.

Emilia schlich die Treppe nach oben. Obwohl der Tag schon angebrochen war, sah es düster draußen aus. Seit Wochen hatte es nicht geregnet, alles war ausgedörrt, das Gras vor dem Haus gelb und welk. Sie ging ans Fenster, öffnete es. Hatte Inken sich in der Zeit vertan? Bis zum Kirchgang war es sicherlich noch lange hin. Doch dann sah Emilia, dass dicke, schwarze Wolken die Sonne verdunkelten. Wind war aufgekommen, die Bäume rauschten wie das Meer bei Sturm. Emilia zog die Schultern hoch, in ihrem Magen grummelte es. Der rote Lichtschein des Feuers, der unter dem Qualm hervorleckte, wirkte angsteinflößend. Wie feuerspuckende Drachen, von denen ihr Onkel Hinrich manchmal erzählte. Doch Drachen gab es nur im Märchen, und dies war kein Märchen. Es roch beißend nach Rauch, Emilia musste husten und schloss schnell das Fenster, als könne sie so alle Gefahren aussperren.

Das gute Kleid sollte sie anziehen. Und waschen sollte sie sich. Schnell schlüpfte sie aus dem Nachthemd und tauchte den Lappen in das Wasser der Waschschüssel. Jeden Morgen brachte Inken ihr warmes Wasser, meist half sie ihr beim Ankleiden und mit den Haaren, aber heute war Inken beschäftigt. Sie hatte wichtige Dinge zu tun. Wenn ich alles ganz richtig mache, dachte Emilia, dann wird auch alles gut. Das Kind in Mamas Bauch wird am Leben bleiben. Es wird in der Wiege liegen und nicht auf dem Friedhof. Wenn ich alles richtig mache, dann hört das Feuer auf zu brennen. Das Feuer bedeutete etwas Schreckliches, das hatte sie in den Gesichtern der Erwachsenen gesehen. Feuer war beides – schrecklich, aber auch gut. Ohne Feuer hätten sie kein warmes Wasser. Der nasse Lappen war kalt und glitschig, sie fuhr sich über das Gesicht und die Arme, erschauerte. Reichte das? Die Hände, die müssen sauber sein, und der Hals. Das war wichtig, darauf achten die Leute. Sie rubbelte sich trocken, bis die Haut brannte, nahm dann ein sauberes Unterkleid aus der Truhe, eine Wäschehose mit Rüschen, die für Feiertage vorbehalten war. Ob sie es allein schaffte, die Hose an das Unterkleid zu knöpfen? Es musste gelingen. Dann nahm sie das gute Leinenkleid und zog es sich über den Kopf. Wer sollte die Knöpfe schließen? Wer würde die Schnüre schnüren, die Schleifen binden? Wie sie sich auch drehte und wendete, ihr gelang es nicht. Doch es musste, es war ihre Aufgabe, alles richtig zu machen.

Tränen stiegen ihr in die Augen, als sich die Zimmertür öffnete.

»Wie weit bist du?«, fragte Inken und schlug die Hände vor den Mund. »Oh lieber Herr Jesus, Kind!«

Nun flossen die Tränen ohne Halt. »Ich habe es versucht«, schluchzte Emilia.

»Nun, nun, nun, Mäuschen. Alles ist gut.« Mit flinken Händen schloss Inken Knöpfe, zog Säume gerade, schnürte Bänder. Dann bürstete sie Emilias Haare und steckte sie fest. »Noch die Schuhe, und schon bist du fertig. Was ist mit deinen Strümpfen?«

Die Strümpfe hatte das Mädchen ganz vergessen.

»Dann eben ohne«, beschloss die Magd. »Schnell, schnell, bevor Frau Jörgensen los ist.«

»Aber ich … habe Hunger.«

Emilia folgte Inken die Treppe hinunter, ließ sich die Schnürstiefel anziehen. »Komm, ein Brot mit Butter auf die Hand muss ausreichen. Nachher bekommst du eine gute Suppe und nun lauf.« Sie setzte dem Mädchen die Haube auf und schob es hinaus. Als Emilia draußen stand, schrie die Mutter zum ersten Mal laut und quälend auf. Das Kind presste die Hände auf die Ohren und lief den Hang hinunter.

Etwas weiter zur Chaussee hin stand das Haus der Jörgensens. Es war aus rotem Backstein, hatte nur das Erdgeschoss und Kammern unter dem Reetdach. Vor zwei Jahren hatte die Familie angebaut, um der Heerschaar der Kinder Platz bieten zu können. Es gab eine Scheune und einen Stall. Einen Garten, so, wie bei der Familie Bregartner, gab es dort nicht. Emilias Mutter hatte vor dem Haus eine

Rasenfläche anlegen lassen, mit einem Pavillon und vielen blühenden Büschen sowie gestutzten Buchsbäumen. Jörgensens hatten eine Wiese mit Obstbäumen und Beerensträuchern vor dem Haus, hinter dem Haus befand sich der Wirtschaftsgarten. Sie hielten einige Schafe und Ziegen auf den Deichen, so wie Bregartners auch. Beide Familien hatten einen Wirtschaftsgarten, doch gab es Unterschiede. Emilias Familie besaß Land und die Werft, Vater Jörgensen war Lotse im Hafen.

»Euch geht es viel besser als uns«, sagte Mette Jörgensen oft. »Deine Mutter kann Inken auf den Markt schicken, Schinken und Speck kaufen.«

Mette war zwei Jahre älter als Emilia, die beiden Mädchen liebten sich aufrichtig und verbrachten viel Zeit miteinander.

Doch bei Jörgensens, dachte Emilia oft, ist es anders als bei uns. Allein schon, dass Ida, die Magd, ihre Herrschaft mit »Mutter« und »Vater« ansprach, während Inken »gnädige Frau« und »gnädiger Herr« sagte. Es war wie mit den Kleidern, die sie trugen. Das Leinen ihrer Wäsche war immer gestärkt, während Mettes Sachen sich viel leichter und weicher anfühlten.

Emilia war gern bei den Nachbarn drüben, während es für Mette nichts Schöneres zu geben schien, als bei Bregartners zu sein. Ida hatte immer etwas zu tun. Viel mehr als Inken und Sofie. Sofie war die alte Magd der Bregartners. Sie wohnte noch beim Gesinde, aber ihre Hände waren von der Gicht verkrümmt. Sie taugte nur noch, um den Besen ein wenig zu schwingen, die Hühner zu füttern und Unkraut zu zupfen. Doch sie würde bei ihnen wohnen bleiben, bis sie starb, das hatte Emilias Vater versprochen.

Schon kam das Reethaus des Lotsen in Sicht, das sich unter dem großen Rosskastanienbaum duckte wie ein Tier. Emilia lief schneller. Die Schreie der Mutter waren nun nicht mehr zu hören, seltsam still war es. Die Bäume rauschten im Wind, aber kein Vogel schrie, keine Möwe kreischte. Plötzlich bemerkte Emilia, dass es schneite. Flocke um Flocke landete auf ihrem Kleid, auf dem Gras und den

Büschen. Dabei war es gar nicht kalt. Verwundert schaute sie in den Himmel, der von dunklen Wolken bedeckt war. Ein Schneesturm schien herniederzugehen. Sie fing die weichen Flocken ein, die nicht in der Hand schmolzen, und zerrieb sie zwischen den Fingern. Es waren Ascheflöckchen. Oh nein, dachte sie und strich hektisch über das helle Kleid, das dadurch graue Streifen bekam.

Ich muss doch alles richtig machen, aber es will mir einfach nicht gelingen. Wieder stiegen ihr Tränen in die Augen. Sie rannte zum Haus der Jörgensens und riss die Küchentür auf, ohne anzuklopfen. Schluchzend blieb sie stehen.

»Emma, Kind!« Grete Jörgensen lief zu ihr. »Was ist denn passiert?«

»Ich … ich soll … es ist doch … Kirche …« Emilia versuchte, die Luft anzuhalten, doch der Schluckauf wollte nicht aufhören.

»Sch-sch-sch.« Grete nahm sie in den Arm. »Beruhige dich, Kind. Ida, hol einen Becher Wasser und gib einen Fingerhut Branntwein hinein.«

Emilia wich aus ihrer Umarmung zurück. »Ich bin ganz dreckig«, flüsterte sie. »Es schneit Asche.«

Grete warf einen Blick aus dem Küchenfenster, ihr Blick wurde ernst. »Ja, ich weiß. Als ob das Fegefeuer naht.«

Der Weg zur Kirche in Ottensen erschien Emilia länger als sonst. Meistens fuhren sie mit dem Wagen, bei gutem Wetter liefen sie manchmal bis nach Ottensen. Mutter ging alle paar Tage zum Friedhof und betete. Vielleicht, wenn Emilia alles richtig machte und das Kind am Leben blieb, würde die Mutter bald nicht mehr so oft dorthin gehen müssen. Aber so viel war schon schiefgelaufen. Sie würde sich ab jetzt ganz besonders anstrengen, nahm sich Emilia vor.

»Lieber Gott«, keuchte Ida und hustete. »Dieser Qualm ist ein Elend.«

Besorgt schaute Grete Jörgensen in den Himmel. Der Wind trieb die Wolken zu ihnen. »Sie müssten das Feuer doch längst im Griff haben«, murmelte sie. »Gebe Gott, dass es nicht zu schlimm ist.«

»Da werden wohl die Speicher brennen«, meinte Ida düster. »Und so trocken, wie es in den letzten Wochen war, brennt alles wie Zunder.«

Gut eine halbe Stunde betrug der Weg zur Kirche, doch wegen der kleinen Kinder und der rauchgeschwängerten Luft kamen sie nur langsam voran.

Auf dem Kirchplatz hatten sich bereits viele Menschen versammelt, die immer wieder besorgt in Richtung Hamburg schauten. Die meisten Frauen waren ohne ihre Männer gekommen.

»Grüßt Euch, Frau Jörgensen«, sagte Frau Carstensen. »Mögt Ihr einen Schluck Wasser?« Sie reichte ihr einen Krug. »Und die Kinder sicher auch.«

Dankbar nahm Grete den Krug entgegen, trank durstig und reichte ihn dann an Levke weiter.

»Euer Mann ist auch in der Stadt?«

»So wie auch Herr Bregartner und Herr Peters. Sie haben die Knechte mitgenommen. Habt Ihr schon gehört, wie es steht?«

»Das Nikolaiviertel brennt. Bisher haben sie es nicht geschafft, das Feuer einzudämmen.«

»Das ganze Viertel?«, Grete schlug entsetzt die Hand vor den Mund.

»So wurde es berichtet.« Frau Carstensen schüttelte den Kopf. »Man kann es sich gar nicht vorstellen.«

In der Kirche war es kühl wie immer. Die Jörgensens saßen im hinteren Teil der Kirche. Die Familie Bregartner hatte eine eigene Bank mit einem kleinen Messingschild an der Seite. Diese Bank blieb heute leer, Emilia setzte sich neben Mette. Ihr Blick ging zu dem Engel, der über dem Taufbecken schwebte. Das rötliche Licht des Feuers, das man hier noch deutlicher sehen konnte als in Othmarschen, schien durch die hohen, bunten Fenster, malte farbige Flecken an die Wände und den Kanzelaltar. Es sah unheimlich aus, fand Emilia, die ansonsten die helle Kirche mit den weißen Bänken liebte.

Ida, die neben Mette saß, murmelte die ganze Zeit: »Das Fegefeuer, das ist das Fegefeuer. Möge der Herr uns gnädig sein.«

»Ida!«, zischte Grete vom anderen Ende der Bank wütend. »Du machst allen Angst. Senk den Kopf und bete still.«

Die Stimme des Pfarrers war ernster als sonst.

»Wir feiern Christi Himmelfahrt an diesem Tag. ›Er ist am dritten Tag auferstanden nach der Schrift und aufgefahren in den Himmel. Er sitzt nun zur Rechten des Vaters und wird wiederkommen in Herrlichkeit, zu richten die Lebenden und die Toten, seiner Herrschaft wird kein Ende sein.‹«

Der Pfarrer richtete den Blick zum Fenster.

»Dieser Tag, den wir lobpreisen, ist überschattet von einem großen Unglück. Wir beten für alle, die das Feuer bekämpfen.«

Zwei Stunden dauerte der Gottesdienst, eine Zeit, die Emilia sonst lang wurde. Doch diesmal betete sie, so gut sie konnte. Das Feuer, obwohl es in der Stadt war, bedrohte sie alle irgendwie, das hatte sie verstanden. Wieso und weshalb, wusste sie nicht, aber sie spürte Angst und Sorge bei allen um sich herum und auch aus den Worten des Pfarrers. Das Feuer musste etwas ganz Böses und Schlimmes sein. Onkel Hinrich und Tante Minna wohnten im Nikolaiviertel. Ob ihr Haus auch brannte? Vor Schreck bekam Emilia wieder Schluckauf. Sie schloss die Augen und faltete die Hände, so fest sie konnte.

»Lieber Gott, bitte, lass ihnen nichts passiert sein. Auch nicht dem schönen Kinderzimmer mit dem weißen Schaukelpferd.« Sie biss sich auf die Lippe. Frederik, ihr Cousin, war letztes Jahr an Cholera gestorben. Im Jahr davor war das kleine Mädchen von Tante Minna, Luisa, im Siel ertrunken. Erst vor zwei Wochen hatte sich Emilia, als sie in Hamburg zu Besuch waren, in das Kinderzimmer geschlichen und sich auf das Schaukelpferd gesetzt. Frederik hatte ihr das nie erlaubt, als er merkte, wie gut ihr das Spielzeug gefiel. War das böse von ihr gewesen, dass sie sich auf das Schaukelpferd gesetzt hatte?, fragte sie sich nun. Brannte es deshalb in der Stadt?

»Du sollst nicht begehren deines Nächsten Gut«, predigte der Pfarrer.

Nein, ich will das Pferd ja gar nicht, dachte sie beklommen. »Lieber Gott, bitte mach, dass Mutter ein gesundes Kind bekommt. Dass alles gutgeht und gut wird. Bitte mach, dass Mutter wieder glücklich wird. Ich werde alles dafür tun, immer lieb sein. Ich werde auch nie mehr von der Sahne naschen und es dann auf die Katze schieben. Nie, nie mehr. Das verspreche ich. Ich werde nie wieder etwas tun, was Mutter erzürnt.« Sie kniff die Augen zusammen. Dieses Versprechen war so schwer zu halten, weil Mutter so schnell wütend und zornig wurde. Manchmal reichte es schon, wenn Emilia singend durch das Haus hüpfte. Oder wenn sie sich dreckig machte oder aus Versehen eine der Blumen im vorderen Garten abbrach. »Ich werde mich nie wieder dreckig machen«, fügte sie in Gedanken ihrem Gebet hinzu. Dann öffnete sie die Augen und sah an sich herab. Die weiße Schürze war grau und fleckig, die Rüschen ihrer Wäschehose waren dunkel, das Kleid mit Rußflecken übersät. Oh nein, dachte sie. Dann sah sie sich um. Kaum einer sah besser aus. Der Ruß und die Asche hatten jeden getroffen. Selbst der Boden der Kirche und die weißen Bänke waren mit einer Ascheschicht bedeckt.

»Lieber Gott, ich verspreche, ab morgen sauber und reinlich zu sein. Und mich gar pfleglich zu verhalten, wenn du machst, dass alles gut wird.« Sie holte tief Luft. »Bitte!«